"十四五"职业教育河南省规划教材

管理理论与方法

主　编　朱雪芹　刘　静
副主编　沈丹丹　李开辉　刘旭捷

中国财经出版传媒集团
中国财政经济出版社
·北京·

图书在版编目（CIP）数据

管理理论与方法 / 朱雪芹，刘静主编. -- 北京：中国财政经济出版社，2024. 9. -- （“十四五”职业教育河南省规划教材）. -- ISBN 978 - 7 - 5223 - 3369 - 4

Ⅰ. C93

中国国家版本馆 CIP 数据核字第 2024MA8610 号

责任编辑：田明晖　　　　责任校对：胡永立
封面设计：陈宇琰　　　　责任印制：史大鹏

管理理论与方法
GUANLI LILUN YU FANGFA

中国财政经济出版社 出版

URL：http：//www. cfeph. cn
E - mail：tianmh@cfemg. cn

社址：北京市海淀区阜成路甲 28 号　邮政编码：100142
营销中心电话：010 - 88191522　编辑部门电话：010 - 88190670
天猫网店：中国财政经济出版社旗舰店
网址：https：//zgczjjcbs. tmall. com
北京密兴印刷有限公司印刷　各地新华书店经销
成品尺寸：185mm × 260mm　16 开　21. 25 印张　550 000 字
2024 年 9 月第 1 版　2024 年 9 月北京第 1 次印刷
定价：49. 00 元
ISBN 978 - 7 - 5223 - 3369 - 4
（图书出现印装问题，本社负责调换，电话：010 - 88190548）
本社质量投诉电话：010 - 88190744
打击盗版举报热线：010 - 88191661　QQ：2242791300

前　言

管理理论是所有管理类专业学生和企事业单位从事管理工作的人士必须掌握的知识。

“管理理论与方法”的编写针对应用型大学学生的心理特性和学习特点，坚持“学以致用”原则，突出“能力本位”特点，强调理论与实践相结合，重视学生的应用能力的提升。全书包括管理、管理理论和管理方法三个部分，共计13章构成。

管理部分主要从管理的内涵入手，介绍管理学的部分基础知识以及管理者的职业意识要求，让学生对管理工作有一个较为系统的认知。包括：第一章：管理理论与方法概述；第二章：环境与战略管理；第三章：管理原则、制度与方法。

管理理论部分主要介绍从管理实践到形成一套比较完整的理论，回顾管理学的形成与发展，了解管理先驱对管理理论和实践所作的贡献，以及管理活动当下和未来演变，这对每个学习管理的人来说都是必要的。包括：第四章：管理理论的形成与发展；第五章：组织文化与管理道德；第六章：决策理论与方法。

管理方法部分则是按照管理过程中主要管理活动发挥的作用的逻辑顺序，将管理者所做的管理工作划分七个部分：包括：第七章：计划工作理论与方法；第八章：组织理论与方法；第九章：人员配备理论与方法；第十章：领导工作理论与方法；第十一章：激励和沟通理论与方法；第十二章：控制理论与方法；第十三章：管理创新。

本书主要有三大特色：

（1）内容体系设计合理。把最新的管理理论和教研成果引入教学，内容新颖，信息量大。同时，注重与国际接轨，重视总结和分析发达国家企业管理的经验和教训，并为我所用。

（2）适应教学方法多元化的需求。在课程内容设计上充分满足“案例教学”“启发教学”“互动式教学”“情景教学”等多种教学模式的需求，有效地调动了学生的积极性。注重全面管理素质的培养，使学生专长突出，知识结构合理，基础扎实，适应性强。

(3) 强化理论联系实际。每章设有重点知识要求和重点能力要求、导入案例、复习思考题、管理定律、自我测试、延伸阅读、案例分析和实训等内容。强化培养学生的综合应用能力、分析决策能力和管理创新能力。

"管理理论与方法"是一门实践性和运用性很强的课程。在学习中第一要注意培养兴趣，兴趣是最好的老师；第二要多阅读与管理学有关的名著，深化对管理理论的理解和把握，如《孙子兵法》《三十六计》《毛泽东选集》《习近平谈治国理政》《管理，使命、责任、实务》《基业长青》《第五项修炼》等；第三要理论结合实际，树立人本思想，学会运用各种定性和定量的方法去解决现实中出现的各类问题；第四要提高学习的悟性，孟子云，"尽信书，则不如无书。"一味地照搬理论指挥使自己固步自封，寸步难行。我们学习的最终目的应用于实践，在学中运用理论，在运用中去发展理论。

本书为"十四五"职业教育河南省规划教材，可作为经济和管理类应用型本科生和高职专业生管理学教材，也可供企事业单位管理人员及研究人员学习之用。

本书由朱雪芹、刘静主编，其中朱雪芹编写第一章、第二章、第三章、第十一章；刘静编写第四章、第五章、第六章；沈丹丹编写第七章、第八章；李开辉编写第九章、第十章；刘旭捷编写第十二章、第十三章。在编写过程中参考和引用了部分国内外有关研究成果与文献资料，也得到了中原科技学院、开封职业学院、郑州商学院、华北水利水电大学、郑州航空工业管理学院等院校的大力支持，在此谨表谢意！

由于水平有限，书中难免有不妥之处，敬请指正，以便不断提高完善。

编　者

2024 年 6 月

目　　录

注：如果设置 32 ~ 36 个学时，带 † 的章节由学生自学。

第一章　管理理论与方法概述

推介词

本章要点

1. 组织与管理
2. 管理的性质与作用
3. 管理者的角色与技能

导入案例

海尔的管理创新

创新是海尔持续创新的根基。海尔以最初导入的 OEC（日清日结、日清日高）管理模式为契机，发展到目前“人单合一双赢”管理模式。

海尔集团创始人张瑞敏在《人单合一机制驱动下的物联网时代引领者》演讲报告中提出：传统时代，企业要么创立名牌，要么成为名牌的代工厂；互联网时代，企业要么拥有平台，要么被平台拥有。面对台下各个国家的创客，张瑞敏说海尔要打造“沙拉酱式”融合多元文化的体系。用“人单合一”把不同文化融合到一起，我觉得会产生更大的效应。

张瑞敏从人的本性出发，调动积极性。他还常描述这样一种状态：没有所谓的 CEO 了，人人都是自己的 CEO。未来的海尔，已进入大航海时代。

资料来源：网络资料整理。

第一节　组织与管理

管理者工作在各种各样的组织中，组织是帮助管理者实现工作理想的重要场所，如果没有组织，管理者也就没有存在的必要了。当然，组织如果离开卓有成效的管理也无法取得最佳效果。

一、什么是组织

组织通常指由两个或两个以上的个人为了实现共同的目标组合而成的有机整体。你所在的大学、企业、军队、医院、政府部门、社团等，这些都是组织，因为它们都具有三种共同特征，如图 1－1 所示。

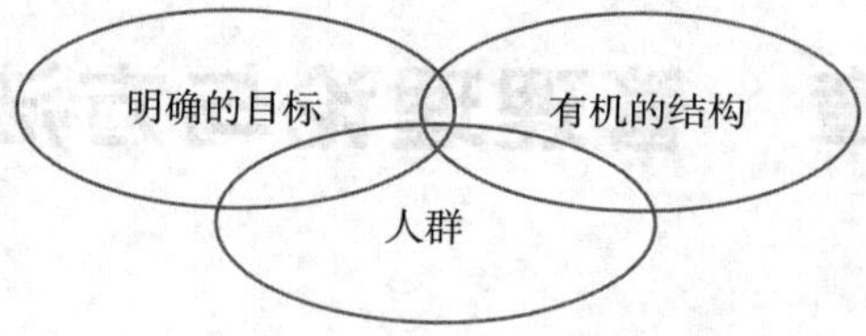

图 1－1　组织的特征

首先，每个组织都有一个明确的目标或目的。组织目标是由一系列具体指标来表达的。例如销售额、利润额、市场份额、员工素质和员工态度等。既有成长性的目标，也有保证性的目标；既有定性的目标，也有定量的目标。组织目标是不同组织成员的“粘合剂”。作为组织成员的个人，之所以愿意加入组织，并与其他人协同行动，是因为他们需要实现某个依靠自身的力量所无法实现的目标。在后面的有关章节中还将详细讨论组织的目标，这里只强调两点：

（1）每个组织都有自己特定的终极目标，也就是比较理想的管理境界。如，有的企业要建成一个生态型公司、有的是追求员工幸福指数的提升、生活质量的提高等。实现这个终极目标，是组织的社会存在的理由。一般来说，每个组织的终极目标不会轻易改变，因为这种改变会导致组织性质的变更，但为实现终极目标而在不同时期从事活动的具体要求，即组织在各个时期的具体目标则会更新。

（2）组织目标，包括终极目标和阶段目标，虽然要求被全体成员共同接受，但这并不意味着不允许加入组织的每个成员存在自己的个人目标，更不意味着组织成员的个人目标与整个组织的共同目标必然是完全吻合的。事实上，在很多情况下，成员的个人目标与组织的共同目标是不一致的，有时甚至是相互矛盾的。但是，组织成员仍然愿意承认和接受这种共同目标，因为他们知道自己个人目标的实现往往是以集体共同目标的实现为前提的。管理者的一项非常重要的任务是为组织选择一个能被其成员广泛接受的目标。

其次，每一个组织都是由人员组成的，即组织成员。任何个人，只要符合组织所需要的素质，并愿意接受组织的约束，遵守组织的规章制度，提供组织所需要的贡献，参加组织的集体活动，都有可能成为组织的一员。

最后，所有组织都通过一定的程序，精心设计出一定的组织结构。例如，直线型、事业部型、矩阵型等，明确人与人、部门与部门之间的纵向和横向的关系，以方便命令的传达和工作上的相互配合，使组织形成一个有机的整体，提升组织战斗力。

二、组织类型

（一）以满足心理需求来分类，可将组织分为正式组织和非正式组织

正式组织是经过有计划的设计，构成具有正式关系的一个有机整体，并强烈地反映出管理者的思想和信念，但其成员并不一定重视或接受管理者的社会、心理和行政的假设。

正式组织具有以下特征：

（1）经过规划而不是自发形成的。

（2）有十分明确的组织目标和畅通的信息渠道。

(3) 制定各种规章制度约束个人行为，实现组织的一致性。

非正式组织是在满足需要的心理推动下，比较自然地形成的心理团体，其中蕴藏着深厚的友谊与感情的因素。

非正式组织的特征：

(1) 组织是以人们之间共同的兴趣、爱好、思想、相互喜爱为基础，自动自发形成的。

(2) 组织最主要的作用是满足个人不同的人际需要（归属、友爱、权力等），当正式组织不能满足人的人际需求时，他就会寻求非正式组织来满足。

(3) 组织一经形成，会产生各种行为规范，约束个人的行为。这种规范可能与正式组织目标一致，也可能不一致，甚至发生抵触。

非正式组织对正式组织来讲，具有正反两方面的功能。非正式组织的正面功能主要体现在：非正式组织混合在正式组织中，容易促进工作的完成；正式组织的管理者可以利用非正式组织来弥补成员间能力与成就的差异；可以通过非正式组织的关系与气氛获得组织的稳定；可以运用非正式组织作为正式组织的沟通工具；可以利用非正式组织来提高组织成员的士气等。非正式组织的负功能主要体现为可能阻碍组织目标的实现等。

(二) 根据组织的目标，可以把组织分为：营利性组织和非营利性组织

如工商企业组织是以营利为目的的组织，政府机构是以提供社会服务为目的的非营利组织。这里主要介绍工商企业组织。

1. 工商企业的内涵

工商企业是指为了向社会提供商品和劳务，获得利润而从事生产经营活动的相对独立的经济组织。构成一个企业组织必须具备一定的条件。第一，企业必须在经营上具有独立性，也就是拥有生产经营活动的决策权，企业生产什么、生产多少，由企业决策者说了算；第二，组织上的完整性，即企业有与经营相适应的组织机构；第三，占有并有权使用一定的生产资料和劳动力；第四，企业在银行开户，有独立的会计报表，实行独立核算，自负盈亏；第五，企业要依据法律登记注册，领取营业执照或法人营业执照。

2. 工商企业（简称企业）的分类

由于现代经济活动的复杂性，作为社会经济活动基本单位的企业也就有很多类型，工商企业的类型可以通过不同的标准划分。

(1) 根据生产和提供的商品的性质不同，企业的类型划分为：提供农副产品的被称为农业企业；提供交通运输服务的被称为交通或运输服务企业；提供工业性商品或劳务的被称为工业企业；从事买卖活动并为了获得利润的称为商业企业；

(2) 按企业所有制形式不同划分为：生产资料归全体劳动人民占有的称为国家所有制企业；生产资料归集体占有的称为集体所有制企业（例如河南新乡刘庄村的企业）；有两个或两个以上不同单位和个人共同出资、共同经营、共担风险和共享利润的企业称为合资企业；由私人单独占有生产资料和产品的企业称为个体私营企业。

(3) 按企业法律地位划分为：个人业主制企业。由个人出资、企业归个人所有、自主经营，属自然人企业。它不具法人资格，以个人资产为限对外承担债务。是最简单、最古老的企业形式；

合伙企业。由两个或两个以上人共同出资，联合经营，利润分享，风险共担的企业称为合伙企业。它一般不具有法人资格，属于无限责任企业；

公司制企业。由两个以上的股东出资构成，能够独立对自己经营的财产享有民事权利和承担民事责任的经济组织称为公司制企业。它具有法人资格，属于有限责任公司。公司制企业进一步划分为有限责任公司和股份有限公司。股份有限公司是指由一定以上人数组成，公司全部资本分为等额股份，股东以其所持股份对公司承担责任，公司以其全部资产对公司债务承担责任的公司。股份有限公司是在两合公司之后产生较早的公司形式，注册资本由等额股份构成并通过发行股票筹集资本，股东以其认购的股份对公司承担有限责任。企业由无限责任公司，到有限责任公司，再到股份有限公司，意味着企业的资金来源越来越广，生命力越来越强，使鼓励投资和保护投资者的积极性有机结合。

资料链接1-1

1908年，威廉·杜兰特以别克公司为基础，先后收购了奥兹莫比尔公司、凯迪拉克汽车公司、奥克兰汽车公司等22家厂家，创立通用汽车公司。1909年，杜兰特差点就得到福特汽车公司，但必须支付现金，亨利·福特同意以800万美元售出福特汽车公司，但没能筹到足够资金。后由于经营不善，杜兰特离开通用。1919年10月，在杜邦财团的支持下，得到雪福莱汽车公司，又成立新的通用汽车公司。

3. 企业的任务

作为工业社会的微观经济组织，企业的任务首先要体现社会发展的规律，即以市场为导向，以先进科学技术为手段，为社会提供更多优质产品和服务，满足消费者日益增长的物质和文化的需要，为国家提供积累，让企业可持续发展，把企业构筑成具有高度物质文明和高度精神文明的现代化企业。具体可以从外部要求和内部需要这两个不同角度来考察。

（1）尽可能多的满足社会需要。从外部要求的角度来考察，企业的任务与企业存在的社会理由有关，即与社会为什么允许企业存在有关。从上面关于企业的定义中已经知道，企业是为生产和提供人们所需的某种物品而存在的，换句话说，社会之所以允许某个企业存在，是因为该企业提供了能够满足人们某种需要的物品。因此，从外部来看，企业的任务首先是要满足社会需要。

生产并提供商品性的产品或服务，只是满足社会需要的一个方面，且以这种方式满足的往往主要是消费者个人直接表现出的物质或精神生活的需要。但是，并非消费者的所有需要均通过个人的消费来得到满足，比如社会安全的需要，必须由社会来统一提供服务。我们把类似于这样的需要称为消费者的共同需要。社会设立的许多公益设施便是为了满足这类需要。政府在提供这类服务时，当然需要资金。这些资金则需要通过企业纳税或上缴利润的形式来聚集。因此，企业向国家上缴利税，在一定意义上可以认为是为了满足社会成员的共同需要。

满足社会需要还表现在企业必须通过壮大自身和持续发展，提供更多的工作机会，以满足社会成员的就业需要。就业是人们的一项非常主要的需要，它不仅为社会成员提供了谋生的手段，也为个人价值实现提供了机会。一个社会，如果许多成员无所事事，就会引发社会动荡，影响正常的社会秩序。所以，企业重要的任务之一就是要不断地创造和提供就业机会，为社会的稳定和繁荣作贡献。

资料链接 1-2　新时代主要矛盾

习近平总书记在党的十九大报告中指出："中国特色社会主义进入新时代，我国社会主要矛盾已经转化为人民日益增长的美好生活需要和不平衡不充分的发展之间的矛盾。"原因之一是：人民希望国家安定团结、繁荣昌盛，社会文明和谐、公平公正，环境蓝天白云、绿水青山；人民还希望幼有所育、学有所教、劳有所得、病有所医、老有所养、住有所居、弱有所扶，老百姓最关心最直接最现实的问题能够得到很好的解决，既要有"获得感"，还要有生活的"幸福感""安全感"。其二，经过40多年的改革开放，社会生产力水平显著提高，在很多方面进入世界前列，"落后的社会生产"已经成为"过去时"。经济总量达114.4万亿元，按年平均汇率折算，达17.7万亿美元，稳居世界第二，占全球经济的比重预计超过18%。人均国内生产总值80976元，按年平均汇率折算，达12551美元。年末，外汇储备余额32502亿美元，稳居世界第一。当前制约人民美好生活需要的因素主要是发展不平衡不充分的问题。从区域看，我国东部地区、中部地区、西部地区之间，发展水平差距比较大。如西部地区，发展不足仍然是主要问题；再比如相对经济发展来说，教育、医疗、社会保障、环境质量等都还不能充分满足人民群众的需要，食品安全、网络安全等问题也使得社会安全成为百姓关注的焦点。

资料来源：潘小刚，为什么说我国社会的主要矛盾已经转化为"人民日益增长的美好生活需要和不平衡不充分的发展之间的矛盾"，湖南日报，2017-11。

（2）获取合理的报酬。所谓利润是企业通过销售产品得到的收入在扣除了生产经营过程中的各种消耗以后的剩余。企业是一个经济组织，而不是政治组织和行政组织，其根本目的是在满足顾客需要的基础上谋取合理的报酬或利润。因为企业只有经营有盈余，才能吸引人才、更新设备、研发和引进先进的技术，才能改善员工生活，为社会提供更多的积累，并最终实现企业持续生存和发展的根本目标。

（3）满足社会需要与获取合理的报酬互为前提。满足社会需要是企业的社会组织的属性所决定的，而实现利润是企业的商品生产者的性质所决定的。这两者是互为条件、互相补充的。

首先，利润是企业满足社会需要程度的标志。根据前面关于利润的定义，我们知道利润与销售收入和成本之间存在下述关系：

利润＝销售收入－销售成本＝销售量×单价－销售量×单位成本

由于在竞争市场上企业操纵价格的能力是有限的，企业难以通过任意提价的方式来增加利润，因此利润主要是销售量和销售量成本的函数。企业利润，无非是由于销售数量多或单位成本低。而销售数量多则意味着企业产品在市场上深受欢迎，说明通过企业产品的使用能够满足购买者的某种需要；单位成本低，则说明企业生产单位产品消耗的资源少，说明企业能够用同样多的资源生产出更多的符合社会需要的产品。

其次，利润也是企业满足、继续满足或更好地满足社会需要的一个前提。前已分析，没有利润，企业就难以追加投资，难以扩大经营规模。不能扩大再生产的规模，企业就无法用更多的产品来更好地满足社会需要。

因此，利润与满足社会需要是相辅相成的，只有满足社会需要，企业才能取得利润；同时，只有取得利润，企业才能更好地满足社会需要。

4. 企业的活动

企业是通过提供某种产品或服务来完成上述任务的。为了能够提供某种产品，企业必须首先筹集生产这种产品所需要的各种资源。因此，企业为完成基本任务而必须进行的活动主要包括三个环节：资源筹措、生产制造（即资源转换）和产品销售。其中，第一、第三两个环节的工作与外界有着广泛的联系，而第二个环节的工作主要是在企业内部进行的。人们通常将前者称为经营活动，将后者称为生产活动，将企业活动的整体称为生产经营活动。

（1）资源筹措。这是企业生产经营的基本工作，任何产品都是在对一定资源进行加工的基础上形成的。企业需要投入的基本资源主要有以下几类：

人力资源。表现为一定数量的具有一定科学文化知识和活动技能的劳动者。这是企业生产经营过程中最活跃的因素。

物力资源。表现为一定数量和质量的原材料和能源，以及反映了一定技术水平的劳动工具和生产设施。其中，材料是构成产品的物质基础，劳动资料是对劳动对象进行加工的必要手段。

资金。这是一种能够取得其他资源的资源，是推动企业生产经营周而复始不断循环的"润滑剂"，包括固定资金和流动资金。

（2）资源转换。筹措到一定数量的物质或非物质形态的资源后，企业就要通过计划、组织和控制活动对其进行转换，即组织劳动者借助劳动资料，利用一定的生产技术作用于劳动对象，使原材料改变其化学成分或物理形态，以得到符合要求的产品。资源的转换过程，就是产品的制造过程。这是生产性企业所特有的功能。

（3）产品销售。企业生产产品的目的是通过交换实现商品的价值和使用价值。企业要实现产品的价值，必须使产品经过惊险的市场跳跃，成功地将产品转移到消费者手中。这就需要营销者在市场调研的基础上，以市场为导向，通过为产品制定合理价格，建立合适的分销渠道，有吸引力的广告宣传，提供优良的售后服务，使企业成功地在适当的时间和地点，将产品销售给适当的用户，并获得相应的报酬，补偿生产过程中的各种消耗并有盈余，保证再生产过程连续不断的进行。

企业生产经营活动的这三个环节既有区别，又相互依存："资源筹措"为加工制造提供了物质前提；"资源转换"形成了可供销售的产品；"产品销售"实现的销售收入则使企业从外部筹措资源成为可能。

当然，企业的经营活动是以有效的管理为前提的。离开管理，经营活动就会陷入混乱而无法正常经营。而经营活动又是企业生存的土壤，离开经营，管理就成了无源之水，无本之木。

资料链接 1-3　　三九疯狂扩张的代价

1985 年，一个中药方加 500 万元资金，赵新先带着 5 名大学生到深圳开始创业。1987 年请李默然做广告，一炮打响，当年销售额达 18 亿元。之后走上多元化之路，先后进入 8 个产业，旗下有三家上市公司和 200 多个实体。2001 年因占用上市公司资金陷入经营困难，被中国证监会通报批评并罚款。因出现严重问题，2004 年 5 月国资委宣布免去赵新先一切职务，从此三九集团进入整顿时期。

究其原因：

1. 行政体制。仍然是上级说了算，而非市场说了算；

2. 法人代表负责制。一人四职，授权过度；

3. 没有完善的法人治理结构，因此没有制衡机制和约束机制，失去监督；

4. 盲目多元化，管理水平没跟上：

（1）三九酒店业的客源锐减，同时租赁费用过高，管理水平也未能跟上酒店的扩张速度，所以只能在无钱可赚或亏损的情况下运营；

（2）三九的房地产项目陷入困境。同时，汽车市场开始降温，价格逐步回落，三九汽车公司的业务也转向低潮；

（3）农业公司由于扩张过快，兼并的程序和手续不完备，导致对被兼并企业缺乏实际控制能力，导致有的企业最终退出了三九集团；

（4）地方政府和企业联手弄虚作假，把企业的高额负债隐藏起来，以达到被兼并的目的。1997 年以承债方式兼并的太原洗涤剂厂，最终亏损 7000 万元，在兰考的项目亏损 5000 万元，郑州的少林汽车项目亏损 6000 万元……财务纠纷官司更是多达数十起。

三九案例再次证明：一个企业由小到大，到强到乱，再到衰，这一变化说明了企业的成败在于科学的管理，在于正确的战略。

资料来源：根据三九集团的“大败局”等网络资源整理，2022 – 03。

三、什么是管理

管理内涵

人类的管理活动是伴随着人类社会第一个社会组织形式——血缘家族的诞生而产生的。在血缘家族中，人们一起劳动，一起狩猎，就必然需要有人负责分配工作，协调各人的行动，以更好地获取食物、抵御野兽的袭击。而这时的指挥是自发的、盲目的，但通过多次实践，人们就会慢慢地从中获得经验，更有效地协作与指挥，并将指挥者和指挥的方法变成习俗、思想，思想慢慢又上升到系统的理论，用来指导实践，推动管理活动不断向前发展。而管理产生的根本动因是资源的稀缺性和人的欲望的无限性之间的矛盾，管理的功能就在于通过科学的方法来提高资源的利用率，力求以有限的资源取得最大的产出尽可能去满足人们的无限需要。

关于管理的定义，不同的学者，出发点不同，视角不同给管理下的定义也不同，首先把有关学者对管理定义的理解总结见表 1 – 1。

表 1 – 1　　管理定义观点

代表人物	定义内容
德鲁克	“管理就是求效。”他认为，任何管理活动都是为了一个目的，就是要使产出大于投入。无论是任何组织的管理者，做事均应“择善而行”。
德鲁克	“管理也是一种文化。”他认为管理是一种文化，而且是具有自己的价值观、语言、工具和符号的一种文化。

续表

代表人物	定义内容
西蒙	“管理就是决策。”他认为，决策贯穿管理的全过程和高、中、基层的管理活动。一个组织面对复杂多变的环境，其经营的成功，不仅取决于作业效率，而首先取决于管理者所作的决策，决策是方向性的问题，决策成功，事半功倍，决策失误，管理水平越高，损失越大。
穆尼	“管理就是领导。”穆尼认为，任何组织中的一切有目的的活动都是在不同层次的领导者的领导下进行的，组织活动的有效性，取决于领导的有效性，所以管理就是领导。
法约尔	“管理就是实行计划、组织、指挥、协调和控制。”
孔茨	“管理就是通过别人来使事情做成的一种职能。”为了达成管理的目的，要进行计划、组织、人事、指挥、控制，管理就是由这几项工作所组成的。
大野耐一	日本丰田汽车前总裁大野耐一认为：管理就是协调。协调是指一个人或更多人协调他人的活动，以收到个人单独活动所不能达到的效果。
周三多	管理是社会组织中，为实现预期目标，以人为本进行的协调活动。
毛泽东	管理就是教育。教育要和风细雨、循序渐进、惩前毖后、治病救人，树立正面典型，善于批评与自我批评，善于解决一人一事的问题。

综合以上定义，都有其合理的一面，但能够较为全面概括管理内涵和外延的定义是：管理就是在特定环境下，对组织资源进行计划、组织、人员配备、领导和控制，以一定的效率和效果实现组织预期目标的过程。根据以上定义我们可以从以下六个方面来理解：

第一，管理的目的。管理的目的就是实现组织目标。

第二，管理的职能。任何管理任务的实现都要通过计划、组织、人员配备、领导和控制等管理工作来实现。

第三，管理对象。组织管理的对象就是人力、物力、财力、信息、技术和时间等要素，它构成了管理活动的客体。

第四，管理环境。任何管理都是在特定环境中进行的，管理者既要适应环境，又要学会影响环境，让环境向有利于企业的方向发展。

第五，管理的重心。管理的重心在于生产关系。管理的首要任务就是管人，因而必然涉及人与人之间的关系。人际关系能否处理好，直接影响人的积极性和能动性。因此管理活动中必须以“人本主义”思想去指导自己的管理工作。

第六，管理工作的有效性要从效率和效果两个方面来评判。

资料链接1-4　　行动指南：卓有成效是可以学会的

德鲁克在其《卓有成效的管理者》中指出，有效性是一种后天的习惯，是一种实践的综合，是可以学会的。

1. 知道自己的时间用在什么地方。会有系统地工作，来善用有限的时间。

2. 重视对外界的贡献。并非为工作而工作，而是为成果而工作。接到工作首先会自问：“别有期望我做出什么成果？

3. 善于利用自己的、上司的、同事的和下属的长处。而不会把工作建立在自己的短处上，也绝不会去做自己做不了的事。

4. 集中精力于少数重要的领域。按照工作的轻重缓急设定优先次序，而且坚守次序，坚持重要的事第一。

5. 善于作有效的决策。知道一项有效的决策总是在“不同意见讨论”的基础上作出的判断，它绝不会是“意见一致”的产物。知道快速的决策多为错误的决策，真正不可或缺的决策数量并不多，但一定是根本性的决策。

资料来源：摘自德鲁克著，许是祥译，《卓有成效的管理者》，北京：机械工业出版社，2005 年 6 月，P22－23。

效率（Efficiency）是指以尽可能少的投入获得尽可能多的产出。因为资源的稀缺性，管理者就必须有效利用这些稀缺的资源，包括像人员、资金、设备、原材料这样的资源。例如，日本丰田通过业务流程再造和 JIT 生产，实现了零库存、零距离、零费用，减少用于制造产品的时间以及降低废品率实现有效率的生产，这家公司成为世界大汽车制造商之一。

资料链接 1－5　　丰田 JIT（及时生产）之路

JIT（刚好及时）概念的起源，1945 年，大野耐一主管生产，体会到“局部优化”（只考虑生产的效率提升，未考虑到销售能力与资源转换能力）的后遗症、与“站在全局的角度来实施改善活动”的重要性，坚定了大野后来的“全局思维”的理念。“有需要才生产”是 JIT 的核心概念，但客户无法忍受漫长的生产周期时间！为了缩短生产周期时间，大野耐一便开始着手分析整个生产过程的时间流失情况，发现等待浪费出现最严重的地方就是流程的断裂点，大野以“制程合并”“合作”起来清除制程中的断裂点，“以看板来拉动”（传递需求信息及物料搬运指令）的机制终于帮大野实现了让整条制程完全流动起来的梦想。

他提炼出 JIT 未实现之前的四大浪费现象：等待、库存、搬运、过量生产。

1958 年的质量召回事件，丰田将降低成本的矛头开始转向上游供应链。提出“供应链 JIT 改善”旅程，运用自己的日平均排产计划的特征，制定了给供应商“每天的零部件需要量都一样”（只会出现小幅波动）的采购计划，并借此要求供应商拨出特定的设备，来为丰田生产和供应“每天数量几乎都相同”的零部件。降低了丰田与供应商之间的“零部件库存”。

1965 年丰田获得戴明奖，真正取得供应商的尊敬与信任，成立了以指导供应商导入 TQC 为重点的团队，所有一级供应商基本上都已成功建立了 TQC 系统，建立“工位零件需求排序表”，开始以供应商看板，每天分时段循环拉动供应商的零件供应，取消仓库的中间环节，实现“以同步化物流直接供料到指定工位”的理想，同步化物流的机制至此终于成形。

资料来源：根据百度文库：丰田 JIT（及时生产）之路资料整理，2016.05。

以此观点来看，效率通常是指“正确的做事”，也就是减少资源的浪费。但管理仅仅讲效率是不够的，管理者还必须关注效果，也就是完成活动以便达到组织既定的目标。正像一个人从海里以极短的时间捕获大量的鱼，效率很高，如果他不进一步采取行动：把鱼迅速运到市场卖掉或风干待买，赚钱的目标就不会实现。

效果（Effectiveness）一般是指“做正确的事情”，即所从事的活动有助于组织目标的实现。效率是关于做事的方式，而效果涉及组织目标的实现。也就是说管理者既要关注效果即组织目标的完成，还要尽可能有效率的完成工作（如图 1－2 所示）。在卓越的组织中高效率和高效果是相辅相成的。

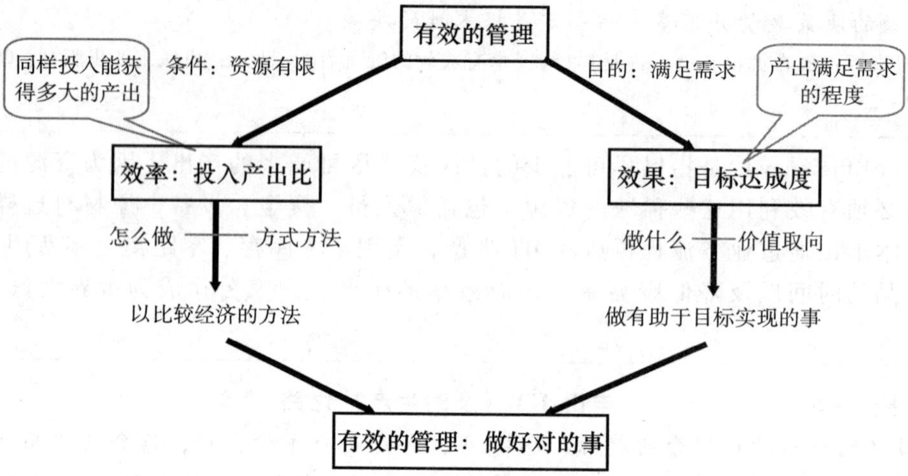

图 1－2　效率和效果的关系

四、企业管理机制

（一）机制与企业管理机制含义

机制是指机器的构造和工作原理。企业管理机制是指企业机体内各构成要素之间通过相互配合、互相制约使企业拥有有效开展生产经营活动的机能。企业机体内构成要素包括：人、财、物、时间、信息和技术。

资料链接 1－6　　李锦记成功的秘籍

南方李锦记由已有 100 多年历史的香港李锦记集团投资，于 1992 年成立，生产销售中草药健康产品。现已形成了保健食品、维雅护肤品、植雅个人护理品和帮得佳家居清洁用品等四大产品系列。获得最佳雇主、卓越雇主等荣誉。这得益于其思利及人的文化和独到的管理举措。

管理秘密可以归结为 7 个字，“思利及人”和“自动波”。

“自动波”的理论核心概括为“四、五、六”——四种心法、五大原因、六个要点。

推行“自动波”用四种心法：忍、狠、思利及人和量度。“忍”即对事不过早下结论，尊重和欣赏差异，注重结果；“狠”，要敢说“不”，讲原则、守信用；“思利及人”，就是要换位思考，关注对方感受，从全局角度出发思考问题；“量度”，就是敢用比自己强的人，坦然面对挫折和失败，允许别人犯错误，尊重他人，为他人的成功喝彩！

推行“自动波”有五大目标：永续经营；发挥员工无限潜能；提升满意度指数；雪球效应（自我运行、自动发展）和吸引人才。

推行“自动波”有六个要点：第一是教练的心态和技巧——要求管理者学做教练、总教练；第二是要选对人才——要选用适合的人，是否认同公司的文化是选人的关键；第三是充分授权——要敢于授权，并且提供足够的资源；第四是创造高信任氛围——彼此信任，直接沟通；第五是高效团队——既要追求高效率，更要达至高效益；第六是共同目标——共同参与目标制定，达成共识，做到心一致，行动一致。

通过“自动波”领导模式，南方李锦记营造了一种让员工发挥潜力、干得痛快、干得爽的机制与氛围，造就了一种吸引与激励人才的文化，从根本上保证了企业的持续发展，从而成就一个最佳雇主品牌。

李锦记已开发出220多类1000多项产品，覆盖全球100多个国家和地区。其部分产品在美国、日本独占鳌头，“有华人的地方就有李锦记”。

资料来源：根据网络资料整理而成。

（二）企业管理机制的构成

第一，动力机制。公司的股东会、董事会和总经理，对公司高层、中层和员工进行激励的机制，是企业的动力来源。包括：利益驱动（物质奖励）、政令推动（命令、建议），社会心理推动（心里契约，不做心里过不去）。

第二，决策机制。企业改制设立新的有限公司后，董事会对公司重大问题进行决策，对决策失误承担相应责任。

第三，约束机制。公司法、公司章程、公司的各项制度，对公司员工进行约束的机制，是公司生存及发展的保证。包括：权力约束、利益约束、责任约束、社会心理约束。

第四，运行机制。公司建立规范的领导体制和组织制度，使企业内部的权力机构、决策机构、执行机构和监督机构之间相互独立、相互制约、协调运转，形成运行机制，也可以叫制衡机制，形成命令—执行—监督—反馈—再命令—再执行等这样一个封闭的管理过程，所谓法网恢恢疏而不漏。使所有者、经营者和员工的积极性得以发挥，行为受到约束，利益得到保证。做到所有者放心，经营者精心，员工用心，是企业永远充满活力的必要条件。

五、管理的性质

管理的性质

（一）管理的二重性

任何社会生产都是在一定的生产关系下进行的。马克思曾精辟地论述了管理活动的两重属性。他从资本主义管理的现实出发，分析了资本主义生产过程所具有的两重性，即“一方面是制造产品的社会劳动过程，另一方面是价值的增值过程。”这实际也就是资本主义社会制度下的“劳动过程”和“剥削过程”，这是两个性质完全不同的过程。社会主义管理的二重性表现在：一方面，它的一般性质仍然是合理组织生产力，开展社会化大生产；另一方面，它的特殊性质就在于，管理的权力属于劳动者，管理的目的是发展社会主义生产，满足社会全体成员日益增长的需要。

管理的二重性的关系是辩证的。一方面，管理的自然属性总是在一定的社会形式、社会生产关系条件下发挥作用；同时，管理的社会性也不可能脱离管理的自然属性而存在，否则，管理的社会属性也就成为没有内容的形式。另一方面，二者又是相互制约的，管理的自然属性要求具有一定的“社会属性”的组织形成和生产关系与其相适应；同样，管理的社会属性也必然对管理的科学技术等方面产生积极影响或抑制作用。

掌握管理的二重性，对于我们学习管理学和从事管理工作具有重要意义：

（1）管理中既要坚持管理的社会属性，又要坚持管理的社会属性。坚持管理的社会属性就是要充分重视人，尊重人，倡导员工参与管理，发挥社会主义国家劳动者当家作主的主人翁的自豪感和责任感；坚持管理的社会属性就是要大力提高劳动生产率，开展社会化大生产。管理体现着生产力与生产关系的辩证统一关系。

（2）注意学习、吸收、引进国外对我们有益的管理理论、技术和方法。西方的管理理论、技术和方法是人类长期从事生产实践的产物，是人类智慧的结晶，是没有国界的。资本主义发展生产力，社会主义同样需要。而管理总是在一定生产关系下进行的，因此体现着一定的统治阶级的意志，在引进时，还要坚持管理二重性，正确地评价资本主义的管理理论、技术和方法，取其精华，去其糟粕，使其成为我国管理理论体系的有机组成部分。

（3）要结合实际，随机制宜地学习与运用。任何管理理论、技术与方法的出现，都有其时代背景，都是与当时的生产力及社会条件相适应的。因此，我们在应用某些理论、技术与方法时，必须结合本部门、本单位的实际情况，随机制宜，这样才能取得良好的效果。

（二）管理的科学性和艺术性

管理既是科学，又是艺术。管理的科学性是指管理作为一个活动过程，其间存在着一系列客观规律、原则、制度和方法。人们经过无数次的失败和成功，通过从实践中收集、归纳、检测数据，提出假设，验证假设，从中抽象总结出一系列反映管理活动过程中客观规律的管理理论和一般方法。人们利用这些理论和方法来指导自己的管理实践，又以管理活动的结果来衡量管理过程中所使用的理论和方法是否正确，是否行之有效，从而使管理的科学理论和方法在实践中得到不断的验证和丰富。因此说，管理是一门科学，是指它以反映管理客观规律的管理理论和方法为指导，有一套分析问题、解决问题的科学的方法论。公司战略的分析和设定，公司组织结构的规划，管理层次的划分，管理幅度的设定都有着特定的方法，管理决策需要预测和统计方法的运用，需要考虑各种情况发生的概率，从而最终作出能够使公司获利的决策，所有的这些都证明了管理是科学，并不是拍脑子就能出来的。优秀的管理者都会努力去通晓管理学，用众多的科学工具来武装自己，而不只是凭借着经验去管理。

管理的艺术性就是强调管理来自实践，是管理理论在实践中的运用。管理者仅凭书本知识，背诵管理理论和公式进行管理活动是不行的。成功的管理技巧是需要一个管理者通过很多年，很多事情的积累才能领悟到的。管理者的经验可以说是管理艺术性的基石。管理的艺术性包含了管理者在管理实践中创造性、灵活性地将管理理论与管理活动相结合。管理的艺术性导致每一个管理者的管理思维、管理习惯是无法复制的。也就是说世界上不存在着两个完全一样的管理者。想通过复制一名成功的管理者而成就自身的成功是行不通的。

一名有着理论知识但没有实际管理经验的管理者可以会由于没有经验的积累而导致失败，在同时一名有着丰富管理体验的管理者也可能因为缺少理论的基础，在面对问题的时候总是希望求助于过去自己的经验，并由于经验而蒙蔽的自己的双眼，从而影响到最终的决策的正确性。实际上管理的科学性和管理的艺术性是管理的两个相辅相成的方面，缺一不可。

管理的科学性使管理者在处理问题时有理可依，有据可寻；而管理的艺术性则使管理者能够灵活应变，而不至于被管理理论的条条框框所束缚住。

公司由小到大的过程中也体现出了管理的科学性与艺术性交替起作用。当一个公司刚创立的时候，由于员工较少，管理层次较少，所以管理者可以管理到公司中的每个员工，这时候管理的艺术性则起到了更大的作用。管理者的人格魅力会得到充分的展示，也对公司的发展起着至关重要的作用；当公司发展到一定程度时，由于公司规模的逐步扩展，管理层次的增加，管理者的精力已经无法顾及公司的每个角落，这个时候管理的科学性就起到作用。通过管理体系的设计和制度的建立，使得公司的运作在运营规范的指导下有条不紊地进行。这个时期的公司是需要规范的。只有通过管理规范才能使公司的运转走上正轨，从而与过去做事随意的现象说再见。这个时期的公司讲的不再是艺术而是纪律，铁的纪律，任何员工都应该在管理制度的指导和约束下，完成属于自己的工作。再往下发展，公司则又应该回到管理艺术的时代。但这个时代是建立在管理制度规范化的基础上。这个时期管理的艺术是管理科学化后的艺术。

在管理中科学不是绝对的，艺术也不是绝对的，理论不是万能的，经验也不是万能的。真正成功的管理者应该是能够用理论来指导实践，能够从实践中升华理论的人。

资料链接 1-7　　张瑞敏与海尔

张瑞敏执掌海尔37年，与37年前那个资不抵债濒临破产的地方小厂相比，张瑞敏传承下去的是一个全球营业额超3000亿元、利税总额超400亿元的全球化企业，一个有活力、有希望、有理想的生态型企业，受到尊重与期待。

张瑞敏认为，一个等级分明的科层制企业，永远不会摆脱“帕金森定律”与“彼得原理”的影响。帕金森定律预示着科层组织终将走向膨胀，染上“大企业病”，而彼得原理认为由于提升机制的存在，在等级制度下每个员工都会倾向于上升到他所不能胜任的位置，最终造成“体系萧条”。

首先，打破层级制，推行人单合一模式。人单合一是以“人的价值为第一”，尊重每一位员工身上蕴藏的创新潜力、赋予每一位员工自主创新创业的机会，让员工成为创客，创客可直面用户需求自组织为小微、链群满足用户、创造价值。

其次，放权让“人人都是自己的CEO”，小微独立拥有决策权、用人权、薪酬权，以最大的自由度直面市场求生存、求发展，以实战方式培养、训练、检验最适合的业务管理者。

最后，实现创造价值与分享价值合一，企业与创客间共享创新增值。

37年栉风沐雨披荆斩棘，张瑞敏将自己勾画的企业蓝图亲手实现，并顺利进行生态交接，是一场对继任者的传承，也是海尔集团新征程的开始。

“没有成功的企业，只有时代的企业”是张瑞敏常说的一句话，企业发展过程中，领导者的更迭在所难免，但企业只要能够依靠制度优势踏准时代节拍，便能够乘风破浪持续创造辉煌。

资料来源：给我一片沙漠 还你一个生态，海尔媒体中心，2021-11。

第二节　管理的职能与作用

一、管理的基本职能

怎样才能保证做又好又正确的事？管理理论认为，这是有规律可循的，具体讲就是按管理职能去管理。所谓管理职能就是管理人员完成管理任务时的职责与功能，也就是通过做好一系列的基本管理工作去实现管理的目标和任务。所以，管理职能也可以叫管理工作。

在20世纪初，法国的法约尔第一次完整地阐述了管理的各种职能，他把管理分解为计划、组织、指挥、协调和控制五大职能。

在法约尔之后，许多学者对管理职能作了进一步的探讨，出现了许多不同的学派，其中计划、组织、控制是各学派公认的职能（见表1－2）。

表1－2　管理职能观点

年份	学者	计划	组织	指挥	协调	控制	人事	沟通
1916	法约尔	△	△	△	△	△		
1934	戴维斯	△	△			△		
1937	古利克	△	△	△	△	△	△	△
1947	布雷克	△		△	△	△		
1949	厄威克	△	△			△		
1955	孔茨	△	△	△		△	△	
20世纪末	罗宾斯	△	△	△		△		

随着管理理论的不断发展，到20世纪70年代以后，管理学家们通常认为基本的管理工作包括计划、组织、领导和控制（见图1－3）。

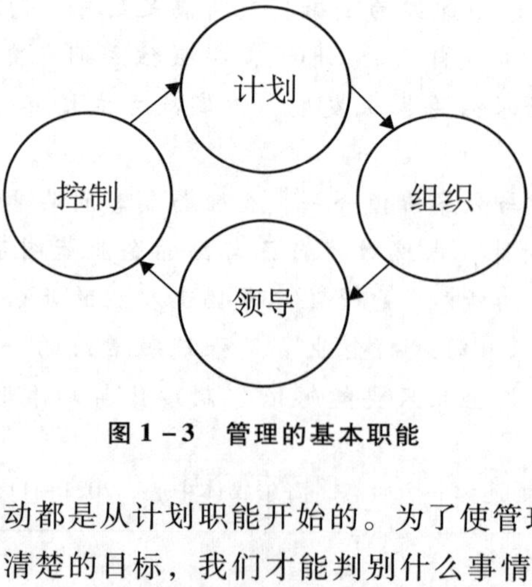

图1－3　管理的基本职能

计划工作：任何管理活动都是从计划职能开始的。为了使管理有效益，我们首先必须确立清楚的目标。只有确立了清楚的目标，我们才能判别什么事情应该做，什么事情不能做。而为了提高效率，以比较少的投入获得比较大的产出，我们就要对资源的投放、工作的开展事先进行研究、安排，为此就要进行计划的制定，明确实现目标的途径。因此，计划工作表现为确立目标和明确达到目标的必要步骤之过程，包括估量机会、建立目标、制定实现目标的战略方案、形成协调各种资源和活动的具体行动方案等。计划工作是管理的首要职能，其他工作都只有在计划工作明确了目标和计划后才能有目的地进行。

组织工作：在制定出切实可行的计划后，为了将目标变成为现实，就要组织必要的人力和其他资源去执行既定的计划，也就是要发挥组织的功能。组织的职能是为了有效地达成计划所确定的目标而进行分工协作、合理配置各种资源的过程，它是计划工作的自然延伸，一般包括任务的分解、权责的明确、资源的配置以及协作关系的明确等内容。组织工作不当必然会影响工作成效。

（1）人员配备：一般包含在组织职能中。人员配备的主要职能就是把合适的人配置到合适的工作岗位上，并通过科学的选拔、培训和使用，实现人的能力和岗位要求的动态对应，让每个人在最合适的工作岗位上创造出一流的业绩。

（2）领导工作：任何活动的行为主体是人，因此指导和协调计划及实施过程中人与人之间的关系、激励和调动人的积极性是管理基本工作之一。在一个组织中，领导职能就是管理者利用职权和威信施展影响，指导和激励各类人员努力去达成目标的过程。领导工作的重点在于调动相关人员的积极性，协调相关人员之间的关系。个人的力量是有限的，我们要注重在实现目标的过程中调动一切可以调动的因素，激励他人协助我们实现目标。

（3）控制工作：控制是指在动态的环境中为保证既定目标的实现而进行的检查和纠偏活动或过程。控制是保证目标能按计划实现所必不可少的。由于环境的不确定性、组织活动的复杂性和管理失误的不可避免，为了保证有效地实现目标，我们就必须对环境、组织成员和组织活动等加以控制。控制的职能就是确立控制标准、衡量实际业绩、进行差异分析、采取纠偏措施，确保标准的达成。控制是管理的一项基本职能，也是较易出现问题的一项工作。在许多情况下，人们制定了良好的计划，也进行了很好的组织，但由于没有把握好控制这一环节，最后还是不能达到预期的目的。控制不力会引起计划无效和组织无效。

在上述各项管理工作中，计划处在首位，控制处在末位，它们之间首尾相接，环环相扣，相互关联，你中有我，我中有你，又相对独立，构成了一个循环往复的、动态的管理过程。因此管理过程是由管理职能所构成的，是管理职能发挥作用的过程。其中计划职能主要着眼于有限资源的合理配置，履行着决策性质的职能；组织职能主要致力于贯彻落实、人员配备，领导工作着重于激发和鼓励人的积极性，履行着执行性质的职能；控制的重点则在于纠正偏差，履行着保证性质的职能。它们各自从不同的角度出发，相互配合，共同致力于管理效率和效益的提高，最终达到以有限的资源实现尽可能多或高的欲望的管理目的，即各管理工作都是管理的有效手段。

正因为管理是一个系统的过程，因此，要做好管理工作，就必须系统地开展计划、组织、领导、控制等各项活动。单纯地就计划谈计划、就组织论组织、为领导而领导、为控制而控制，是达不到应有的管理效果的。

不同层次管理者每种工作的时间分布如图 1－4 所示：越是高层管理者越重视计划和组织工作，为企业明天有更多的奶酪，定战略计划、储备人才，尤其是高级管理人才，越是基层管理者越重视领导工作，作为兵头将尾，要像师傅带徒弟一样进行带领和引导；中层管理者花更多时间在承上启下和协调上。

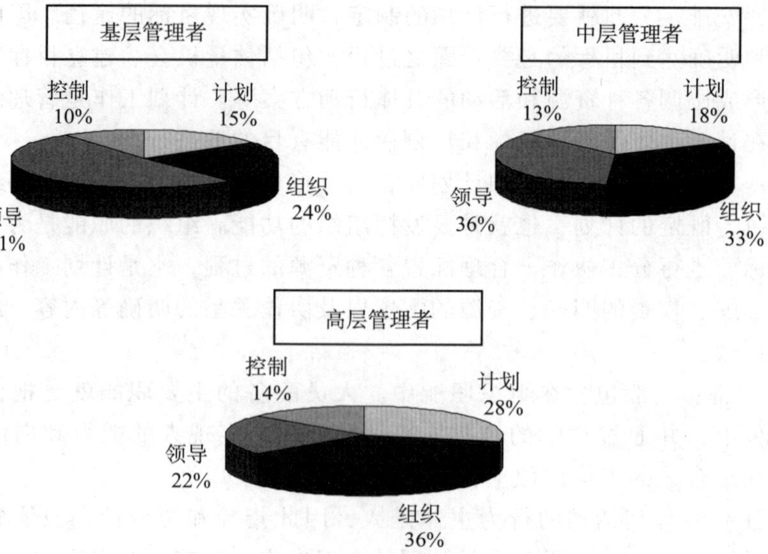

图 1－4　每种职能的层次分布

二、管理的作用

有人群的活动就有管理，有了管理组织才能进行正常有效的活动，简而言之，管理是保证组织有效地运行所必不可少的条件。组织的作用依赖于管理，管理是组织中协调各部分的活动，并使之与环境相适应的主要力量。德鲁克曾对德鲁克管理学院创办人邵明路说，无论是中国的工商业、通信和交通行业，还是政府和教育机构，以及医院都急需大批卓有成效的管理者。发展中国家可以很容易地得到国外的技术，也容易吸引外资。但是，技术和资本仅仅是工具而已。它们必须通过有能力的管理者才能发挥作用和功效。伴随着人类的进步和组织的发展，管理所起的作用越来越大。概括起来说，管理的作用主要表现在以下三个方面：

（一）管理具有普遍的指导意义

管理，是一切组织正常发挥作用的前提，任何一个有组织的集体活动，不论其性质如何，都只有在管理者对它加以管理的条件下，才能按照所要求的方向进行。正如马克思所说："一切规模较大的直接社会劳动或共同劳动，都或多或少地需要指挥，以协调个人的活动，并执行生产总体的运动——不同于这一总体的独立器官的运动——所产生的各种一般的职能，一个单独的提琴手是自己指挥自己，一个乐队就需要一个指挥。"没有指挥，就没有乐队。在乐队里，一个不准确的音调会破坏整个乐队的和谐，影响整个演奏的效果。同样，在一个组织中，无论是营利性组织、非营利性组织，组织的高层或是中层，组织的业务部门或是职能部门，没有管理，就无法彼此协作地进行工作，就无法达到既定的目的，甚至这个组织的存在都是不可能的。集体活动发挥作用的效果大多取决于组织的管理水平。

（二）管理有助于组织目标的实现

在现实生活中，我们常常可以看到这种情况，有的亏损企业仅仅由于换了一个精明强干、善于管理的厂长，很快扭亏为盈；有些企业尽管拥有较为先进的设备和技术，却没有发挥其应有的作用；而有些企业尽管物质技术条件较差，却能够凭借科学的管理，充分发挥其潜力，反而能更胜一筹，从而在激烈的社会竞争中取得优势。通过有效地管理，可以放大组织系统的整体功能。因为有效地管理，会使组织系统的整体功能大于组织因素各自功能的简单相加之和，起到放大组织系统的整体功能的作用。在相同的物质条件和技术条件下，由于管理水平的不同而产生的效益、效率或速度的差别，这就是管理所产生的作用。日本企业界流行一句话，企业的经营成功，三分靠技术，七分在管理。

（三）管理"两个轮子论"

科学技术和科学管理已成为推动现代经济高速发展的两个车轮。科学、管理和技术被称为建设现代文明的三鼎足。众多的企业通过改进管理、创新求实，成为世界知名企业。我国作为发展中国家，科学技术落后是阻碍生产发展的重要原因，但管理技术的落后更加可怕。

资料链接 1-8　　麦当劳：把所有经理的椅子靠背锯掉

麦当劳快餐店创始人雷·克罗克，是美国社会最有影响的十大企业家之一。他不喜欢整天坐在办公室里，大部分工作时间都用在"走动管理上"，即到所有子公司、部门走走、看看、听听、问问。麦当劳公司曾有一段时间面临严重亏损的危机，克罗克发现其中一个重要原因是公司各职能部门的经理有严重的官僚主义，习惯躺在舒适的椅背上指手画脚，把许多宝贵时间耗费在抽烟和闲聊上。于是克罗克想出一个"奇招"，将所有的经理的椅子靠背锯掉，并立即照办。开始很多人骂克罗克是个疯子，不久大家开始司出了他的一番"苦心"。他们纷纷走出办公室，深入基层，开展"走动管理"。及时了解情况，现场解决问题，终于使公司扭亏转盈。

资料来源：世界经理人论坛，麦当劳：把所有经理的椅子靠背锯掉，2010.03。

（四）管理"生产力论"

管理也是生产力。生产力的三要素是劳动者、劳动资料、劳动对象。管理是提高劳动者素质的重要因素。在生产力发展中，劳动者处于主体地位。企业生产力能不能发展，关键就在于能不能不断提高劳动者的素质。因为无论科学技术如何先进，最终要有人来推动，没有科学有效的管理都不会自动转化为生产力；并且没有科学有效的管理机制也不会产生技术创新和科学发明的土壤。

生产力是一个由诸多因素组成的体系，它除了劳动者、劳动对象和劳动资料等实体因素之外，还有非实体的因素，其中主要是管理。任何物质生产活动都需要一定的计划、组织、协调、控制、监督等管理手段和管理制度。管理把生产力诸要素合理地组合成一个协调的有机整体，充分发挥各要素的作用和"合力"的作用，使其转化为现实生产力，使生产力的整体效能发挥出来。

资料链接 1-9　　惠普公司："敞开式大房间"办公室

美国惠普公司创造了一种独特的"周游式管理办法"，鼓励部门负责人深入基层，直接接触广大职工。为此目的，惠普公司的办公室布局采用美国少见的"敞开式大房间"，即全体人员都在一间敞厅中办公，各部门之间只有矮屏分隔，除少量会议室、会客室外，无论哪级领导都不设单独的办公室，同时不称职衔，即使对董事长也直呼其名。这样有利于沟通，创造无拘束和合作的气氛。

资料来源：中华品牌管理网，惠普的敞开式办公室，2011.12。

第三节　管理者及其应具备的技能

一、管理者定义和类型

管理者是指一个组织中，按照组织目的指挥他人活动的人或指对他人工作负责任者。成为一名优秀的管理者是许多人孜孜以求的理想。管理者的定义虽然简单，但要成为一名出色的管理者却有很大的挑战。

随着组织规模的扩大，单个管理者将越来越难以承担起所有的指挥职责。由此就产生了管理者的分类。

一个组织中的管理者，既可以按其在组织中的地位或管理层次分类，也可以按其在组织中所从事的管理工作领域或所起的作用来分类。按管理层次分可将管理者分为高层管理者、中层管理者、基层管理者；按所从事的工作领域则可分为业务管理者、财务管理者、人事管理者、行政管理者、技术管理者和其他管理者等，如图 1－5 所示。

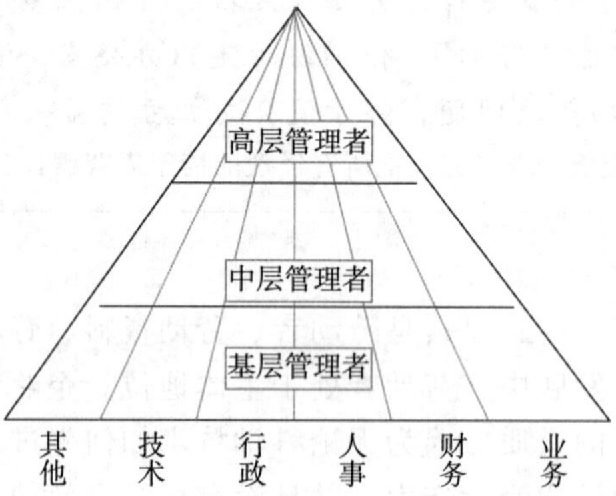

图 1－5　管理者分类示意图

在一个组织中，有各个阶层的管理者，由于他们的责任和权限不同，因此他们的具体工作内容也不同。按在组织中所处的地位，管理者可分为高层管理者、中层管理者和基层管理者，他们各自的职责见表 1－3。

表 1－3　不同层次管理者的职责

类别	实例	主要职责	关注点
高层管理者	组织首脑层，如机关行政首脑，公司总经理等	对组织负有全面责任。主要侧重于决定组织的大政方针和沟通组织与外界的交往联系，为组织创造良好的内外部环境，培植接班人	一个高层管理者不应从事具体事务性工作，应关注企业重大关键问题
中层管理者	工厂里的车间主任，学校里的系主任，机关里的处长等	把上级精神具体化为可行性方案，上情下达，下情上报，协调与其他部门之间的关系，监督本部门工作	承上启下，协调沟通

续表

类别	实例	主要职责	关注点
基层管理者	工厂里的班组长，学校里的教研室主任，机关里的科长等	直接指挥、监督、培训现场作业人员，保证完成上级下达的各项计划和指令	主要关心具体任务的完成情况

在管理实践中，无论高层、中层和基层的管理者，都具有三个共同的责任，即制定计划、承上启下和培植所属主管。不同的是，在计划方面，高层是为了让公司的员工明天有更多的奶酪，在今天就必须对未来有一个长远的打算；而中层是把总体战略计划具体化为竞争性的部门计划，基层在中层计划的基础上进一步具体化为可行方案；在承上启下方面，每层管理者面临的对象不同，但都具有畅通信息的功能；在培植所属主管方面，高层管理者扮演的角色更为重要，他们必须为了组织更好的发展储备高级管理人才，才会使组织后继有人，基业长青。

管理者的职责随着其在组织中地位的不同而不同，但这并不意味着各级管理者的工作在本质上有什么不同，不同的只是侧重点和程度，而不是管理职能。从职能角度看，随着管理者在组织中地位的上升，他将从事更少的直接领导工作和更多的计划工作，见表 1－4。所有的管理者，不管在哪个层次上，都要从事决策、履行计划、组织（人员配备）、领导、控制职能，只不过各项职能的具体内容会随着管理者地位的上升而发生变化，同时他们花在每项职能上的时间也有所不同。

表 1－4　　不同层次的管理者的时间分布

层次/职能	计划	组织（含人事）	领导	控制
高层管理者	28%	36%	22%	14%
中层管理者	18%	33%	36%	13%
基层管理者	15%	24%	51%	10%

资料来源：T. A. Mahoney，T. H. Jerdee，S. J. Carroll：The Jobs of Management. Aindustrial Relations：Vol. 4. No. 2（1965），P. 103。

在管理实践中，还要明确管理者的责任，防止管理错位。所谓管理者错位，是指管理者在组织中没有很好扮演自己的角色，做了管理者自己不该做的事。这种管理者虽然忙忙碌碌，但最终一事无成。例如，高层管理者事必躬亲、中层管理者只管上传下达、基层管理者只管分配任务不管结果。因此，管理者必须学习和理解自己在组织中所扮演的角色，才能很好的履行管理者的职责，让工作卓有成效。

二、管理者的角色

角色

对于管理者在一个组织中所充当的角色（The Role of the Management）这一概念，最早是由美国管理学家彼得 . F. 德鲁克在 1955 年提出的。管理者所扮演的角色，大体上可分成以下三类：管理一个组织（Managing a business），这是从管理研究对象的角度来看；管理管理者（Managing manager），这是从管理者的角度来看；管理工人和工作（Managing workers & work），这是从被管理者的角度来看。亨利·明兹伯格在其1973年出版的《管理工作的本质》一书中曾有过详细的描述。具体而言，管理者在一个组织中充当着三方面共10种角色，如图1－6所示。

图1－6　管理者角色

人际关系方面（Interpersonal roles）。任何一个组织都是一个社会存在体，与周围环境有着千丝万缕的联系，这种内外之间的联系主要地就是由组织中的管理者来承担的。如一个公司的总经理领导着他的公司，并代表这一组织与外部相关的各个组织保持密切的联系，以求得社会各方面的理解与支持；一个部门经理领导着他所在的部门，并且要代表这一部门处理好与公司其他部门之间的关系。因此，管理者在人际关系方面，充当着挂名首脑、领导者角色、联络员角色。

信息传递方面。信息对于一个组织就像血液之于人体一样重要。管理者在各自组织内部信息传递过程中处于中心地位。管理者在信息传递方面，不仅要代表所在组织，作为组织发言人向上级组织或社会公众传递本组织的有关信息，而且要承担信息监督角色，通过对外联系者和对内领导者的身份，收集组织外部和内部各种有用的信息，并作为信息传递者，将组织或外界的有关信息通过会议等形式及时向下属传递，以便下属清楚地开展工作。

决策活动方面。在一个组织中，需要进行各种各样的决策。管理者在一个组织的决策活动中，充当着企业家角色，可以按其意志在上级组织或法律规章允许范围内自主地在组织内部进行变革以适应环境的变化；充当着资源分配者角色，根据组织工作需要和本人的意志进行各种组织资源的分配；在组织内部出现各种矛盾时，管理者作为矛盾排除者出面排除各种冲突；在本组织与其他组织发生冲突时，管理者作为谈判者带领其队伍参加各种正式或非正式的谈判以协调纷争。

尽管管理者们在组织中的地位不同，职责不同，但从他们所从事的工作性质看，他们从事的都是管理工作。而且，无论管理者在组织中的地位如何，其所担负的基本职责是一样的，即：设计和维护一种环境，凝聚一支能力互补、志同道合的队伍，通过分工协作使组织成员能够在组织内协调地开展工作，从而有效地实现组织的目标。管理者的角色与活动描述见表1－5。

表 1-5 管理者的角色与活动描述

角色		描述	典型活动
人际角色	挂名首脑	是所在组织或部门的象征，必须行使一些具有礼仪性质的职责	接待来访者，签署法律文件
	领导者	鼓励下级发挥出高水平的绩效，并有计划地培训、指导下级以促使他们发挥出全部潜能，确保实现组织目标。实际上从事所有的有下级参与的活动	表扬、参与下属活动
	联络者	对组织内外的个人和群体的行为进行联系与协调，建立良好的关系网络	发感谢信，从事有外部人员参加的活动
信息角色	监听者	获取并分析组织内外部的各种信息。有了这些信息，管理者才能有效地识别组织的潜在机会与威胁	与相关人员保持私人联系，阅读相关报告、期刊
	传播者	将组织所获得的重要信息传递给组织成员。确保组织成员有足够的信息，以便切实有效地完成工作任务	信息交流会，电话通知等
	发言人	将组织信息传递给组织内外部成员。管理者运用信息提升组织，以使组织内外部人员对组织作出积极的反应	向媒体发信息，召开董事会议
决策角色	企业家	利用所发现的机会，决定从事何种项目或计划，如何利用资源以提高组织绩效	制定战略，开发新项目
	混乱驾驭者	处理组织所面临的突发事件或危机。在这种情况下，管理者还必须扮演挂名首脑和领导者角色，以保证拥有解决问题或危机所需要的资源	处理危机和突发事件
	资源分配者	将决定组织资源如何运用才能获得最佳的绩效	调度、授权、预算、安排下级工作
	谈判者	需要与组织内其他管理者、组织内外部群体如投资者、消费者等在资源第一分配权方面达成共识。这一角色通常会与资源分配者角色同时扮演	参与收购等活动谈判

管理者能否富有成效的开展工作，离不开管理技能。由于管理工作的复杂多变性，实际运用中管理者的基本技能很难严格定义。一个管理者应具备的技能，目前有许多观点，相对来讲获得广泛认同的是罗伯特·卡茨（Robert·L·Katz）提出的管理者应具备的三种技能，即技术技能、人际技能和概念技能。

技术技能（Technical skills）是指熟悉和精通某种特定专业领域的知识，诸如工程、计算机科学、财务、会计或者制造等。对于基层管理者来说这些技能是重要的，因为他们直接处理员工所从事的工作。

人际技能（Human skills）是指具有良好人际技能的管理者能够使员工对企业充满热情和信心，这些技能对于各个层次的管理者都是必备的。

概念技能（Conceptual skills），是指管理者对复杂情况进行抽象和概念化的技能。运用这种技能，管理者必须具有将组织看作一个整体，理解各部分之间的关系，找出关键影响因素，从而确定和协调各方面关系，权衡不同方案优劣和内在风险，综观全局、洞察企业与环境相互影响之复杂性的能力。

资料链接 1 – 10　　IBM 的"概念技能"

"概念技能"能体现企业的王者之风，IBM 深谙此道。IBM 不惜花费重金大打主题为"电子商务 e – business"的广告，这些广告通常不提具体的产品与服务名称，IBM 目的是什么呢？IBM 想通过广告告诉消费者的是，"电子商务前景美好，IBM 是这个领域的领导者"，其企业形象得到了巧妙的强化与提升。IBM 随后提出的"随需应变"更具有功利性与进攻性，因为它直接为 IBM 拓展市场服务，并间接地抨击其竞争对手没有从客户的需求出发。"随需应变"概念的诞生同样有其特定的产业背景，即客户开始节约 IT 预算支出，理性反思信息化投资，只求合身、适用，不愿浪费、冒进。

资料来源：刘燕君，管理者的"概念技能"，价值中国网，2008 年 06 月。

三种技能对管理者都是需要的，但不同层次的管理者对三种技能的要求程度是不尽管同的。

技术技能对于基层管理者至关重要。越是高层管理者越需要掌握更多的概念技能。无论高层、中层和基层都需要掌握人际技能，如图 1 – 7 所示。

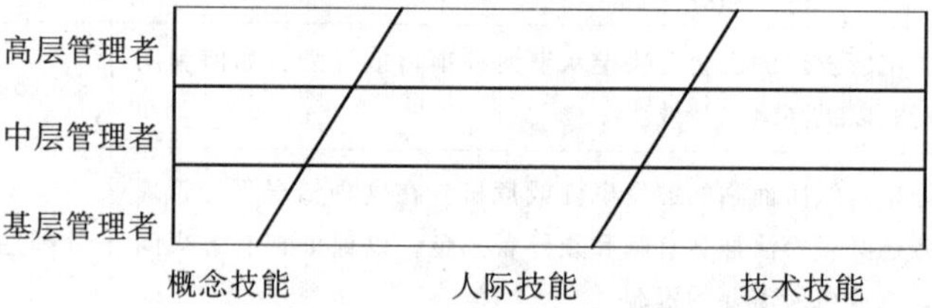

管理技能

图 1 – 7　管理技能与管理层次对应管理

因为技术性技能主要是"处事"（应对的是流程或者实物），而人际交往技能则主要是"待人"。这种技能既体现在个体对上级、同级和下级的感知方式上（以及如何判别他们对自己的感知），也体现在由此而产生的行为反应方式上。拥有这种技能的人能准确地洞悉对方的语境，对组织中其他人的需求和动机会非常敏感，足以判断自己要采取的行动会招致什么样的反应，以及会造成什么样的后果。而一位首席执行官可能缺乏技术性技能或人际交往技能，但如果他的下属们精于此道，他仍然能高效地管理。然而，假如他的概念性技能不强，就有可能危及整个组织的成功。

第四节　本书研究的内容与方法

研究内容与方法

一、何谓"管理学"

管理学是系统地研究管理活动的基本规律和一般方法的科学。它作为一门科学，具有以下学科特点：

1. 管理学科是一门具有很强的实践性特点的应用科学

管理学是人们长期从事管理实践活动的理论总结。它是在管理实践经验的基础上，吸取和运用有关其他学科的研究成果，经归纳提高而形成的管理的系统知识。管理学源于管理实践，反过来又指导管理活动，为管理所运用和为管理实践服务。

2. 管理学科是一门具有很强的综合性特点的交叉学科

管理学是建立在自然科学、社会科学和心理学知识基础上的一门边缘性学科。学好管理学，必须懂得经济学、哲学、心理学、谈判学、生理学、会计学等学科的知识。因为管理学重要的管理对象是人，要管好人，就要懂得人的生理和心理知识，才能够对症下药，并能针对性的找到提高积极性的方法。

3. 管理学科是一门具有很强的动态性特点的发展中的学科

自19世纪20年代科学管理真正产生以来，伴随着科学技术的进步与发展，管理理论已跨越科学管理、行为科学、管理科学、信息管理阶段。例如，20世纪70至80年代的组织文化、20世纪90年代的业务流程再造、及时化制造、敏捷制造、全面质量管理，到21世纪的供需链管理、企业资源规划。伴随信息技术的日新月异，新的管理理论和方法正在不断涌现。

4. 管理学科是一门具有很强的双重性特点的软科学

正如管理性质中所讲，管理是一门科学，也是一门艺术。管理学是一门不精确的学科。不同的人面对同样的问题可以有不同的方法去解决，正所谓的殊途同归。

二、管理理论与方法的地位

管理理论与方法作为一门科学，研究管理活动的规律性，解决与管理活动有关的生产力、生产关系和上层建筑等方面的问题，已形成一个完整的科学体系，其构造形如金字塔，其顶端是具有指导作用的，构成了有理论、有方法、有实践的科学系统。所以管理学，既是管理学的基本组成部分，又是对管理理论的抽象与概括。管理哲学则是对管理学的再抽象概括，是管理学的指导思想。因此，管理科学包括的内容，根据其概括与抽象的程度，可分为管理哲学、管理学和管理学三个层次。

三、管理理论与方法的研究内容

常见的比较通行的研究内容是职能型：即以管理职能为框架，总论加上分论。其主要内容包括：

1. 管理理论的产生和发展

管理理论与方法是一个历史的发展和演化的过程。管理理论和管理思想的形成与发展，反映了管理科学从实践到理论的发展过程，研究其产生和发展是为了继往开来，继承发展和建设现代的管理理论。本书通过对管理理论的产生和发展的研究和介绍，可以使读者更好地理解管理学的发展历程，有助于掌握管理的基本原理。

2. 现代管理的一般原理、制度

任何一门科学都有其基本的原理，管理科学也不例外。管理的基本原理是指带有普遍性的、最基本的管理规律，是对管理的实质及其基本运动规律的表述。诸如：决策的制定、计划的编制、组织的设计、过程的控制等，这些活动都有一个基本的原理，是人们进行管理活动都必须遵循的基本原则。我们必须学习和掌握它，做到活学活用。

3. 管理过程以及相应的职能

管理职能主要是计划、组织、人员配备、领导与控制。这是管理学研究的中心内容。

4. 管理方法

管理方法是实现管理目标所不可缺少的，因而它是管理学研究的重要内容。管理的方法很多，如行政方法、经济方法、法律方法等。一般而言，凡是有助于管理目标实现的各种程序、手段、技术都可以归于管理方法的范畴。管理方法包括各种管理技术和手段。管理功能的发挥，管理目标的达到，都要运用各种有效地管理方法去实现的。

四、学习本门课的方法

1. 案例分析

案例分析是管理学教学联系实际的特色形式，应引起老师高度重视。要求老师要把握好3个环节："案例的精选——案例分析小组的课余讨论分析及陈述——老师的点评。"教师的指导要重点放在引导学生寻找正确的分析思路和对关键点的多视角观察上，而不是用自己的观点影响学生。教师对案例分析的总结与点评，也不要对结果或争论下结论，而是对学生们的分析进行归纳、拓展和升华。

2. 角色扮演

给出一定的案例或要解决的管理问题，由学生扮演其中的角色（也可轮流扮演），设身处地的分析与解决所面临的问题。学生从所扮演角色的角度出发，运用所学知识，自主分析与决策，以提高学生实际决策的技能。

3. 情景剧

由师生共同选择案例，并编写脚本；由学生们进行演出，演出分为两部分：一是所要解决的管理关系与矛盾的展示；二是由角色扮演者现场处理所要解决的问题；演出结束后，全班同学进行评议，分析各扮演者处理是否得当，并提出更好的建议。可以分组进行，有关角色也可以轮流扮演。这种方法可提供更有价值的仿真环境，并且使学生对不断变化与发展的管理问题进行动态的分析与决策，对于训练学生的管理意识与实际管理技能具有重要的作用。

4. 调查与访问

在课上或课外，组织学生进行社会调查，有条件时直接访问企业家，组织学生与企业家对话活动。

5. 网络冲浪

现代教学应充分利用互联网，对管理专业学生而言，这是一种特殊的接触实际的窗口。根据教学进度需要，引导学生登录有关网站，了解现实企业状况，搜集最新信息，学习最新管理知识，思考与分析现实管理问题。

6. 校园体验

通过所学的管理知识，结合学生自己的生活实际，把发生在身边的现象用管理知识参加以分析与解决。

7. 管理沙龙

这是针对管理课程的特点而尝试的一种特殊的教学方式。一般是针对一个特定的管理问题，事先进行较为充分的准备；然后，由学生们集聚在一起，在轻松的氛围中进行畅谈，相互启发，也可以争论，形成相同或不同的思路；并于事后形成文字材料。

8. 构建主义教学法

它改变了传统教学法的三个中心：教师中心、课本中心和课堂中心，转变为以学生为中心，以"项目"为中心，以岗位任务为中心。它是以培养技术应用型人才出发，选择岗位任务或典型事例作为教学的主题，突出技能训练，教师变导演，学生为演员，师生通过共同完成完整的项目，共同评价项目成果开展的教学活动。

关键词

目标（Goal）
资源（Resource）
组织（Organization）
管理（Management）
协调（Cooperate）
管理职能（Functions of Management）
计划工作（Planning）
组织工作（Organizing）
领导工作（Leading）
控制工作（Controlling）
效率（Efficiency）
效益（Effectiveness）
角色（Role）
管理者（Manager）
高层管理者（Top Manager）
中层管理者（Middle Manager）
基层管理者（First - line Manager）

思考题

1. 什么是管理？管理有哪些作用？
2. 管理活动有哪些基本职能？它们之间有什么关系？
3. 为什么说管理是一门科学，也是一门艺术？
4. 论管理二重性的指导意义？举例说明。
5. 访问一位管理者，向他（她）了解他（她）的职位、工作职能、胜任该职务的管理技能等情况。
6. 访问一家公司，每人写出一份简要的调查访问报告，说明该公司取得成功的因素？该公司目前出现问题的原因？怎样才能走出困境，走向成功？
7. 以自愿为原则，3～5人为一组，组建“××模拟公司”，自定公司名称；进行总经理竞聘，每个人以“如何使组织脱颖而出”为题，发表竞聘讲演。

管理定律

“墨菲定律”是一种心理学效应，是由爱德华·墨菲提出的。墨菲定律（Murphy's Law）最简单的表达形式是越怕出事，越会出事。墨菲定律告诉我们，容易犯错误是人类与生俱来的弱点，不论科技多发达，错误都会发生。而且我们解决问题的手段越高明，面临的麻烦就越严重。所以，我们在事前应该是尽可能想得周到、全面一些，如果真的发生不幸或者损失，应积极应对，关键在于总结所犯的错误，而不是企图掩盖它。

案例分析讨论

升任公司总裁后的思考

李华最近被一家生产机电产品的公司聘为总裁，在他准备去接任此职位的前一天晚上，他回忆起在该公司工作20多年的情况。他在大学时学的是工业管理，大学毕业到该公司工作。最初担任液压装配单位的助理监督，他当时感到真不知道如何工作，因为他对液压装配所知甚少，在管理工作上也没有实际经验，他感到几乎每天都手忙脚乱，可是他坚持学习，仔细阅读该单位所定的工作手册，并努力学习有关的技术书刊，监督长也对他主动指点，使他渐渐摆脱了困境，胜任了工作。经过半年多的努力，他已有能力担任液压装配的监督长工作。可是当时公司没有提升他为监督长，而是直接提升他为装配部经理，负责包括液压装备在内的四个装备单位的领导工作。

在他当助理监督时，他主要关心的是每日的作业管理，技术性很强，而当他担任装配部经理时，他发现自己不能只关心当天的装配工作状况，他还在做此后数周乃至数月的规划，还要完成许多报告和参加许多会议。他没有时间去从事他过去喜欢的技术工作。当上装备部经理不久，他就发现原有的装备工作手册已基本过时，因为公司已安装了许多新设备，吸收了一些新技术，这令他花了整整一年时间去修订工作手册，看是否切合实际。在修订手册过程当中，他发现要让装备工作与整个公司的生产作业协调起来，是需要很多讲究的。他还主动到几个工厂去访问，学到了许多新的工作方法，他要把这些吸收到修订的工作手册中去。由于该公司在生产工艺频繁发生变化，工作手册也不得不经常修订，李华对此都完成得很出色。他工作了几年后，不但自己学会了这些工作，而且还学会如何把这些工作交给助手去做，教他们如何做好，这样他可以腾出更多时间用于规划工作和帮助他的下属工作做得更好，以及花更多的时间去参加会议和完成自己向上级的工作汇报。

当他担任装配部经理6年之后，正好该公司负责规划工作的副总裁辞职应聘于其他公司，李华主动申请担任此一职务，在同另外5名竞争者较量之后，李华被正式提升为规划工作副总裁。他自信拥有担任此新职位的能力，但高级职务工作的复杂性，使他在刚接任时碰到不少麻烦，例如他感到很难预测1年之后产品的需求情况，可是一个新的工厂的开工乃至一个新产品投入生产，一般都需要在数年前做好准备。而且在新岗位上他还不断的处理市场营销、财务、人事、生产等部门之间的协调，这些他过去都不熟悉，他在新的岗位上越来越感到：越是职位上升，越难以仅仅按标准的工作程序去进行工作。但是他还是渐渐适应了，做出了成绩，以后又提升为负责生产工作的副总裁，而这一职位通常是由该公司资历最深，辈分最高的副总裁担任的。现在李华又被提升为总裁，他知道一个人当上了公司最高主管职位之时，他应该自信自己有处理可能出现任何情况的才能，但他也明白自己还没有达到这样的水平。因此，他想到自己明天就要上班了，今后数月的情况会是怎样？他不免为此而担忧。

问题：

1. 李华担任助理监督、装配部经理、规划工作副总裁和总裁这四个职务，其管理职责各有何不同？能概括其变化的趋势吗？请结合基层、中层、高层管理者的职能进行分析。

2. 你认为李华要成功地胜任公司总裁的工作，哪些管理技能是最重要的？你觉得他具有这些技能吗？试加以分析。

3. 如果你是李华，你认为当上公司总裁后自己应该补上哪些欠缺才能使公司取得更好的业绩？

第二章　环境与战略管理

本章要点

1. 管理与环境的关系
2. 管理环境的构成
3. 战略的内涵和组织战略的制定
4. 组织战略的类型
5. 环境与战略的关系

导入案例

婴儿与尿布

提到婴儿，你会想到哪两种产品？——牛奶和尿布，二者同等重要。而想到尿布你又想到了谁？——日本锦公司的多川博。锦公司的多川博和尿布的不解之缘，让他自己都感到奇怪，当太平洋战争的炮火打破神户商业大学毕业的多川博的梦想后，只好在其岳父一个有三十名职工的、生产胶质尿布、雨衣等产品的小厂当帮手。多川预计，战争结束后会出现生孩子的高峰，便建议工厂专门生产尿布。他预料尿布肯定会随着婴儿出生率的提高而扩大。然而，他没有料到，战后经济异常困难的日本，谁肯把钱花在买尿布上，因此，工厂的产品滞销，营业额下降。

严酷的现实面前，多川日夜为推销产品绞尽脑汁。直到1955年日本经济由复兴转向准备起飞时，锦公司正式成立，1959年接任经理。到20世纪80年代中期，年营业额已达73亿日元。在经营过程中，多川发现：尿布的销售量并不和婴儿的出生率成正比，而是同家庭的生活水平及文化程度成正比。

多川在重视扩大销路的同时，也倾注心血与改进生产技术，积极推进工厂的机械化和自动化。

点评：任何公司运营，都离不开环境提供的资金、物资设备、信息、时间等要素，环境是组织生存的土壤，既给组织提供机会，又有可能带来威胁。同时，管理对环境也不是无能为力，只有对管理的对象及各要素进行分析，趋利避害的抉择，才能使组织持续存在，多川博的锦公司也不例外。

第一节 管理与环境的关系

一、组织环境的界定

组织环境是指存在于一个组织内部和外部的影响组织业绩的各种力量和条件因素的总和。本章主要讨论组织的内部和外部环境。

任何组织都是在一定环境中从事活动的；任何管理也都要在一定的环境中进行。组织与外界环境之间不断地进行着各种物质和信息的交换，这种交换主要表现为组织的投入和产出。一方面组织要从外界环境中获得各种投入，比如资金、原材料、零部件、技术、信息和员工等；另一方面组织经过内部转化，把从外部获得的投入转化为有效的产出，并以产品或服务的形式提供给外部环境。因此，管理环境的特点制约和影响管理活动的内容和进行。组织环境的变化要求管理的内容、手段、方式、方法等随之调整，以利用机会，趋利避害，发挥优势，扬长避短，更好地实施管理。

二、组织环境的分类

（一）根据环境因素对组织的影响程度，将管理环境因素分为一般环境因素、具体环境因素和内部环境因素

一般环境因素（宏观环境）：是指可能对这个组织的活动产生影响、但其影响的相关性却不清楚的各种因素。包括政治、经济、社会文化、技术、自然等（PEST），也可称为宏观环境。

具体环境因素又称任务环境因素（微观环境）：是指对某一具体组织目标实现有直接影响的那些外部环境因素。主要包括供应商、客户或顾客、竞争者、政府机构或压力集团等。

内部环境因素（微观因素）：是指影响企业为环境提供服务的组织内部条件。通常表现为组织的各种素质条件。包括组织结构有效性、盈利能力、生产能力、营销能力、技术研发能力等，如图 2－1 所示。

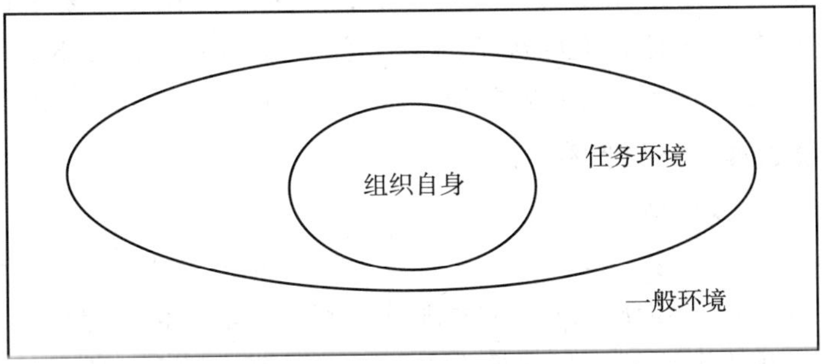

图 2－1 组织环境构成

（二）著名组织理论家汤姆森（J. D. Thomson）提出外部环境具有两个特点即“变化程度与和谐程度”

变化程度指环境因素处于相对待稳定或发生变化的状态，和谐程度指环境因素变化相对

的简单性或复杂性。他认为有 4 种典型的组织环境，见表 2－1。

表 2－1　组织环境分类

环境状态		变化程度	
		稳定	动荡
和谐程度	简单	(1) 稳定、简单环境：环境影响因素较少，环境因素变化不大，环境因素容易了解。	(2) 动荡、简单的环境：环境影响因素较少，但在不断的变化之中，环境因素比较容易掌握。
	复杂	(3) 稳定、复杂的环境：环境影响因素多，环境因素基本保持不变，掌握环境因素较难	(4) 动荡、复杂的环境：环境影响因素多，且处于不断的变化之中，掌握环境因素困难。

(1) 相对稳定和简单的环境。在这种管理环境下，管理者容易作出正确的决策，运用机械式的组织机构，标准化的管理来降低管理成本。

(2) 动荡而简单的环境。在这种环境下，组织应采取反应式组织机构应对环境变化。但组织面临的竞争对手不多，涉及的政府管理部门也有限，但需要组织对变化的环境作出快速反应。

(3) 相对稳定但极为复杂的环境。这种管理环境下，竞争对手众多，所涉及的政府管理部门、供应商也很多。组织应采用有机式的、分权式的组织机构应对环境的复杂性。

(4) 动荡而复杂的环境。这种管理环境是不确定性极高的环境。在这种环境下，管理者既要关注内部信息传递的有效性，又要对外部环境作出快速反应，还要考虑横向的信息沟通。比如，一些 IT 行业，就是这种环境，技术更新速度快、竞争激烈、竞争对手多。这就需要企业采用预见性（权变性）组织结构去应对复杂多变的环境。

三、组织环境的管理

组织与环境都是自然的产物，它们相辅相成、相互影响。管理者可以而且应该学会如何管理环境。一般而言，除了某些大型的实力集团，能够对改变其环境施加一定影响外，大多数组织面对外部环境的因素是无能为力的，因而常常是环境主宰着组织，组织顺应着环境。但这并不是说管理者对外部环境的影响就坐以待毙了，管理环境虽有困难但又是可为的。说它困难是因为环境的组成因素是多变的、复杂的，环境的变化有时是不以主观意志为转移的，对组织的影响与作用有时是不可抗拒的；说它可为是因为不论环境是自然的还是社会的，都不是一成不变的，都有一定的规律是可以认识、可利用、可转化的。

（一）组织环境管理的一般步骤

1. 了解环境因素的变化情况

环境的复杂多变与客观性，是不以人的意志为转移的，管理者首先要学会借助各种渠道与方法去认识、了解环境，并研究其变化的规律，预测环境变化的趋势及其可能对组织产生的影响。这就要求管理者要花费大量的精力去深入实际调查研究，收集各种信息，掌握第一手资料，在众多因素中认清影响组织目标实现的关键因素和有利因素。

2. 进行分析研究，确定环境因素对组织的影响

通过对环境中的因素进行分析，进行归纳整理，找到环境中的因素哪些是对有利的因素、可控的因素，哪些是不利的因素和不可控因素，为制定对策作参考。

3. 对各种环境因素的影响制定相应对策

管理者在认清有利和不利的环境因素后，就要对各种环境因素的影响制定出相应的对策。对有利的环境因素，在符合组织目标和任务，又能发挥组织核心竞争力的因素，要想方设法把环境的有利机会转化为组织机会，推动组织的发展。对于不利的因素要避开它或者影响它，化不利为有利。

（二）对不同的环境因素采用的具体管理办法

1. 对一般环境因素，主要是如何主动适应它

一般环境属于组织的不可控因素，例如，党和国家的方针政策、经济发展水平、通货膨胀的变动速率等，组织是不能控制的。但是组织可以预见它的变化趋势，进而去抓住环境中出现的机会，避开环境中的威胁，通过趋利避害，加速组织目标的实现。例如，环保法的出台，对于传统造纸和制药行业是一种威胁，但企业如果提前引入污水处理设施，走循环经济发展的道路，环保法带来的反而是机会。组织适应环境常见的方法有：

（1）成立跨越边界的组织。即组织通过成立销售代表、攻关组织、俱乐部等，畅通组织内外的信息沟通，克服组织内部合作，以及组织与外部合作的种种障碍，加强各部门之间、组织与外部环境之间的互助合作，实现组织真正的协同效应。

（2）采取柔性计划法。面对客观环境的变化，人们无法真正的让计划百分之百与未来的环境相吻合，这就需要在制定计划的时候要有备用计划，在实施中可以做到处变不惊，此路不通另辟他途。

（3）管理者要提高预见力。凡事预则立，不预则废。高的预见力，可以使管理者对未来环境中的未知程度降到最低，真正实现未雨绸缪、未卜先知，把未来环境中的不确定因素给组织可能带来的损失降到最低。

（4）合资。组织面对一个完全陌生的环境时，通过合资经营管理的方式，双方或多方共同参与冒险的行为，来分散风险，增强环境的适应能力。像外商投资企业最早进入中国市场开展经营活动，大多选择合资经营的方式来规避风险。

2. 对任务环境，应该通过努力加以影响

任务环境是属于半可控因素，为此组织可采取一些方法去影响它，使任务环境向着有利于组织的方向去发展。常见的管理措施有：

（1）广告（Advertising）。广告的广而告之，可以使一个默默无闻的企业一夜成名。通过广告传递产品或服务信息，可以帮助顾客认识商品、唤醒购买欲望，吸引消费者前来购买，培养忠诚客户。

（2）公共关系（Public Relation）。当组织受到其他组织威胁或危害时，管理人员常采用舆论的力量来对抗这些威胁，改变组织不利的地位。例如，肯德基面对苏丹红的威胁，借助把管理人员带头吃肯德基的场面以新闻报道的形式，通过报刊报道出来，引导舆论的导向，进而使企业化解危机。

（3）政治力量（Political Activity）。在一个相对封闭的市场，组织进入该市场并成功开展经营活动，就要善于借助政府机构的力量。例如百事可乐最初进入印度市场，就是通过和印度政府签订“向印度提供农副产品深加工技术”而获得印度政府的好感，才得以进入进度市场的。

（4）联盟（Trad Associations）。所谓联盟，是指一个组织与其他组织为某一共同的目的

而团结起来，包括合资、建立战略联合体等。管理人员常用联合的方法控制其主要供应商以确保资源的稳定供应，或联合起来对付强大的竞争对手。

第二节　管理环境的构成

一般环境

一、一般管理环境因素

通常而言，一般环境因素是指给组织带来机会和威胁的因素。主要包括政治、法律、经济、社会、科学技术、人口和自然等方面，这些环境因素是通过对任务环境的影响而对组织产生影响的，因此又称为间接环境因素，但各个组织中的管理者仍必须考虑这些因素。例如，通货膨胀的变动速率会影响到管理者所作出的采购决策、筹资决策等，需要管理者密切关注其变化趋势。

（一）政治、法律环境

政治、法律环境指国内外政治形势与党和政府制定的方针、政策、法律和规定。这些都会对一个组织产生重大影响。

政治环境对一般组织的影响主要表现在一国或地区政局的稳定性、政策的连续性和政府对各类组织或活动的态度上。政局的稳定性和政策的连续性影响一个组织长期发展战略的制定；而政府对各类组织和活动的态度则决定了各个组织可以做什么、不可以做什么。例如，政府如果认为电信业要由政府经营，其他民营企业就很难涉足该行业。

法律环境是指企业和外部发生经济关系时所应遵守的各种法律、法规和规章。与组织有关主要法律法规有：对反垄断法、证券法、环境保护法、税法、外贸规定、劳动法、反倾销法、合同法、商标法、广告法、消费者权益保护法等。

改革开放以来，我国的政治法律环境是稳定的，构建和谐社会成为时代发展的主旋律，为企事业组织的发展提供了很好的发展机遇。进入新时代，伴随着我国各项事业的发展，国内外形势发生了深刻变化，强调坚持以人民为中心、人民当家作主，坚持新发展理念、全面依法治国、建设社会主义核心价值体系、在发展中保障和改善民生。但还应该看到，改革开放，加入 WTO，经济全球化，中国企业进军国际市场，使得世界政治环境对我国的企事业组织影响力加强。这就要求我国企事业组织要不断了解各国的政策环境，力争与国际接轨。

国际政治环境与国内政治环境相比，具有一些突出的特点，主要表现在：

1. 政策的多变性

各国为了保护本国的幼稚工业的生存和发展，可能改变以往的政策法规或出台一些新的政策，来限制外来工商企业的入侵，提升本民族企业的竞争力。例如，欧美国家为了限制中国彩电业、钢铁业的进入，保护本国的同行企业，都频频的把反倾销的大棒挥向中国企业，严重影响中国企业的国际化进程。

资料链接 2－1　　贸易救济措施（Trade Remedy）

经济全球化，企业为寻求更大发展，往往选择走出去战略，例如，海尔走出去选择有机扩张战略。1999 年开始在美国投资利用差别化产品，微型电冰箱和冷冻葡萄酒，争取美国市场。长虹走出去采用的OEM路线。长虹将生产的电视产品贴上APex的品牌，以分销的方式卖给APex。Apex负责将产品销往沃尔玛等大卖场。TCL走出去选择并购战略。TCL与法国汤姆逊公司合资组建TAT。宝钢走出去选择的是合资战略，与巴西的CVRD公司进行战略合作，合资组建宝华瑞公司，与日本新日铁公司联建汽车板工厂。格兰仕和福耀走出去选择的是贴牌路线。但由于反倾销、反补贴等贸易救助措施的存在，企业走出去发展都会面临风险，长虹和TCL都受到彩电反倾销的影响。而宝钢反倾销应诉案件也多达13个。因此，企业走向海外，要了解贸易救助措施，建立预警机制。

贸易救济措施是为了保护本国贸易安全而制定的措施。中国的贸易救济措施主要包括反倾销、反补贴、保障措施，此外，中国对外贸易法还规定了其他救济措施，如适用服务贸易的保障措施，针对进口转移的救济措施，其他国家未履行义务时的救济措施，反规避措施，预警应急机制等。

贸易救济措施是一把双刃剑，在当前世界经济复苏乏力的大背景下，审慎、克制、规范使用贸易救济措施是正道。

资料来源：根据网络资源整理，2022-03。

2. 国际政治环境的不确定性

随着苏联的解体、中国的崛起、欧共体的形成和美国实力的削弱，国际政治局面呈多极化趋势，民族问题、种族问题、宗教问题等引发的争执增多，导致局部地区动荡不安，给国际性生产经营活动带来了许多不确定因素。

3. 政治制度多样化

所谓政治制度是指在特定社会中，统治阶级通过组织政权以实现其政治统治的原则和方式的总和。各国政治制度不同，政府干预企业的程度也不同，也需要企业认真的研究和对待。

（二）经济环境

经济环境是指企业所面临的外部社会经济条件。通常包括：经济发展阶段、消费者收入水平、消费结构、消费者储蓄和投资机会与消费者信贷水平、经济增长率、通货膨胀率、失业率、进出口总额、银行利率、税率、汇率、资源分布状况等。它是制约企业生存和发展的重要因素。

随着经济全球化的发展，组织活动所跨越国界或区域越来越广，组织必然会受到国内和国际经济形势的双重影响，组织管理者必须对国际经营形势的变化保持高度的敏感性，以适应或影响变动中的经济环境。

通常，一个国家所处的经济发展阶段不同，其强化的重点行业和支柱产业也会不同，并由此会带动相关产业的高速发展。组织管理者对此必须有清醒的认识。

消费者收入水平直接影响市场容量和消费者支出模式，从而决定购买力水平。消费者支出模式的变化，继而使一个国家或地区的消费结构发生变化。消费结构是指消费过程中人们所消费的各种消费资料（包括劳务）的构成，即各种消费支出（吃、穿、用、娱乐、教育、卫生与健康）占总支出的比例关系。

人们的收入主要用来：消费、储蓄和投资。当收入一定时，储蓄越多，投资机会越多，现实消费量就越小，但潜在的消费量越大；反之，储蓄越少，投资机会越少，则现实消费量就越大，但潜在消费量就小。从我国目前情况来看，消费者储蓄对现实消费影响的比重最大。

消费者信贷是指消费者凭信用可先取得商品使用权，然后通过按期归还贷款的方式完成商品购买的一种方式。随着我国居民的收入增长水平提高，人们的消费观念发生了深刻变化，按揭贷款以及信用卡消费等消费者信贷方式在我国购房消费上呈普遍现象，消费者信贷水平也逐步提高，这些新情况新动向对组织经营决策都有重大影响。

另外，通货膨胀率、利率、汇率等，对组织的进出口政策、投资决策都有重要的影响。资源短缺也成为各组织必须面对的重要问题。

表 2－2　　2021 全球人均 GDP 排行榜前 10

Country/Economy	GDP per caplta (Nominal) (5)						Growth (%)	GDP (Nominal) ($)		Continent
	2020	Rank	2021	Rank	% world	diff	2021	2021	Rank	
Luxembourg	109,602	1	125,923	1	1,070	-	5.86	80.39	69	Europe
Ireland	79,669	3	90,478	2	769	35,445	4.94	457.5	29	Europe
Switzerland	81,867	2	90,358	3	768	120	3.58	790.7	18	Europe
Norway	67,989	4	76,408	4	649	13,950	3.56	414.2	31	Europe
United States	63,051	5	66,144	5	562	10,264	3.08	21,922	1	North America
Denmark	58,439	7	63,645	6	541	2,499	3.50	370.6	37	Europe
Singapore	58,484	6	62,113	7	528	1,532	4.98	362.5	40	Asia
Iceland	57,189	8	58,371	8	496	3,742	4.11	21.58	110	Europe
Netherlands	51,290	11	58,029	9	493	341	4.05	1,006	17	Europe
Sweden	50,339	12	57,660	10	490	370	3.47	612.0	24	Europe

资料来源：Statistics Times 2021 全球人均 GDP 排行榜。

“2021 全球人均 GDP 排行榜”显示，卢森堡排名世界第 1，爱尔兰排名世界第 2，美国排名世界第 5，新加坡排名世界第 7，澳大利亚、加拿大、英国和中国分别排名第 11、19、23 和 63 位。人均 GDP 是一个国家或地区的 GDP 与当地常住人口总数的比值，是衡量当地人民生活水平的重要指标。

2021 年中国人均 GDP 约超 1 万美元，美国约 6.5 万美元。正视我国人均收入刚刚进入中等收入国家的较低水平，要迈过“中等收入陷阱”进入高收入国家行列，还必须付出长期不懈的艰辛努力。

（三）科学技术环境

科学技术在任何组织环境中所起的作用都会越来越强大。科学技术环境通常指所在国家或地区政府对研究的投入、新技术的发明和进展、技术传播速度、折旧和报废速度等方面因素构成。

20 世纪后期以来，技术的变化日新月异，信息技术、生物科技、空间技术、敏捷制造、激光、集成电路、新材料、新能源等层出不穷。科技的创新使产品的生命周期越来越短；信息技术的出现，改变了组织的管理方式（电脑化管理），改变了消费者的购买方式（网上购物与电子商务）；新材料、新能源的出现，降低了产品的生产成本，为新产品开发，提供了更广阔的空间；敏捷化制造改变了组织的生产模式（小批量多品种生产模式取代大批量单一品种生产模式）。任何组织欲求生存，都必须在产品、服务、经营方式等方面，保持技术的先进性。

（四）人口环境

人口环境是指人口的数量、分布、年龄和性别结构等情况。人口环境既是组织开展各种活动必要的人力资源条件，又是组织的产品和劳务的市场条件，因而是组织的重要外部环境。

1. 人口数量

在收入水平和购买力大体相同的条件下，人口数量的多少直接决定了市场规模和市场发展的空间，人口数量与市场规模成正比。

人口的增长速度对盈利和非盈利性组织有很大的影响，人口增长意味着人类需求的增长。但只有在购买力保证的前提下，人口增长才意味着市场规模的扩大。反之，人口增长会导致人均收入下降，需求档次降低。

2. 人口结构

人口结构包括人口的年龄结构、教育结构、家庭结构、收入结构、职业结构、性别结构、阶层结构和民族结构等多种因素。其中，人口的年龄结构最主要，直接关系到各个行业在未来的走势是夕阳行业还是朝阳行业。例如，人口老龄化、出生率降低，会给保健品市场、高级餐馆带来机会，而对儿童用品行业、教育行业、房地产行业带来威胁会；中国现阶段人口已有原来的金字塔结构（即儿童、青少年比重大，老年人口比重小），向橄榄形（劳动年龄人口比重较大）过渡。具体来说，人口年龄结构的变化将表现出如下特征：①接受高等教育年龄人口比重将会增加。②劳动年龄人口比重略有增大。③老龄化人口占的比重正在上升，东南沿海部分城市已进入老龄化社会。

人口受教育程度不同，对市场也会产生一定的影响。如，对于受教育程度低的人口，广告就得突出公司形象而不是产品；对于受教育程度高的人口，接触广告媒体更多的会是文字、互联网。

家庭是构成社会的最基本单位，也是构成市场的最基本的消费单位。从生活必需品、日常用品到耐用消费品，绝大多数商品都是以家庭为单位而购买和消费的。由于人们生育观念的改变，中国三口之家、丁克之家增加，家庭规模趋于小型化。非家庭住户增多，如单身、同居户、集体住户等。这就给经营家庭用品的行业提供了新的市场机会。

3. 人口分布

人口分布可以从人口的城乡分布与地域分布两方面考察。一是越来越多的人口从农村流向城市，导致大城市人口密集，需求水平高，物价也高；二是从欠发达地区流向发达地区，导致中国东南沿海经济发达地区人口密度大，消费水平高。三是从城市中心流向小区，城市出现空心化现象。这些人口的移动都会对商品的需求带来影响。同时还要看到，随着城乡一体化发展进程的加快，中国西部的大开发，中部的崛起，为组织的发展提供了新的发展空间。

资料链接 2－2　　流动人口的变迁

2015 年，我国流动人口规模达 2.47 亿人，占总人口的 18%，相当于每 6 人中有 1 人是流动人口。2016 年全国流动人口规模比 2015 年份减少了 171 万人，2017 年继续减少了82万人。在新生代流动人口中，“80后”所占比重为35.5%；其次是“90后”，占24.3%，“00后”和“10后”的占比分别为19.3%和20.9%。未来10～20年，我国仍处于城镇化快速发展阶段，按照《国家新型城镇化规划》的进程，2020年我国仍有2亿以上的流动人口。“十三五”时期，人口继续向沿江、沿海、沿主要交通线地区聚集，超大城市和特大城市人口继续增长，中部和西部地区省内流动农民工比重明显增加。二是出现以省会城市为中心的流动态势，但流动人口继续向沿海、沿江、沿主要交通线地区聚集的长期趋势不会改变。

2018年中国人口总人数约为：13.9008亿人，除主体民族汉族以外的其余55个法定少数民族人口占总人口的8.49%，中国少数民族的数量为55个。其中中国男性人口数量：71137万人，女性人口数量：67871万人。

资料来源：国家卫健委发布《中国流动人口发展报告2018》。

（五）社会文化环境

社会文化环境主要由组织所在国家或地区的教育水平、价值观念、宗教信仰、风俗习惯及人们的道德等因素构成，它们通过行为规范（风俗、道德）、生活方式（宗教信仰、教育水平、价值观念）的改变影响一国群体工作作风，并进而影响该国各组织的经营管理。

社会文化环境对一个组织的行为规范有很大影响。例如，美国和中国价值观念不同，中国人喜欢储蓄，美国人喜欢消费，对于营销工作者而言，在引导消费者购买的用语上就要有很大区别；还有宗教信仰的不同，也影响到组织的广告宣传活动。

资料链接2－3　　索尼赔了夫人又折兵的广告宣传

日本索尼公司的音响产品开拓泰国市场的时候，由于在相当长的时间内难以取得预期的效果，于是制作了这样一个广告：如来佛祖闭着眼睛在半眠的状态下接受膜拜，似乎无动于衷；就在这时候，渐渐地，如来突然动作起来，并四处寻找；而声音也渐渐响了起来，随着优美的旋律，如来终于喜不自禁地跳起了迪斯科，它的轰动效应却是立竿见影。但泰国是一个佛教国家，索尼却冒昧地拿佛祖为其产品宣传，无疑触犯了“忌讳”，引起众怒。于是，泰国责令索尼立即停止播放此广告，同时规定，在随后的一年里，索尼公司不得在任何公众媒体刊登任何有关索尼的信息。在这个著名的“索尼广告风波”当中，对于当初仍算是小企业的索尼来说，无疑是犯了一个极大的错误。

资料来源：网店营销禁忌效应——知道顾客不喜欢什么，https：//blog.csdn.net/newwancome0/article/details/4466395。

总之，中国的社会文化环境随着中国开放程度的提高，世界一体化进程的加快，近几年又有一些新的变化：

（1）生活方式多样化。随着人民生活水平的提高，人们的消费需求、生活方式趋向于多样化。传统的“节俭型”消费、“储蓄型”消费、“享受性型”消费、“健康型”消费同时并存。如何倡导健康的生活方式，构建和谐的社会环境，这将对我们社会各类组织提出新的课题。

（2）价值观念不断更新。许多传统的价值观随着时代的发展被新的价值观所替代，尤其年轻的一代，学会花钱替代了学会储蓄，社会出现很多"月光族"。今天被认为错误、可笑的价值观，明天被认为是正确的、理所当然的。例如，拜金主义的回潮，对酒当歌，人生几何等，过去批判的、被认为是颓废的价值观，又被很多人推崇。在社会转型期，如何加强人们的信仰教育，如爱国主义、集体主义教育，树立正确的价值观、人生观，如人人为我、我为人人，乐于奉献、敬业爱岗、吃苦耐劳等，形成良好的生活、工作习惯，这也需要社会各类组织去思考，去面对。

（六）自然环境

自然环境主要由组织所在地区的地理位置、资源状况和气候等因素所构成。是一般环境因素中相对稳定的因素。

地理位置是组织所在的地理方位。不同地理方位，组织所面临的自然条件、经济条件都会有差异。例如，我国东南沿海道路建设相对完善，就便于组织向市场提供自身的产品和服务。

资源状况包括组织所需要的原材料、电力、顾客源。对于企业来讲，资源条件是组织发展的重要制约条件之一，原材料和电力的供应直接决定生产活动能否顺利进行。而客源的多少，购买力的大小会影响到企业的营销业绩。当组织所面临的资源条件好时，组织生存发展的条件就好。

气候条件会影响到组织的产品决策、生活习惯和工作习惯。例如，东北地处寒带，以东北市场为目标的汽车制造商，就要加上防滑装置，而以热带为目标市场的汽车制造商就要加上防潮装置。还有寒冷地带人们喜欢户内工作，而热带地区的人则不喜欢户外活动。

随着社会的发展，自然资源的短缺将会制约组织的生存和发展，这就要求组织要节约利用资源，走低碳、循环经济发展的道路，已很好的保护我们赖以生存的自然资源环境。

二、具体环境

具体环境是指这些环境因素能够对组织绩效产生积极和消极的直接影响，因此，也可以叫直接环境因素。每个组织所面临的具体环境因素是有差异的。一般情况下组织具体环境包括供应商、顾客、竞争者、管制机构和社会压力群体。

（一）资源供应商

向该组织提供其所需资源的人或单位，不仅包括设备、人力、原材料、资金，也包括信息、技术、服务和关系等。由于组织在运行过程中依赖于供应者的资源供应，一旦主要的资源供应者发生问题，就会导致整个组织运转的减缓或中止。

（二）顾客

顾客是指一个组织为其提供产品或劳务的人或单位，如企业的客户、商店的购物者、学校中的学生和毕业用人单位、医院的病人、图书馆的读者等，都可称其为相应组织的顾客或服务对象。

面对顾客，卓越的组织就是善于建立客户档案，加强客户关系管理，分析了解顾客的需求和爱好，使组织提供的产品和服务能够投顾客之所好。

（三）竞争者

是指与该组织争夺资源、服务对象的人或组织。没有一个组织可以忽视竞争对手，否则就会付出沉重的代价。这些组织要么争夺资源，要么争夺服务对象。

最常见的资源竞争是人才竞争、资金竞争和原材料竞争。对经济资源的竞争可能来自于不同类型的组织。当各组织竞争有限资源时，该资源的价格就会上扬。例如当资金紧缺时，利率就会上升，组织的营运成本就会上升。

基于顾客的竞争。当组织面对同一个顾客提供相同或不同的产品和服务时，组织之间就产生了竞争。要想竞争取胜，聪明的公司是把为顾客提供的满意度稍高于竞争对手为顾客提供的满意度，或者与竞争对手联合。

（四）政府主管部门（管制部门）

政府管制部门拥有特殊的权力，可制定相关的政策法规、规定价格幅度、征税、对违反法律组织采取必要的行动等，而这些对一个组织可以做什么和不可以做什么以及取得多大的收益，都会产生直接的影响。

（五）社会特殊利益代表组织（压力群体）

是指代表社会某一部分人的特殊利益的群众组织，如工会、消费者协会、环境保护组织等。他们虽然没有像政府部门那么大的权力，但却同样可以对各类组织施加相当大的直接影响。

三、组织内部环境

（一）组织内部环境的含义

组织的内部环境是指与组织活动有关的各种内部因素的组合。包括：组织文化（组织内部气氛）和组织经营条件（组织实力）。

（二）组织文化

组织文化是处于一定经济社会文化背景下的组织，在长期的发展过程中逐步生成和发展起来的日趋稳定的独特价值观，以及以此为核心而形成的行为规范、道德准则、群体意识、风俗习惯等。是对组织成员的软约束。优秀的组织文化会形成科学合理的规章制度，调动人的积极性。

（三）组织经营条件

组织经营条件决定着组织为顾客提供服务的能力和水平。通常有以下几个因素所决定。

（1）组织盈利能力。表现为：总资金利用率、销售额利润率、盈亏平衡情况、总资金周转率、流动资金周转率。

（2）营销能力。表现为：市场占有率、产品畅销率、品牌知名度。

（3）生产与技术研发能力。表现为：生产率、设备利用率、新产品率、产品生命周期等。

（4）价格竞争力。表现为：价格操控能力、价格适应能力。

（5）人员素质。表现为：人员知识结构、技术水平、服务态度。

（6）执行力。表现为：计划达成率。

（7）产品成本水平控制能力。表现为：与同行相比成本水平高低。

（8）经营管理水平。表现为：资产保值增值率。

(9) 质量管理水平。表现为：产品合格率、质量问题投诉率。

(10) 企业信誉度。表现为：产品信誉、财务信用、消费者反应。

第三节　管理环境分析方法

分析方法

一、盈亏平衡分析法

盈亏平衡分析是通过盈亏平衡点（BEP）分析项目成本与收益的平衡关系的一种方法。所谓盈亏平衡点是指销售总收入等于总费用时所对应的产量点或销售量点（见图 2-2）。各种不确定因素（如投资、成本、销售量、产品价格、项目寿命期等）的变化会影响投资方案的经济效果，当这些因素的变化达到某一临界值时，就会影响方案的取舍。盈亏平衡分析的目的就是找出这种临界值，即盈亏平衡点（BEP），判断投资方案对不确定因素变化的承受能力，为决策提供依据。

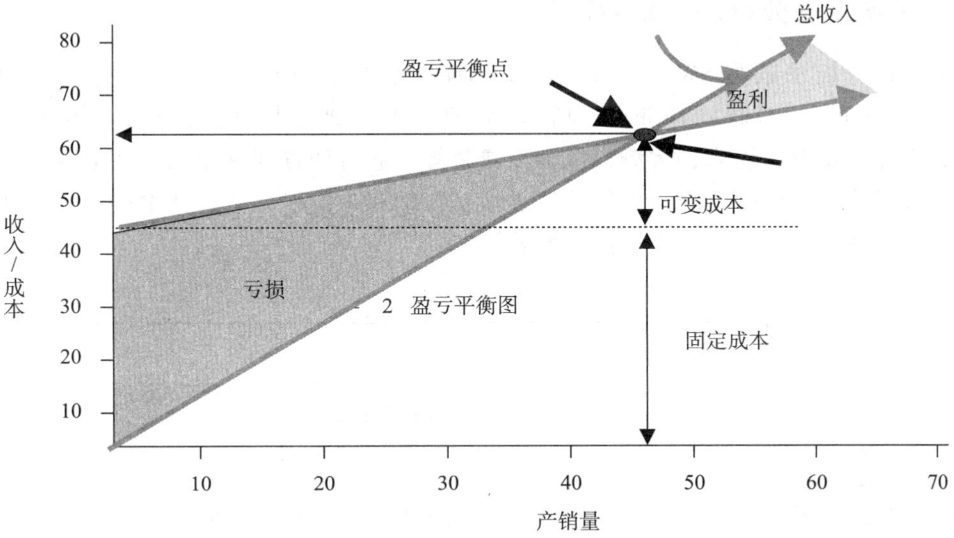

图 2-2　盈亏平衡图

（一）销售收入、成本费用与产品产量的关系

1. 销售收入与产量（销量）的关系

若项目的投产不会明显地影响市场供求关系，假定其他市场条件不变，产品价格不会随该项目的销售量的变化而变化，可以看作常数。销售收入与销售量呈线性关系：

$S = P \times Q$

式中，S——销售收入；P——单位产品价格；Q——产品销量。

2. 总成本费用与产量的关系

总成本费用是固定成本与变动成本之和，它与产品产量的关系也可以近似为线性关系，即：$C = F + C_V \times Q$

式中，C——总成本费用；F——固定成本；C_V——单位变动成本；Q——产品产量。

（二）盈亏平衡点（Q_0）及其确定

在盈亏平衡点，销售收入 = 总成本，即：$P \times Q_0 = F + C_V \times Q_0$

用产量表示盈亏平衡点 BEP：$BEP\ (Q_0) = \frac{F}{P - C_V}$

例如，某项目年设计生产能力为生产某种产品 3 万件，单位产品售价 3000 元，总成本费用为 7800 万元，其中固定成本 3000 万元，总变动成本与产品产量成正比关系，求以产量、销售价格和单位产品变动成本表示的盈亏平衡点。

首先计算单位产品变动成本：

$$C_V = \frac{7800 - 3000}{3} = 1600\ (\text{元/件})$$

其次计算盈亏平衡产量：

$$Q_0 = \frac{30000000}{3000 - 1600} \approx 21428\ (\text{件})$$

当企业的产量为 21428 件时，正好保本。

二、十字图表分析法（SWOT）

十字坐标分析法就是 SWOT 分析法。SWOT 即：优势（Strength）、劣势（Weakness）、机会（Opportunity）、威胁（Threat）。所谓 SWOT 分析，即态势分析，就是将与研究对象密切相关的各种主要内部优势、劣势、机会和威胁等，通过调查列举出来，并依照十字图形式排列，然后用系统分析的思想，把各种因素相互匹配起来加以分析，从中得出一系列相应的结论，而结论通常带有一定的决策性，见表 2 - 3。

表 2 - 3　　SWOT 分析

机会（O）	威胁（T）
纵向一体化	市场增长较慢
市场增长迅速	竞争压力增长
可以增加互补产品	不利的政府政策
能争取到新的顾客群	新的竞争者进入行业
有进入新市场可能	替代品销售额正在逐步上升
有能力进入更好的企业	顾客讨价还价能力增强
在同行业中竞争业绩优良	顾客需要与爱好逐步转变
扩展产品线满足顾客需要	通货膨胀递增及其他
优势（S）	**劣势（W）**
成本优势	设备老化
竞争优势	战略方向不明
特殊能力	竞争地位恶化
产品创新	产品线范围太窄
具有规模经济	技术开发落后
良好的财务资源	营销水平低于同行业其他企业
高素质的管理人员	管理不善
公认的行业领先者	战略实施的历史纪录不佳
买主的良好印象	不明原因导致的利润率下降
适应力强的经营战略	资金枯竭

SWOT 分析法的步骤：

（1）罗列企业的优势和劣势，可能的机会与威胁。

（2）优势、劣势与机会、威胁相组合，形成 SO、ST、WO、WT 策略。

SO 策略：依靠内部优势，利用外部机会。

WO 策略：利用外部机会，弥补内部劣势。

ST 策略：利用内部优势，规避外部威胁。

WT 策略：减少内部劣势，规避外部威胁。

（3）对 SO、ST、WO、WT 策略进行甄别和选择，确定企业目前应该采取的具体战略与策略。例如：员工满意度 SWOT 分析见表 2－4。

表 2－4　员工满意度 SWOT 分析

SWOT 分析	优势 S 员工纪律性较强 有向上奋发的精神 员工愿意奉献	劣势 W 薪酬待遇在行业中偏低 加班较多，导致员工疲惫 企业文化建设薄弱
机会 O 组织进行业务流程再造 股份制改造和上市机会	SO 战略 强化人力资源管理 注意干部的选拔、培养	WO 战略 推进企业文化建设 建立科学合理的薪酬制度
威胁 T 人才流失存在 人员素质偏低低	ST 战略 持续的培训提升员工素质和忠诚度； 引入高素质人才	WT 战略 高薪挽留部分人才

该公司决定确立三项措施，改进薄弱环节：第一，强化工资制度，建立科学合理的绩效考核与薪酬制度；第二，建立内部培训制度，进行全员素质教育；第三，强化企业文化建设。

三、五力模型分析法

五力模型主要用来分析行业环境。行业环境通常指外部环境中的微观环境因素。对行业环境分析的目的主要是认清本行业的组织竞争格局以及本行业与其他行业之间的关系。通过分析，进一步认清本行业的现状和未来走势，是微利行业、高盈利行业；是天堂行业，是万劫不复的地狱行业；是朝阳行业、成熟行业，还是夕阳行业；行业环境分析常用波特的五力模型分析法。

根据波特的观点，一个行业中的竞争，不只是在原有竞争对手中进行，而是存在着五种基本的竞争力量：潜在的行业新进入者、替代品的竞争者、买方讨价还价的能力、供应商讨价还价的能力以及现有竞争者之间的竞争。这五种基本竞争力量的状况及综合强度，决定着行业的竞争激烈程度，从而决定着行业中最终的获利潜力以及资本向本行业的流向程度，这一切最终决定着企业保持高收益的能力。波特在行业竞争五力分析的基础上制定了行业竞争结构分析模型，如图 2－3 所示。

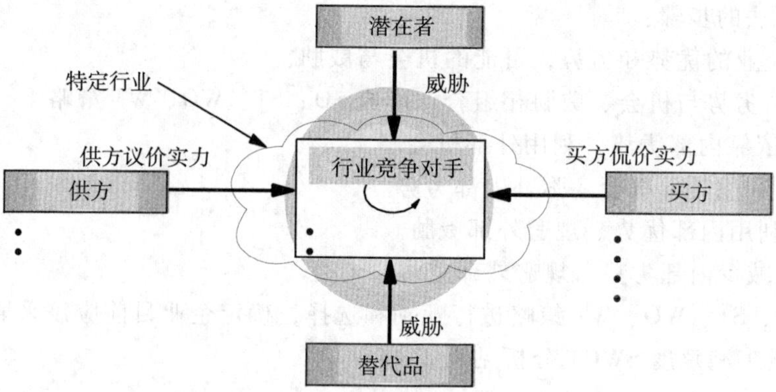

图2-3　波特五力模型

（一）潜在的进入者

潜在的进入者加入该行业，会带来生产能力的扩大，引起与现有企业的激烈竞争，使产品价格下跌；另外，新加入者要获得资源进行生产，从而可能使得行业生产成本升高，这两方面都会导致行业的获利能力下降。

新进入者进入的难易度取决于进入壁垒，进入壁垒的高低取决于：①规模经济；②独具一格的产品；③商标的知名度；④转换成本；⑤资本需求；⑥销售渠道；⑦绝对的成本优势；⑧预期的反击；⑨政府的政策。

（二）替代品的威胁

两个不同行业之间的竞争，很多情况下是因为这些企业的产品具有相互替代的性质。替代产品的价格如果比较低，就会限制到本行业产品价格的提升，进而限制企业收益率提高。

产品被替代的可能性一般取决于下面几个因素：①替代品的赢利能力；②用户的转换成本；③用户使用替代品的倾向及替代品生产企业的战略。

（三）供方的讨价还价能力

对某一行业来说，供应商竞争力量的强弱，主要取决于以下几个因素：①供方的集中程度和本行业的集中程度；②供应品的可替代程度；③本行业对于供方的重要程度；④供应者对本行业的重要程度；⑤供方产品的差异性和用户的转换成本；⑥供方前向一体化的可能性；⑦本行业企业后向一体化的可能性。

（四）买方的讨价还价能力

买方亦即顾客，买方的竞争力量需要视以下情况而定：①用户的集中程度；②用户所购产品在其成本中所占的比重；③用户从本行业所购产品的标准化程度；④转换成本；⑤用户的赢利能力；⑥用户后向一体化的可能性；⑦本行业前向一体化的可能性；⑧本行业产品对用户产品质量上的重要性；⑨用户掌握的信息。

（五）现有企业间的竞争

这种竞争力量是企业所面对的最强的一种力量，同行竞争者都会运用各种手段（价格、渠道、服务、促销、产品质量等）试图在市场上获取优势地位，争取到更多顾客，对行业造成的威胁最大。同行竞争激烈程度由以下因素决定：①竞争者的多少及力量对比；②市场增长率；③固定费用和存储费用；④产品差异性与用户的转换成本；⑤行业生产能力的增加幅度；⑥退出壁垒，包括：资产的专用性、退出费用、策略性影响、心理因素、政府的限制。

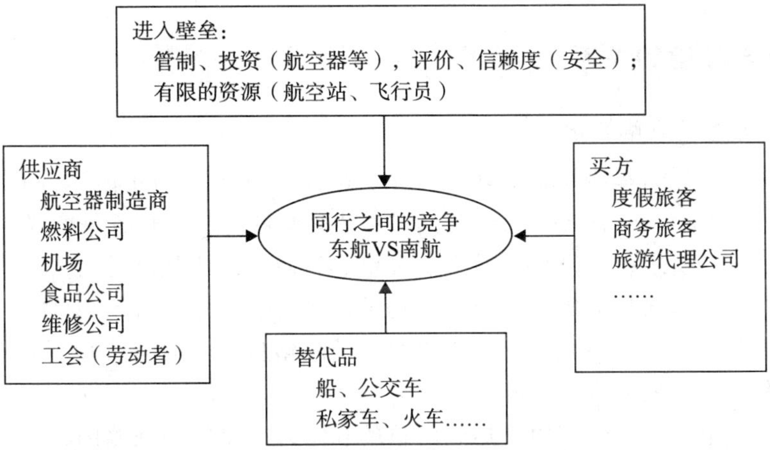

图 2－4　航空公司企业间的竞争

另外还有“其他利益相关者”，管理学家弗雷曼建议在分析行业环境时，要把它加到波特的竞争模型中去。这些利益相关者是政府、工会、地方社区、借贷人、贸易组织、股东、特殊利益集团。其中，政府的作用力最大。

用波特五力模型分析行业环境的步骤：

（1）识别行业中对组织有影响的关键要素。

（2）根据每一关键要素对组织的重要性对其进行加权。

（3）根据每个关键要素的表现进行评价和打分。

（4）将各关键要素评价值与相应权数相乘，计算每个竞争者的加权评价值。

（5）根据评价值的大小，就可以判断该组织在行业中所处的位置，据此制定竞争战略，见表 2－5。

表 2－5　　竞争态势矩阵

关键因素	权重	企业 1		企业 2		企业 3	
		评分	权重得分	评分	权重得分	评分	权重得分
广告	0.20	1	0.20	4	0.80	3	0.60
产品质量	0.10	4	0.40	3	0.30	2	0.20
价格竞争力	0.10	3	0.30	2	0.20	4	0.40
管理	0.10	4	0.40	2	0.20	3	0.30
财务状况	0.15	4	0.60	2	0.30	3	0.45
顾客忠诚度	0.10	4	0.40	3	0.30	2	0.20
全球扩张	0.20	4	0.80	1	0.20	2	0.40
市场份额	0.05	1	0.05	4	0.20	3	0.15
总计	1.00		3.15		2.50		2.70

第四节　环境与战略管理

一、战略与环境的关系

（一）战略与组织战略的含义

战略古称韬略，原为军事用语。在英文中，战略一词为“strategy”。顾名思义，战略就是作战的谋略。“辞海”对战略一词的定义是：“军事名词，指对战争全局的筹划和指挥。”后来运用到政治、经济组织，形成了政治、经济、行政等组织战略等。

所谓组织战略就是通过对组织内外部环境分析的基础上，认清组织自身的优势和劣势，外部环境中的机会和威胁，在此基础上确立组织的战略目标、战略阶段、战略重点和战略措施，并使组织资源得到最为有利的配置。

战略目标是指组织一定时期内要达到的目的和结果，是组织战略的核心。战略阶段是指战略目标的实现要分几步走。因为战略目标比较长远和宏伟，不可能一步到位，必须分若干个阶段，步步为营，稳扎稳打奔向组织战略目标。战略重点是指实现战略目标的关键环节、瓶颈环节，是目标实现的障碍。关键问题和瓶颈问题抓住了、解决了，目标实现的障碍就会减少，实施的就会顺利。战略措施是指实现战略目标的行动方案，也可以叫资源配置方案，即把组织有限的资源配置到最能给组织带来利益的产品和市场中去，保证组织以较高的效率和效果实现组织目标。

（二）组织战略与环境的关系

环境一直是影响组织领导者决策的重要因素。阿尔弗雷德·钱德勒在 1962 年出版的《战略与结构：美国工业企业史的若干篇章》一书中，指出环境、战略和组织结构之间是互动关联的，认为组织战略应当适应环境变化满足市场需要，而组织结构又必须适应企业战略的要求，战略具有前导性，结构具有滞后性。伊戈尔·安索夫在 1965 出版的《公司战略》一书中认为企业的战略出发点是追求自身的生存和发展，战略行为是对其环境的适应过程以及由此而导致的企业内部结构化过程。赵锡斌在《武汉大学学报》（哲学社会科学版）2004 年 1 期发表的“企业环境研究的几个基本理论问题”一文中认为：“企业内部环境与外部环境之间、企业环境各构成要素之间以及企业与环境之间，是一种相互依存、相互影响的动态、互动的关系。”由此可见，组织战略和环境之间存在着双向复杂的动态平衡的关系。

组织所处的行业环境对组织战略影响最大。伊戈尔·安索夫在 1979 年出版的《战略管理论》一书中指出“战略是对公司实力和机会的匹配。这种匹配将一个公司定位于它所处的环境之中”。安德鲁斯在 1971 出版的《公司战略的概念》一书中，认为战略管理的核心作用是把环境的机会和企业的力量相匹配，同时保护企业的弱点使之不受到环境的威胁。他建立了著名的 SWOT 战略形成模型，全面分析公司的外部环境因素和内部环境因素，并要求企业通过这种模式，将企业目标、方针政策、经营活动和不确定的环境结合起来，从而使公司形成自己的特殊战略个性和竞争优势。20 世纪 80 年代，波特在《竞争战略》一书中认为，企业战略的中心问题是对付竞争，而如何对付竞争需要对企业所处的行业进行结构分析。根据波特的理论，一个行业的竞争状态（利润潜力）取决于5种基本力量（见本章“五力模型”），这5种力量的相对影响程度在每个行业中不同，但共同塑造了企业面临的竞争态势。

资料链接2－4　　名著阅读

“知己知彼，百战不殆；不知彼而知己，一胜一负；不知彼不知己，每战必殆。”——《孙子兵法·谋攻篇》

组织战略对环境也有很大的影响力。组织可以考虑采用多种战略，利用组织与外部环境的相互影响来为组织谋求最为有利的发展空间。波特在1985年出版的《竞争优势》一书中指出，竞争战略对产业吸引力的增减颇具影响力。与此同时，企业可以通过战略选择明显增强或削弱其在产业内的竞争地位。所以，竞争战略不仅对环境作出反应，而且试图根据企业的利润来塑造环境。可见，组织战略对组织环境具有改造作用。

在组织对环境如何改造方面，到20世纪80年代出现的资源学派提出了核心竞争力理论。普拉哈拉德和哈默尔于1990年在《哈佛商业评论》上发表了《公司核心竞争力》一文后，核心竞争力的概念迅速被企业界和学术界所接受。普拉哈拉德和哈默尔认为，公司核心竞争力是企业内部集体学习的能力，尤其是关于如何协调不同的生产技能和整合多种技术的能力。与物质资本不同，公司的核心竞争力不仅不会在使用和共享中丧失，而且会在这一过程中不断成长。它具有独特价值性、难以模仿性和延展性特征。对于核心竞争力的重视和研究，实际上是将组织竞争优势的生存问题转化为如何通过构建组织核心竞争力，使组织在复杂多变的环境中获得长期的生存和发展。

二、战略管理的过程

（一）什么是战略管理

根据美国学者弗雷德·R·戴维著的《战略管理》一书，“战略管理”被定义为：制定、实施和评价使组织能够达到其目标的，跨功能与决策的艺术与科学。比较完整的定义是：战略管理是指对战略制定和实施过程进行的计划、组织、领导和控制。战略管理决定了组织的长期绩效。

资料链接2－5　　名人名言

世界著名的美国战略专家迈克尔·波特指出：“领导者的作用要广泛、重要得多，总经理远不是单个职能的管理工作，其核心是战略。”

美国通用电气公司前董事长韦尔奇：“我整天没有做几件事，但有一件做不完的工作，那就是规划未来。”

（二）战略管理的特征

1. 整体性

即战略管理追求的是组织整体最优化而不是局部利益最大化，因此管理者在决策时要能够统筹全局，抓住重点，照顾一般，好钢用在刀刃上。

2. 长期性

战略制定是对组织未来活动的统筹谋划，因此要求管理者持之以恒的管理精神，直到战略目标的达成。

3. 风险性

虽然制定决策时我们已经对环境进行了调查和预测，但由于人们认知的有限性和环境的复杂多变性，我们的预测不可能百分之百与未来环境变化相一致，这就要求管理者必须做到未雨绸缪，防患未然，实施预警管理，把不确定性给组织带来的损失降到最低。

4. 稳定性

战略已经确定就要保持其相对稳定性，更不能朝令夕改，要保持战略的严肃性。这样的战略才能真正起到激励作用。

5. 抗争性

即战略的制定和实施中要建立在知己知彼、自身长处和外部机会之上，避开自身的劣势和环境的威胁，是使组织在竞争中赢得更大优势。

（三）战略管理过程

战略管理过程是由一系列重大步骤所构成，如图 2－5 所示，其中包括计划、实施和评估。其中计划包括 6 个步骤。把愿景、使命与目标放在整个战略管理流程的金字塔顶尖，是为了要解决“企业为什么而存在的问题”，是企业存在理由的宣言，按照顺序排列依次是：愿景——使命——目标——战略——计划。因此，愿景、使命与目标就像组织航行的灯塔，而最高层必须时刻对组织的愿景、使命与目标负责。

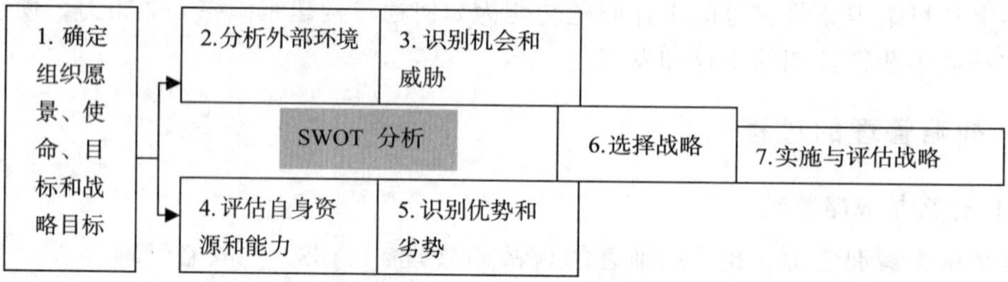

图 2－5　战略管理过程

1. 步骤 1：确立组织愿景、使命、目标和战略

组织愿景是组织对其前景的设想。是组织为自己制定的长期为之奋斗的目标。组织愿景的主要内容包括：我们是干什么的？未来我们将成为什么类型的组织，我们目的是什么？我们的形象和特征是什么？在未来 5～10 年或更长一些时间，我们哪些方面将在同行业中领先，走向未来我们的战略道路是什么？优秀的组织愿景可以唤起员工的希望，改变员工与组织的关系。

组织的使命是公司的基本任务，即经营哲学、业务范围、技术、服务对象、自我认识、对生存和盈利的关切、对公众形象的关切、对雇员的关心等。

组织使命主要解决几个问题：企业存在的理由是什么？业务是什么？应该做什么？组织的形象是什么与同类组织有什么区别？

组织使命为战略管理者确定组织战略目标、选择战略、制定政策，有效利用资源提供方向性指导。战略目标是把企业使命在某一战略时期的任务具体化，以便于执行与衡量。目标是计划的基础，是制定绩效目标的依据。同样，对管理者而言，识别组织当前的战略也很重要。

资料链接 2－6　　“十四五”规划与企业发展

党的十九大提出了高质量发展的要求，三项内容值得深思：

要做强：要着眼于打造企业的核心竞争力，不再只是追求规模和数量，不能多而不精；

要高端：要走向价值链高附加值环节，不再只是满足于低价值的产业链分工；

要补短：要掌握核心技术，不再只是做其他国家的技术附庸。

高质量发展，三个问题需要应对：

1. 本末倒置，主业不主

有钢铁企业办起了养猪场，有航天军工企业开起了商场，最为典型的莫过于行业龙头企业纷纷跻身于房地产，尤其是雅戈尔，2019 年地产业务的营收接近了总营收的一半，净利润甚至超过了纺织服装业务。

2. 只关注眼前，缺少未雨绸缪

许多企业虽然规模不断做大，利润不断提升，但挣的只是今天的钱。在日益升级的竞争格局中，庞大的规模和市值却有可能不堪一击，中兴事件是其中的一个典型代表。作为中国最大的通信设备上市公司，在 2018 年受到美国商务部制裁时中兴通讯的年营收已经达到 1088.2 亿元人民币，净利润 45.5 亿元人民币。但是由于缺乏对于上游关键零部件和技术的布局，最为核心的零部件都依赖于美国供应商，没有自主品牌替代的中兴公司，业务陷入了长达一个半月的停摆，罚单金额累计达到 22.9 亿美元，约为过去 21 年净利的 63.6%。

3. 业务转型流于形式，屡战屡败

中国企业—尤其是依赖成本优势的中国制造业企业，在规模达到一定水平之后，都会想要向业务价值更高的方向拓展。然而由于没有处理好与原有业务之间的关系，最后常常以失败告终。

富士康的毛利率长期以来处于 5% 的低位，而苹果和三星的毛利率却高达 40% 和 30%。不甘只做代工，富士康多年前曾尝试打造自主手机品牌，却因为销量欠佳，不得不黯然退市。

美的曾经推出高端冰箱品牌凡帝罗，试图与卡萨帝争夺高端市场。然而与卡萨帝作为独立品牌的运作不同，凡帝罗更像是美的冰箱系列的一个延伸，最终逐渐被人遗忘。

高质量发展，业务布局要先行：

1. 前向布局：即产业链往前走，一方面打破壁垒，保证关键原材料和零部件供应，另一方面建立差异化优势，防止关键零部件同质化供应导致的竞争力丢失。

2. 后向布局：即往消费端走，推动产业转型升级，提升发展效益。

3. 品牌是业务布局的旗帜。

明尼苏达矿务及制造业公司，即 3M 公司，是世界著名的产品多元化跨国企业，是同时兼顾 2B 和 2C 业务的典范，其业务涉足安全与工业、交通运输与电子、医疗、消费品4大市场，产品种类已经达到数万种。是一家在业务上不断创新，不拘泥于产业链范围的企业。

3M采取半开放式品牌布局，以2B业务为根基，通过品牌布局引领2C业务的开拓，不断重塑和突破业务边界，塑造了如思高、报事贴、耐适康等一系列耳熟能详的经典品牌，也塑造了无论是在2B还是在2C领域都业绩斐然的世界级企业。

德国工业巨头西门子业务涵盖工业自动化、楼宇科技、能源、医疗、交通、金融服务、个人及家用产品、驱动技术等多个板块，并且是许多领域内的佼佼者。丹麦风电咨询机构MAKE发布的《2015年全球风机制造商市场份额分析》报告显示，西门子全球海上风电的份额达到了50.9%，是毋庸置疑的行业领导者，而西门子达成这一地位主要得益于其采取的半开放式品牌布局，西门子通过布局Gamesa品牌获得了新兴市场的互补优势。

西门子同样使用半开放式的品牌布局推动自身业务朝着工业4.0的方向转型，通过Mentor、Chemtech等一系列核心领域新品牌的布局，西门子已构建了一整套面向"数字化企业解决方案"的架构。

反观国内企业，尤其是大型央国企，同样业务庞杂，却大多笼而统之。以中国大唐集团有限公司为例，其涉足电力、煤炭、金融、海外、煤化工、能源服务5个业务板块，下辖多达350余家公司，然而品牌却仅仅充当了商标的角色，裹足于封闭式的品牌布局。既没有通过企业品牌的集中打造，形成围绕核心竞争力的聚旗效应，也没有运用体系化的战略性品牌布局达到产业效能的最大化。

资料来源："十四五"规划：从做大到做强，品牌先行，布局先行，迈迪资讯。

2. 步骤2—3：分析外部环境，识别机会和威胁

前面我们描述了外部环境对组织战略的影响。认识到组织的环境在很大程度上影响着管理者的选择范围。成功的战略将是与环境相吻合的战略。每一个组织管理者都需要分析外部环境。在分析外部环境时，管理者要注意分析任务环境和一般环境因素对组织的影响，以判断环境中的机会和威胁。值得注意的是，由于组织的资源和管理能力或者核心竞争力不同，同样的环境可能对处于同一产业中的不同公司有着不同的机会和威胁。例如，美国西南航空公司在动荡的产业环境下仍然保持了繁荣，而其他航空公司如联合航空公司则步履维艰。

资料链接2－7　　西南航空公司一枝独秀

西南航空成立于1967年，从1973年起的47年中，几次石油危机，"9.11"恐怖袭击、金融危机等都给航空需求带来了重创，全服务航空公司纷纷亏损、破产重组，但西南航空仍然能持续盈利并逆势扩张。截至2020年底，公司机队规模718架，是全球最大的低成本航空。

自2005年以来，西南航空合计净利润为173亿美元，这在全球是独一无二的。

不过，新冠疫情重创了西南航空。2020年，西南航空运送旅客6779万人次，连2019年1.6亿人次的一半都没有。2020年，西南航空营业收入90.48亿元，同比下降59.7%。税前亏损42.56亿美元，与美欧绝大多数航空公司超过90%的负债率相比，

西南依赖于多年的积累，资产负债率即便比2019年底提高了12个百分点，仍只有74.2%。其成功秘籍在于：

（1）员工第一。西南航空有明确的目标——“赚钱、给每位员工提供稳定的工作，并让更多的人有机会乘飞机旅行”。

（2）很高的运行管理水平。高飞机利用率、高客座率，离不开高水平管理。

资料来源：美国西南航空公司47年的盈利纪录被打破，中国航空新闻网，2021-03。

3. 步骤4—5：分析组织资源和能力，识别优势和劣势

在战略的制定中，管理者必须认识到，每一个组织，无论是大型的还是成功的，都在某种程度上受到自身能力和资源的限制。管理者在分析中要善于提炼和总结自身与众不同的资源和能力，找到自己的优势所在，即组织最擅长的活动或者专有资源，例如耐克公司针对自己擅长研发和营销不擅长生产制造，它就把产品的生产选择外包，结果赢得公司大的发展。认清自身的劣势，即组织不擅长的活动或资源，这些也是竞争所需要的资源，但公司不能独占它。

将3—5步结合在一起，就构成了对组织内外部环境的分析与评估，这种方法就是SWOT分析法。基于SWOT分析，管理者能够确认组织应当进入的战略领域。根据SWOT分析，管理者还应当重新评估组织当前的使命和目标，它们可行吗？它们需要修订吗？我们是走在正确的道路上吗？如果不需要重新调整，管理者就可以开始战略选择了。

4. 步骤6：选择战略

组织战略需要在组织的高层、事业层和组织的职能层分别建立。我们将在下一个问题中简单讨论每一种战略类型。

5. 步骤7—8：战略实施和评估

再优秀的战略制定出来不实施就是纸上谈兵。战略实施离不开以下几个方面：一是建立实施的团队；二是科学合理的资源配置、预算、规划；三是加强对员工的激励；四是建立健全岗位责任制；五是改进领导方式，强化事前、执行中和事后的有效控制。

战略管理过程的最后一个环节就是评估结果，即对战略的有效性进行评估，决定需要作出哪些必要的战略修订，使之始终与动态复杂的环境相适应，更有效地为目标顾客服务。

三、组织战略的类型

组织战略一般包括公司层战略、事业层战略和职能层战略（见图2-6）。公司层战略由最高管理层的管理者负责，事业战略由处于中层的管理者负责，职能战略由处于较低层的管理者负责。每一种战略类型分析如下：

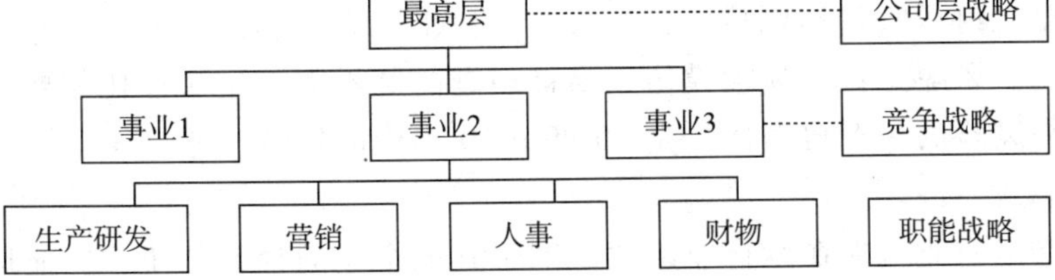

图2-6 组织战略层次

（一）公司层战略

公司层战略是企业总体的、最高层次的战略，它要求我们从公司的全局出发回答“我们的业务是什么?”并确立各个业务（如果组织的业务是多元化）之间的资源配置方案，以实现公司整体的战略意图。公司层战略决定着组织的方向，以及每一个事业部将在公司战略中扮演的角色。例如海尔集团的公司层战略，集成了它的各个事业单位的战略，包括冰箱、洗衣机、空调等白色家电，彩电、电脑、手机等黑色和米色家电，还包括厨具、卫生设备等，正是这么多的事业支撑了公司的成长。

公司层战略按照偏离战略起点，进一步划分为：进攻战略、紧缩战略和稳定战略。

1. 进攻型战略即增长战略

是指公司在现有的战略起点上向更高的目标迈进。例如寻求更大的销售额、更多的利润、更大的公司规模，更高素质的员工，更高的公司形象和知名度。公司增长可以通过集中型发展、横向一体化、纵向一体化、多样化来实现。

2. 紧缩型战略

是指公司在现有的战略起点上向更低的目标退却。它适合组织处在劣势的发展阶段，这种劣势导致组织绩效下降。紧缩型战略又包括：适应性、失败性和调整性紧缩等。

3. 稳定型战略

是指公司保持现有战略起点上不动摇，以维持组织的生存和发展。它通常的做法：通过提供同样的产品和服务，持续不断地提供给老客户，保持市场份额，巩固公司投资收益率，实施低成本运营。它又分为无增、微增、阻击式防御和反击式防御等战略。

（二）事业层战略

事业层战略也称竞争战略，它着眼于各个业务，回答“这个业务如何击败竞争对手赢得市场?”并要求我们因应具体的情况筛选出最能体现企业竞争优势的业务，从而为企业实现可持续竞争做好准备。

根据波特的观点，组织的竞争战略进一步分为 3 种类型，即低成本战略、差异化战略和集中型战略。

1. 低成本战略

低成本战略的核心是使企业的产品成本比竞争对手低，即在追求产量规模经济效益基础上降低成本。例如广东格兰仕集团、四川长虹电子集团、福特公司最初走的都是低成本战略。

当然，实施低成本战略需要有降低成本的条件和途径。降低成本的前提条件包括：大规模预先投入、高技术、先进工艺、高效率、大规模销售和产量。降低成本的途径包括：低人工成本、低原材料成本；规模经济、应用专利技术工艺创新等；有限的营销投入、合理的营销选择等；以低成本为核心的管理系统、组织文化等。

低成本战略让组织收益和风险并存。收益是：①扩大市场占有率，②确立行业壁垒，增强行业进入难度。风险是：①易被模仿，易被超越。②不能满足多样化需要，失去机会。成本领先战略带来风险的一个典型例子是 20 世纪 20 年代的福特汽车公司。

2. 差异化战略

差异化战略是企业力求在本行业建立区别于其他企业的独特品质，并能形成独立市场的战略。例如海尔集团、7—11 便利店都是创新出奇取胜。

差异化战略可以通过产品、广告、用途、服务、价格、质量、形象等方面的与众不同、独具特色，并能给顾客带来新的利益取胜。

差异化战略也是收益和风险并存。其收益有：①高边际收益增强了企业对付供应商讨价还价的能力。②削弱购买商的讨价还价能力。③满足多样化需要。其风险有：①生产成本可能很高，管理不善，容易发生资金链断裂。②不为顾客认同。③需要的管理水平高、资金实力雄厚。

3. 目标集中战略

这一战略又称集中一点或专一化战略。这是指企业集中其全部力量于某种产品，以满足某个市场需要的战略。例如金利来集中在男人的世界，劲霸男装等。

集中化可以通过产品类型集中、目标顾客集中、地理区域集中实现人财物力集中针对使用，提升组织竞争力。

集中型战略也是收益和风险并存。其主要收益有：①资源集中使用。②针对性强。③便于管理。存在的风险有：①机会少。②被实力强的竞争者替代。③没有合力，战略风险大，一招不慎，全盘皆输。

（三）职能战略

职能战略是具体的实施战略，它通常包括市场策略、生产策略、研究与开发策略、财务策略和人事策略等职能策略。它关注如何能把具体的事情做好。如果说公司层战略和竞争战略强调“做正确的事”（Do the right things）那么职能战略则强调“把事情做对”（Do the things right）。职能战略是事业层的支撑战略。例如，海尔公司事业层决定将投资高科技生物设备，为此，它的营销部门就要开发出新的营销计划和促销方案，生产部门需要购置生产设备，人力资源部门制定招聘和培训计划，财务部门需要筹集资金，广告部门需要制定广告宣传计划等。

无论组织选择何种战略，它们都是战略管理过程的一个部分，都需要计划、实施和评估，没有战略管理过程，管理者很难设计出有效的战略。

关键词

管理环境（Management Environment）
任务环境因素（Task Environment）
政治环境（Political Conditions）
社会环境（Social Conditions）
供应者（Supplier）
竞争者（Competitors）
社会特殊利益者（Public Pressure Groups）
社会责任（Social Responsibility）
一般环境因素（General Environment）
组织文化（Organizational Culture）
经济环境（Economic Conditions）
技术环境（Technological Conditions）
顾客（Customers）
政府主管部门（Government）
环境的复杂性（Environmental Complexity）
管理伦理（Management Ethics）

思考题

1. 简述环境的构成及环境分析的意义。

2. 简述环境与管理的关系。

3. 评价“尿布大王”对环境因素的认识。

4. 访问你的学校，说明学校发展应该怎样利用环境因素。

5. 你准备买股票，请用五力模型图分析行业内的企业，并对行业内的上市公司用竞争态势矩阵进行分析，说明你要买哪一个企业的股票，为什么？

管理定律

摩尔定律是由英特尔（Intel）创始人之一戈登·摩尔（Gordon Moore）提出来的。其内容为：当价格不变时，集成电路上可容纳的元器件的数目，每隔 18 ~24 个月便会增加 1 倍，性能也将提升 1 倍。换言之，每一美元所能买到的电脑性能，将每隔 18 ~24 个月翻 1 倍以上。这一定律揭示了信息技术进步的速度。

实训练习

一、实训目标

1. 使学生结合实际，加深对管理环境的感性认识与理解；

2. 初步培养学生自主学习意识，提升管理者适应或影响环境的能力。

二、实训内容与要求

1. 由学生自愿组成小组，每组 3 ~5 人。利用课余时间，选择 1 ~2 个中小企业进行调查与访问。

2. 在调查访问之前，每组需根据课程所学知识经过讨论制定调查访问的提纲，包括调研的主要问题与具体安排，具体问题可参考下列问题：

（1）对其管理对象进行调查与分析；

（2）该企业的一般环境与任务环境是什么？

（3）企业是如何影响和适应环境的？

（4）企业在处理与环境关系时，存在哪些问题？你对解决问题有何建议？

三、成果与检测

1. 每人写一份简要的调查访问报告；

2. 调查访问结束后，组织一次课堂交流与讨论；

3. 以小组为单位，分别由组长和每个成员根据各成员在调研与讨论中的表现进行评估打分；

4. 再由教师根据各成员的调研报告与在讨论中的表现分别评估打分；

5. 将上述诸项评估得分综合为本次实训成绩。

第三章　管理原理、制度与方法

本章要点

1. 管理原理
2. 企业管理制度
3. 组织管理方法

导入案例

阿里合伙人制度

马云经过调查，发现大多数企业治理方式均不适用于未来的阿里集团，特别是当下的互联网、制造型企业。但有两家非互联网公司给了马云以启发，一家是投行高盛，一家是咨询公司麦肯锡，他们采取合伙人治理模式。

阿里巴巴要解决的现实问题是公司如何才能在竞争激烈、“新陈代谢”飞快的互联网服务行业中保持永续发展动力，同时开放，创新，承担责任和推崇长期发展的文化能在一代代公司管理层中继续下去。一群志同道合的合伙人，比一两个创始人更有可能把优秀的文化持久地传承、发扬。合伙人作为公司的运营者、业务的建设者、文化的传承者，同时又是股东，最有可能坚持公司的使命和长期利益，为客户、员工和股东创造长期价值。

至2017年6月9日，第一大股东软银持股29.2%，第二大股东雅虎持股15%，第三大股东马云持股7%，蔡崇信持股2.5%，管理层共持股10.6%。在2013年共产生27位合伙人，至2021年财报显示有38位合伙人。

合伙人架构设立，又称三级火箭架构：一级，管理执行委员会代理最年轻的一代，负责做执行，负责业务；二级，战略决策委员会代表中间一代，负责战略；三级，老的一代什么都不管了，只看人。在三级火箭的权力架构下，年轻的人冲劲足，勇于开拓，做执行是个人和公司能力的最大化；中间一代经验丰富，看得到陷阱、抓得住机会，最适合制定战略方向；老的一代在执行、战略方面缺精力，但识人，知人善任。

成为合伙人的条件：在阿里巴巴工作5年以上；拥有一定的阿里巴巴股份；具备优秀的领导能力，高度认同公司文化，并且对公司发展有积极性贡献，愿意为公司文化和使命传承竭尽全力。

合伙人的产生程序：每年增选一次合伙人；由现有合伙人向合伙人委员会提名新增合伙人的候选人；合伙人委员会审核是否通过作为正式候选人；现有合伙人实行一人一票选举，得票超过75%才能当选为新的合伙人；合伙人不限人数。

资料来源：解码阿里合伙人制度，原创力文档，2021－04。

第一节　管理的基本原理

管理中的原理就是指规律、道理、准则，是某种活动运动的基本规律，是某门学科的基本理论。管理原理就是管理过程中的指导思想，反映了管理活动的基本规律。它处在管理学的塔尖，指导着管理活动向正确的方向发展。

关于管理原理体系的构成，不同的学者有不同的观点。本书认为，在当前的社会经济条件下，应包括以下基本的组成部分，即系统原理、整分合原理、反馈原理、封闭原理、弹性原理、人本原理、能级原理、动力原理和效益原理。

一、系统原理

系统论的主要创始人是美籍奥地利生物学家贝塔朗菲。他于1945年发表了《关于一般系统论》的论文。其著作《一般系统论：基础、发展与应用》被公认为系统学的经典著作。

（一）系统的概念

所谓系统，就是由若干个相互作用，相互依赖的要素结合而成的具有特定功能的有机整体。具体表现为：

（1）两个以上要素。即系统是由两个或两个以上的元素所构成的。例如，企业系统由人力、物力和财力等要素构成。

（2）要素的有机结合。即构成系统的若干要素之间是相互联系、相互影响、相互制约，共同构成了一个有机的整体。

（3）具有并能输出特定的整体功能。即组织处在特定的环境中，具有特定的功能。例如，企业系统的功能就是实现更多的利润；政府组织的功能就是提升服务水平，提高办事效率；学校组织的功能就是培养人才。

（二）系统的基本类型

系统分为自然系统和人造系统；大系统和子系统；开放系统和封闭系统等。如山川、河流等属于自然系统；国家、联合国、企业、车间班组都属于人造系统。如果企业是一个大系统，它又包括决策系统、指挥系统、监督系统、咨询系统等小的子系统。系统只有开放，才能吐故纳新，而系统封闭，只能消亡。

（三）系统原理的概念

所谓系统原理是指运用系统理论和方式，在确定或不确定的条件下，对管理对象的各种要素及其相互关系进行充分的、科学的系统分析和综合，制定系统规划，实行系统控制，从而达到管理的科学化、现代化和实现管理目标。

（四）系统原理的运用

系统原理是现代科学管理中的首要原理。运用系统原理，提高组织的效率，它要求管理者必须认清管理系统的目的性、全局性、层次性等基本特征。

（1）管理系统的目的性。凡系统都有自己特定的目的，即目标，它在系统中发挥启动、导向、激励、聚合和衡量作用。没有目的，各要素是一盘散沙，系统就不能存在和运转。一定时期，一定条件下管理只能有一个目的，否则，精力分散、工作失败。例如，一个企业它的思想政治工作就必须与业务工作紧密结合，围绕一个中心目的开展工作。

（2）管理系统的整体性。每个系统都是一个相对独立的整体，它要求立足全局，即站在对组织最有利的角度出发，对诸要素进行科学组合，形成合理的结构，使各局部性能融合为全局性能，能够抓重点，照顾一般，不均衡使用手中的人力、物力和财力，从而发挥系统的最佳整体效应。

（3）管理系统的层次性。它表现在本系统内或本系统与更大系统的关系都呈现出一定的层次性。例如，企业系统也分为高层管理层、中层管理层和基层管理层。管理系统的层次性，要求把握不同管理层次的功能和作用，明确层次间和同层次的关系，规定明确的责、权、利。上级不能越俎代庖，下级不能凡事向上或向下推诿。要求“领导只做领导的事，各层只做各层应该做的事。同时，层与层之间搞好协调。”

（4）管理系统的环境适应性。适应性是针对环境的变化而言的。任何一个系统要想持续生存和发展，都必须适应外部环境的变化，不断调整系统内部的结构，使之与外部环境保持动态平衡。例如，一个企业系统，只有不断与外界环境中的顾客需求交换信息，把握需求动向，使内部提供的产品和服务与顾客需求始终保持一致，才能实现商品的价值和使用价值，再生产才能顺利进行。

（5）管理系统的相关性。系统的构成不是要素的简单相加，而是有机组合。构成系统的各要素之间是相互关联的，要素与系统是相互依存的。管理者只有把握这一规律，才能使系统发挥“$1+1>2$”的功能。

认识上述特征，是为了掌握系统思想，树立关联观点、整体观点、目的观点、层次观点、开放观点，学会优化与调控管理过程，求得管理的最佳功能。

资料链接 3－1　　田忌赛马

齐国的大将田忌常同齐威王进行跑马比赛。他们在比赛前，双方各下赌注，每次比赛共设三局，胜两次以上的为赢家。然而，每次比赛，田忌总是输给齐威王。这天，田忌赛马时又输给了齐威王。回家后，田忌十分郁闷，他把赛马失败引起的不快告诉了孙膑。孙子曰：“今以君之下驷与彼上驷，取君上驷与彼中驷，取君中驷与彼下驷。既驰三辈毕，而田忌一不胜而再胜，卒得王千金。”

故事告诉人们要有全局观念，如果能够在整体上取得重大胜利，就要舍得局部付出一点点牺牲和损失。在整体实力与对手相等或者略低于对手的时候，要想取得胜利，那就要看谁会巧妙地排兵布阵了。

在系统原理的基础上又衍生出四个相关的原理，即“整分合原理”“封闭原理”“反馈原理”和“弹性原理”。

二、管理整分合原理

（一）整分合原理的内涵

整分合原理认为系统是由一些可以互相区别的要素和层次组成，因而可以进行科学分解和明确分工，系统的各个要素又存在有机联系，在分工的基础之上，予以合理而有效的综合协作，这可使系统功能最大化。

整分合原理强调把握整体，科学分解，组织综合。即对整体有充分了解，在整体规划下合理分工，又在分工基础上进行强有力的组织综合，使系统中的结构要素围绕总目标，同步、和谐、平衡地发展。

（二）整体、分工、综合协作的关系

整体是大前提；分工是关键，综合协作是结果和目的。整体、分工和综合协作是互为前提，互相制约，互相联系的，目标达到最优。

（三）管理整分合原理的基本观点

（1）整体优化的观点。即愿意以追求组织整体利益最大化为目标，而不是局部的次优化。

（2）分工严谨的观点。现代管理强调分工，但管理本身的功能不能分，即他们所管理的内容不能分（用人、用财、用物权）。如果这个功能单位对自己的人、财、物没有足够的管理权，那么，管理就只剩下只有形式的外壳，失去了调解运筹的力量，也就不能构成有活力的运动。因此，确保基层功能单位在管理人、财、物方面的自主权，是现代管理的要求。需要指出的是，分工不能过粗，也不能过细。过粗，就会形成平均主义，大锅饭。过细，会导致管理部门增多，管理费用加大。

（3）综合协作有序的观点。分工会产生距离，导致部门之间联系脱节，如果不进行科学合理的有效综合，就会形成一盘散沙，各自为政的局面。因此，在分工的基础上必须强调部门之间的通力、有序协作，以实现组织集体战斗力，实现“1+1>2”的效能。

资料链接 3-2　　丁谓一举三得

祥符年间，宫中失火。丁晋公奉命修缮被烧毁的宫室，但是取土很远是个难题，丁晋公就命令工匠在大街上挖土。没过几日，大街就成了深沟。丁晋公命令工匠将汴河河水引进沟中，再用很多竹排和船将修缮宫室要用的材料顺着沟中的水运进宫中。宫殿修完后，再将被烧毁的器材和多出来的建筑材料填进挖出来的深沟里，重新将街道填平。这一举做了三件事，节省下很多银两。

点评：修缮皇宫是整体，是大前提；分工：挖沟取土、引水、运输、回填是关键节点；综合协作是结果和目的。

资料来源：沈括《梦溪笔谈》。

三、管理反馈原理

（一）反馈的概念

反馈是控制论中的一个重要概念。反馈是指控制系统把信息输送出去，又把其作用结果

的信号返送回来，并对信息的再输出发生影响，起到控制的作用，以达到预定的目的。如图 3－1 所示。

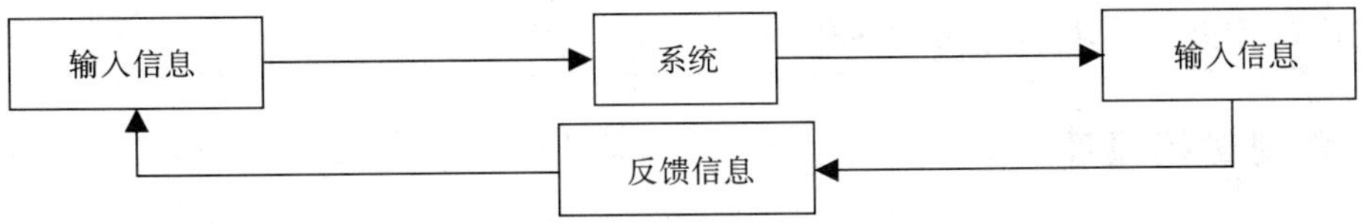

图 3－1　反馈图

反馈在因果管理中架起了一座桥梁。而这种因果关系是互为作用，不是为各自的目的，而是为同一个目的的实现。

（二）反馈原理

反馈原理认为世界的万物都是有原因产生结果，结果又构成新的原因，而信息反馈是原因和结果之间联系的桥梁，管理是否有效关键在于是否有灵敏、准确、及时、有效的信息反馈。因此，反馈原理要求在管理中，随时注意收集反馈信息，并与管理目的进行比较，当行动偏离目的时，及时进行调控，以达到预期的管理目的。也就是“一切从实际出发”“实践是检验真理的唯一标准”这一马克思主义基本原理在现代化管理中的贯彻和体现。

（三）管理对反馈的基本要求

信息反馈的实质是根据信息反馈了解过去的情况，根据过去的情况调整未来的行动。管理对反馈的基本要求是：灵敏、准确、适用。为此，管理组织必须要做好以下工作：

（1）要有灵敏的感受器。即对组织运行状况时刻保持高度的警惕，以方便问题的及时被察觉。

（2）闻风而动。反馈信息的价值在于它及时、准确反映管理对象的实际状态。时间耽搁越久，价值越小，利用这种信息的效果越差。

（3）要建立专门的反馈机构，如科学预测机构、咨询公司、思想库、参谋部等。反馈机构应将反馈信息灵敏、准确、有力地反映给指挥中心。反馈机构的工作不能由执行机构或监督机构代替。

（4）把反馈的信息，化为强有力的管理行动。

资料链接 3－3　　皇帝的新装

从前有两个骗子听说皇帝很喜欢漂亮的衣服，于是他们来到皇宫对皇帝说：我们是世界上最好的工匠，做出来的衣服比天上的云彩还漂亮。而且这个衣服很奇妙，只有聪明的人才能看见它；而愚蠢的人什么都看不见。于是皇帝给了骗子很多钱，让他们马上开始做衣服。过了几天，皇帝派人去看去的人，什么都没看到，又不愿承认自己是愚蠢的人，于是回来对皇帝说衣服很美。到了皇帝游行那天，骗子两手空空对皇帝说：“陛下，这就是世界上最美丽的衣服。”可皇帝什么都看不见，他也不愿承认自己是傻子，就穿上那并不存在的衣服上街游行，看到的人纷纷撒谎夸皇帝的新衣好看，只有一个小女孩站出来说：“哈哈快看，皇帝没有穿衣服！”

点评：《皇帝的新装》是丹麦童话作家安徒生创作的童话，这个童话通过一个愚蠢的皇帝被两个骗子愚弄，穿上了一件看不见的，实际上根本不存在的新装，赤裸裸地举行游行大典的丑剧。揭示了虚荣心和虚假反馈对正确抉择的危害，灵敏、准确、适用的反馈是作出正确决策的基础条件。

四、管理封闭原理

（一）封闭原理的概念

管理的封闭原理是指任何一个系统内的管理手段、环节和运行机制必须构成一个连续封闭的回路（就像收音机的各部件进行线路连接组合那样），才能形成有效的管理运动。

（二）封闭原理的要求

封闭原理要求组织的管理制度、规范和条法，都应该符合这个封闭回路，即任何主体都必须成为被管理的对象，受到必要的牵制，如图 3－2 所示。

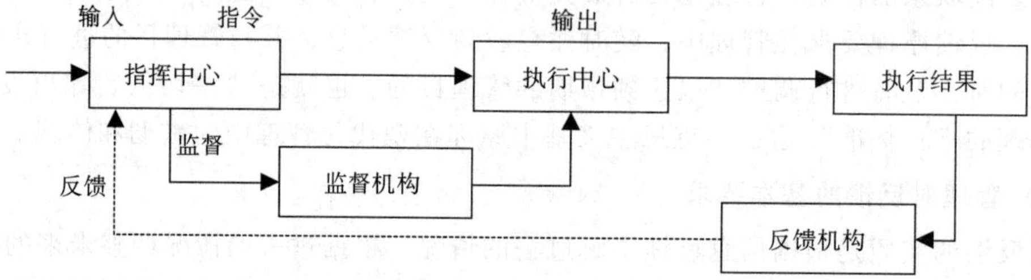

图 3－2　封闭原理

（1）有反馈回路。即任何任务执行以后，都要把执行结果的信息返送回来。

（2）有反馈措施机制。即用反馈来的信息修订未来的行动。

（3）有因为措施而产生的结果。即通过对未来行动的修订，使之更趋合理。

（三）应用封闭原理注意完善的几项工作

（1）机构的建立和健全。即建立健全决策、执行、监督和反馈机构，使部门之间的相互制约，相互牵制。

（2）完善规章制度。即让责任制约权力、效果制约决策、事事有章可循，有法可依，法律面前人人平等，法网恢恢，疏而不漏。

（3）管理目标与管理后果的封闭。从后果评估出发，对于可能出现的问题制定相应对策，使后果对于目标起制约作用。

（4）连续封闭。封闭不是一劳永逸，一个问题解决了，又会出现新的问题，又要进行封闭。只有动态的封闭，才能始终使组织走在正确的轨道上。

（5）寻踪追击。即在解决问题的过程中，找到了问题产生的原因后，又会产生新的原因，只有寻踪追击，追根求源，不断封闭，才能真正把问题解决掉。

五、管理弹性原理

（一）管理的弹性原理含义

弹性原理是指一切管理工作都必须保持充分的机动性和灵活性，以便适应客观事物各种可能变化。弹性原理的实质就是以万变应千变，而不是以不变应万变。

（二）管理保持弹性原因

组织管理中保持弹性的原因是由于管理本身所具有的4个特点所决定的。

（1）管理的多因素性。即管理所面临的因素很多，这些因素之间存在着复杂的联系，而且是经常变化的。因此，管理手段需要有弹性。

（2）管理的不确定性。即管理者对管理多因素的联系和变化的认识需要有一个过程，事前不可能精确的加以估计，也需要管理方案有一定弹性。

（3）管理的主次性。即管理的多因素有主要的和次要的因素之分，而且充满着随机性，管理者只有随机应变，才能防患于未然。

（4）管理的行动后果性。管理是一门有行动后果的科学，出现失误会带来严重的后果。常言道：差之毫厘，谬之千里。因此，管理手段、方法、计划方案都应当有一定弹性，也就是适应性和应变能力。

（三）管理弹性的类型与运用

管理的弹性可以分为：整体弹性，即整个管理系统对客观环境变化的适应能力；局部弹性，即管理环节上保持弹性。如事先拟定好可供选择的被选方案，运用中发挥人的智慧和企业潜力等。

弹性原理的应用需要具体情况具体分析。如在制定组织计划时，可以制定弹性计划，即设计出应对不同情况、反映不同费用和盈利水平的几套方案，包括乐观的、保守的、悲观的和折中的方案。对于各种管理规范、管理活动，订出一个有一定幅度的控制界限，允许在此规定范围内上下波动，超过了这个界限便要查找原因进行调整。还有适当分权，以便使下级能及时灵活地处理各种随机事件。企业实施多角化经营，扩大业务范围和经营品种，以便资源和机会的及时利用，减少风险，这是经营中的弹性策略。

六、管理人本原理

（一）人本原理的内涵

人本原理就是以人为中心的管理。它强调管理活动中的一切工作都离不开人，人是管理系统中最活跃、最具有能动性、创造性的要素，是其他所有构成要素的主宰。做好人的工作是管理的根本，强调不仅注重人在管理中的主导地位，做到人尽其才，而且注重开发人才资源，提高管理水平和管理价值。

（二）关于人的观点

关于人是一个什么人的问题，一般有以下几种观点：

1.“工具人”的观点

以泰罗为代表，认为人是劳动工具，对待人就像对待牛一样，用胡萝卜和大棒，即赏和罚进行管理。

2.“经济人”的观点

以麦格雷戈为代表，他在总结泰罗工具人的基础上提出了X理论和Y理论。“经济人”又称X理论。认为管理者对“经济人”使用紧密的监督管理方式会更有效。

3. “社会人”的观点

是梅奥根据霍桑试验的结论提出来的。认为调动人积极性的首要因素是人际关系，以及对社会和归属的需要。因此最有效的管理模式是参与式管理，劳资结合，分享利润。

4. “自我实现人”的观点

自我实现人又称Y理论，它是由麦格雷戈根据马斯洛的需求层次理论和阿基里斯的不成熟到成熟理论研究的基础上提出来的。认为人都想在自己的工作岗位上发挥自身的潜力和能力，追求成就和责任。对自我实现的人最佳的管理方式是授权式，即扩大被管理者的自主权，实现自我控制，让员工参与管理和决策，并共同分享权力。

5. “复杂人”的观点

复杂人假设是20世纪60年代末至70年代初由沙因提出的。根据这一假设，提出了一种新的管理理论，与之相应的是莫尔斯的超Y理论。

超Y理论具有权变理论的性质，是由莫尔斯、洛斯奇分别对X理论和Y理论的真实性进行实验研究后提出来的。他们认为，X理论并非一无用处，Y理论也不是普遍适用，应该针对不同的情况，选择或交替使用X、Y理论，这就是超Y理论。

（三）人本原理的运用

1. 有效管理的关键是员工参与

集体活动实现有效管理，一种是通过高度集权，管理制度和组织纪律，重奖重罚。另一种实现有效管理的途径就是适度分权、民主管理。根据人性观点可知，二者适用的条件是不同的。

2. 重视人的需要是管理的核心

作为有效的管理者必须把员工的需要装在心中。对于员工正当的、当前能满足的需要，要及时满足，对于不能满足的需要，要讲明原因，对于不正确的要合理诱导，讲清道理。

3. 促进人的全面发展是管理者的任务

人进入组织工作，不仅要得到物质报酬，维持正常生活，还要通过学习、培训、提升，关心人、爱护人，满足人的精神需要，让人性得到健康全面发展。

4. 管理是为人服务的

管理的本质就是全心全意为员工服务、为顾客服务、为股东服务和为社会服务。管理是一个投入和回报的行为，只有投入诚心，才能得到下属的回报。

资料链接3－4　　因为一个人，买了一家公司

多年前，有一个刚从大学毕业的小伙子，他异想天开地想进通用电气公司，但很快他的梦想就被残酷的现实击得支离破碎。主考官只是扫了一眼他的个人简历，就立刻摇着头说：抱歉！你离我们的要求还很远，欢迎您下次再来。

这位年轻人十分沮丧，他没想到自己这么快就被通用否决了，带着无尽的遗憾与伤感，他离开了通用公司。后来他不再做不切实际的幻想，而是量体裁衣地进了一家适合他的小公司。他学的是机电制造，在公司里担任技术顾问。尽管薪水不是很高，但能发挥他的作用，他感到十分满足。为此，他兢兢业业地做着这份工作，并不断地学习和钻研，终于练就了一身了不起的功夫，无论什么电机，他只要听一听声音，不用打开机箱，就能知道问题在哪里。

正巧，通用公司新开发的一款电机出了故障，所有的技术人员都束手无策，找不到问题出在哪里。因为他所在的公司与通用公司有业务上的往来，于是公司派他前去处理。他将一台有问题的电机启动后，仔细地听了一会儿，凭着多年的经验，他断定是电机的线圈出了问题。为了稳妥起见，他又测试了好几台有问题的电机，结果发现这些电机出现的是同一问题。于是他十分肯定地对旁边的技术人员说，电机左边的线圈比右边的线圈多了半圈，只需将多出的线圈剪掉，电机就能恢复正常。在场的技术人员听后无不骇然，不拆机就能诊断出左边的线圈多了半圈，这简直是个神话。然而让人吃惊的是，当技术人员拆开机箱，果然发现左边的线圈多了一圈，随后他们将多出的线圈剪掉，奇迹出现了，电机恢复了正常。

通用电气公司的总裁知道他是一个不可多得的人才，就想将他收为己用，并开出10倍的薪金聘请他去通用公司担任技术顾问。令人想不到的是，他竟然坚决拒绝了，理由是，现在所在的公司虽小，但工作了几十年，他与公司已融为一体，无法分割。再说，公司老板一直待他不薄，他不能背信弃义。最后通用公司的总裁只好连同他所在的公司一起收购了。

点评：自古得人才者得天下，企业之间技术的竞争归根结底是人才的竞争。

资料来源："因为一个人，收购一个公司"网络资料。

七、管理能级原理

（一）能级原理内涵

能级原理认为，人和其他要素的能量都有大小和等级，并会随着一定条件而发展变化，在管理过程中要建立合理的能级，使人才动态地处于相应的能级中，做到人在其位、人皆有位。这样才能保证组织结构的稳定性、连续性和有效性，才能充分发挥不同能级的能量，获得最佳的管理效益和效率。

能力原理的实质是量才使用，能力与能级动态对应。

资料链接 3－5　　蘑菇管理

蘑菇管理是许多组织对待初出茅庐者的一种管理方法，初学者被置于阴暗的角落（不受重视的部门，或打杂跑腿的工作），浇上一头大粪（无端的批评、指责、代人受过），任其自生自灭（得不到必要的指导和提携）。

点评：每个人都有自己的蘑菇期，正如易经乾卦中说的潜龙无用，就是告诉我们，刚走向社会的年轻人，要少说多干，积蓄力量，才能后来居上，以弱胜强。

（二）能级原理在管理中之运用

（1）对管理能级的确定：能、级相称，结构稳定。形状为正立三角形，不能是倒立三角形或梯形，也就是能力强的人少，居高位，能力相对小的人居在相对较低的位置，企业发展才会稳定。

（2）对不同的能级授予不同的权力和责任，并根据其尽责的程度给予不同的激励，使责、权、利相称。使各类能及在其位，谋其政，行其权，尽其责，取其酬，获其荣，惩其误。

（3）各类能级必须动态地相对应。要求使合适才能的人处于合适能级的岗位。

能级原理强调“组织只有混乱的管理，没有无用的人才”。

八、管理动力原理

（一）动力原理的内涵

动力原理认为，管理需要强大的动力，根据人的行为规律，通过强化人的动机，以调动人的积极性。组织管理中的三种基本动力：物质动力、精神动力和信息动力。物质动力包括组织及其员工的物质生活资料和经济效益。实行必要的物质奖惩措施，是必不可少的有效杠杆。但物质动力不是万能的，不恰当的理解和运用物质动力也会产生副作用，必须注意发挥其他动力的作用。精神动力，包括信仰（爱国主义、集体主义）、精神鼓励（表扬、奖状、荣誉称号等）和日常思想政治工作。人是要有精神的，因此有必要而且也有可能运用精神动力的作用。精神动力与物质动力恰当结合，就会发挥巨大的威力。信息动力在组织中也具有重大意义。信息就是知识，知识就是力量和动力。组织只有不断从外界获得源源不断的科学技术知识武装自己，提升管理水平和技术水平，才能在竞争日益激烈的环境中生存下去。

（二）运用动力原理的要求

1. 三类动力综合交叉运用

根据不同的时间、条件和对象，有针对、有侧重的选择不同动力。具体原则可采用中医上术语“实则泻之、虚则补之”。也就是什么动力用多了就少用，用少了就多用，不能一概而论。

2. 处理好集体动力与个体动力之间的关系

个体动力与集体动力关系的处理有三种方式可供选择：强纽式、放任自流式、因势利导式。常言道：“强扭的瓜不甜”，把个体动力与集体动力强行绑在一起，集体动力还是不足。放任自流式会导致个体动力方向各异，力量相互抵消，无论个体动力多大都不会转化为集体动力。因此，最佳的方式是管理者运用因势利导式，在个体目标与集体目标在大方向一致的前提下，充分发挥个体动力的作用，以获得较大、稳定、可靠的集体动力。如图 3 – 3 所示。

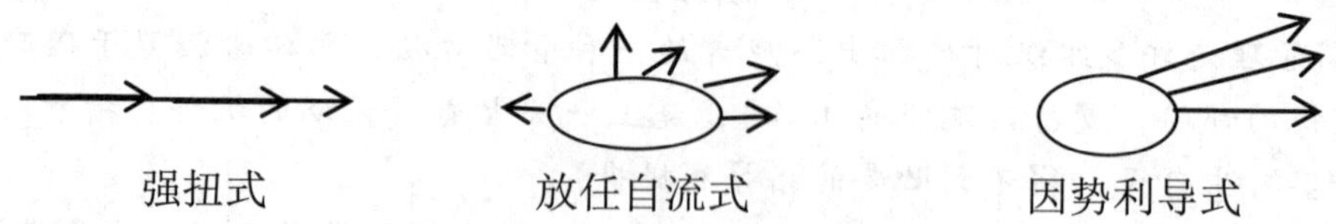

图 3 – 3　个体动力与集体动力关系

3. 处理好眼前动力与持久动力之间的关系

眼前动力是短期利益，包括工资、奖金等，持久动力是长期利益，包括内涵、外延扩大生产，机器设备更新，员工培训。在处理二者关系时，要把眼前动力看成“标”，持久动力看成“本”，按照“急则治标，缓则治本”原则去处理二者关系。企业运行良好的时候，加强内涵建设；当企业陷入困境时，注意治标。

4. 把握好各类刺激量的界限

刺激量不足或过大都不能有效的激发动力。刺激量不足，刺激措施的作用不能得到正常发挥，不足以引起激励对象处于最佳激励状态的反应；刺激量过大，会使激励措施的作用递减甚至会产生负效应。行为科学将这一规律称为薪酬的边际激励效应递减规律。刺激量一般表现为奖惩量，为此要充分注意单位和个人刺激两者之间的横向对比和纵向对比，注意同等刺激量对不同需要的人效应不同。

资料链接 3－6　薪酬的边际激励效应递减规律

薪酬的边际激励效用递减规律认为，对企业管理者来说，薪酬越高，边际薪酬的增长对其激励作用越小，其行为将越来越趋向保守和不思进取。

九、管理效益原理

（一）效益原理含义

管理效益原理指管理活动的出发点和归宿点就是以最小的投入或消耗，创造出更多更好的经济效益和社会效益。效益越好，组织就越处于良性循环状态，进而实现雪球效应。

（二）贯彻效益原理的基本原则

1. 社会效益原则

即要求管理在追求经济效益时重视社会整体效益。员工积极性的来源不仅来自企业的报酬，而且也与社会效益密切相关。因为企业报酬要转化为物质的满足，如果社会效益不好，物价上涨、通货膨胀，拿钱买不到合适的东西，员工积极性照样不高。

2. 价值分析原则

即对管理活动及成果进行系统的价值分析。价值分析就是投入产出比的分析。其公式为：

价值＝功能/成本

功能就是企业产出的效用、功能，成本就是企业的投入。功能越大，成本越低，价值越高。提升价值途径一般有 5 种：功能不变，成本降低；成本适当提高，带来功能更大的提高；功能适当降低，带来成本大幅度提高；功能提升，成本下降；成本不变，功能提高。

3. 可行性研究原则

即在项目投资决策前对有关建设方案、技术方案或生产经营方案、促销方案等进行的技术经济论证。可行性研究要求从系统总体出发，对技术、经济、财务、商业以至环境保护、法律等多个方面进行分析和论证，以确定项目是否可行，为正确进行投资决策提供科学依据。论证的依据是调查研究，并在此基础上提出可行性研究报告，供领导决策时参考。可行性研究的目的是保证方案要切实可行，不能纸上谈兵。否则方案制定的再宏伟，如果不可行，就等于零。

资料链接 3－7　效益、效果和效率的区别与联系

效果指人们或组织通过某种行为、力量、手段、方式而产生的结果。这种结果其中有的是有效益的，有的是无效益的。

效率是指特定的系统在单位时间内的投入与所取得的效果之间的比率。这个比率是一个经常用来衡量管理水平的标准。

效益是某种活动所要产生的有益效果及其所达到的程度，是效果和利益的总称。它可分为经济效益和社会效益两类。

如产品以极高的效率生产出来，市场不认可，这就是有效果和效率，但没效益。

第二节　企业管理制度

一、现代企业制度的概念

现代企业制度就是企业组织运营、管理一系列行为的规范化和制度化。是企业产权制度、企业组织制度和经营管理制度的总和。企业制度的核心是产权制度，企业组织制度和经营管理制度是以产权制度为基础的，三者分别构成企业制度的不同层次。企业制度是一个动态的范畴，它是随着商品经济的发展而不断创新和演进的。

现代企业制度的产生也经历了一个漫长过程。资本主义最早是工厂制度，大机器代替手工，单个资本无法推动企业发展，就产生了股份制，随着资本规模扩张，股权的广泛分散，以股份制为代表的现代企业制度应运而生。

二、实施现代企业制度的理论依据

依据对企业的认识不同，企业理论可以分为传统企业理论和现代企业理论。传统企业理论把企业视为一个实体（暗箱），假定企业的目标是追求利润最大化，管理的任务是如何组织好生产和销售，以获得最大利润。它认为企业的基本行为是如何通过投入来取得利润最大化。

（一）传统企业理论

1. 管理主义理论

管理主义理论的基础是伯勒（A · Berle）和米斯（G · Means）1932 年提出的“所有权和控制权”的分离命题。其假设是：由于股份制企业两权分离，股权广泛分散，企业所有者失去对企业的控制，控制权实际已转入管理者手中，使管理者得以按自己的目标进行管理。因此，该理论对企业最大的贡献是：管理者的素质高低对企业经营成败有很重要的影响，资本家在选择称职经理时的作用可能比经理约束更为重要。

2. 交易成本理论

科斯（R · Coase）于 1937 年发表了“企业性质”一文，首次提出并分析了企业存在的原因及其规模扩展的界限问题，创立了交易成本理论。科斯认为，交易成本是获得准确市场信息所需要的费用，以及谈判和经常性契约的费用。也就是说，交易成本由信息搜寻成本、谈判成本、缔约成本、监督履约情况的成本、可能发生的处理违约行为的成本所构成。

在科斯看来，通过建立一种无限期的、半永久性的层级性关系，或者说通过将资源结合起来形成像企业那样的组织，可以减少在市场中转包某些投入的成本。企业是一种长期的、固定的契约关系，市场则是一种短期的契约关系。一种多少具有持久性的组织关系，如一个雇员与企业的关系，对企业来说，能节省每天去市场上招聘雇员的成本；对于雇员来说，能减少每天去市场应聘的成本和失业风险成本。这种“持久性的组织关系”就是制度，包括契约，也包括政策等。因此，依靠体制组织、契约以及政策等制度，采纳和利用标准化的度量衡，能降低交易成本的水平。企业形成和扩展的原因就是通过把交易转移到内部来减少交易成本。例如依靠合同（技术许可、特许经营）、对外直接投资建立合资、独资企业，转移企业内部资金和技术，扩大企业规模的方式，都属于内部化的形式。当内部交易成本等于市场交易成本时，企业的扩展就会停止。

传统企业理论虽然解释很多问题，但关于企业存在的根本原因问题，企业权力的划分问题，企业所有者使用代理人的最佳合同问题没有很好的回答。由于这些问题对企业至关重要，因而，以研究这些问题为基本特征的现代企业理论得到迅猛发展。

（二）现代企业理论

1. X 效率理论

莱宾斯坦 X 效率理论的发展最初是基于经验事实提出来的，即公司在不改变技术和增加投资的前提下，仅仅通过组织和管理的变革，就能使企业产出增长。他假设公司利润的最大化必须建立在成本最小化的基础上。他在 1966 年 6 月在《美国经济评论》上发表了第一篇论述配置效率和 X 效率的论文。

2. 产权理论

产权理论流行于 20 世纪 70 年代，主要代表人物有阿而钦（A · Alchain）和德姆塞茨（H · demsets）。该理论强调产权定义的明确性。认为产权所有权等于剩余索取权，人的积极性与剩余索取权有关，认为产权的私有制是经济效率的必要前提。所谓“剩余”就是企业在支付完所有契约费用后的收益余额；而剩余索取权，就是指获得这种企业剩余收益的权力。

3. 代理理论

代理理论研究的重点是企业内部的组织结构和企业中的代理关系。阿尔钦和德姆塞茨（1972）将重点从使用市场的交易费用转到解释企业内部结构的激励问题（监督成本）上，认为，所有者和管理者是代理关系，企业是团队式生产，存在偷懒行为，监督者必须是剩余的索取者，管理成本才会下降。詹森（M · Jedsen）和麦克林（W · Meckling）（1976）认为，“代理成本”是企业所有权因素决定，代理成本源于管理人员不是企业的完全所有者这一事实，管理者拥有剩余索取权可以减少或消除代理成本。后来，利兰（H · LEland）、派尔（D. Pyle）（1977）建立了一个正式模型，指出股份制是解决代理问题的信号。

在代理理论中，资本家是委托者，劳动力是代理者。代理理论关注的是委托者如何通过设计一项有激励意义的合约达到控制代理者的目的。

透过以上理论可以得出有效的公司治理结构的结论：公司治理结构是通过剩余索取权和控制权的配置来解决经理激励和选择问题的机制；最优公司治理结构应是一种权力相互制衡的控制结构；为解决投资者搭便车问题，应让所有权适当集中于大股东；债权人对企业的控制是通过法律保护的破产程序来进行的；最优破产程序要求考虑事后效率和对经理的事前约束。

三、现代企业制度的特征

党的十四届三中全会把现代企业制度的基本特征概括为“产权清晰、权责明确、政企分开、管理科学”十六个字。

（一）产权清晰

产权，即财产权，是以财产所有权为基础的若干权能的组合。他由一组权力构成，包括：所有权、占有权、使用权、收益权和处分权等。他以两种形式存在，一是产权的法律形式，即法权、最终所有权，股东权，他明确了产权的归属问题。二是法人财产权，即对财产的营运权力，即占有权、处置权、使用权和收益权。在这组财产权利中，所有权处于核心地位，其他一切财产权利都是从所有权中派生出来的。对国有企业而言，产权清晰还包括国有资产的边界要“清晰”，也就是通常所说的“摸清家底”。首先要搞清实物形态国有资产的边界，如机器设备、厂房等；其次要搞清国有资产的价值和权利边界，包括实物资产和金融资产的价值量，国有资产的权利形态（股权或债权，占有、使用、处置和收益权的分布等），总资产减去债务后净资产数量等。

（二）权责明确

是指企业资产的最终所有者和企业法人财产权的拥有者，在企业享有的权力和承担的责任清楚，明确具体。具体讲就是合理区分和确定企业所有者、经营者和劳动者各自的权利和责任。所有者、经营者、劳动者在企业中的地位和作用是不同的，因此他们的权利和责任也是不同的。

权利。所有者按其出资额，享有资产受益、重大决策和选择管理者的权利，企业破产时则对企业债务承担相应的有限责任。企业在其存续期间，对由各个投资者投资形成的企业法人财产拥有占有、使用、处置和收益的权利，并以企业全部法人财产对其债务承担责任。经营者受所有者的委托在一定时期和范围内拥有经营企业资产及其他生产要素并获取相应收益的权利。劳动者按照与企业的合约拥有就业和获取相应收益的权利。

责任。与上述权利相对应的是责任。严格意义上说，责任也包含了通常所说的承担风险的内容。要做到“权责明确”，除了明确界定所有者、经营者、劳动者及其他企业利益相关者各自的权利和责任外，还必须使权利和责任相对应或相平衡。此外，在所有者、经营者、劳动者及其他利益相关者之间，应当建立起相互依赖又相互制衡的机制，这是因为他们之间是不同的利益主体，既有共同利益的一面，也有不同乃至冲突的一面。相互制衡就要求明确彼此的权利、责任和义务，要求相互监督。

（三）政企分开

政府运用经济手段、法律手段和必要的行政手段对国民经济进行宏观调控，保持经济总量基本平衡，促进整个经济结构优化。“政企分开”的基本含义是政府行政管理职能、宏观和行业管理职能与企业经营职能分开。政企分开一方面政府通过“放权让利”“扩大企业自主权”等就是为了解决这个问题。另一方面，政企分开还要求企业将原来承担的社会职能分离后交还给政府和社会，如住房、医疗、养老、社区服务等。应注意的是，政府作为国有资本所有者对其拥有股份的企业行使所有者职能是理所当然的，不能因为强调“政企分开”而改变这一点。当然，问题的关键还在于政府如何设计一项有激励意义的合约达到控制代理者而不是滥用其拥有的所有权。

（四）管理科学

指企业管理制度、管理方法和管理手段等科学合理，符合市场经济的客观要求管理。管理科学的关键是建立健全用人机制、激励机制、约束机制、预算约束机制等。还要学习、创造，引入先进的管理方式，包括国际上先进的管理方式。例如，敏捷化管理、全面质量管理、企业资源计划管理等。

四、现代企业制度的主要内容

（一）公司法人制度

公司制是指有两个以上股东共同出资构成，股东以其出资额或所持股份为限对公司承担责任，公司以其全部资产对公司债务承担责任依《中华人民共和国公司法》（以下简称《公司法》）成立的企业法人。公司法人是指依照法定条件成立，具有民事权利能力和民事行为能力，依法享有民事权利，承担民事义务的经济组织。法人制度是商品经济发展的必然产物。早在罗马帝国时期就出现了“团体人格”的概念，随着商品经济的发展，特别是公司制度的出现，奠定了法人制度的基础，并使公司法人制度日益完善。企业公司化，公司被确认为法人，这不仅调动了投资者的积极性，而且为企业的发展提供了制度保障。

（二）有限责任制度

公司法上的有限责任是指作为公司的股东而言的。公司作为法人，应当以其全部资产承担清偿债务的责任，债权人也有权就公司的全部财产要求清偿债务，在公司的资产不足以清偿全部债务时，公司的债权人仍不得请求公司的股东承担超过其出资义务的责任，更不得将其债务转换到其股东身上。这就是公司的独立责任。它是由公司的独立人格所决定的，也是公司的独立人格的体现。公司相对于自然人而言，具有自己的独立财产，并且此种财产与公司成员及创立人（股东）的财产是分开的；具有自己的独立人格，而且公司的人格与其成员的人格也是分离的，所以公司作为独立的民事主体应以自己的独立的全部财产承担清偿债务责任。股东的有限责任也是股东以其出资额为限对公司承担责任。

（三）科学法人治理结构（组织制度）

企业通常实行公司制度，即有限责任公司和股份有限公司制度，按照《公司法》的要求，形成由股东代表大会、董事会、以经理为首的执行机构（简称经理班子）和监事会组成的各自独立、责权分明、相互依赖又相互制衡的公司治理结构，并有效运转。

股东代表大会。是公司的最高权力机构，职权包括：重要人事的决定权；重大事项的决策权；利润分配权；公司资本重大变动的处置权。

董事会。由股东会挑选能够代表自己利益又有能力的少数人，组成一个小型机构负责经营管理公司，即是董事会，其中的职工代表由公司职工民主选举产生。董事会是公司的经营决策机构，对外代表公司，董事长是公司的法定代表人，人数为1人。董事会的职权：负责公司经营决策及监督检查其执行情况；提出有关股东财产重大变动和受益的方案。掌握重要的人事权。

以经理为首的执行机构。组成人员包括：经理、副经理、总会计师、总工程师等高层经理人员组成，经理由董事会聘任或解聘，对董事会负责，因此经理既是公司日常经营管理的最高负责人，也是董事会决议的执行人，在董事会授权范围内拥有对公司事务的管理权。经理的职权：组织实施董事会决议；组织实施公司年度经营计划和投资方案，处理日常经营管理工作；负责公司的组织设计，包括拟定公司管理机构设置方案和基本管理制度，制定公司的具体规章。在人事权方面，提请董事会聘任或解聘公司副经理、财务负责人，直接聘任或解聘其他负责人管理人员。

监事会。监事会是公司的监督机构，负责监督董事会和以经理为首的执行机构，直接向股东会报告，对股东负责，成员不得少于 3 人，由股东代表大会和一定比例的职工代表组成，代表由公司职工民主选举产生，公司的董事会、经理和财务负责人均不得兼任监事。监事可列席董事会议。公司法人治理结构在基本方面都是规范化的。

（四）科学的管理制度

企业管理制度包括：科学合理的组织制度、用工制度、分配制度、财务会计制度等。在组织制度上，要建立科学合理的法人治理结构；用工制度要贯彻以人为本的用人机制；分配制度上坚持按劳分配与按资分配相结合；财务制度上要坚持硬化预算约束制度等。

五、企业制度的建立应解决的问题

（一）积极推进混合所有制

混合所有制企业，是指由公有资本（国有资本和集体资本）与非公有制资本（民营资本和外国资本）共同参股组建而成的新型企业形式。混合的实质是股权多元化，主要形式包括：资产联合兼并；法人之间的控股参股；将债权转为股权；吸收外资入股；法人持股等形式。

资料链接 3 - 8　　混合所有制

云南白药作为医药行业内的业绩成长典范，从 1993 年上市至今业绩成长领先同行，在混改之前是云南省国资企业下属全资上市公司。云南白药控股的混改可总结为“引战投、两步走”：2016 年 12 月，云南白药控股股东白药控股通过增资方式，引入新华都实业集团股份有限公司。交易完成后，白药控股的股权结构变更为云南省国资委和新华都各持有 50% 股权；2017 年 6 月 6 日，白药控股通过增资方式引入江苏鱼跃科技发展有限公司成为第三方股东。交易完成后，白药控股形成云南省国资委 45%、新华都 45%、江苏鱼跃 10% 的股权结构。通过两步走，进行混合所有制改革，进一步明晰产权。

中粮资本运用“引入战投 + 引入基金 + 员工持股”的“模式 + 配套”方式混改。

2017 年 4 月 19 日，中粮资本披露将通过“增资 + 售股”的方式拟募资总额 80 亿元，其中以增资入股的形式募资 60 亿元，再以增资价格向投资方转让价值 20 亿元对应股权。最后中粮资本实际募资 69 亿元，确定 7 家投资人：国调基金、北京首农、温氏投资、弘毅投资、雾繁投资、上海国际、航发资管等。增资后，中粮集团的持股比例降至约 65%，新股东持股比例合计约 35%，其中，员工持股比例约 3%。

党的十九大报告指出，要深化国有企业改革，发展混合所有制经济，培育具有全球竞争力的世界一流企业。

资料来源：混合所有制改革有哪些模式，根据网络资源整理，2022 - 04。

（二）进一步明晰产权

产权制度是指对产权占有、支配中所形成的各类产权主体的地位、行为权力和责任相互关系加以规范的法律制度。产权具有四大功能：优化资源配置、保证正当经营权、规范交易行为、硬化财产约束。

资源的优化配置。财产权具有可分割、可转让性，进而促进资产的合理流动，有效防止资产的闲置。

保证正当经营权。产权具有排他性，产权所有者的权益受法律的保护，他人不得侵犯。产权的这种功能是维护社会的所有制与生产关系，稳定社会经济结构的重要法权支柱和基础。

规范市场交易行为。产权具有保证正当经营者受益，受损索赔的功能，抑制企业不正当交易行为。

硬化财产约束。所有者通过财产的终极所有权约束经营者，使其保证资产增值，所有者得益。经营者拥有法人财产权，由于权责明确，法定代表人一方面会通过科学合理的决策、硬化预算约束，降低成本的投入。另一方面会通过薪酬、分红等激励机制调动员工的积极性，使企业资产实现保值和增值。

（三）健全和完善各项规章制度，彻底改变无章可循，有章不循违章不究的现象

（四）建立符合市场经济规律和我国国情的企业领导体制和组织管理制度，及建立包括股东会、董事会、监事会和经理层在内的公司法人治理结构

资料链接 3－9　　青岛啤酒的现代企业制度

资料显示，青岛啤酒年产量在 1992 年只有 10 多万吨，其生产规模当时在国内排不上前三名。青岛啤酒之所以能实现脱胎换骨的变化，除了公司在企业发展战略、市场营销观念、内部组织构架和企业文化建设等方面有独到之处外，青岛啤酒重视法人治理结构的建设，也是推动其不断走向成功的重要因素。

1993 年，青岛啤酒抓住了一次历史性机遇；跻身于全国首批九家规范化股份制试点的国有企业之列。从青岛啤酒的股权结构来看，它以投资主体多元化、股权相互制衡为目标进行设置，上市后的公司总股本为 9 亿股，其中国有股为 39982 万股，占 44.42%，H 股为 34685 万股，占 38.54%，法人股占 5.93%，A 股流通股占 11.11%。实现了公司投资结构的多元化和国际化，又在保持国有股的相对控股地位的同时，避免了其一股独大所带来的种种弊端。

青岛啤酒在公司董事会设置方面有不少独特而有效的做法：

在青啤董事会的 9 名成员中，执行董事只有 4 人，有 2 人为由法人股股东提名的非执行董事，而 3 名独立董事则分别由知名的金融、法律和会计专家出任。占有董事会人数 1/3 比例的独立董事，不仅广泛参与决策，也对管理层形成了一种监督制约。

在人员任职设置方面，青岛啤酒推行的是公司董事长、总经理和监事会主席三人分设、不得兼职的做法，这就形成了良好的权力制衡及监督机制。制定并实施了“股东大会议事规则”“董事会议事规则”“监事会工作实施细则”和“总经理工作细则”等规章制度，明确界定了公司股东大会、董事会、监事会、总经理的职责、权限和议事程序等，从而使公司的运作结构既协调、高效又相互制衡。

在公司经营管理方面，青岛啤酒也较好地处理了董事长与总经理之间的工作关系。

作为企业法人代表的董事长，其“发言权”主要体现在通过董事会会议，对公司的经营战略、发展规划、投资购并、财务预决算、机构设置和人事任免等进行审议和决策，并规定凡是投资额在1000万元人民币以上的项目必须由董事会审议批准后方能实施。而总经理的“行动权”则表现在董事会授权及预算范围内对公司日常的生产、经营、固定资产投资、市场开发和产品促销等方面工作全面负责。这样，既形成了合理的工作分工和相互制约，也避免了因职责不清而产生的矛盾。

从1999年起青岛啤酒又成立了财务与审计委员会、公司治理与薪酬委员会、公司战略发展与投资委员会，确保了董事会科学而高效地运作。

青岛啤酒同世界最大的啤酒制造商美国A－B公司签署了战略合作协议，借此引进外方先进管理方式和生产技术，并借鉴其公司治理和投资者关系工作的经验，进一步来完善企业现有的管理模式，提升公司治理水平及国际化运作水平。

资料来源：青岛啤酒　打造现代企业制度新平台，http：//business. sohu. com/.

第三节　组织管理的基本方法

组织管理不仅要建立一定的制度，遵循一定的原理，而且还要运用适当的方法，才能达到预定的目的。管理方法是履行管理职能和实现管理任务的方式、手段、措施的总和。从履行管理职能来讲，方法是执行有关职能的手段；从实现管理任务来讲，方法是协调分工、协作劳动的各种措施的总和；如果从管理主体和管理客体的关系来看，方法是管理主体作用于管理客体的方式。总之，无论是履行管理职能，实现管理任务，还是维持管理主体和管理客体之间的关系，都要借助管理方法。没有管理方法就没有管理。管理方法既然是为履行职能、完成管理任务、建立主体与客体之间的联系服务的，它就必须符合管理的发展规律，符合管理原理的要求，否则，它就起不到应有的作用。因为，管理是在一定生产关系、一定社会制度下进行的，管理还必须反映社会制度和组织生产关系的特点。

管理方法种类很多，而且可以按照不同的标准进行分类。但最基本的划分方法是按照管理的内容和管理对象施加影响的性质划分，一般分为行政方法、经济方法、法律方法、社会学方法、心理学方法和定量法方法。下面按这种分类对管理方法分别进行介绍。

一、行政方法

（一）行政方法的概念

行政方法是指依靠行政组织的权威，运用命令、指示等强制性的行政手段，对下属施加直接影响的管理方法。

（二）行政方法的特征

1. 权威性

行政方法所依托的基础是管理机关和管理者的权威。管理者权威越高，他所发出的指令接受率就越高。提高各级领导的权威，是运用行政方法进行管理的前提，也是提高行政方法有效性的基础。管理者必须努力以自己优良的品质、卓越的才能去增强管理权威，而不能仅仅依靠职位带来的权力来强化权威。

2. 强制性

行政权力机构和管理者所发出的命令、指示、规定等，对管理对象具有程度不同的强制性。行政方法就是通过这种强制性来达到指挥与控制的目的。但是，行政强制与法律强制是有区别的：法律的强制性是通过国家机器和司法机构来执行的，准许人们做什么和不准许人们做什么；而行政的强制性是要求人们在行动的目标上服从统一的意志，它在行动的原则上高度统一，但允许人们在方法上灵活多样。行政的强制性是由一系列的行政措施（如表扬、奖励、晋升、任务分配、工作调动及批评、记过、降级、撤职等处分直至开除等）作为保证来执行的。

3. 垂直型

行政方法是通过行政系统、行政层次来实施的。因此基本上属于“条条”的纵向垂直管理。行政指令一般都是自上而下，通过纵向直线下达的。下级组织和领导人只接受一个上级的领导和指挥，对横向传来的指令基本上是不理睬的。因此，行政方法的运用，必须坚持纵向的自上而下，切忌通过横向传达指令。

4. 具体性

相对于其他方法而言，行政方法比较具体。不仅行政指令的内容和对象是具体的，而且在实施过程中的具体方法上也因对象、目的和时间的变化而变化。所以，任何行政指令往往是在某一特定的时间内对某一特定对象起作用，具有明确的指向性和一定的时效性。

5. 无偿性

运用行政方法进行管理，上级组织对下级组织的人、财、物等的调动和使用不讲等价交换的原则。一切根据行政管理的需要，不考虑价值补偿问题。

（三）行政方法的功能与必要性

1. 是保证企业与职工利益协调的最有力手段

行政方法有快速、灵活、有效的特长。通过行政手段给大家规定一致的目标和价值观、规章制度、行为准则，通过对职工的软、硬约束使二者利益协调一致。

2. 是处理国家、企业和职工三者利益的手段

三者之间根本利益是一致的，但在直接利益分配上，三者之间有矛盾。国家从全局出发要求企业放弃一些局部和眼前利益，这种要求单纯依靠经济手段很难做到，需要行政手段及时地针对具体问题发出命令和指示，可以快刀斩乱麻，较好地处理特殊问题和管理活动中出现的新情况。

3. 任何经济方法都有赖于行政方法来实现

行政方法因为它具有直接性、强制性和机动灵活性的特点，可以对管理对象直接发挥作用。

（四）组织管理中常用的行政方法

1. 指令性计划

指令性计划也称为命令型计划，是指由上级计划单位按隶属关系下达，要求执行计划的单位和个人必须完成的计划。

2. 行政命令

是行政主体依法要求相对人进行一定的作为或不作为的意思表示。命令是上级对下级发出的带有强制性并由明确要求的决定。命令对下级能做什么、不能做什么、如何做、何时做（做完）、不做或不按要求做的惩罚都规定的很具体。下级接到命令必须执行，没有松动的余地。

3. 指示

只是也带有强制性，下级对指示中规定的任务必须执行，但在执行的具体方法上有一定的灵活性，可以根据具体情况选择适当的方式方法去完成。

4. 各种条例、规章制度、办事细则

各种条例、规章制度、办事细则是企业的“法”。一些成文的、比较稳定的、作用范围比较广的条例和规章制度，也可以称作法律方法。

（五）行政方法的运用

（1）运用行政方法必须建立在周密调查的基础上，据客观规律制定方针、政策、计划等。不符合实际和规律的方针政策，实施的结果好比是盲人骑瞎马，夜半临深池，把企业带入危险的境地。

（2）在计划执行过程中既要保持一致性，又要保持灵活性，结合实际执行，且不可不切实际的照抄照搬别人的管理办法，要具体情况具体分析。

（3）将行政方法限制在一定的范围。集权、命令，强制人做事，容易出现主观臆断、官僚主义，且很少给下属留下回旋余地，运用时要适时、适情、适度，需用时必用，不需用时决不乱用。

资料链接 3－10　　企业行政管理的乱象

某企业在管理中，存在领导全凭主观意愿办事，企业中没有系统完整的规章制度、明确分工、逐级授权和环环相扣的工作程序。遇事拍脑袋决定，没有科学的决策依据，正确与否全凭运气。上级对下级大小事务插手过多，搞得下属无所适从，老板忙得昏天地暗，干部员工却有劲使不上。老板总觉得干部员工拿的太多，做事太少，干部员工又对老板一肚子怨气，怪老板不重视自己，造成劳资双方隔阂对立。由于没有制定出成文的、公道的规矩，造成企业中工作公说公有理，婆说婆有理，互相扯皮，互相推诿，争论不休，遇事不议，议而不决，决而不行，行而不果，重复讨论，重复决定，重复劳动，企业处于一片打乱仗的状态，严重影响工作效率、员工士气，造成人财物极大浪费。

说明该企业行政管理规范化建设势在必行，包括管理制度化，业务标准化，工作流程化，考核激励机制的科学化等的建设。

二、经济方法

（一）经济方法的概念

经济方法是一种运用经济手段，调节各方面利益关系，刺激组织行为动力的管理方法。其实质是以物质利益为动力调动人的积极性的管理方法。

（二）经济方法的特性

1. 间接性

经济方法的特点是利用经济杠杆的作用，来影响被管理对象切身的利益，产生一种间接性的强制力量，迫使被管理对象按经济规律办事，采取与管理目标相一致的行动，而不是直接规定任务或限制活动范围。

2. 灵活性

一方面，经济方法针对不同的管理对象，如企业、职工个人，可以采用不同的手段。另一方面，对于同一管理对象，在不同情况下，可以采用不同方式来进行管理，以适应形势的发展，例如，税收的增减可分别鼓励与限制某一产业的发展，增减的幅度越大，作用越明显。

3. 平等性

经济方法强调等量劳动获得相同的劳动报酬，承认被管理的组织或个人在获取自己的经济利益上是平等的。社会按照统一的价值尺度来计算和分配经济成果；各种经济手段的运用对于相同情况的被管理者起同样的效力，不允许有特殊。

（三）组织常用的经济手段

1. 价格

价格是计量和评价劳动成果的社会标准，合理的价格体系，是社会经济活动能实现良性循环的一个十分重要的条件。

2. 税收

税收是国家取得收入的重要来源。国家根据需要制定不同的税种和税率，调节企业投资方向，使国民经济结构趋于合理。

3. 信贷

信贷是最为灵活、有效的经济杠杆，是银行存款、贷款等信用活动的总称，银行通过多贷、少贷、差别利率和贷款期限等管理协调社会经济活动。

4. 利润

在市场经济条件下，利润是反映经济组织经济效益的综合指标，利润把企业的经济利益和职工的经济利益结合起来，促使职工从个人利益的角度去考虑企业的经营及其结果。

5. 工资

此经济手段直接涉及企业和劳动者个人的物质利益，正确使用它，对于调动企业的经营积极性和职工的个人积极性，有着重要的作用。

6. 奖金与罚款

奖金和罚款最重要的是严明，该奖即奖，当罚则罚。只有如此才能成为有效的管理手段。

（四）经济方法的功能

经济方法是通过价格、税收、信贷等手段来实现宏观管理的职能和通过工资、奖金、罚款、福利等手段来实现微观管理的职能的。

1. 调节国家、企业和员工三者关系

在处理三者之间关系时，经济方法是最有效的。因为国家得多少，企业留多少，员工拿多少，取决于企业自身的经济效益，多收企业就可多留，员工就可多得，国家就可增收。克服了行政方法的强制性带来的缺点。

2. 最大限度地调动各方面的积极性、主动性、创造性和责任感

变外在的强制性管理为内在的、自觉的管理。例如采用经济方法管理，可以把职工的工资、奖金同企业的经营成果和职工的贡献联系起来，就能够从职工对物质利益的关心上调动起他们改善企业经营管理的积极性，这种积极性源于职工内部需要，具有持久性，正是企业中最宝贵的内在动力。

3. 运用经济杠杆引导企业经营发展方向

例如，国家限制某一行业的发展，就可定高税和产品定高价；鼓励某一行业发展，就可以给以低息贷款和低税。

4. 可以推动企业加强经济核算

因为经济方法实施的前提条件是企业必须成为独立核算、自负盈亏、自我发展和自我约束的“四自”企业。只有加强经济核算，才能把工资奖金的发放建立在科学合理的基础上。

（五）经济方法的运用

（1）尊重客观经济规律。如货币流通规律（货币流通量与商品流通量相适应的规律）；商品流通中的价值规律和供求规律；自愿让渡规律（平等交换）；社会再生产规律（生产、生活协调）；资金运动规律（周转循环）；社会发展规律。符合规律的经济方法，才能把企业、把员工引导到正确的轨道上来。

（2）建立健全经济核算。它是经济方法运用的条件。经济核算是通过记账、算账，以价值形式计算经济活动的收入、支出，看企业以收抵支是否盈利。

（3）和其他激励手段结合。如物质、精神、心理、信息等手段。

（4）企业真正成为经济实体。企业不仅是物质财富的创造者，也是经济权限的拥有者，经济责任的承担者，经济利益的享有者。只有从根本上解决了体制问题，使企业成为真正的经济实体，才能为经济方法的使用提供土壤。

资料链接 3－11　　海尔集团在正激励负激励

俗话说，小功不奖则大功不立，小过不戒则大过必生。海尔集团在正激励和负激励方面做得比较成功，比如海尔集团开始宣传人人是人才时，员工反应平淡。他们想我又没受过高等教育，当个小工人算什么人才，但是当海尔把一个普通工人发明的一项技术革新成果，以这位工人的名字命名，即以杨小玲发明的扳手被命名为小铃扳手，这一措施大大激发了普通员工的创新激情，后来不断有新的命名工具出现。员工的荣誉感得到极大满足，员工创造价值的认可，是对他们最好的激励。及时的激励，让员工觉得工作起来有盼头，有奔头，进而也能激发员工更大的创造性。另外海尔集团每月还对所有干部进行考核，考核档次分为表扬和批评，表扬得 1 分，批评减 1 分，年底二者相抵达到负 3 分就要被淘汰。一正一负，一奖一罚的激励机制，树立了正反两方面的典型，从而产生无形的压力，激发了员工的工作热情。

资料来源：根据“诠释海尔”整理，2022－04。

三、法律方法

（一）法律方法的概念

法律，是由国家制定或认可的，体现统治阶级意志，以国家强制力保证实施的行为规则

的总和。法律方法是一种运用法律规范和具有法律规范性质的各种行为规则进行管理的方法。

（二）法律方法的特性

1. 强制性

法律、法规一经制定就要强制执行，各个企业、单位以至每个公民都必须毫无例外地遵守。否则，要受到国家强制力量的惩处。

2. 规范性

法律和法规是所有组织和个人行动的统一的准则，对他们具有同等的约束力。法律和法规都是用极严格的语言，准确阐明一定的含义，并且只允许对它作出一种意义的解释。法律与法规之间不允许互相冲突，法规应服从法律，法律应服从宪法。

3. 概括性

法律是规范人们行为的准则，其要件及其语言表述都应该是具体和准确的。在司法实践过程中，立法文字是司法人员解读法律文件的唯一依据，这要求法律语言，尤其是立法语言必须十分准确。但是，语言本身具有不确定性，立法有时需要用概括性语言描述法律事务。概括性就是表述事物、现象的本质特征，去掉了个体的具体差异。

4. 严肃性

法律方法比行政方法更为成熟和稳定，更具有权威性。一经用法律条文固定下来的东西便不再轻易变动，违法就要受到法律的制裁。法律面前人人平等。

5. 可预测性

即通过法律规定可以知道某一行为的法律后果。管理者被管理者通过学法、懂法，在法律允许的范围内从事经营活动，避免执法犯法或不懂法而违法。

（三）法律方法的功能

1. 运用法律方法可以保证社会运行和组织内部的必要秩序

法律方法依据的是相关法律，经济法是最重要的法律依据。法律方法的形式多样，比如经济合同由国家工商管理机关进行监督，企业之间因合同发生纠纷可以向国家管理机关申请调解和仲裁，或者向人民法院起诉。还有劳动合同法，企业和职工可以以此处理劳动中的纠纷，保护自身权益。又如，司法机关对违反经济法的单位和个人进行法律制裁等，都是法律方法的实施和运用，从而保护了社会经济秩序和企业内部秩序良好运行。

2. 运用法律方法能够调节管理因素之间的关系，使管理系统具有稳定性

法律是规定人们权利和义务的行为规范。权利和义务是辩证统一的关系。它们相互对应、相互依存、相互转化、密不可分。任何一项权利都必然伴随着一个或几个保证其实现的义务；权利人在一定条件下要承担义务，义务人在一定条件下要享有权利。根据对象的不同特点和所给任务的不同，规定不同管理因素在整个管理活动中各自应尽的义务和应起的作用。例如，企业的法定代表人，拥有一定决策权、指挥权、处置权、对外代表企业权等，在行使权利后，必须对权利带来的后果承担对等的奖惩责任。这很好调解权利与责任的关系，使企业做到权、责、利真正结合，使管理系统保持稳定。

3. 法律方法对管理系统的发展有促进或阻碍的作用

如果各项法律和法规的制定和颁布符合客观规律的要求，就会促进社会、经济的发展；

反之，也可能成为社会、经济发展的严重阻碍。法律方法由于缺少灵活性和弹性，易使管理僵化，而且有时会不利于企业发挥其主动性和创造性。

4. 法律方法使管理活动纳入规范化、制度化的轨道

法律方法的运用，有助于使符合客观规律、行之有效的管理制度和管理方法用法律的形式规范化、条文化、固定化，使人们有章可循。例如就市场竞争来讲，国家通过制定公平竞争的市场规则，校正管理者盲目追求利益最大化所带来的种种恶果。如我国的《反不正当竞争法》第二章就规定了不正当竞争行为，违者就会受到法律的制裁。这些规则、条例的实施，把管理行为纳入法治化轨道，使管理活动更加规范化和制度化。

5. 法律是调整各种关系的最有力手段

经济方法的趋利，有时会失去效用，行政方法的拖拉，会贻误战机，唯有法律方法，法律面前人人平等，执法必严，违法必究，快速、有力的调解各种经济活动关系。

（四）法律方法的运用

1. 建立健全各种法律法规

法律法规，指中华人民共和国现行有效的法律、行政法规、司法解释、地方法规、地方规章、部门规章及其他规范性文件以及对于该等法律法规的不时修改和补充。法律、法规一般是由一系列单项的法律、法规所组成的，比如用于工业管理活动的，有公司法、工业企业法、交通运输法、海商法等；在流通领域的管理方面，有商标法、价格管理法、外汇管理法、证券交易法等；在调整各地区、各部门企业以及各单位之间的经济活动方面，有经济合同法；在资源和环境保护方面，有自然资源法、能源法、环境保护法等；在保护劳动者及其集体权益方面，有劳动法、专利法、版权法、创造发明法等；随着改革开放的继续和深入，还有中外合资经营企业法、外资企业法、对外贸易法、涉外税法、涉外金融法、涉外经济合同法等。建立健全各种法律法规，最根本的一点是要遵循事物自身的客观规律。法律方法的内容，不仅包括建立和健全各种法规，而且包括相应的司法工作和仲裁工作。这两个环节是相辅相成、缺一不可的。只有法规而缺乏司法和仲裁，就会使法规流于形式，无法发挥效力；法规不健全，司法和仲裁工作则无所依从，造成混乱。

2. 依法治理企业，法律面前一律平等

就企业管理而言，法律方法不仅要求企业掌握和运用“企业法”以及与企业生产经营活动直接相关的经济法律，而且也要掌握和运用民法赋予的权利和义务。企业作为法人，其权利地位受到法律保护，同时企业也要承担的义务和责任，如照章纳税、保护劳动者合法权益等。法律是企业管理的基础和前提。企业应根据国家、政府的有关法律、法规制订自己的管理规范，保证必要的管理秩序，有效地调节各种管理因素之间的关系，使宏观法规在本单位得以顺利地贯彻执行，避免与法律、法规有悖而造成不必要的损失。

四、思想工作方法

（一）思想工作方法的概念

思想工作方法是一种旨在提高人的素质的管理方法，它通过对政策、法令的宣传和理想、道德的教育，以及其他精神激励，提高人们的认识，改变人们的思想，使人们建立起与组织系统一致的价值观念，自觉地为实现组织目标而努力。

人们在社会中生存，寻求工作的根本动力是为了生活。生活基本有三部分：一是家庭生活；二是工作生活；三是社会生活。毛泽东同志说过：存在决定意识，意识反作用于存在。管理工作者要想使员工有一个良好的精神状态，努力为企业作贡献，就要学会关心群众的生活，做好群众的思想工作。

（二）思想工作方法的特性

1. 目的性

即管理者要围绕要解决的问题，寓教于学、寓教于做、寓教于乐，要善于把思想政治工作与职工业务学习结合起来，与广大职工的岗位工作结合起来，与各种丰富多彩的文化娱乐活动结合起来，在轻松愉快的环境气氛中陶冶情操、提高觉悟。

2. 原则性

没有规矩不成方圆。原则就是规矩，这是做思想政治工作的前提和基础。思想政治工作决不能以牺牲原则为代价，在重大原则性问题和政策性问题上决不可擅开口子，否则就是好人主义。

3. 启发性

管理者要通过耐心说服和积极疏导去解决员工思想中存在的问题，把大道理转化为小道理，做到循循善诱，启发觉悟，形成共识。

4. 艺术性

思想政治工作是一门综合性较强的领导艺术，需要运用政治学、管理学和心理学等方面的知识。思想政治工作的方法有很多，并没有固定的模式，也不可能有不变的现成的套路，更不可能有放之四海皆有效的方法，需要每一个领导者在实践中不断探索新方法和新途径，并根据不同的对象加以灵活运用，切不可生搬硬套。有道是“一把钥匙开一把锁”，只要在实践中行之有效的思想政治工作方法，都是我们需要的好方法。

5. 长期性

思想工作是一项系统工程，在新形势下，企业的思想政治工作者要根据社会发展的新情况，不断研究探索和创新思想政治工作的观念、内容和方法，推动企业向前发展。

（三）思想工作方法的运用

思想工作方法是最为灵活的工作方法，它需要针对不同的对象，根据不同的情况采取不同的形式，管理者应当善于从实际出发，把握好时机，灵活运用思想工作的具体方法，以求获得最佳效应。常见的思想工作方法有：

1. 要正视人们的物质利益，力戒空洞说教

马克斯、恩格斯认为：“人们奋斗所争取的一切，都同他们的利益有关”。尤其在市场经济条件下，人们对个人利益的实现意识明显增强，而离开物质利益的单纯说教会越来越苍白无力。

2. 要讲求实效，克服形式主义

思想工作者要注意把群众关心的热点作为思想工作的重点，从关心群众生活、工作、成长出发去做思想工作，为群众真正排忧解难，而不是浮在表面上。

3. 注重情感交流，提倡“尊重人、理解人、关心人”，力戒高压政策

思想工作要顺应人自身的发展规律，尊重人的个性。同时，在工作中还应注意创造一种

宽松、和谐的气氛，做到以情感人、以事业留人、以待遇留人，使人在和谐、融洽的环境中接受教育。

> **资料链接 3－12**　　**温暖法则**
>
> 南风法则（South Wind Law）也叫作“温暖”法则，它来源于法国作家拉·封丹写的这则寓言。它告诉我们：温暖胜于严寒。运用到管理实践中，南风法则要求管理者要尊重和关心下属，时刻以下属为本，多点“人情味”，多注意解决下属日常生活中的实际困难，使下属真正感受到管理者给予的温暖。这样，下属出于感激就会更加努力积极地为企业工作，维护企业利益。

五、定量方法（数学方法）

数学方法是指在研究经济活动的数量变化规律的基础上，运用有关数学知识和具体数据，通过建立、计算、分析和研究数学模型来实施管理职能，对企业生产经营活动进行管理的方法。运用数学方法对企业管理中存在的问题进行定量分析，能使我们对客观存在的经济规律的认识深化和精确化；预见经济现象在发生变动的情况下会产生什么后果；计算各决策方案的经济效果，帮助从中选择最优方案等。

数学方法的实质是了解、分析经济活动过程中存在的数量关系及其变动情况，找出各因素数量化、公式化的规律，为今后的管理活动提供参考。事物在其发展过程中，不仅自身存在着大量的数量关系，而且影响事物发展的诸因素之间也存在一定量的制约关系，经济活动过程也是如此。由于其他一些管理方法很难反映出事物发展在量上的表现以及各因素对事物发展变化量的制约程度的情况，而数学方法弥补了这一不足，因此，在现代企业管理中数学方法得到了广泛的运用。但同时我们也应认识到，由于经济活动非常复杂，客观事物往往有许多是无法定量的，而数学模式只能把客观复杂的事物中的某些方面的数量变化用数学特征或某些程序来加以表达。所以，不能认为通过数学计算提供的“最优解”，就是最好的决策方案。必须把定性的、定量的多种目标进行综合权衡与分析判断，才能作出适宜的决策。

第四节　信息化管理方法

一、信息化管理内涵

信息化是指培养、发展以计算机为主的智能化工具为代表的新生产力，并使之造福于社会的历史过程。（智能化工具又称信息化的生产工具。它一般必须具备信息获取、信息传递、信息处理、信息再生、信息利用的功能。）与智能化工具相适应的生产力，称为信息化生产力。

信息化管理是以信息化带动工业化，实现企业管理现代化的过程，它是将现代信息技术与先进的管理理念相融合，转变企业生产方式、经营方式、业务流程、传统管理方式和组织方式，重新整合企业内外部资源，提高企业效率和效益、增强企业竞争力的过程。

信息化管理包含以下几层含义：

1. 信息化管理是为达到企业目标而进行了的一个过程

信息化管理是企业为了达到其经营目标、以适量投入获取最佳效益、借助一些重要的工具和手段而有效利用企业人力、物力和财力等资源的过程。信息化是手段、运营是关键、业务流程的优化或重组是核心，增强企业的核心竞争力、实现企业价值的最大化是最终目的。不能为了片面地追求信息系统的准确、信息的快速获得而忽视了信息是为企业经营管理服务的。

2. 信息化管理不是IT与经营管理简单的结合，而是相互融合和创新

信息化管理不是简单地用IT工具来实现已经陈旧的管理逻辑，不要期望将某种解决方案、ERP等系统套用在传统的管理模式之上就会产生某种神奇的功效，当信息系统与现行的管理制度、组织行为发生剧烈冲击和碰撞的时候，当需要真正的创新发生在现有的管理层面，甚至企业治理结构层面的时候，信息系统往往无法提供更多的帮助，而需要的是通过信息化带动企业管理的创新，站在企业战略发展的高度，重新审视过去积淀的企业文化、企业理念、管理制度、组织结构，将信息技术融入企业新的管理模式和方法中。

3. 信息化管理是一个动态的系统和一个动态的管理过程

企业的信息化并不能一蹴而就，而是渐次渐高的。企业内外部环境是一个动态的系统，企业管理的信息化系统软件也要与之相适应，管理信息系统的选型、采购、实施、应用是一个循环的动态过程。这一动态过程是与企业的战略目标和业务流程紧密联系在一起的。

二、信息化管理的工具

（一）ERP（Enterprise Resource Planning）管理

即企业资源规划。ERP是由美国Gartner Group咨询公司在1993年首先提出的，它提供了企业信息化集成的最佳解决方案。它把企业的物流、人流、资金流、信息流统一起来进行管理，以求最大限度地利用企业现有资源，实现企业经济效益的最大化。ERP首先是一个软件，同时是一个管理工具。它是IT技术与管理思想的融合体，也就是先进的管理思想借助电脑，来达成企业的管理目标。

ERP的核心目的：

（1）体现对整个供应链资源进行管理的思想。把企业经营过程中的有关各方如供应商、制造工厂、分销网络、客户等纳入一个紧密的供应链中，有效地安排企业的产、供、销活动。

（2）体现精益生产同步工程和敏捷制造的思想。“精益生产LP（Lean Production）”的思想是把客户、销售代理商、供应商、协作单位纳入生产体系，企业同其销售代理、客户和供应商的关系，已不再简单地是业务往来关系，而是利益共享的合作伙伴关系。“敏捷制造（Agile Manufacturing）”的思想是企业的基本合作伙伴不一定能满足新产品开发生产的要求，这时，企业会组织一个由特定的供应商和销售渠道组成的短期或一次性供应链，形成“虚拟工厂”，把供应和协作单位看成企业的一个组成部分，运用“同步工程（SE）”，组织生产，用最短的时间将新产品打入市场，时刻保持产品的高质量、多样化和灵活性。

（3）体现事先计划与事中控制的思想。ERP系统中的计划体系主要包括：主生产计划、物料需求计划、能力计划、采购计划、销售执行计划、利润计划、财务预算和人力资源计划等，而且这些计划功能与价值控制功能已完全集成到整个供应链系统中。另外，ERP系统

通过定义事务处理（Transaction）相关的会计核算科目与核算方式，以便在事务处理发生的同时自动生成会计核算分录，保证了资金流与物流的同步记录和数据的一致性。从而实现了根据财务资金现状，可以追溯资金的来龙去脉，并进一步追溯所发生的相关业务活动，改变了资金信息滞后于物料信息的状况，便于实现事中控制和实时作出决策。

（二）客户关系管理

简称 CRM（Customer Relationship Management）。它是指利用相应的信息技术以及互联网技术来协调企业与顾客间在销售、营销和服务上的交互，从而提升其管理方式，向客户提供创新式的个性化的客户交互和服务的过程。CRM 有三层含义：

（1）它是一项综合的 IT 技术，也是一种新的运作模式，它源于“以客户为中心”的新型商业模式；

（2）它旨在改善企业与客户关系的新型管理机制。

（3）是企业经营战略，企业据此赢得客户，并且留住客户，让客户满意。

CRM 的“10C”架构：

①顾客轮廓（Customer Profile）：顾客集成性信息描述；②顾客知识（Customer Knowledge）；③顾客区隔（Customer Segmentation）：相似欲望与需求区分的顾客群（Need - based）；④顾客化/定制化（Customization）：例如一对一的价格、一对一的促销、一对一的通路；⑤顾客价值（Customer Value）：顾客期望获得的一组利益；⑥顾客满意度（Customer Satisfaction）；⑦顾客的发展（Customer Development）：提升顾客对公司的荷包贡献度（Wallet Ration）；⑧顾客保留率（Customer Retention）：降低其流失率（Churn Rate），获取其一辈子的净值；⑨顾客赢取率（Customer Acquisition）：吸引及获取新顾客的青睐与采购；⑩顾客获利率（Customer Profitability）：指的是顾客终身对企业所贡献的利润。

（三）供应链管理

供应链管理（Supply Chain Management，SCM）。就是指在满足一定的客户服务水平的条件下，为了使整个供应链系统成本达到最小而把供应商、制造商、仓库、配送中心和渠道商等有效地组织在一起来进行的产品制造、转运、分销及销售的管理方法。供应链管理包括计划、采购、制造、配送、退货五大基本内容。

常见的供应链管理方法：

（1）快速反应（Quick Response，QR）。是指物流企业面对多品种、小批量的买方市场，不是储备了“产品”，而是准备了各种“要素”，在用户提出要求时，能以最快速度抽取“要素”，及时“组装”，提供所需服务或产品。主要目标是对客户的需求作出快速反应，并快速补货。

（2）有效客户反应（ECR）。有效客户反应（Efficient Consumer Response，ECR）它是由生产厂家、批发商和零售商等供应链成员组成的，各方相互协调和合作，更好、更快并以更低的成本满足消费者需要为目的的供应链管理解决方案。主要目标它是以满足顾客要求和最大限度降低物流过程费用为原则。

资料链接 3-13　　丰田公司的供应链

①挑选技术和品质水平高的供应商。②挑选交货周期短的供应商。③本企业和零部件厂商的地理位置近。④集中少数的供应商，进行长期密切的合作。下面是对比：

日本丰田汽车公司总装厂与零部件厂家之间的平均距离为95.3km，日产汽车公司总装厂与零部件厂的平均距离为183.3km，克莱斯勒公司为875.3km，福特公司为818.8km，通用公司为687.2km。从各大汽车公司总装厂到各零部件厂的平均距离可以看出，合理的布局起着十分重要的作用。丰田汽车公司这种平均距离近的优势，充分地转化为管理上的优势。该公司的零部件厂家平均每天向总装厂发运零部件8次以上，每周平均42次。美国通用汽车公司零部件厂的发运频率仅为每天1.5次，每周平均为7.5次。显然，日本汽车公司的平均存货成本要低于美国汽车公司。由于丰田公司的零部件协作企业离公司总装厂相距较近，这给各企业管理人员、工程技术人员之间的相互沟通带来便利。丰田公司总装厂与零部件厂人员年平均面对面的沟通次数为7236人/天，通用公司为1107人/天。丰田公司这种频繁的人员交流为总装厂和零部件厂的充分沟通和协作创造了条件，便于双方解决在新车型开发、技术改造和生产中遇到的问题，从而加快新产品开发、提高产品质量，并降低经营成本。

当运货卡车还未到达工厂大门之前，安装在车上的基于卫星全球定位技术的移动数据终端，很快将卡车即将到来的消息传递到工厂的计算机系统，同时下载指令指引司机到正确的卸货区。当卡车驶入工厂大门时，计算机系统自动记录下所装货物的品种和数量，并使得零部件恰巧在需要时的前几分钟就到达装配线上……丰田汽车还通过信息的实时沟通，实现了零库存的目标。

精细供应链管理创造了丰田汽车称霸全球汽车行业的神话。

资料来源：丰田公司的供应链管理，百度文库，2014.04。

（四）办公自动化（Office Automation，OA）

它是将现代化办公和计算机技术结合起来的一种新型的办公方式。在行政机关、企事业单位工作中，是采用Internet/Intranet技术，基于工作流的概念，以计算机为中心，采用一系列现代化的办公设备和先进的通信技术，广泛、全面、迅速地收集、整理、加工、存储和使用信息，使企业内部人员方便快捷地共享信息，高效地协同工作；改变过去复杂、低效的手工办公方式，为科学管理和决策服务，从而达到提高行政效率的目的。

OA管理平台基于“框架+应用组件+功能定制平台”的架构模型。强调办公的便捷方便，提高效率，具备几大特性：易用性、健壮性、开放性、严密性、实用性。

三、大数据时代管理的机遇与挑战

（一）大数据内涵和特征

1. 大数据（Big Data）的内涵

大数据是指没有办法在容许的时间内用常规软件工具对其内容进行抓取、管理和处理的数据集合。常规的办法要想把它分析出来是很难的。大数据本身规模标准是变化的，目前指单一的数据集的大小在几十个TB（1TB=1024G）和数PB（1PB=1024TB）之间。未来随着时间的推移，标准还会升级，以前叫海量数据，现在大数据比海量数据还大量。大数据技术自身不仅能够迅速衍生为新兴信息产业，还可以同云计算、物联网和智慧工程技术联动，支撑一个信息技术的新时代。

2. 大数据有什么特征

第一量大，第二变得快，第三品种多，第四有价值。大数据的价值不在于大，关键在于对它进行挖掘，把价值真正挖掘出来。例如，电信运营商拥有大量的手机数据，通过手机数据的挖掘，不是针对个人，而是群体，可从中分析很多社情民意。企事业单位利用大规模累计的运营数据，可及时了解交易、库存、生产、供应、客户关系管理、付款和财务状况等。

（二）大数据时代管理的机遇

1. "大数据资源"成为重要战略资源

互联网时代，"资源"的含义正在发生极大的变化，它已不再仅仅只是指煤、石油、矿产等一些看得见、摸得着的实体，"大数据"，也正在演变成不可或缺的战略资源。互联网、物联网每天都在产生大量的数据，这些庞大的数据资源，为人们依据数据了解世界、了解市场、了解人们的生活提供了可能。

2. "大数据决策"成为一种新决策方式

依据大数据进行决策，从数据中获取价值，让数据主导决策，是一种前所未有的决策方式，并正在推动着人类信息管理准则的重新定位。随着大数据分析和预测分析对管理决策影响力的逐渐加大，依靠直觉作决定的状况将会被彻底改变。

2009 年爆发的甲型 H1N1 流感病毒，谷歌公司就是通过观察人们在网上搜索的大量记录，在流感爆发的几周前，就判断出流感是从哪里传播出来的，从而使公共卫生机构的官员获得了极有价值的数据信息，并作出有针对性的行动决策，而这比疾控中心的判断，提前了一两周。

3. "大数据应用"促进信息技术与各行业深度融合

大数据及其分析会在未来改变几乎每一个行业的业务功能，从科学研究到保险，从银行业到互联网，各个不同的领域都在遭遇爆发式增长的数据量。在制造业领域，制造企业为管理产品生命周期将采用 IT 系统，包括电脑辅助设计、工程、制造、产品开发管理工具和数字制造，制造商可以建立一个产品生命周期管理平台 PLM（Product Lifecycle Management），从而将多种系统的数据集合在一起，共同创造出新的产品。此外，在交通、能源、材料、商业和服务等行业领域甚至在新闻传媒领域，也都在以大数据为发展契机，加速这些行业与信息技术的深度融合。

4. "大数据开发"推动新技术和新应用不断涌现

大数据的应用需求，是大数据新技术开发的源泉。在不久的将来，也许很多原来单纯依靠人类自身判断力的领域应用，最终都将被计算机系统的数据分析和数据挖掘功能，所普遍改变甚至取代。一小片合适的信息，也许会促使创新迈进一大步；一组数据，也可能会得到数据收集人难以想象的应用，甚至可能在另一个看起来毫不相关的领域得到应用。借助这些创新型的大数据应用，数据的能量将会层层被放大。

5. "大数据安全"上升为国家战略安全

在大数据时代，数据安全的威胁随时都有可能发生。各种国家信息基础设施和重要机构所承载着的庞大数据信息，如由信息网络系统所控制的石油和天然气管道、水、电力、交通、银行、金融、商业和军事等，都有可能成为被攻击的目标。

6. 大数据时代将成为世界发展主潮流

法国政府宣布将在 2013 年投入 1150 万欧元，用于 7 个大数据市场研发项目。目的在于通过发展创新性解决方案，并将其用于实践，来促进法国在大数据领域的发展。我国国务院印发《“十四五”数字经济发展规划》，旨在推动我国数字化建设。

（三）大数据的挑战

（1）数据管理的挑战。数据来自不同地方、不同标准，数据量大小不一、结构形式多样、实时性等要求不同，增加数据采集、编索与整合的困难，需要对传统的数据传输工具ETL流程进行重新设计。

（2）数据挖掘的挑战。大量的仿真和计算任务必须协调数百个参数，大多数数据挖掘算法有很高的计算复杂度，需要实时操控超量和耗时的计算任务。数据光收集是不够的，还必须集成，跟历史数据相比，再通过模型分析，最后才能得出结论。例如太湖蓝藻的监控，单纯靠传感器收集信息并不见得可靠，要把人工采集的数据和卫星遥感数据结合分析，还要与历史数据对比，通过推算才好得出是否会发生蓝藻的结论。

（3）数据呈现的挑战。数据呈现需要可视化，分析数据需要有数学模型，分析的结果希望以可视化方式呈现。一些数据分析结果需要向公众发布，但在发布之前，需要预测社会的反应，必须对可能的后果有预见。

（4）数据安全的挑战。收集的数据不等于所有数据都是真实的，也可能有假数据，数据是不是有信誉，必须要过滤。

四、云计算背景下的信息化管理

（一）云计算的内涵

云计算技术是一种按使用量付费的模式，这种模式可以提供可用的、便捷的、按需的网络访问，进入可配置的计算资源共享池（资源包括网络、服务器、存储、应用软件、服务），这些资源能够被快速提供，只需投入很少的管理工作，或与服务供应商进行很少的交互。云计算技术可以使人们及时利用各类大数据。

云计算、物联网、大数据、智慧工程四者之间有着紧密的联系。

物联网技术的实质就是物物相连的互联网，物联网的核心和基础仍然是互联网，其用户端延伸和扩展到了任何物品与物品之间，进行信息交换和通信。物联网技术可以溯源大数据和保证信息的真实性。

智慧工程就是把感应器嵌入和装备到电网、铁路、桥梁、隧道、公路、建筑、供水系统、大坝、油气管道等各种物体中，并且进行普遍连接，与现有的互联网整合起来，实现人类社会与物理系统的整合。智慧工程可以激活沉寂的大数据。

可见，云计算、物联网、大数据、智慧工程四者之间有着紧密的联系。云计算是互联网的广泛普及和深度应用，实现了从芯片操作系统、应用软件到服务产业链的垂直整合。物联网突破了机器到机器的连接，是感知、传输、处理等技术高速发展的产物。大数据是大量数据的处理技术，实现了从数据到知识的飞跃。智慧工程基于云计算、物联网和大数据技术，实现完美结合，将数据、知识、设备、网络转换成为智慧。

（二）云计算的主要技术

（1）虚拟化。虚拟化是云架构的一种基础性设计技术，它允许将服务器、存储设备和其他硬件视为一个资源池，而不是离散系统，可以根据需要分配这些资源，通过快速提供虚拟机器或物理机器，迅速部署和增加工作负载。云计算提供资源的微分区能力，例如 CPU 资源可以细化为一个物理 CPU 的 1/10，通过监控 CPU 需求，并利用业务策略来确定为每个业务请求分配多少 CPU 资源。虚拟化是目前 Amazon、SUN 和 IBM 公司在云计算中使用的主要方法。

（2）负载均衡技术。负载均衡技术通过虚拟 IP 地址把多个服务器和服务组合起来。根据资源情况调度服务器和服务，并在节点失败时自动进行故障转移。通过负载均衡技术，可以将云计算基础资源设计成虚拟专用数据中心，配置一组不同的系统角色以及这些角色之间的逻辑互连接。

（3）分布式协同运算。主节点将任务进行分割，并将输入数据划分后分配给下层计算节点。分布式协同运算通常会伴随着一个可扩展、结构化的容错性好的分布式文件系统实现海量的数据读写操作和一个分布式的文件库作为存储系统。

（三）企业云计算体系的构建

企业云计算体系包含了网络、存储、硬件、操作系统、数据库、应用、安全、监控和管理等几个方面。企业云计算的架构如图 3－4 所示。

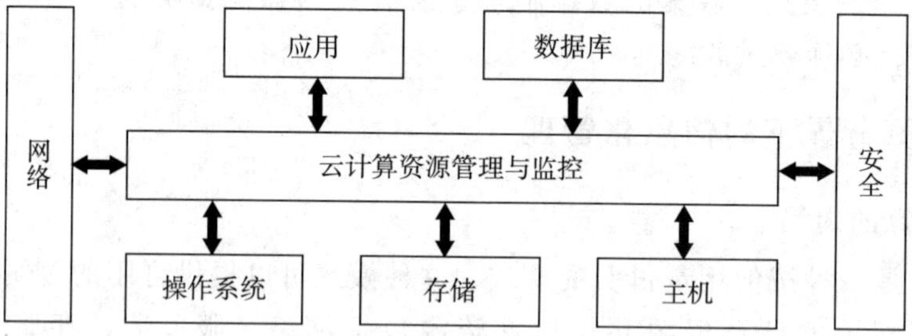

图 3－4　企业云计算的架构

（1）网络：是云计算的环境基础，使用云计算的网络将更加重要。

（2）云存储：云存储中的存储节点（Storage Node）负责存放文件，可以使用不同的硬件 CPU 和存储配置，控制节点（Control Node）则是作为文件索引，并负责监控存储节点间容量及负载的均衡，用户可以通过利用硬件性能或虚拟化实例来调整云存储。

（3）硬件资源：云计算可以根据需要动态地提供、配置、重新配置以及取消提供服务器。“云”中的服务器可以是物理机器，也可以是虚拟机器。高级的“云”通常包括其他计算资源，如存储区域网络（SAN）、网络装置、防火墙及其他安全设备。

（4）操作系统和数据库：操作系统虚拟化在共享硬件资源的同时实现不同虚拟服务器不同操作系统的模式。

（5）应用系统：云计算与企业数据中心一样，包括多种编程语言、操作系统、数据库、Web 服务器、协议和应用编程接口（API），可以同时支撑不同的应用运行。

（6）安全：云中的安全性可以通过利用严格的身份验证、授权和账号管理，确保静止和移动中数据的安全性。

（7）监控和管理：在云计算服务中监控和管理的重要性远超过用户的本地网络。

关键词

管理原理 Management Principles
人本原理 The Principle of Humanism
管理方法 Management Basic Approach
行政方法 Administrative Method
系统原理 System Principle
效益原理 Benefit Principle
法律方法 Legal Method
经济方法 Economic Method

思考题

1. 什么是系统原理管理、整分合原理、反馈原理、封闭原理，在实践中如何运用？
2. 什么是人本原理、能级原理、动力原理，举例说明如何运用？
3. 说明弹性原理内涵，举例说明积极弹性和消极弹性，应该倡导什么弹性？
4. 管理效益原理概念，如何运用？
5. 参考青岛啤酒公司，谈谈如何构建企业制度。
6. 通过与企业管理者和员工的接触，了解企业的管理章程制度和一些具体管理的方法、手段；分析该企业管理者的管理方法运用是否恰当，并提出改进建议。

管理定律

华盛顿合作规律说的是一个人敷衍了事，两个人互相推诿，三个人则永无成事之日。多少有点类似于我们三个和尚的故事。人与人的合作，不是人力的简单相加，而是要明确责任分工和有效沟通。相互推动时，事半功倍，相互抵触时，则一事无成。

案例分析讨论1

ZZ大学的后期改革怎么办?

近几年中国的高等学校普遍进行后勤管理体制改革，共性的做法是：将后勤职能社会化即将学校的食堂、安全保卫、水电管理与维修、医院、基建维修等总务后勤工作剥离出去，由社会上的专业机构承担，以便学校能减轻过重的负担，集中资源应用于教学、科研第一线，在专业化分工合作中，实现学校与社会有关机关的双赢。沿海某城市的ZZ大学在充分考虑学校实际和经过充分准备下，决定采用一步到位的改革方案，在2020年一年内将后勤部门社会化改革完成。

一天早晨后勤张处长前脚踏进办公室，他的部下膳食科的胡科长后脚就来诉苦：张处，我在学校干了那么多年，勤勤恳恳任劳任怨，就算没有功劳也有苦劳，食堂一旦承包出去不就等于我下岗了，我实在想不通。

送走胡科长，保卫科长来了：张处长，保卫工作虽不像学校科研那么重要，可责任重于泰山啊，再说咱学校哪像居民小区，物业公司他能管得好吗？好不容易打发走保卫科长，收发室王婆带着他那绿化科工作的闺女来了：小张啊，我的命苦，闺女身体不好，亏得学校照顾，安排我们俩工作，可现在搞什么社会化，我们的日子怎么过呀？张处长自己也一肚子苦水，全处200多号人，不管正式工还是临时工，他们大多数都为学校工作过多年，与自己学校建立深厚感情，社会化后只能保留10人左右，他们有的甚至是学校的元老功勋，做起来很难办。

【分析与思考】试用某一个管理原理解释，并给张处提建议；

【实训的目的】了解掌握运用管理原理和社会心理方法，解决管理实际问题；

【实训要求】试用管理原理和方法，每人写一篇心得体会，约500字。

案例分析讨论2

方太：家族制与现代企业制度的嫁接

1. 启蒙者茅理翔

作为家族企业的第一代创业者，茅理翔与儿子茅忠群之间已经顺利完成了交接，而后者将方太打理得井井有条。方太交接成功的意义不仅在于中国民企传承有了一个经典案例，也使得茅理翔开始意识到家族制作为一种古老的企业制度的价值所在。“家族企业有着明显的优势，如产权清晰、委托代理成本低、决策灵活等。”但是家族企业的弊端也显而易见。“江苏有四兄弟，开始很团结，大家共同创业，但是在企业做大以后，四兄弟便闹起了分家，由于老四抢先注册了共同的商标，兄弟们就打起了官司，不可开交。”茅理翔说。在目睹了为数众多的类似家族企业由于管理不善或者家族成员内部不和，导致苦心经营的企业轰然倒塌的事件后，茅理翔开始思考在保持家族所有权属不发生根本改变的前提下，如何有效解决家族企业内在弊端的问题。

思考的结果，就是淡化家族制，为家族企业嫁接现代企业制度。

2. 跪求理解

“让家的感觉更好”是方太的广告语。而为了让自己的家族企业的感觉更好，为自己的企业嫁接现代经营管理制度，茅理翔颇花了一番心思。

为了摆脱家族企业任人唯亲导致的管理混乱，最终使企业分裂或者坍塌的宿命，茅理翔采用了极具中国传统特色的方式：向母亲下跪。向老母亲陈述自己的理由，寻求母亲的理解。茅理翔的一跪颇具象征意义：方太从此得以完成从传统家族企业管理制度向现代企业管理制度的嬗变。

茅理翔指出。“民营企业在创业初期一定要依靠家族制；民营企业发展到一定规模，一定要淡化家族制。”目前的方太，除了董事长和总经理由茅氏父子担任外，其他中高层管理人员没有一个家族成员和亲戚，都是外聘的本科生、硕士生或者博士生，并且方太员工中40%来自外地。茅理翔选择了自己的儿子茅忠群做总经理。这种选择，一方面基于茅忠群上海交大硕士研究生的学历背景和突出的个人能力，另一方面，则是出于对中国职业经理人队伍尚未形成，法律、信用体系尚未完善的客观原因。

3. 把握产权多元化的“度”

在茅理翔看来，要把握家族企业产权多元化的“度”，除了要求家族企业绝对控股外，股份参与者的人数也不宜过多，人多了反而无效率。

产权清晰作为现代企业制度最主要的特征之一，对家族企业最主要体现为家族成员内部的股权要明晰。茅理翔提出著名的“口袋理论”：钱要最好放在一个口袋里，否则会给企业埋下“定时炸弹”，最终将导致家族和企业的分裂。茅理翔认为自己和夫人、儿子属于同一个口袋，不会有利益上的冲突；女儿和女婿属于另一只口袋。现在茅理翔夫妇和儿子共同持有方太公司80%多的股份，女儿一家持有14%的股份，但不参与公司经营。出于激励的目的，公司也在管理人员中进行了一些产权转移，但是数量有限。

4. 审慎的魅力

对于方太的产权模式和经营模式以及企业发展战略我们都无法作出斩钉截铁的置评，这需要交由时间检验。我们所能称道的，是茅理翔父子在探索家族企业发展路径时表现出的清醒和兢兢业业，以及作为一个企业家的审慎魅力。

资料来源：方太：家族制与现代企业制度的嫁接，百度文库。

问题：

1. 在家族制企业向现代企业制度转轨过程中，哪一方面的制度设计是最重要的，为什么？

2. 茅理翔说：“钱要最好放在一个口袋里”。你认同他的看法吗？请说明理由。

第四章　管理理论的形成与发展

本章要点

1. 西方管理理论的形成与发展
2. 中国传统管理思想简介
3. 21 世纪的管理新趋势

西方古代

导入案例

联合包裹运送服务公司（UPS）的科学管理

联合包裹运送服务公司（UPS）雇用了 15 万名员工，平均每天将 900 万个包裹发送到美国各地和世界 180 多个国家和地区。他们的宗旨是：在邮运业中办理最快捷的运送。UPS 的管理者系统地培训他们的员工，使他们以尽可能高的效率从事工作。

让我们看一下他们的工作情况。UPS 的工业工程师们对每一位司机的行驶路线进行了时间研究，对每种送货、取货和暂停活动设立了工作标准。这些工程师们记录了红灯、通行、按门铃、穿过院子、上楼梯、中间休息喝咖啡的时间，甚至上厕所的时间，将这些数据输入计算机中，从而给出每一位司机每天工作中的详细时间标准。

为了完成每天取送 130 件包裹的目标，司机们必须严格遵守工程师们设定的程序。当他们接近发送站时，他们松开安全带，按喇叭、关发动机、拉起紧急制动，把变速器推到一挡上，为送货完毕后的启动离开做好准备，这一系列动作极为严格。

然后司机从驾驶室走到地面上，右臂夹着文件夹，左手拿着包裹，右手拿着车钥匙。他们看一眼包裹上的地址，把它记在脑子里，然后以每秒钟 3 英尺的速度快步走到顾客的门前，先敲一下门以免浪费时间找门铃。送货完毕，他们在回到卡车上的路途中完成登录工作。

UPS 是世界上效率最高的公司之一，高效率为 UPS 公司带来了丰厚的利润。

资料来源：UPS 的科学管理，百度文库。

第一节　西方管理理论的形成与发展

管理活动源远流长，自古即有，但形成一套比较完整的理论，则是经历了一段漫长的历史发展过程。历史上看，管理与人类社会几乎同时产生。自从有了人类社会，人们的社会生活就离不开管理，所以管理的实践早就出现了。而在有了人们的实践之后，才有人对这些实践活动加以研究和探索。经过长期的积累和总结，对管理实践有了初步的认识和见解，从而开始形成管理思想。随着社会的发展，科学技术的进步，人们又对管理思想加以进一步的总结，提出管理中带有规律性的东西，并将其作为一种假设，结合科学技术的发展，在管理实践中进行验证，继而对验证结果加以分析研究，从中提炼出了属于管理活动普遍原理的内容。对这些原理的抽象综合，就形成了管理的基本理论。这些理论又被人们运用到管理实践中，指导管理活动的进行，同时又进一步对这些理论进行实践验证，这就是管理学的整个形成过程，也就是从实践到思想再到理论，然后又将理论应用于实践。因此，将管理理论的这样一个形成过程同人类社会的发展的不同阶段加以比较和归纳，就可以比较全面地表示出管理理论的形成过程（见表4-1）。

表4-1　管理理论的发展线索

时间	管理阶段	管理理论（学派）
远古时期至20世纪初	传统管理阶段	管理理论的萌芽
20世纪初~30年代	古典管理阶段	泰勒的科学管理理论 法约尔的一般管理理论 韦伯的行政组织理论
20世纪30~60年代	行为科学阶段	人际关系学说 行为科学学说
20世纪60~80年代	现代管理阶段	管理理论的丛林 （社会系统学派、决策理论学派、系统管理学派、权变理论学派等）
20世纪80年代至今	管理前沿	波特的竞争战略 圣吉的学习型组织理论 哈默与钱皮的企业再造理论

一、传统管理阶段（远古时期至20世纪初）

管理历史悠久，有文字记载就有6000多年，但管理成为科学还是在资本主义制度产生以后。

（一）管理思想萌芽阶段

远古时期是处在管理思想的萌芽阶段。其朴素的管理思想主要反映在史籍和宗教教义中，代表性的有：

1.《圣经》中的分级、分权管理思想

《出埃及记》中，描述了摩西的岳父叶忒罗告诉摩西，他一个人不能管事太多，并且建议采取具体步骤解除他的过重负担。第一个建议是必须以“法令和法律”形式教育人民；第二个建议是这些被选举出来的人，应按所辖人数封以“千夫长，百夫长，五十夫长，十夫长”这一类职称；第三个建议是这些官长必须管理一切日常事务，向摩西只汇报重大问题。这就促成了原始管理的出现。

2. 巴比伦《汉谟拉比法典》中反映的法制管理思想

他是人类已知的最古老的法典之一。该法典共282条，涉及财产、借贷、租赁、转让、抵押、遗产、奴隶等各个方面，对各种职业、各个层面上人员的责、权、利关系给予了明确的规定。如关于盗窃他人财产必须受惩罚，损毁他人财产要进行赔偿的法律原则以及诬告和伪证反坐的刑罚原则，法官枉法重处的原则等，均对后世立法具有重大影响。由于是用楔形文字刻于一个扁圆形的黑色玄武石柱之上，又称“石柱法”。

3. 古希腊时期的“民主”管理思想

其主要特征是全体公民是统治者，参与政治，集体掌握国家最高权力；公民集体内部相对平等；法律至上。但它是少数人的民主，即“成年男性公民当家作主”的政治制度，对妇女、外邦人、广大奴隶而言，是没有民主可言的。

4. 古罗马帝国时期的“分权——集合”的管理思想

古罗马帝国鼎盛时期，西起英国，东至叙利亚，包括整个欧洲和北非。这得益于有效的组织，集权和分权很好地结合。

5. 威尼斯兵工厂的管理实践

1436年意大利的威尼斯建立了政府造船厂（即兵工厂），它的管理方法与今天的汽车制造厂惊人的相似，并且建立了早期的成本会计制度。威尼斯兵工厂雇工1～2千人，在组织机构、部件储存、装配线生产、部件标准化、会计控制、存货控制、成本控制、人事管理等方面积累了许多经验。如组织机构和领导工作强调互相制约和平衡的原则。会计制度使它能追踪并评价所有的费用，存货由专人负责检查并由专人记录，人事管理制度上严格规定上下工和工间休息的时间等。

（二）早期传统管理（18世纪中叶至19世纪末20世纪初）

欧洲在14、15世纪出现了资本主义萌芽。经过18、19世纪工业革命，建立了资本主义。这期间家庭手工业制占主导地位逐步被工厂制所代替，始于英国的工业革命其结果是机器动力代替部分人力——机器大生产和工厂制度的普遍出现，对社会经济的发展产生了重要影响。

随着工业革命以及工厂制度的发展，工厂以及公司的管理越来越突出，也有很多的实践。许多理论家，特别是经济学家，在其著作中越来越多地涉及有关管理方面的问题。很多实践者（主要是厂长、经理）则着重总结自己的经验，共同探讨有关管理问题。这些著作和总结，为即将出现的管理运动打下了基础，是研究管理思想发展的重要参考文献。主要代表性的人物和思想如下：

1. 亚当·斯密（Adam Smith，1723—1790）

英国经济学家，1759年出版《道德情操论》，1776年出版《国富论》。世人尊称亚当·斯密为“现代经济学之父”和“自由企业的守护神”。主要理论有：①劳动分工理论；②资源配置理论（“看不见的手”）；③“经济人”的观点，认为“利己”是市场经济的“润滑剂”。

亚当·斯密认为劳动分工之所以能大大提高生产效率，主要有三个原因：第一，提高劳动熟练程度。劳动者的技巧因专业而日进；第二，节约劳动时间。由一种工作转到另一种工作，通常需要损失不少时间，有了分工，就可以免除这种损失；第三，发明了许多便于工作又节省劳动时间的机器。

资料链接 4－1　　道德情操论的主要思想

同情心论。亚当·斯密承认人是自私的同时，又强调人是关心他人的，强调人性是利他的，并进一步指出利他心或者说同情心是人类的普遍本性。

激情论。激情分为五类：肉体的激情、想象力的激情、非社会的激情、社会的激情、利己的激情。

正义论，斯密明确指出，基于愤恨和惩罚的正义法则，其基本的功能在于抑制强暴、保护弱者和惩罚罪犯。也正是因为斯密认识到了社会上个人之间存在着力量上的差异，他才把保护生命和人身安全作为一切神圣的正义法则中的首要层次，而财产权的保护则是次要的层次。

良心论。认为人是一个公正的旁观者，他根据合宜性法则对自我行为进行道德评判，促使人们追求行为和品质的合宜性，遵守社会的道德规范，从而成为配享美德的人。

义务论。认为我们自己的欲望和感情会使得我们总是自然地回到自己的立场上，替自己的计划说话，更不用说像一个公正的法官那样铁面无私地裁决我们自己要做的事情的合宜性了。“这种自我欺骗，这种人类的致命的弱点，是人类生活发生混乱的一半原因。”因此，需要人们对于已经形成的一般行为规范或者准则的尊重和遵守，被斯密称之为“义务感”。

效用论。他承认效用是美的主要源泉之一。一件物品给予人们以使用上的实际便利和给人于想象上的便利，这是人们给予赞美的一个主要原因。

实践道德论：斯密认为谨慎、仁慈的人是品德高尚的人。

《道德情操论》和《国富论》都是从人的利己本性出发的。在斯密看来，个人利益是人们从事经济活动的出发点。他在《道德情操论》中把这种基于个人利益的利己主义称为“自爱”。支配人类行为的动机有自爱、同情心、追求自由的欲望、正义感、劳动习惯和交换倾向等。人们自爱的本性是与同情心相伴随的，然而，人在本能上又是自私的，总是在爱心的引导下追求自己的利益，从而妨碍同情心的充分发挥。两本书论述的着重点不同，《道德情操论》寄重托于同情心和正义感，而在《国富论》中则寄希望于竞争机制。

《道德情操论》中有一句著名的话：“如果一个社会的经济发展成果不能真正分流到大众手中，那么它在道义上将是不得人心的，而且是有风险的，因为它注定要威胁社会稳定”。《资本论》中曾经说：“如果有100%的利润，资本家们会铤而走险；如果有200%的利润，资本家们会藐视法律；如果有300%的利润，那么资本家们便会践踏世间的一切”。

资料来源：亚当·斯密，《道德情操论》在线阅读。

2. 大卫·李嘉图（David Ricardo，1772—1823）

代表作《政治经济学及赋税原理》。李嘉图继承并发展了斯密的自由主义经济理论。他认为限制国家的活动范围、减轻税收负担是增长经济的最好办法。

3. 查尔斯·巴贝奇（Charles Babbage，1792—1871）

英国数学家和机械学家。主要思想有：①发展了劳动分工理论；②提倡利润分配制度；

③首创“合理化建议制度”。在他1832年发表的《机器与制造业经济学》一书中，对专业化分工、机器与工具使用、时间研究、批量生产、均衡生产、成本记录等问题都作了充分的论述，并且强调要注重人的作用，分析颜色对效率的影响，应鼓励工人提出合理化建议等。

4. 罗伯特·欧文（Robert Owen，1732—1792）

英国空想社会主义者。提出重视人的作用和尊重人的地位，被尊称为“人事管理之父”。

倡导在企业管理中要重视人的因素，反对将人视为机器或机器的附属物；提出要减轻工人的劳动强度，改善工厂的劳动条件；提高童工参加劳动的最佳年龄；缩短工人的劳动时间；为雇员提供厂内膳食、设立按成本向工人出售生活必需品的商店；修建住房和街道、建立学校、开设夜晚文娱中心等。他主张运用教育和感化的方法管理工人，否定惩罚的方法。

（三）传统管理阶段的特点

1. “管”字当头，属于专制型的、家长式的管理

因为当时企业规模小，资本家既是企业的所有者，也是企业的管理者，所有权和管理权不分离，当时认为工人是偷懒的，必须进行强制式管理。管理方式是家长式的独断专行。

2. 管理的依据是个人的经验和感觉

工人工作也没有一定的程序和操作规程，完全是凭经验。企业成败取决于管理者个人的素质。

3. 工人和管理人员的培养靠师徒方式

这个时期的贡献是：解决了分工和协作的问题。工厂制的出现，使劳动者、劳动对象和劳动工具有机结合，出现了厂长、经理、工头和领班，他们开始从事管理工作，保证生产过程按一定的效率进行。

二、科学管理阶段（古典管理阶段）

古典管理泰勒

（一）科学管理诞生的条件

1841年10月5日，在美国马萨诸塞——纽约西部的铁路上，两列火车迎头相撞，造成20多人死亡。马萨诸塞车祸看似一个偶然事件，但却反映了由于企业规模的不断扩大和生产的日益复杂化，资本家凭经验管理越来越难以管理任务，从而不可避免的发生了两权分离，即所有权和管理权的分离。两权分离为科学管理的诞生创造了条件：

（1）独立的管理职能和专业的管理人员正式得到承认。管理不仅是一种活动，还是一种职业；

（2）随着所有权和管理权的分离，为企业组织形式的进一步发展奠定了基础；

（3）具有管理才能的人有管理权，直接为科学管理理论的产生创造了条件，使管理由经验管理转变为科学管理。

科学管理阶段经历了20世纪初至30年代这段时间。这一阶段形成了古典管理理论。其主要理论成就有：①美国的泰勒等人以研究工厂内部生产管理为重点，以提高生产效率为中心，提出了生产组织方法科学化和生产程序标准化方面的科学管理理论；②法国的法约尔等以企业整体为对象，以组织管理为核心，提出了关于管理职能和管理原则的一般管理理论；

③德国的韦伯等以组织结构为对象提出了行政组织理论。

三个人从不同角度即从个人、组织和社会三个来解决整个资本主义社会宏观和微观的管理问题，为资本主义解决劳资关系、生产效率、社会组织等方面的问题，提出了管理思想上的指导和科学理论方法。

（二）泰勒与“科学管理”理论

泰勒（Taylor），出生于美国费城一个富有的律师家庭，中学毕业后考上哈佛大学法律系，但不幸因眼疾而被迫辍学。后转入费城米德瓦尔钢铁厂当机械工人，在此期间，由于工作努力，表现突出，很快被提升为车间管理员、小组长、工长、技师、制图主任和总工程师，并在业余学习的基础上获得了机械工程学士学位。在米德瓦尔钢铁厂的实践中，他发现19世纪的美国，生产力低下，产量远低于定额生产能力。泰勒经过调查发现人的经济人本性，即只为金钱而活；固定工资制，干多干少一个样；不懂得用科学方法来进行管理，不懂得工作程序、劳动节奏和疲劳因素对劳动生产率的影响；而工人则缺少训练，没有正确的操作方法和适用的工具。这都大大影响了劳动生产率的提高。为了改进管理，他在米德瓦尔钢铁厂进行各种试验。

（1）搬铁块试验。泰勒在伯利恒钢铁公司（Bethlehem Steel Company）的一个生铁塔料场进行搬运生铁。该公司有五座高炉生产的生铁，由75名工人的搬运班搬运。每块约重92磅，一名工人平均每天搬运12.5英吨。泰勒对搬运操作进行研究，并利用改进方法训练工人，结果一名工人每天可搬运47.5英吨。研究结果指出工人必须有57%的休息时间，这是工人每天沉重工作所必需，如果工作轻，休息时间可以减少。新制度使生铁搬运量由不到12.5英吨增加到47.5英吨，由于这一研究，改进了操作方法，训练了工人，其结果使生铁块的搬运量提高3倍。而工人工资由1.15美元/日，增加到1.85美元/日。

（2）金属切削试验。在他亲身体验并发现生产效率不高是由于工人们“故意偷懒”的问题后，便决心着手解决它。从1881年开始，他进行了一项“金属切削试验”，由此研究出每个金属切削工人工作日的合适工作量。经过两年的初步试验之后，给工人制定了一套工作量标准。

（3）铲掘试验。伯利恒钢铁公司一个料场，雇用400~600人搬运矿砂和煤屑沫，劳动效率很低。泰勒发现劳动效率高的工人大多使用自己的铁锹。用公司的铁锹装卸矿砂时，每锹重达38磅，而装煤屑沫时只有3.5磅，因而泰勒研究何种铁锹最为合适？研究结果认为：不管是装卸铁矿还是煤屑，以每锹装21.5磅为最佳，即可使工人一天内达到最高的装卸量。为此他设计了两种不同大小的铁锹，装卸铁矿砂时用小锹，装煤屑时用大锹，使工人每个动作一次都是21.5磅。训练推广之后，使堆料场的工人减少到140人即可完成任务。并规定了每人每天的定额，完成定额发80%的奖金，达不到定额，只发原工资。从此搬运量每人每天从16英吨提高到56英吨，工人工资由1.15美元/日增加到1.85美元/日。

综上所述，这些试验集中于“动作”“工时”的研究；工具、机器、材料和工作环境等标准化研究，并根据这些成果制定了每日比较科学的工作定额和为完成这些定额的标准化工具。

1. “科学管理”理论的内容

（1）工作定额原理。科学管理的中心问题是提高效率，泰勒认为，要制定出有科学依据的工人的“合理的日工作量”，就必须进行工时和动作研究。方法是选择合适且技术熟练的工人，把他们的每一项动作、每一道工序所使用的时间记录下来，加上必要的休息时间和其他延误时间，就得出完成该项工作所需要的总时间，据此定出一个工人“合理的日工作量”，这就是所谓工作定额原理。

（2）“第一流的工人”或能力与工作匹配。为了提高劳动生产率，必须为工作挑选“第一流的工人”。所谓第一流的工人，泰勒认为：“每一种类型的工人都能找到某些工作使他成为第一流的，除了那些完全能做好这些工作而不愿做的人”。在制定工作定额时，泰勒是以“第一流的工人在不损害其健康的情况下维持较长年限的速度”为标准的。这种速度不是以突击活动或持续紧张为基础，而是以工人能长期维持正常速度为基础。泰勒认为，健全的人事管理的基本原则是：使工人的能力同工作相配合，管理当局的责任在于为雇员找到最合适的工作，培训他成为第一流的工人，激励他尽最大的努力来工作。

（3）标准化原理。要使工人掌握标准化的操作方法，使用标准化的工具、机器和材料，并使作业环境标准化，这就是所谓标准化原理。

（4）实行差别计件工资报酬制度。为了鼓励工人努力工作、完成定额，泰勒提出了这一原则。这种计件工资制度包含三点内容：①通过工时研究和分析，制定出一个有科学依据的定额或标准；②采用一种叫作“差别计件制”的刺激性付酬制度，即计件工资率按完成定额的程度而浮动，例如，如果工人只完成定额的80%，就按80%工资率付酬；如果超过了定额的120%，则按120%工资率付酬；③工资支付的对象是工人而不是职位，即根据工人的实际工作表现而不是根据工作类别来支付工资。泰勒认为这样做，既能克服消极怠工的现象，更重要的是能调动工人的积极性，从而促使工人大大提高劳动生产率。

（5）合作与和谐原则。泰勒认为雇主关心成本的降低，工人关心的则是工资的提高，双方都想多得，就会产生对立情绪，工人频繁罢工，雇主解雇工人，结果使生产效率越来越低。所以泰勒认为工人和雇主两方面都必须认识到提高效率对双方都有利，都要来一次伟大的“精神革命”，把双方的对立情绪转移到像兄弟般的相互协作上来，为共同提高劳动生产率而努力。有人把泰勒的这一思想称之为大蛋糕主义，双方通过合作把蛋糕做大，这样双方都可以吃得饱。

（6）把计划职能同执行职能分开，变原来的经验工作法为科学工作法。所谓经验工作法是指每个工人用什么方法操作，使用什么工具等，都由他根据自己的或别人的经验来决定。泰勒主张明确划分计划职能与执行职能，由专门的计划部门来从事调查研究，为定额和操作方法提供科学依据；制定科学的定额和标准化的操作方法及工具；拟定计划并发布指示和命令；比较“标准”和“实际情况”，进行有效的控制等工作。至于现场的工人，则从事执行的职能，即按照计划部门制定的操作方法和指示，使用规定的标准工具，从事实际的操作，不得自行改变。

泰勒是“经济人”观点的典型代表。泰勒主张把管理者与生产工人严格分开，反对工人参加企业管理。他说，即使劳动者熟悉工作进展情况并善于利用科学资料，要一个人在机器旁劳动，同时又在办公桌上工作，事实上是不可能的。显然，在多数情况下，需要有一类人先去制定计划，另一类完全不同的人去实施计划。

（7）实行“职能工长制”。即将管理的工作予以细分，使所有的管理者只承担一种管理职能。他设计出8个职能工长，代替原来的1个工长，其中4个在计划部门，4个在车间。每个职能工长负责某一方面的工作。在其职能范围内，可以直接向工人发出命令。

后来的事实表明，1 个工人同时接受几个职能工长的多头领导，容易引起混乱。所以，“职能工长制”没有得到推广。但这种职能管理思想为以后职能部门的建立和管理的专业化提供了参考。

（8）例外原则。泰勒等认为，规模较大的企业组织和管理，必须应用例外原则，即企业的高级管理人员把例行的一般日常事务授权给下级管理人员去处理，自己只保留对例外事项的决定和监督权。这种以例外原则为依据的管理控制原理，以后发展成为管理上的分权化原则和实行事业部制管理体制。

泰勒在管理方面的主要著作有：《计件工资制》（1895 年）、《车间管理》（1903 年）、《科学管理原理》（1911 年）。泰勒通过这一系列的著作，总结了几十年试验研究的成果，归纳了自己长期管理实践的经验，概括出一些管理原理和方法，经过系统化整理，形成了“科学管理”的理论。

2. 对科学管理的基本评价

（1）人类历史上首次提出了“科学管理”的思想，并且创立一套具体的科学管理方法来代替单凭个人经验进行作业和管理的旧方法。

（2）科学管理提高了劳动效率。由于采用科学的管理方法和科学的操作程序，使生产效率提高 2～3 倍。

（3）忽视“人性”，把人当“经济人”“机器人”。“经济人”理论不符合人性化，掩盖了早期资本主义制度对工人进行剥削的实质。忽视企业成员之间的交往及工人的感情、态度等社会因素对生产效率的影响。泰勒的“标准作业方法”“标准作业时间”“标准工作量”，都是以身体最强壮、技术最熟练的工人进行最紧张的劳动时所测定的时间定额为基础的，是大多数工人无法忍受和坚持的。

（4）仅局限于“生产管理”“车间管理”“作业管理”。泰勒的一系列主张，主要是解决工人的操作问题，生产现场的监督和控制等企业较底层的管理问题，对企业的供应、财务、销售、从事等方面的活动，基本没有涉及。

（三）法约尔及其一般管理理论

古典管理法约尔

亨利·法约尔（Henry Fayol），出生在一个法国小资产阶级家庭，由一名工程技术人员逐渐成为专业管理者，他在实践中逐渐形成了自己的管理思想和管理理论，对管理学的形成和发展作出了巨大的贡献。

法约尔 1916 年问世的名著《工业管理与一般管理》，是他一生管理经验和管理思想的总结。他认为他的管理理论虽然是以大企业为研究对象，但除了可应用于工商企业之外，还适用于政府、教会、慈善团体、军事组织以及其他各种事业。所以，人们一般认为法约尔是第一个概括和阐述一般管理理论的管理学家。

1. 一般管理理论的基本内容

法约尔指出，任何企业都存在着 6 种基本的活动，而管理只是其中之一。这 6 种基本活动是：①技术活动（指生产、制造、加工等活动）；②商业活动（指购买、销售、交换等活动）；③财务活动（指资金的筹措和运用）；④安全活动（指设备维护和职工安全等活动）；⑤会计活动（指货物盘存、成本统计、核算等）；⑥管理活动（其中又包括计划、组织、指挥、协调和控制五项职能活动）。其中，管理活动处于核心地位，即企业本身需要管理，同样的，其他五项属于企业的活动也需要管理。

2. 对法约尔一般管理理论的评价

（1）法约尔管理理论与泰勒的科学管理思想相比，具有更强的系统性和理论性。后人根据他的管理五大职能：计划、组织、智慧、协调和控制，建立了管理学理论框架，因此，它又被称为现代经营管理理论之父。

（2）实践证明，其管理原则是正确的。这些原则过去曾经给实际管理人员巨大的帮助，现在仍然为许多人所推崇。

（3）法约尔一般管理理论的主要不足之处是他的管理原则缺乏弹性，以至于有时实际管理工作者无法完全遵守。

（四）韦伯理想的行政组织体系理论

马克斯·韦伯（Max Weber）是德国著名的社会学家，他在19世纪早期的论著中提出了理想的行政管理组织理论，也就是“官僚体制”，这集中反映在他的代表作《社会组织与经济组织》一书中。这一理论的核心是组织活动要通过职务或职位而不是通过个人或世袭地位来管理。他也认识到个人魅力对领导作用的重要性。他所讲的“理想的”，不是指最合乎需要，而是指现代社会最有效和最合理的组织形式。他被后人尊被称为“组织理论之父”。

1. 理想行政组织的特征

（1）明确的分工。即每个职位的权利和义务都应有明确的规定，人员按职业专业化进行分工。

（2）自上而下的等级系统。组织内的各个职位，按照等级原则进行法定安排，形成自上而下的等级系统。

（3）人员任用。每一职位均根据其资格限制（资历或学历），按自由契约原则，经公开考试合格予以使用，务求人尽其才。

（4）职业化成长道路。职务就是“职业”。它成为一种职业，存在着一种按年资或成就或两者兼而有之的升迁制度。按职位支付薪金，使成员安心工作，培养其事业心。组织活动要通过职务或职位，而不是通过地位或世袭来管理。

（5）管理人员必须严格遵守组织中规定的规则和纪律以及办事程序。王子犯法与庶民同罪。

（6）组织中人员之间的关系。组织中人员之间的关系完全以理性准则为指导，只是职位关系而不受个人情感的影响。

2. 关于权力

韦伯指出，任何一种组织都必须以某种形式的权力为基础，才能实现其目标。韦伯把这种权力划分为3种类型：（1）法定的权力（Legal Authority）：依法任命，并赋予行政命令的权力。（2）传统的权力（Traditional Authority）：人们对其服从是因为领袖人物占据着传统所支持的权力地位。（3）超凡的权力（Charisma Authority）：来源于别人的崇拜和追随。但只有法定权才能作为组织存在的基础。

3. 对韦伯理论的基本评价

尽管这种高度结构的、正式的、非人格化官僚组织结构有较多的缺陷，但从纯技术的角度看，官僚制强调知识化、专业化、制度化、标准化、正式化和权力集中化，确实能给组织带来高的效率。

（五）对古典管理理论的总结

1. 古典管理理论的意义

（1）古典管理理论确立了管理是一门科学。科学管理使得管理者开始摆脱了传统的凭经验和感觉来进行管理。

（2）古典管理理论建立了一套有关管理理论的原理、原则、方法等理论。

（3）古典管理学家同时也建立了有关的组织理论。韦伯提出的官僚组织理论是组织理论的基石。

（4）古典管理理论为后来的行为科学和现代管理学派奠定了管理学理论的基础，当代许多管理技术与管理方法皆来源于古典的管理理论。

2. 古典管理理论的局限

（1）古典管理理论基于当时的社会环境，对人性的研究没有深入进行，对人性的探索仅仅停留在“经济人”的范畴之内（金钱万能）。

（2）古典管理理论对组织的理解是静态的，没有认识到组织的本质（静态的组织）。

（3）古典管理理论的着重点是组织系统的内部，而对企业外部环境对组织系统的影响考虑得非常少（封闭的组织）。

三、行为科学阶段（新古典管理理论）

行为科学

行为科学从广义讲是指研究人的行为规律的诸学科，如心理学、社会学等，具体讲指运用自然科学的实验和观察方法，研究在自然和社会中的人的行为规律的一切科学。从狭义讲是指运用社会学、心理学、人类学及其相关学科的成果，来研究组织管理过程中人的行为规律的科学。行为科学产生于20世纪的30年代，它的前身是人际关系学说，1949年，在美国芝加哥大学的一次跨学科会议上，正式命名为行为科学。由于泰勒科学管理的局限性，把人只看成是“经济人”，用胡萝卜加大棒“奖和罚”管理工人提高生产率；法约尔则从企业整体的角度，推行一套科学的管理原则；韦伯的官僚组织体系同时也是一种科学的管理组织体系。他们的共同特点是强调组织和管理的科学性、精密性而忽视了人的因素，把工人看成只是组织中的一个零件，实行见物不见人式的管理。因而，随着政治环境、经济环境和人文环境的改变，科学管理理论在提高劳动生产率方面虽然取得显著的成绩，却激起工人特别是工会的反抗。世界经济体系出现新格局，一战结束，政治矛盾激化，阶级斗争、革命运动尖锐，使20世纪20年代前后工人运动加剧；经济环境上，经济危机，物价急剧下跌，失业急剧增加，破产企业增多，人们生活水平下降。根据统计，1913—1929年，加工工业生产率提高65%，工人的实际工资只增加26.1%，对工人的剥削程度达到200%。1929年工人的平均工资一直停留在最低生活费的59%，贫富分化严重，1929年1%的富豪占有59%的国民财富，87%普通公民只占10%。1929年的经济危机持续了5年，后又连续爆发经济危机，工人失业达到3000万~4500万人。从文化背景看，随着人们受教育程度的提高，开始反思亚当·斯密自由放任的经济政策是否适用，泰勒制对工人有效的管理能否持续，再加上凯恩斯主义的兴起，梅奥的霍桑试验。在这种情况下，行为科学应运而生。

（一）人际关系学说及梅奥的霍桑试验

乔治·埃尔顿·梅奥（George Elton Mayo），是原籍澳大利亚的美国行为科学家。

1924—1932 年，美国国家研究委员会和西方电气公司合作，由梅奥负责进行了著名的霍桑试验（Hawthorne Experiment），即在西方电气公司所属的霍桑工厂，为测定各种有关因素对生产效率的影响程度而进行的一系列试验，由此产生了人际关系学说。

1. 四个实验阶段

第一阶段，工场照明试验（1924—1927 年）。该试验是选择一批工人分为两组：一组为"试验组"，先后改变工场照明强度，让工人在不同照明强度下工作；另一组为"控制组"，工人在照明度始终维持不变的条件下工作。试验者希望通过试验得出照明度对生产率的影响，但试验结果发现，照明度的变化对生产率几乎没有什么影响，这个试验似乎以失败告终。但这个试验得出了两条结论：①工场的照明只是影响工人生产效率的一项微不足道的因素；②由于牵涉因素太多，难以控制，且其中任何一个因素足以影响试验结果，故照明对产量的影响无法准确测量。

第二阶段，继电器装配室试验（1927—1928 年）。旨在试验各种工作条件的变动对小组生产率的影响，以便能够更有效地控制影响工作效果的因素。通过材料供应、工作方法、工作时间、劳动条件、工资、管理作风与方式等各个因素对工作效率影响的实验，如供应午餐和茶点，缩短工时，在工作时可自由交谈，发现无论各个因素如何变化，产量都是增加的。似乎是由于督导方法的改变（轻松愉快的督导方式），使工人工作态度也有所变化，因而产量增加。

第三阶段，大规模的访问与调查（1928—1931 年）。两年内他们在上述试验的基础上进一步开展了全公司范围的普查与访问，调查了 2 万多人次，发现所得结论与上述试验所得相同，即"任何一位员工的工作绩效，都受到其他人的影响"即人际关系很重要。

第四阶段，接线板接线工作室试验（1931—1932 年）。以集体计件工资制刺激，企图形成"快手"对"慢手"的压力以提高效率。公司当局给他们规定的产量标准是焊合 7312 个接点，但他们完成的只有 6000～6600 个接点。试验发现，工人既不会为超定额而充当"快手"，也不会因完不成定额而成"慢手"，当他们达到他们自认为是"过得去"的产量时就会自动松懈下来。其原因是，生产小组无形中形成默契的行为规范，即工作不要做得太多，否则就是"害人精"；工作不要做得太少，否则就是"懒惰鬼"；不应当告诉监工任何会损害同伴的事，否则就是"告密者"；不应当企图对别人保持距离或多管闲事；不应当过分喧嚷，自以为是和热心领导等。原因有：一是怕标准再度提高；二是怕失业；三是为保护速度慢的同伴。这一阶段的试验，还发现了"霍桑效应"，即对于新环境的好奇和兴趣，足以导致较佳的成绩，至少在初始阶段是如此。

通过四个阶段历时近 8 年的霍桑试验，梅奥等人认识到，人们的生产效率不仅要受到生理方面、物理方面等因素的影响，更重要的是受到社会环境、社会心理等方面的影响，工人对不同的上级持不同态度，成员中存在着小派系（非正式组织）。这对"科学管理"只重视物质条件，忽视社会环境、社会心理对工人的影响来说，是一个重大的修正。

根据霍桑试验，梅奥于 1933 年出版了《工业文明的人类问题》一书，提出了与古典管理理论不同的新观点。

2. 人际关系学说的基本内容

（1）工人是"社会人"，而不是单纯追求金钱收入的"经济人"。作为复杂社会系统成员，金钱并非刺激积极性的唯一动力，他们还有社会、心理方面的需求，因此，社会和心理因素等方面所形成的动力，对效率有更大影响。

（2）企业中除了“正式组织”之外，还存在着“非正式组织”。这种非正式组织是企业成员在共同工作的过程中，由于具有共同的社会感情而形成的非正式团体。这种无形组织有它特殊的感情、规范和倾向，左右着成员的行为。古典管理理论仅注重正式组织的作用，这是很不够的。非正式组织不仅存在，而且同正式组织是相互依存的，对生产率的提高有很大影响。

（3）新型的领导在于通过对职工“满足度”的增加，来提高工人的“士气”，从而达到提高效率的目的。生产率的升降，主要取决于工人的士气，即工作的积极性、主动性与协作精神，而士气的高低，则取决于社会因素特别是人群关系对工人的满足程度，即他的工作是否被上级、同伴和社会所承认。满足程度越高，士气也越高、生产效率也就越高。所以，领导的职责在于提高士气，善于倾听和沟通下属职工的意见，使正式组织的经济需求和工人的非正式组织的社会需求之间保持平衡。这样就可以解决劳资之间乃至整个“工业文明社会”的矛盾和冲突，提高效率。

3. 对人际关系学说的基本评价

梅奥从人的因素和团体作用等方面研究人的行为，着眼于搞好人与人之间的关系，即人际关系，成为行为科学的先驱。人际关系学说在管理思想史上实现了管理中心的转变，即从效率到人的飞跃，从而开创了一个全新的领域，具有划时代的意义。在管理实践上，它引导管理人员从绝对控制转向人的行为的研究，注重满足人的心理满足度，调动积极性。

其主要局限性在于：过分强调人的作用，忽视其他因素。

（二）行为科学理论

梅奥的人际关系学说引起了管理学界的很大震动，此后，很多人投身于这方面的研究。许多管理学家、社会学家、心理学家从各种角度展开了对人的行为的研究，形成了一系列的理论，使行为科学成为管理理论的一个重要流派。

1. 行为科学流派

行为科学研究有很多流派，各个流派研究的侧重点是不同的。

（1）个体行为研究（人的需要、动机、激励理论；企业中人性理论）。马斯洛的“需求层次理论”、克莱顿·奥尔德弗的ERG理论、赫茨伯格的“双因素理论”、费鲁姆的“期望理论”、麦克莱兰的成就需要理论、波特和劳勒的“综合激励模型”。

关于人性问题的理论：麦格雷戈的XY理论：X理论。这种假设是建立在“经济人”的假设基础上。起源于享乐主义的哲学观点和亚当·斯密关于劳动交换的经济理论，认为人的行为在于追求本身的最大利益，工作的动机是为获得劳动报酬。麦格雷戈称之为X理论。基本要点：①多数人天生是懒惰的，都尽可能逃避工作；他们没有雄心壮志和负责精神，宁可期望别人来领导和指挥；他们对组织的要求与目标不关心，只关心个人，其个人目标与组织目标相矛盾；他们缺乏理性，不能自律，容易受他人影响；他们工作的目的在于满足基本的生理需要与安全需要。②只有少数人是勤奋、有抱负、富有献身精神，他们能自己激励自己、约束自己，这些人应当负起管理的责任。著名的泰勒制就是“经济人”假设——X理论的具体体现。泰勒以“时间—动作”分析为出发点，只考虑提高劳动生产率，无视工人的情感，主张管理者与生产工人严格分开，反对工人参与管理。

“社会人”的假设：这种假设起源于著名的霍桑实验。霍桑实验的结论是：工人不是被动的机器，而是活生生的人；不是孤立的个体，而是复杂的社会系统的成员。因此把重视社会需要与自我尊重需要而轻视物质需要与经济利益的人称为“社会人”。

“自动人”的假设：“自动人”又称“自我实现人”。麦格雷戈称之为Y理论。基本理论：人生来就是勤奋的。如果没有不良条件的限制，运用体力和脑力从事工作，如同游戏和休息一样自然。外来的控制和惩罚的威胁并不是促使人为实现组织目标而努力的唯一方法。人在达到自己所承诺的目标过程中，是能够自我约束、自我控制的。

如果给予机会，职工会自愿地把他们的个人目标与组织目标结合成一体。职工在适当条件下不但能够接受责任，而且会追求责任。逃避责任、缺乏雄心和强调安全是经验的结果，而不是人的天性。许多职工都具有解决组织问题的想象力、独创性和勤奋精神。在现代工业生活的条件下，一般职工的智慧潜能只被用了很少一部分。

“复杂人”的假设：由埃德加·沙因德提出复杂人假设，莫尔斯在此基础上提出应变理论，也称超Y理论。强调因人而异，因时、因地制宜。基本要点：人有着层次和水平不同的、多种多样的需要，这些需要不仅是复杂的，而且随着人的发展和工作条件的改变而不断变化。每个人的多种需要不是并列，而是相互联系、互相影响，结合为一个统一的整体，并形成一定的结构。

有的人经济上的需要居于中心位置，有的人社会性需要占主导地位，有的人最迫切的需要是施展自己的才华，于是各个人就形成了错综复杂的动机模式。个人此时此地的需要是他原有需要与当今社会存在交互作用的结果。人的工作性质不同、社会地位不同、能力不同、与周围人的关系不同，其需要与动机模式也不同。不存在对任何时代、任何组织或任何人都普遍适用的管理模式。

综上所述，X理论强调管制，在机构上突出监工，在制度上强调重赏重罚，主张集权和控制。Y理论强调协调，重视教育和培训，制度上突出参与，提倡给人创造机会。超Y理论主张二者结合，通达权变，因地制宜，灵活应变。

（2）有关组织与领导行为理论（论述见领导理论与方法）。在行为科学阶段，有关群体、组织和领导行为的研究成果主要有：卡特·勒温的“群体动力学”以及“三种领导方式理论”（专制式、民主式和自由放任式的领导方式）、亨利的“领导者品质理论”、坦南鲍姆和施密特二人的“领导统一体理论”、俄亥俄大学企业研究局的“二维领导模式”，以及布莱克和莫顿的“管理方格理论”等。

（3）激励理论。通常将激励理论分成三类：需要型激励理论、过程型激励理论和状态型激励理论（见表4-2）。

表4-2　激励理论分类

分类	理论	特点
内容型激励理论	马斯洛的需求层次论 赫兹伯格的双因素论 奥尔德弗ERG理论 麦克莱兰的成就需要理论	从人的动机、行为或激励过程的起点（即人的需求）出发
过程型激励理论	费鲁姆的期望理论 亚当斯的公平理论 洛克的目标设定理论	从激励的起点为满足需要，到需求的满足这样的过程（即从激励的中间过程）
行为改造型理论	斯金纳的强化理论	从激励的终点探讨需求的满足与否

2. 对行为科学的基本评价

行为科学对管理学的贡献主要表现在以下两个方面：

（1）行为科学引起管理对象重心的转变。行为科学强调要重视人这一因素的作用。管理者通过对人的行为的预测、激励和引导，来实现对人的有效控制，并通过对人的行为的有效控制，达到对事和物的有效控制，从而实现管理的预期目标。

（2）行为科学引起管理的方法的转变。由原来的监督管理，转变到人性化的管理。行为科学强调人的欲望、感情、动机的作用，因而在管理的方法上强调满足人的需要和尊重人的个性，以及采用激励和诱导的方式来调动人的主动性和创造性，借以把人的潜力充分发挥出来。与此相对应，企业界提出了“以职工为中心的”“弹性的”管理方法，出现了“参与管理”“目标管理”“工作内容丰富化”等各种新的管理方式。

行为科学也存在一些缺陷：行为科学研究的对象是人，但只对人进行研究的管理显然是不完善的，除了人性行为以外，还应有某些技术方面的知识。

四、现代管理阶段（20世纪60年代以来）

现代管理阶段

1961年，孔茨在《哈佛商业评论》发表“管理理论的丛林”，管理理论丛林由众多学派构成，代表学派有：

（一）管理过程学派

管理过程学派，又叫管理职能学派、经营管理学派。开山鼻祖是法约尔（管理职能划分为计划、组织、指挥、协调和控制），当代最著名的代表人物是哈罗德·孔茨（管理职能划分为计划、组织、人事、指挥和控制五项）。他们认为，管理就是在组织中通过别人或同别人一起完成工作的过程。认为无论组织的性质多么不同（如经济组织、政府组织、宗教组织和军事组织等），组织所处的环境有多么不同，但管理人员所从事的管理职能却是相同的，管理活动的过程就是管理的职能逐步展开和实现的过程。因此，管理过程学派把管理的职能作为研究的对象，他们先把管理的工作划分为若干职能，然后对这些职能进行研究，阐明每项职能的性质、特点和重要性，论述实现这些职能的原则和方法。

（二）人际关系学派

这一学派是从20世纪60年代的人类行为学派演变来的。代表人物有埃尔顿·梅奥、罗特利斯伯格等。这个学派认为，既然管理是通过别人或同别人一起去完成工作，那么，对管理学的研究就必须围绕人际关系这个核心来进行。这个学派把有关的社会科学原有的或新近提出的理论、方法和技术用来研究人与人之间和人群内部的各种现象，从个人的品性动态一直到文化关系，无所不涉及。这个学派注重管理中“人”的因素，认为在人们为实现其目标而结成团体一起工作时，他们应该互相了解。

（三）群体行为学派

这一学派是从人类行为学派中分化出来的，因此同人际关系学派关系密切，甚至易于混同。代表人物有梅奥、卢因、阿吉里斯。但它关心的主要是群体中人的行为，而不是人际关系。它以社会学、人类学和社会心理学为基础，而不以个人心理学为基础。它着重研究各种群体行为方式。从小群体的文化和行为方式，到大群体的行为特点，都在它研究之列。它也常被叫作“组织行为学”。“组织”一词在这里可以表示公司、政府机构、医院或其他任何一种事业中一组群体关系的体系和类型。有时则按切斯特·巴纳德的用法，用来表示人们间的协作关系。而所谓正式组织则指一种有着自觉的精心筹划的共同目的的组织。克里斯·阿吉里斯甚至用“组织”一词来概括“集体事业中所有参加者的所有行为”。

资料链接 4－2　　群体力学理论
由心理学家库尔特·卢因在1944年提出，重点研究组织中的群体行为。其主要内容是：①群体是一种非正式组织，是处于平衡状态的一种“力场”；②群体行为就是各种相互影响力的结合，这种“力场”可修正个人的行为；③群体的内聚力可以用每个成员对群体忠诚、责任感、对外攻击的防御、友谊等态度来说明。

（四）经验（或案例）学派

经验或案例学派主张通过分析经验（通常是一些案例）来研究管理问题。最早提出这一见解的是美国的德鲁克、戴尔、纽曼、斯隆等。他们认为应该从企业管理的实际出发，以大企业的管理经验为主要研究对象，通过研究各种各样成功和失败的案例研究，就可以了解怎样管理。这一学派的主要观点如下：

（1）作为企业主要领导的经理，其工作任务着重于两方面：①造就一个“生产的统一体”，有效调动企业各种资源，尤其是人力资源作用的发挥；②经理作出每一项决策或采取某一行动时，一定要把眼前利益与长远利益协调起来。

（2）对建立合理组织结构问题普遍重视。德鲁克认为，当今的管理组织的新模式可以概括为以下5种：①集权的职能性结构；②分权的联邦制结构；③矩阵结构；④模拟性分散管理结构；⑤系统结构。他还强调，各类组织要根据自己的工作性质、特殊条件以及管理人员的特点来确定本组织的管理结构。

（3）对科学管理和行为科学理论重新评价。认为科学管理和行为科学理论都不能完全适应企业实际需要，只有经验学派将这二者结合起来才真正实用。

（4）提倡实行目标管理。德鲁克在《管理实践》一书中谈目标管理首先谈的是组织，认为从一种生意变成一个企业和组织，这是企业根本性的一个变化。在一种生意的阶段，老板更多的是一个商人，考虑的是通过捕捉一些机会赚钱。而与商人相比管理者不能仅仅是被动适应环境，而是必须能够更好地影响环境，主动创造条件驾驭环境。在德鲁克心目中，当一个商人和投资者开始真正关注客户是谁，通过创造客户价值来实现持续发展的时候，生意才变成了一个有可能基业长青的组织。

（五）社会协作系统学派

它的创始人是美国高级经理、管理学家切斯特·巴纳德。他于1938年出版了其代表作：《经理的职能》。首次将组织看作是一个相互协作的、开放式的社会系统。认为组织是两个或两个以上的人有意识协调活动和效力的系统，对这个系统要作为整体来看待，因为其中的每个组成部分都以一定方式与其他部分相联系。巴纳德认为，作为正式组织的协作系统，不论其规模大小或级别高低，都包含了以下3个基本要素：①协作的意愿。组织是由个人组成的，组织成员愿意提供协作条件的劳动和服务是组织程序所不可少的，协作的意愿意味着个人自我克制、交出对自己的控制权，个人行为的非个人化，其结果是个人的努力结合在一起。没有这种意愿，就不可能对组织有持续的个人努力，就不可能将不同组织成员的个人行为有机地结合在一起，协调组织活动。②共同的目标。共同的目标是达到协作意愿的必要前提。协作的意愿没有共同的目标是发展不起来的。没有共同的目标，组织成员就不知道要求他们提供何种努力，同时也不知道自己能从协作劳动的结果中得到何种满足，从而不会进行协作活动。③信息的沟通。组织的共同目标和不同成员的协作意愿只有通过信息沟通才能相互联系，形成动态的过程。没有信息沟通，不同成员对组织的目标就不可能有共同的认识和普遍的接受；没有信息沟通，组织就无法了解组织成员的协作意愿及其强度，也无法将不同成员的努力形成协作劳动。因此，组织的存在及其活动是以信息沟通为条件的。

在经理人员的工作职能方面，巴纳德提出三项：①从组织成员那里获得必要的贡献；②确定组织的共同目标；③建立和维持一个信息沟通的系统。

（六）社会技术系统学派

这一学派的创始人是特里司特及其在英国塔维斯托克研究所中的同事。他们通过对英国煤矿中长壁采煤法生产问题的研究，发现仅仅分析企业中的社会方面是不够的，还必须注意其技术方面。他们发现，企业中的技术系统（如机器设备和采掘方法）对社会系统有很大的影响。个人态度和群体行为都受到人们在其中工作的技术系统的重大影响。因此，他们认为，必须把企业中的社会系统同技术系统结合起来考虑，而管理者的一项主要任务就是要确保这两个系统相互协调。

（七）决策理论学派

决策理论学派是以社会系统论为基础，吸收了行为科学．系统论的观点，运用电子计算机技术和统筹学的方法而发展起来的一种理论。决策理论学派的主要代表人物是曾获 1978 年度诺贝尔经济学奖的赫伯特·西蒙。西蒙虽然是决策学派的代表人物，但他的许多思想是从巴纳德中吸取来的，他发展了巴纳德的社会系统学派，并提出了决策理论，建立了决策理论学派，形成了一门有关决策过程、准则、类型及方法的较完整的理论体系，主要著作有《管理行为》《组织》《管理决策的新科学》等。决策理论学派的理论要点：

1. 决策贯穿管理的全过程，决策是管理的核心

决策贯穿管理的全过程，决策是管理的核心。西蒙指出组织中经理人员的重要职能就是作决策。他认为，任何作业开始之前都要先做决策，制定计划就是决策，组织、领导和控制也都离不开决策。

2. 系统阐述了决策原理

西蒙对决策的程序、准则、程序化决策和非程序化决策的异同及其决策技术等作了分析。西蒙提出决策过程包括 4 个阶段：搜集情况阶段；拟定计划阶段；选定计划阶段；评价计划阶段。这 4 个阶段中的每一个阶段本身就是一个复杂的决策过程。

3. 在决策标准上，用“令人满意”的准则代替“最优化”准则

以往的管理学家往往把人看成是以“绝对的理性”为指导，按最优化准则行动的理性人。西蒙认为事实上这是做不到的，应该用“管理人”假设代替“理性人”假设，“管理人”不考虑一切可能的复杂情况，只考虑与问题有关的情况，采用“令人满意”的决策准则，从而可以作出令人满意的决策。

4. 一个组织的决策根据其活动是否反复出现可分为程序化决策和非程序决策

经常性的活动的决策应程序化以降低决策过程的成本，只有非经常性的活动，才需要进

行非程序化的决策。

（八）数学学派或“管理科学”学派

主要代表人物有《生产管理基础》的作者伯法、统筹法代表人华罗庚，线性规划创始人康托罗维奇，投入产出分析法的创始人华西里·列昂惕夫等。

基本特征是：以系统的观点，运用数学、统计学的方法和电子计算机技术，为现代管理决策提供科学的依据，解决各项生产、经营问题。其主要方法就是模型，例如：统计判断、线性规划、排队论、博弈论、统筹法、模拟法、系统分析等。这些成果应用于管理工作就产生了“管理科学理论”。该学派有一个永恒的信念是，只要管理、或组织、或计划、或决策是一个逻辑过程，就能用数学符号和运算关系来予以表示，通过建立模型，模拟求解，找到最优答案。

（九）经理角色学派

这个学派同时受到管理学者和实际管理者的重视，其推广得力于亨利·明茨伯格。这个学派主要通过观察经理的实际活动来明确经理角色的内容。对经理（从总经理到领班）实际工作进行研究的人早就有，但把这种研究发展成为一个众所周知的学派的却是明茨伯格。

明茨伯格系统地研究了不同组织中5位总经理的活动，得出结论：总经理们并不按人们通常认为的那种职能分工行事，即只从事计划、组织、协调和控制工作，而是还进行许多别的工作。明茨伯格根据他自己和别人对经理实际活动的研究，认为经理在人际关系方面、信息方面、决策方面扮演着多种角色。

（十）权变管理理论

权变管理理论（Contingency Theory of Management）是20世纪70年代在美国形成的一种管理理论。这一理论的核心就是力图研究组织的各子系统内部和各子系统之间的相互联系，以及组织和它所处的环境之间的联系，并确定各种变数的关系类型和结构类型。它强调在管理中要根据组织所处的内外部条件随机应变，针对不同的具体条件寻求不同的最合适的管理模式、方案或方法。

美国尼布拉加斯大学教授卢桑斯在1976年出版的《管理导论：一种权变学》一书中系统地概括了权变管理理论。他认为：

（1）过去的管理理论可分为4种，即过程学说、计量学说、行为学说和系统学说，这些学说由于没有把管理和环境妥善地联系起来，其管理观念和技术在理论与实践上相脱节，所以都不能使管理有效地进行。而权变理论就是要把环境对管理的作用具体化，并使管理理论与管理实践紧密地联系起来。

（2）权变管理理论就是考虑到有关环境的变数同相应的管理观念和技术之间的关系，使采用的管理观念和技术能有效地达到目标。在通常情况下，环境是自变量，而管理的观念和技术是因变量。这就是说，如果在某种环境条件下，要更快的达到目标，就要采用某种管理原理、方法和技术。比如，如果在经济衰退时期，企业在供过于求的市场中经营，采用集权的组织结构，就更适于达到组织目标；如果在经济繁荣时期，在供不应求的市场中经营，那么采用分权的组织结构可能会更好一些。

（3）环境变量与管理变量之间的函数关系就是权变关系，这是权变管理理论的核心内容。环境可分为外部环境和内部环境。外部环境又可以分为两种：一种是由社会、技术、经济、政治和法律等所组成；另一种是由供应者、顾客、竞争者、雇员、股东等组成。内部环境基本上是正式组织系统，它的各个变量与外部环境各变量之间是相互关联的。

总之，权变管理理论的最大特点是：①它强调根据不同的具体条件，采取相应的组织结构、领导方式、管理机制。②把一个组织看作是社会系统中的分系统，要求组织各方面的活动都要适应外部环境的要求。

五、管理理论前沿

管理理论前沿

（一）学习型组织理论

学习型组织（Learning Organization），是美国学者彼得·圣吉在《第五项修炼》一书中提出的管理观念，企业应建立学习型组织，其含义为面临变化剧烈的外在环境，组织应力求精简、扁平化、弹性应变、终身学习、不断自我组织再造，以维持竞争力。知识管理是建设学习型组织的最重要的手段之一。

学习型组织应包括5项修炼：

（1）自我超越。自我超越是学习型组织的精神基础。这项修炼是学习不断理清并加深个人的真正愿望，集中精力，培养耐心，并客观地观察现实。这项修炼对于组织中整体价值观的形成，对于组织成员对组织目标的认同，对于提高组织的学习能力都具有重要作用。

（2）改善心智模式。心智模式是根深蒂固于人们心中，影响人们如何了解世界，以及如何采取行动的许多假设、成见，或者是图像、印象等。心智模式决定了人们对世界的看法。

（3）建立共同愿景。共同愿景就是要回答我们想要创造什么的问题。共同愿景包含4项要素：愿景——我们想要的未来图像；价值观——我们如何到达我们的目的地；目的和使命——组织存在的理由；目标——我们期待在短期内达到的里程碑。

（4）团队学习。在现代组织中，不仅每个成员需要学习，而且整个组织也需要共同的学习。学习型组织的根本手段就在于学习，而团队学习是其最基本的形式。学习型组织的修炼必须通过团队学习的形式，才能加以组织起来并具体实施。团队学习的组织形式是深度会谈。深度会谈是一个团体的所有成员，摊开心中的假设，而进入真正一起思考的能力。

（5）系统思考。系统思考是5项修炼的核心。圣吉认为，系统思考就是思考及形容、了解行为系统之间相互关系的方式。系统思考应遵循以下原则：第一要防止分割思考，注意整体思考的原则；第二要防止静止思考，注意动态思考的原则；第三要防止表面思考，注意本质思考的原则。

彼得·圣吉认为，在五项修炼中第五项修炼即系统思考是核心，改善心智模式和团队学习是基础；自我超越和建立共同愿景这两项修炼形成向上的张力。

创建学习型组织应该做到以下7个方面，即：①持续不断的学习。②亲密合作的关系。③彼此联系的网络。④集体共享的观念。⑤创新发展的精神。⑥系统存取的方法。⑦建立能力的目的。

（二）竞争战略理论

竞争战略理论最主要代表人物是迈克尔·波特（Michael E. Porter）。他是哈佛大学商学研究院著名教授，著有《品牌间选择、战略及双边市场力量》（1976）、《竞争战略》（1980）、

《竞争优势》(1985)、《国家竞争力》(1990) 等。波特对于竞争战略理论作出了非常重要的贡献,“五种竞争力量”(买方、供方、潜在入侵者、替代品、产业竞争者)——分析产业环境的结构化方法就是他的杰出思想;他更具影响的贡献是在《竞争战略》一书中明确地提出了三种通用战略(总成本领先战略、差异化战略和目标聚集战略)。

(三) 企业再造理论

企业再造也译为“公司再造”“再造工程”(Reengineering)。它是1993年开始在美国出现的关于企业经营管理方式的一种新的理论和方法。所谓“再造工程”,简单地说就是以工作流程为中心,重新设计企业的经营、管理及运作方式。按照该理论的创始人原美国麻省理工学院教授迈克·哈默与詹姆斯·钱皮。他们认为“为了飞越性地改善成本、质量、服务、速度等重大的现代企业的运营基准,对工作流程进行根本性重新思考并彻底改革”,也就是说,“从头改变,重新设计”。为了能够适应新的世界竞争环境,企业必须摒弃已成惯例的运营模式和工作方法,以工作流程为中心,重新设计企业的经营、管理及运营方式。

企业再造包括:企业战略再造、企业文化再造、市场营销再造、企业组织再造、企业生产流程再造和质量控制系统再造等。

企业“再造工程”的主要程序:

(1) 对原有流程进行全面的功能和效率分析,发现其存在问题。

(2) 设计新的流程改进方案,并进行评估。

(3) 制定与流程改进方案相配套的组织结构、人力资源配置和业务规范等方面的改进规划,形成系统的企业再造方案。

(4) 组织实施与持续改善。

资料链接 4-3　福特汽车公司采购流程再造

20世纪80年代初,福特汽车公司跟美国的其他许多公司一样,想方设法紧缩人员,减少行政管理费用。福特汽车公司认为能够减少费用的地方之一是应付账款部门。向福特汽车公司供货的供应厂商提出的账单,由该部门付款。当时,福特汽车公司的北美应付账款部门雇用了500多名人员。该公司的管理层认为通过使用电脑使某些职能自动化,能够使该部门工作人员的人数减少到400名,即减少20%。根据我们给再造所下的定义,使原有的手工操作实现自动化而取得的改进仍属于渐进,算不上是企业再造。福特汽车公司的管理层认为减少20%人员的成绩已经很不错,直至他们参观了日本马自达汽车公司。福特汽车公司的管理人员注意到马自达汽车公司的规模虽然较小,但它雇用的办理应付账款事务的人员只有5名,而福特汽车公司却雇用了500名,两者对比,相差过于悬殊,其原因不是能用规模大小、企业精神、提倡唱公司之歌,做早操等说明得了的。福持汽车公司通过自动化使其人员减少20%,但制造汽车的成本显然仍不能同马自达相匹敌。于是,福特汽车公司的主管人员不得不对包括应付账款部门在内的全部工作流程进行反思。这个决定标志着福特汽车公司的观点发生了重大的变化,因为公司的再造只能从业务流程着手,而不是从与完成这种流程有关的行政组织机构着手。“应付账款”不是一种工作流程,因此,不是再造的问题。它是一个部门,是组织机构上的一种产物,是从某种特定的流程设计所派生出来的。应付账款部门是由一群办事人员组成的。他们坐在办公室内，把有关的凭证传来递去。人员也不是再造的目标，但是，他们所做的工作，是能够再造的，流程再造后，为了完成新的工作流程，人员终将得到调整。至于怎样调整，则要根据再造后的流程本身的需要而定。

福特汽车公司终于再造的流程并不是"应付账款"，而是"采购工作"。采购流程是从提出购货订单开始，也就是说，从根据下属工厂所需要的原材料、零部件而提出购货订单开始，一直到购到货后付款。将货供应给下属工厂（该工厂也就是采购流程的客户）为止。采购流程包括应付账款职能，但它还包括购货和收货。

福特汽车公司原先的原材料、零部件采购流程显然是按常规办事的。流程一开始，由采购部门向供应商发出购货订单，并将一份副本送交应付账款部门。供应商发货，货物运到福特汽车公司的收货点后，点上的办事人员填写一份表格，说明收到货物的情况，并将表格发交给应付账款部门。与此同时，供应商向福特汽车公司的应付账款部门送去发票。现在，福特汽车公司的应付账款部门关于这批货物有三种凭证——购货订单、收货凭证和发票。如果这三种凭证上的数据互相吻合，应付账款部门的办事人员就签字同意付款。

福特汽车公司新的应付账款流程一看便知，跟原先的流程大相径庭，迥然不同。主要是由于新的流程完全取消了发票，办理应付账款的办事人员也就不再需要把购货订单、收货凭证同发票进行核对。结果表明，情况大不相同。现在，福特汽车公司雇用办理向卖方付款等事项人员的人数不再是500名，而仅仅是125名。

福特汽车公司新的采购流程是：采购部门的一名采购员向供应商发出购货订单，与此同时，将订单上的有关内容输入联机数据库。供应商跟以往一样，将货物发往买方的收货点。货物运到后，收货点的工作人员通过电脑终端机进行核对，看看已经运到的货物同数据库中贮存的已经发出的购货订单的内容记录两者是否相符。只有两种可能性：相符或不相符。如果相符，收货点的工作人员接收这批货物，并按电脑终端的键，告诉数据库，这批货物已经运到。数据库现在已记下收到这批货物，而且，电脑会自动地签发一张支票并在适当时候把它发往供应商。另外，如果这批货物同数据库中已经发出的购货订单的内容记录不相符，那么，收货点的工作人员拒绝在运货单上签收，让它退还给供应商。

福特汽车公司这次再造的基本概念是简单明了的。审定支付贷款一事，以往由应付账款部门负责，现在改在收货点上办理。这项工作的原有流程有着迷宫般的复杂性，如：查找材料，暂缓执行，记入备忘录等，足以使500名办事人员或多或少地为此忙忙碌碌。新的流程却不是这样。实际上，新的流程实施后，整个应付账款部门就几乎没有继续存在的必要。在福特汽车公司的某些部门，例如，在发动机部，办理应付账款的人员减少到只有过去的5%。原有的人员中只有极少数人留下来，继续做应付账款方面的工作，处理出现的特殊情况。

福特汽车公司应付账款部门的一项规定是，只有收到了发票才能付款。尽管这条规定难得明确表达出来，但它已成为一种框架，原先的采购流程就是遵循这种框架形成的。福特汽车公司的管理层在着手调整采购流程时，曾认真地提出问题：是否仍想按照这条规定办事？答案是否定的。破除这项规定的办法就是取消发票。于是，福特汽车公司不再实行“发票收到后才能付款”，改为实行新的规定“货物收到后才能付款”。仅仅改一个词，就为企业的一项重大的变革奠定了基础。在福特汽车公司原有的规定中，作这种一词改变的，还有很多。它们至今仍在发挥类似的作用。

例如，福特汽车公司在其下属卡车制造厂之一实行了更加新的规定，取代“收到货物后才能付款”而实行“货物使用后才能付款”。该公司对它的一家刹车供应厂商实际上说了这样的话：“本公司喜欢使用贵公司供应的刹车，并将继续用它装配在本公司制造的卡车上。不过，刹车在装配到卡车之前是属于贵公司的，而不是本公司的。刹车只有在我方使用之后，才是属于我方的，我方才能支付刹车的货款。我方制造的每一辆卡车在装配了贵公司供应的刹车，离开装配线以后，我方定会通过支票将刹车的货款付给贵公司。”这一变革使福特汽车公司的采购和收货流程进一步得到简化。

资料来源：胡从旭，福特汽车公司采购流程再造，物流科技 2006. 02。

第二节　中国传统管理思想的形成与发展

一、中国传统管理思想形成的背景

中国作为世界伟大的文明古国，有着璀璨的历史遗产，包括丰富多彩的管理思想。由于受当时生产力发展水平的限制，这些管理思想零星分散，至今未能形成独立的科学体系，但许多管理思想的精华对今天的管理实践仍然具有借鉴的价值。

统治中国古代几千年历史的主流思想是三大学派：儒家、法家和道家。这三大学派都产生于中国古代思想最活跃的春秋战国时期。其管理思想的基本逻辑结构是：人性假设——管理方式。他们各自提出对人的基本看法，并进而提出自己的管理方式，从而各自形成较为系统的治国治生的管理思想。儒家——王者之道，仁政德治。法家——霸者之道，法制刑治，王在法下。道家——王霸杂合之道，无为而治，主张无争、清心寡欲。另外还有墨子创立了墨家，用鬼神吓唬执政者，要爱民，否则上天会惩罚你；纵横家有鬼谷子；兵家有孙子等。

资料链接 4－4　　《过秦论》联想

贾谊对秦国灭亡的最后总结，可谓深刻之至！本来国家稳定，政权稳定之后应该对国家施行仁义治理，通过发展文化，才能聚集仁人志士来共同夯实政权，但是，秦二世没有这样做，最终落得“山东豪俊遂并起而亡秦族矣”。建国之初需要武将，这是国家立足的基础，建国之后重视法度，这是国家发展的基础。国家稳定后重视文化建设，这是国家提升的基础。由此联想到企业和个人，建企之初重销量是企业立足的基础；建企之中重管理，是企业发展的基础；企业稳定重品牌，是企业提升的基础；企业发展重文化，这是企业深化的基础。

（一）儒家管理思想

儒家管理哲学的基本精神是以“人”为中心，讲“为政以德”，讲“忠恕之道”，讲“正己正人”。主张“仁政”“贤能政治”以及“重民”“和为贵”“仁义”等。

孔子在《中庸》中提到：“为政在人，取人以身，修身以道，修道以仁，仁者人也，亲亲为大。”将人作为管理的载体，把“治人”归结成为管理的本质。同时，儒家学派强调用道德感化感动人心，要比一味惩罚会收到更好的效果，正如《论语》中记载“道之以政，齐之以刑，民免而无耻；道之以德，齐之以礼，有耻且格。”凡事要“以德服人”实行“中庸之道”。

孟子发展了孔子的德、礼为治的政治管理思想，在“性善论”的基础上，更加明确地提出了实施“仁政”的政治主张。

其主要内容有：①行“王道”，施“仁政”；②主张“贤能政治”；③“重民”思想；④“和为贵”的思想；⑤“仁义”思想。

此外，儒家特别强调个人的道德修养，自身的管理，“君子务本”“修身，齐家，治国，平天下”，无不体现管理者从自身做起，培养自己德行的观点。

（二）道家管理思想

道家管理哲学的基本思想是以“道”为中心，讲“无为而治”，讲“弱者道之用”，讲“天地相合”。

以老子为代表的道家将“道”看作是一种客观规律，“人法地，地法天，天法道，道法自然”，因此强调人们必须按照自然规律办事，顺其自然，作到天地相合，充分融汇，实现人和自然的和谐统一，然而“道常无为”，因此要“处无为之事，行不言之教”，实有似无，无为而治，达到一种较高的管理境界，即通过最少的、必要的、有效的法律制度把社会干涉行为减少到最低限度，从而实现组织的自然和谐与个人自由的协调发展。在管理艺术上，道家提出独特的“反者道之动，弱者道之用”的原理，运用辩证法的精湛思想证实了“柔弱胜刚强”的道理。

（三）法家管理思想

法家管理哲学以“法”为中心，韩非子提出了法、术、势三者结合的法治理论。

韩非子所谓的“法”指法律、法治；“术”指办事、用人的方法和艺术，亦即政治手腕；“势”则指权力、权威。

在执法方面，法家主张“法治”，反对“人治”，主张“立法为教”。他认为，只要“法”不败，就能保持政治的常规。韩非子提出“上法而不上贤”，认为即使由圣贤来管理国家，也不能离开法律制度。在管理技术和艺术方面，韩非子认为统治者必须采用“七术”，虽然其中有些管理权术在道德上不可取，但在实际活动中，都为中国的历代君王所身体力行。不过，“术”必须要以法的有效性为依据，也就是要保证法的效力。有了“法”，有了“术”，但如果缺乏“势”，即使有法也会因失效而不能依靠，有术也难以保证群臣服从主人的管理。因此，法的执行，光有“术”还不行，还得要靠“势”。

韩非子认为，帝王之所以为帝王，关键在于有“势”“势者，胜众之资也”“势”又分为“自然之势”和“人为之势”，特别强调管理者充分发挥自己的主体能动作用，以保证管理措施积极推行。

在法、术、势三者之中，法是中心，术与势是行使法的必要条件。

二、中国传统经济管理思想

（一）宏观经济管理思想

早在战国时期，商鞅和韩非子就提出“以农为本，集富于国”的宏观经济管理思想。

管仲提出“以农为本，本末并举”的经济管理思想。把以农为本的思想发展到国家控制商品、货币，及对国家实行准军事化管理，以获取更多的物质财富。

战国时期的思想家荀子则强调上下俱富的思想。认为“百姓足，君孰与不足；百姓不足，君孰与足”。

西汉司马迁在荀子之后提出上下俱富的善因论即“善者因之（支持发展），其次利导之（因势利导），其次教诲之（劝阻不好行为），其次整齐之（依法调节经济），最下者与之争（与民争利）”。

（二）微观经济管理思想

白圭提出“乐观时变”“人弃我取，人取我与”的贸易致富理论，主张“吾治生，犹伊尹、吕尚之谋，孙吴用兵，商鞅行法是也”。

范蠡提出“积蓄之理”。强调重视储备，根据供求判断价格，且要调节价格，注重商品质量，加快资金周转等思想。他提出了《经商理财十八则》，系统总结了经商的十八个环节及其具体做法。

子贡的主要贡献在于最早提出了“物以稀为贵”反映供求规律的思想。

三、中国传统管理思想的要点

（一）倡导廉政和立志

中国传统管理思想精要

孔子曰：“其身正，不令而行；其身不正，虽令不从。”宋·吕本中曰：“当官之法，惟有三事，曰清、曰慎、曰勤。”诸葛亮《诸葛武侯集诫子篇书》中提出：“君子之行，静以修身，俭以养德，非淡泊无以明志，非宁静无以致远。”即多一点简朴，少一点私欲，自存高远，才能远离腐败、堕落。毛泽东在《纪念白求恩》中说：“做一个高尚的人，纯粹的人，脱离低级趣味的人，做一个有益于人民的人”。

（二）倡导畏惧意识

主张要廉政就要有畏惧意识。《易经》：“天行健，君子以自强不息；地势坤，君子以厚德载物”。反映了人对天地的敬畏。孔子曰：“畏天命、畏大人、畏圣人言。”就是要畏上天的意志、畏规律、畏圣人的遗训。清代曾国藩说自己平生有三畏：畏天命、畏人言、畏君父。清·张聪贤曰：“吏不畏吾严而畏吾廉，民不服吾能而服吾公。公则民不敢慢，廉则吏不敢欺。公生明，廉生威。”习近平总书记强调：“要心存敬畏、不要心存侥幸。”

（三）社会公德意识

社会公德意识，是规范人与人之间在社会公共生活领域交往行为的规则意识。儒家思想明确提倡仁爱、恻隐、诚信、正直等一系列适用于群体性人际关系的公德规范；礼：荀子曰：“礼也者，老者孝焉，长者悌焉，幼者慈焉，贱者惠焉。”《荀子·大略》其孝、悌、慈、惠等价值观表达了儒家泛爱众而亲仁、老吾老以及人之老，幼吾幼以及人之幼的仁爱观念；在恻隐方面，孔子提倡己欲立而立人，己欲达而达人，己所不欲勿施于人；关于义，孟子曰："羞恶之心，义之端也。"《孟子公孙丑上》认为义是憎恨丑恶的结果。周易坤卦曰："君子敬以直内，义以方外。"其意是说，有道德的人，以谨慎的态度使内心正直，以正义的准则，使外在行为端方。《礼记·礼运篇》在宣讲儒家的大同理想时提出："使老有所终，幼有所长，矜寡孤独废疾者皆有所养。"

毛泽东说过："治国就是治吏，礼义廉耻，国之四维；四维不张，国将不国。如果一个个都寡廉鲜耻，贪污无度，胡作非为，而国家还没有办法惩治他们，那么天下一定大乱。"

（四）倡导天下为公的精神

最先出自《礼记·礼运篇》"大道之行也天下为公。"范仲淹的"先天下之忧而忧，后天下之乐而乐"。毛泽东："全心全意为人民服务。"

资料链接 4－5　　《为人民服务》节选

我们的共产党和共产党所领导的八路军、新四军，是革命的队伍。我们这个队伍完全是为着解放人民的，是彻底地为人民的利益工作的。张思德同志就是我们这个队伍中的一个同志。

人总是要死的，但死的意义有不同。中国古时候有个文学家叫做司马迁的说过："人固有一死，或重于泰山，或轻于鸿毛。"为人民利益而死，就比泰山还重；张思德同志是为人民利益而死的，他的死是比泰山还要重的。因为我们是为人民服务的，所以，我们如果有缺点，就不怕别人批评指出。不管是什么人，谁向我们指出都行。只要你说得对，我们就改正。你说的办法对人民有好处，我们就照你的办。"精兵简政"这一条意见，就是党外人士李鼎铭先生提出来的；他提得好，对人民有好处，我们就采用了。只要我们为人民的利益坚持好的，为人民的利益改正错的，我们这个队伍就一定会兴旺起来。

我们都是来自五湖四海，为了一个共同的革命目标，走到一起来了。我们还要和全国大多数人民走这一条路。要奋斗就会有牺牲，但是我们想到人民的利益，想到大多数人民的痛苦，我们为人民而死，就是死得其所。不过，我们应当尽量地减少那些不必要的牺牲。我们的干部要关心每一个战士，一切革命队伍的人都要互相关心，互相爱护，互相帮助。

资料来源：毛泽东《为人民服务》。

（五）倡导见利思义

"见利思义"出自《论语·宪问》，其本旨在于强调以义制利，或以道制欲。

子曰："富与贵，是人之所欲也，不以其道得之，不处（享受）也；贫与贱，是人之所恶也，不以其道得之，不去（摆脱）也。"高阳著《胡雪岩全传·平步青云》上册："君子爱财，取之有道，该当你老夫子的，自然当仁不让。

（六）倡导自强不息

《易经》："天行健，君子以自强不息""劳谦君子，有终吉""天道酬勤"。孔子提出"发奋忘食，乐以忘忧，不知老之将至"。毛泽东：自信人生二百年，会当水击三千里。

学习传统文化，将管理与法家之道、兵家之道、道家之道相结合，共同打通，各取所长，共同使用，形成符合自身特色管理体系对企业发展尤为重要。

资料链接 4－6　《淮南子》经济管理思想九要义：

顺道（治理国家政策，客观经济发展规律），重人（人心向背，人才归离），人和（人际关系，和为贵），守信（信誉是本），利器（工欲善其事，必先利其器），求实（实事求是），对策（运筹策帷帐之中，决胜于千里之外），节俭（开源节流），法治（明法，依法）。

第三节　中国现代管理思想新发展

一、管理上的国际化视野

中国是全球经济的主要驱动力之一，全球合作，寻求经济增长新模式，越来越被管理者认知。长期以来，中国的宏观管理和微观管理常常囿于本国或本地区的规范之内、往往只考虑本国市场、本企业、本组织内部如何进行管理的问题，很少能真正放眼世界。

所谓在管理上的国际化，就是要加入遍及全球的世界级采购生产系统，打破地区和国界，尽可能多地获取差别利益。为此就必然要求消除管理上的阻隔，形成管理上的共同语言和方法，管理的国际化是经济全球化发展的必然趋势。在庆祝中国共产党成立 100 周年大会上，习近平总书记深刻指出"中国共产党关注人类前途命运，同世界上一切进步力量携手前进，中国始终是世界和平的建设者、全球发展的贡献者、国际秩序的维护者"，强调"以史为鉴、开创未来，必须不断推动构建人类命运共同体"。

二、科学管理与信息化管理相结合

信息化管理并不是简单地用计算机自动程序代替原有的手工程序。而是建立在对原有的工作流程进行分析、改造，重新组织、调整，使整个工作程序更加合理化和科学化基础上的信息化管理，这样才能取得良好效果。因此，信息化管理是以科学管理为基础的，不是用了计算机就是信息化管理，计算机只是信息化管理的工具，信息化管理时代更需要管理者要通晓管理学、懂经营善管理、科学决策，信息化管理才能事半功倍。

三、依法治企与以德治企相结合

党的十八届四中全会通过的《中共中央关于全面推进依法治国若干重大问题的决定》中将依法治国与以德治国作为建设社会主义法治国家总目标所要坚持的五项原则之一。

法就是法律法规，依法治企就是依法约束人的外部行为和建设人的行为文明，开发人的内心文明。德就是思想道德。以德治企则是通过塑造人的灵魂，提升人的内心觉悟、建设人的动机文明，来端正人的文明行为；德是基础，法是手段和保障，德治和法治，犹如车之两轮、鸟之两翼，相辅相成，缺一不可。因此，在企业管理中，不仅必须建立与企业管理发展相适应的法律、制度规范，实行依法治企，还必须建立与之相适应的道德体系，实施以德治企。

依法治企还表现在企业要建立现代企业制度，构建法人治理结构，把权力锁在笼子里，实现权力制衡。

四、实体管理与开放式虚拟管理融合发展

随着科学技术的进步，虚拟组织、虚拟公司越来越多。例如耐克公司只有强大的研发设计中心和采购营销系统，从来就没有自己的生产车间和生产工厂，但全世界到处都有为他生产耐克鞋的基地，耐克鞋风靡全球，经久不衰。美国的汽车制造业也正在经历虚拟化的过程，其中福特公司在实体管理的基础上也引入虚拟组织。这种实体和虚拟的结合，线上线下管理的融合将成为企业未来发展的主要管理模式。

五、变革和创新成为企业永恒主题

“变革”是组织为适应外部环境变化而进行的自身改变。这些改变既包括组织战略、体系、程序、实践等一类外在因素的改变，也包括员工价值观、理想和行为等内在因素的改变，因此是深层次的变革。人们不仅关心组织一些具体事项的变革，更关心其不断变革的能力。变革是组织的现实，对付变革是每个管理者工作中不可分割的部分。“创新”则是指形成创造性思想并将其转换为有用的产品、服务或作业方法的过程。可以看到，富有创新力的组织能够不断地将创造性思想转变为某种有用的结果。

世界是在不断变化中发展的，人类社会的发展史就是一部创新史和变革史。许多试图把自己变得更具竞争实力的组织，无论是大公司还是中小型公司，成功的公司还是处于危机中的公司，都在努力地进行创新和变革，像结构重组、规模合理化、全面质量管理、业务流程再造、企业系统创新、企业文化重塑开发新产品、占领新市场等。其目的在于改进企业的经营方式，使组织更好地适应变化了的市场环境，增强竞争力。

一般来说，组织的创新和变革反映了更广范围内政治、社会、经济和技术的变革和创新。政府政策的改变、社会的发展要求企业承担更多的就业和环保责任，经济全球化和市场竞争加剧对公司产生的冲击，客户需求的多样化和个性化，技术变迁尤其是信息技术的飞速发展，对公司经营的各个方面，如采购、制造、销售、服务等产生的深刻影响，都会引发企业的变革和创新。传统的经营管理方式已不再适应外部环境的变化而必须放弃，代之以新的经营理念和经营方式。

今天，无论什么样的组织都面临创新和变革的挑战，创新和变革是必然的，只不过有的组织主动地进行创新和变革，有的组织则被动地创新和变革，因而出现了两种创新和变革的形式。主动变革积极创新的组织能预见组织面临的机遇与威胁，发现自身的问题，从而有计划地进行变革，主动地实现组织的目标。

关键词

古典管理理论 Classical Perspective

行为科学 The Behavioral Sciences Approach

权变理论 Contingency View

经验管理 Management In Practice

科学管理 Scientific Management

学习型组织 The Learning Organization

科学管理 Management Science Perspective

管理趋势 Recent Historical Trends

思考题

1. 说明20世纪以前在管理方面的主要贡献。
2. 为什么称泰勒为科学管理之父?
3. 法约尔对管理学的主要贡献是什么?
4. 解释韦伯的“理想的”行政组织体系的特点。
5. 描述霍桑研究及其对管理实践的贡献。
6. 了解现代管理理论各学派的基本观点。

管理定律

酒与污水定律是指把一匙酒倒进一桶污水，得到的是一桶污水；如果把一匙污水倒进一桶酒，得到的还是一桶污水。

案例分析讨论

王中是一个冷冻食品厂厂长，该厂专门生产一种奶油特别多的冰淇淋。在过去的4年中，每年的销售量都稳步递增。但是，今年的情况发生了较大的变化，到8月累计销量比去年同期下降17%，生产量比计划少15%，缺勤率比去年高20%，迟到早退现象也有所增加。王中认为这种情况的发生，很可能与管理有关，但他不能确定发生这些问题的原因，也不知道应该怎样去改变这种情境。他决定去请教管理专家。

问题：

假如王中分别去请教具有科学管理思想、行为管理思想两位专家，您认为这两位专家将如何诊断这一管理问题？如何解决?

第五章　组织文化与管理道德

本章要点

1. 组织文化的由来
2. 组织文化的构成要素
3. 组织文化的功能与组织文化的构建
4. 组织的社会责任与管理道德
5. 组织文化制度化

导入案例

希尔顿的微笑服务

美国“旅馆大王”希尔顿于1919年把父亲留给他的12000美元连同自己挣来的几千元投资出去。开始了他雄心勃勃的经营旅馆生涯。当他的资产从1500美元奇迹般地增值到几千万美元的时候，他欣喜而自豪地把这一成就告诉母亲，想不到，母亲却淡然地说：“依我看，你要想办法使来希尔顿旅馆的人住过了还想再来住，你要想出这样一种简单、容易、不花本钱而行之久远的办法去吸引顾客。这样你的旅馆才有前途。”母亲的忠告使希尔顿陷入迷惘：究竟什么办法才具备母亲指出的“简单、容易、不花本钱而行之久远”这四大条件呢？他冥思苦想，不得其解。于是他逛商店、串旅店，以自己作为一个顾客的亲身感受，得出了准确的答案：“微笑服务”。只有它才实实在在地同时具备母亲提出的四大条件。从此，希尔顿实行了微笑服务这一独创的经营策略。每天他对服务员的第一句话是“你对顾客微笑了没有?”他要求每个员工不论如何辛苦，都要对顾客投以微笑，即使在旅店业务受到经济萧条的严重影响的时候，他也经常提醒职工记住：“万万不可把我们心里的愁云摆在脸上，无论旅馆本身遭受的困难如何，希尔顿旅馆服务员脸上的微笑永远是属于旅客的阳光。”为了满足顾客的要求，希尔顿“帝国”除了到处都充满着“微笑”外，在组织结构上，希尔顿尽力创造一个尽可能完整的系统，以便成为一个综合性的服务机构。因此，希尔顿饭店除了提供完善的食宿外，还设有咖啡厅、会议室、宴会厅、游泳池、购物中心、银行、邮电局、花店、服装店、航空公司代理处、旅行社、出租汽车站等一套完整的服务机构和设施，使得到希尔顿饭店投宿的旅客，真正有一种“宾至如归”的感觉。

资料来源：希尔顿的微笑服务，百度文库。

第一节　组织文化

一、组织文化的由来

最早提出组织文化概念的人是美国的管理学家威廉·大内。他于1981年出版了自己对日本企业的研究成果，书名为《Z理论——美国企业如何迎接日本的挑战》。大内认为，大部分的美国企业都是A型组织。日本的企业属于J型组织。为此，他提出了“Z型组织”的概念，认为美国公司要借鉴日本的经验，就要向Z型组织转化。Z型组织符合美国文化，又兼备了日本企业管理的长处。大内提出，为了建立“Z型组织”，必须建立一种“Z型文化”。此后，美国又连续出版了4本有关企业文化的书籍：《日本企业管理艺术》。此书最主要的观点是，提出了后来被广泛运用的、著名的“7S管理模式”，认为这7个方面是导致企业成功不可缺少的因素。《企业文化——企业生存的习俗和礼仪》的问世，标志企业文化理论的正式诞生。该书的作者认为，构成企业文化的理论系统有企业环境、价值观、英雄人物、文化礼仪和文化网络等5大要素。《美国企业精神》和《追求卓越》的两位作者托马斯·彼得斯和小罗伯特·沃特曼，他们对美国43家卓越企业进行了研究，并把这些卓越企业的创新归纳为8项特征，即侧重行动、接近顾客、自主和企业家精神、依靠人来提高生产力、以价值观为动力、坚持本行业、精兵简政、宽严相济。以上4部书被称为组织文化的四重奏。组织文化在20世纪80年代初一经登上管理的舞台，便成为一个新星，显现出耀眼的光辉，引领着很多企业从低谷走向柳暗花明。更有人说企业的成功不仅仅是管理方法的成功，而是其优秀组织文化的成功。纵观世界，基业长青的企业，其背后都有优秀的组织文化作支撑。

资料链接5-1　**海尔文化**

敬业报国，追求卓越——追求卓越精神的企业文化；

明天的目标比今天更高——日清日高的素质管理文化；

人人是人才，赛马不相马——优秀的产品是优秀的人干出来的；

三工并存动态转换——重在行动的用人文化；

先谋势，后谋利——高屋建瓴的品牌方针文化；

否定自我，创造市场，用户永远是对的——以变制变的创新文化。

资料来源：海尔文化，百度文库。

二、组织文化内涵

什么是组织文化，中外学术界至今没有统一的定义，不同的人有不同的看法。从企业视角来看，美国学者特雷斯·E·迪尔和阿伦·A·肯尼迪在《企业文化》一书中提出，企业文化由五要素构成：包括“价值观、英雄人物、习俗仪式、文化网络、企业环境”。

总之，关于组织文化的含义，有着不同的观点和说法。较为全面的一种解释是：从狭义讲，组织文化是在一定的历史环境下，组织及其成员在生产经营活动中形成的，并为全体员工所理解、支持和遵守的价值观念、精神理念和行为准则。它对组织决策、领导风格、职工态度和工作作风起着决定性的作用。从广义讲，组织文化由三个层次构成，即精神文化、制度文化和物质文化，如图 5－1 所示。

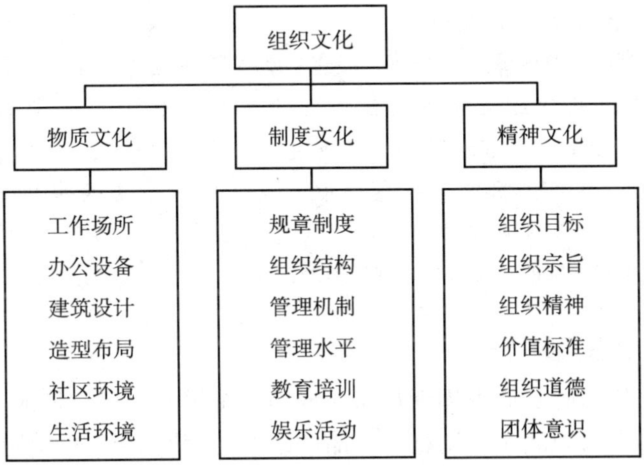

图 5－1　广义的组织文化

精神文化层决定了制度文化层和物质文化层；制度文化层是精神文化层与物质文化层的中介；物质文化层和制度文化层是精神文化层的体现，组织的精神文化往往通过物质文化和制度文化折射出来。优秀的、强势的组织文化会创造出优秀的制度、良好的人际关系、优质的产品、满意的服务和舒适整洁的工作环境。

三、组织文化的特征

（一）独特性与融合性的统一

组织文化的融合性体现在它与组织环境的和谐相生方面。组织文化体现了时代精神，它必然要与组织的经济、政治、文化以及社区等环境相融合。与组织环境格格不入的文化是没有生命力的。但是组织文化又要与众不同、独具特色，具有鲜明的个性和形象。这种特色又是由组织的生产经营管理特色、组织传统、组织目标、员工素质以及内外环境不同所决定的。例如，华为的奋斗者为本的文化，蒙牛的牛文化等。再如，医药行业倡导健康，食品行业重绿色，制造行业突出品质，电子行业强化科技、创新，交通运输关注安全、快捷。

资料链接 5－2　　IBM：电脑帝国的企业文化

IBM（国际商用机器公司）是有明确原则和坚定信念的公司。这些原则和信念似乎很简单，很平常，但正是这些简单、平常的原则和信念构成 IBM 特有的企业文化。

老托马斯·沃森在 1914 年创办 IBM 公司时设立过“行为准则”。正如每一位有野心的企业家一样，他希望他的公司财源滚滚，也希望能借此反映出他个人的价值观。因此，他把这些价值观标准写出来，作为公司的基石，任何为他工作的人，都明白公司要求的是什么。

老汉森的信条在其儿子时代更加发扬光大，小托马斯·沃森在 1956 年任 IBM 公司的总裁，老沃森所规定的“行为准则”，由总裁至收发室，没有一个人不知晓，如：

（1）必须尊重个人。

（2）必须尽可能给予顾客最好的服务。

（3）必须追求优异的工作表现。

IBM 公司对公司的“规章”“原则”或“哲学”并无专利权。“原则”可能很快地变成了空洞的口号，在企业运营中，任何处于主管职位的人必须彻底明白“公司原则”。他们必须向下属说明，而且要一再重复，使员工知道，“原则”是多么重要。IBM 公司在会议中、内部刊物中、备忘录中、集会中所规定的事项，或在私人谈话中都可以发现“公司哲学”贯彻在其中。

资料来源：IBM 电脑帝国的企业文化，网易财经。

（二）稳定性与动态性的统一

文化是组织在较长期的发展中逐渐积累而成的，组织文化一旦形成，其基本内核具有组织的较强稳定性，不会因为战略的调整、产品的改变，而改变其基本信念和基本价值观。但是，组织文化又是在变化中保持稳定的，因为组织文化的形成需要一个较长期的过程，需要不断凝练和提升。再加上组织内外部环境是在变动的，为了与时俱进，也要不断地吸收新理念、新思想，适时进行文化升级。

（三）继承性与吸纳性的统一

组织文化是在特定的文化背景下形成的，必然会接受和继承本国的文化传统和价值体系。但组织文化在发展中还必须吸收其他组织优秀的文化，把世界上最先进的文明成果充实到自己的文化体系中，形成历史性和时代性相统一的组织文化。

（四）人本性与集体主义的统一

组织文化的本质就是回归人本理念，把关心人、尊重人、信任人，强调激发人的使命感、自豪感和责任心放在首要位置。但这种人本思想的出发点是以集体目标和利益为出发点的。它强调集体主义精神，共识共和、上下同欲的整体价值观和团结协作的方式。

（五）文化存在的无形性和普遍性

无形：看不见摸不着，但可以诱发人的行动。内化于心，宗教般的信仰。像空气一样虽无形但影响人的呼吸。普遍：文化折射到组织决策、企业战略、员工言行、厂风厂貌、产品和服务品质、企业的品牌宣传、建筑物等。文化无处不在。例如同仁堂：二点制药古训：“炮制虽繁必不敢省人工，品味虽贵必不敢减物力”“修合无人见，存心有天知”。三字企业真经：德、诚、信。形成制药特色：“配方独特，选料上乘，工艺精湛，疗效显著”。

四、组织文化构成的基本要素

如前所述，迪尔和肯尼迪认为，组织文化有五要素构成：环境条件、价值信仰、英雄人物、礼仪和庆典、文化网络；彼得斯和沃特曼认为有 7 个要素构成：经营战略、组织结构、管理风格、工作程序、工作人员、技术能力、共同价值。从最能体现组织文化的特征来看，组织文化包括组织价值观、英雄人物、故事、口号、仪式、文化网和环境。

（一）组织价值观

组织价值观是组织在追求经营成功的过程中，所推崇和信奉的基本行为准则。其作用在于它能够引导企业内部的所有成员达成一种共识。有一个核心的价值理念，是任何一个优秀企业历史发展中的首要因素，就像一个伟大的国家或者学校或任何坚持不懈的基本理想一样，核心价值是一组基本的准则。优秀的公司善于追求利润之上的东西，如员工的满意、客户的满足。他们认为利润是核心价值实现后伴随而来的东西。核心的价值理念不只停留在纸面上或每天的口号宣誓上，优秀组织的管理者需要投入大量的时间宣导核心价值理念，采取切实的行动使价值理念贯彻于组织上下。

资料链接 5－3　　华为的核心价值观

华为的核心价值观：成就客户，艰苦奋斗，自我批判，开放进取，至诚守信，团队合作。华为相信为客户服务是华为存在的唯一理由，坚持以客户为中心，持续为客户创造长期价值，是华为工作的方向和价值评价的标尺，成就客户就是成就自己。

资料来源：华为的核心价值观，百度文库。

（二）英雄人物

英雄人物是价值观的人格化，是员工心目中的楷模和典范，是组织中强有力的激励者。通过英雄人物的先进事迹，使抽象的价值观变得生动而又具体。在强势文化的组织中，英雄人物处在关键位置。需要注意的是英雄人物必须与企业所倡导的价值观相一致，是价值观的实践者和表率。就像雷锋身上体现出的“全心全意为人民服务”的精神、焦裕禄的“小车不倒只管推”的工作精神、史来贺的“一心一意来领新乡刘庄村致富”的集体主义精神、王进喜的“铁人精神”等，要能经受住历史的考验，是群众心目中真正的英雄。

（三）故事

故事是建立在真实事件上总结出来的一个个传说，并为广大员工代代相传。《哈佛商业评论》的资深编辑弗赖尔说，有两种方法可以说服人：一是企业管理层惯用的训人的办法。现在使用这个老套子显然不太灵验，因为单靠说教是难以服人的。另一个办法是使用生动而简明的故事打动人，故事就像胶水一样，能把员工与企业文化粘合在一起。

资料链接 5－4　　耐克公司的传统故事

耐克公司使用传统故事的力量，确保其员工能够理解公司的传统文化与哲学思想。公司自成立至今仍然使用一个故事来激励全体员工。那就是已故公司创始人之一——贝尔·鲍沃尔曼的故事。他原来是奥勒冈大学的生活教练，一天早晨他正在家里吃蛋饼早餐，他看到妻子正在使用的蛋饼饼铛很烫手，突然有了一个主意，把胶浆注入饼铛把手里以防烫手，付诸实践以后效果很好。他把这个创意进一步发挥，导致了耐克公司著名的胶浆鞋底跑鞋的诞生。这是公司有关人员受到启发而发明创造的故事，是我们公司文化的内涵表现。如果我们把自己公司的传统文化与消费者联系起来，幸运之星就一定会光临我们公司。

资料来源：艾芮琳·克拉克，故事传承企业历史，企业文化网。

（四）口号

口号是指常供口头呼喊的、带有纲领性和鼓动作用的简短句子。口号是组织核心价值观的载体，往往带有很强的倾向性，它的引导和鼓动作用十分明显。

（五）仪式

仪式是宣传价值观和介绍英雄人物所开展的各种例行活动。其常见的方式有：节日庆典、周年厂庆、记者招待会、动员大会、表彰大会等。组织借助这些正式的活动，宣传、报道组织的核心价值观和英雄人物的先进事迹，使组织核心价值观深入人心，付诸行动，最终内化为个体的行为准则，成为员工行动的软约束。

（六）文化网

文化网是宣传价值观的各种非正式渠道。口碑效应会提升组织文化的可信度和号召力，更易被员工所接受、所遵守。所谓“金杯银杯，不如人们的口碑”。当然，优秀的组织文化是口碑效应生成的前提条件。

（七）环境

环境是形成组织文化的外界条件，它包括一个国家、一个民族的文化传统，也包括政府的经济政策以及资源、运输、市场、竞争等客观因素。

总之，组织文化都是在特定的环境中，逐渐形成的共同价值标准和基本信念。这些标准和信念是借助英雄人物、故事塑造和体现的，通过正式的、非正式的渠道加以传播、强化，并最终被广大的员工和公众所理解、支持和内化。

资料链接 5－5　　沃尔玛的服务文化

1. 顾客才是真正的老板。所有同事都是在为购买我们商品的顾客工作。事实上，顾客能够解雇我们公司的每一个人。他们只需到其他地方去花钱，就可做到这一点。衡量我们成功与否的重要的标准就是看我们让顾客——我们的老板“满意程度”。让我们都来支持盛情服务的方式，每天都让我们的顾客百分之百地满意而归。

2. 保证满意。简单地讲，保证满意意味着竭尽所能让您满意。修理、换货、或退款时，对您说声谢谢并笑脸相迎。您是沃尔玛的生计所在。沃尔玛人的工作就是通过满足您的需求并且超出您的期望，使您感觉到您是我们生意中最重要的部分。

3. “超出顾客的期望”。这样，他们才会不断光顾，向顾客提供他们需要的东西——并且再多一点服务。

4. 日落原则。这条规则说明所有沃尔玛员工应该在收到顾客、供应商或其他员工电话的当天日落之前作出答复。这正是沃尔玛对顾客作出友好服务之承诺的一个例子。迅速回应您表明我们关心您。我们不一定要在日落之前解决每一个问题或者完成每一项任务，但我们应与您保持联络，这体现了我们公司的一条基本原则——即我们关心顾客。

5. 盛情服务。满足您的需求且超出您的期望的方法之一就是采取盛情服务。例如，当您询问我们的员工某种商品在哪里时：告诉您商品陈列在哪个部分，可满足您的需求。将您带到该商品处，则超出了您的期望。鼓励员工做到：当您步入我们的商场时，要使您感觉到您是受欢迎的。我们聘用那些愿意向顾客微笑、并看着顾客的眼睛，向离自己三米之内的每一个人打招呼的员工，这就是我们所说的“三米微笑原则”。

6. 感谢光临！感谢您光临沃尔玛各商场。我们非常荣幸能够为您提供服务。我们会不断努力提高我们的服务质量，满足您的需求，超越您的期望。同时希望您提出宝贵建议。假如您未曾到过我们的商场，我们在此诚邀并期待您的光临！“迎宾员”这一方案是我们盛情服务的一个例子，并已经成为一种趋势。“迎宾员”具有独特的职责，就是当您走进沃尔玛商场时，向您表示欢迎。迎宾员的职责包括为您推出购物车，微笑，并且让您知道我们很高兴您光临沃尔玛。

7. 顾客服务原则。第一条，顾客永远是对的。第二条，如果对此有疑义，请参照第一条执行。

资料来源：沃尔玛企业文化，MBA 智库百科。

五、组织文化的功能

（一）导向功能

所谓导向功能就是指组织文化给全体员工规定了共同一致的价值观和行为规范，进而可以把员工引导到组织所要求的、正确的轨道上来。通过组织价值观不断地向个人渗透和内化，使组织真正实现人多力量大，团结就是力量的集体战斗力。

（二）约束功能

企业文化的约束功能主要是通过完善管理制度和道德规范来实现。管理制度是一种硬约束，道德规范是一种非正式规则的心理契约，是软约束，是从伦理关系的角度来约束企业领导者和职工的行为。如果人们违背了道德规范的要求，就会受到舆论的谴责，心理上会感到内疚。同仁堂药店“济世养生、精益求精、童叟无欺、一视同仁”的道德规范约束着全体员工必须严格按工艺规程操作，严格质量管理，严格执行纪律。

（三）凝聚功能

组织文化倡导以人为本，尊重人、关心人，从而在组织中营造了一种团结友爱、相互信任的和睦气氛，增强了企业职工之间、领导与员工之间的凝聚力和相互吸引力。共同的价值观念形成了共同的目标和理想，职工把自己与组织看成是一个命运共同体。这时，“厂兴我荣，厂衰我耻”成为职工发自内心的真挚感情，“爱厂如家”就会变成他们的实际行动。

（四）激励功能

企业的核心价值观会形成无形的精神约束力、精神驱动力，特别是企业文化建设取得成功，在社会上产生影响时，企业职工会产生强烈的荣誉感和自豪感，他们会加倍努力，用自己的实际行动去维护企业的荣誉和形象。由于企业文化的人本理念，会构建出一个和谐的人际关系环境，进而更能激励人满怀激情的努力工作。

（五）辐射功能

组织文化是社会文化的子文化，优秀的组织文化会对社会注入新鲜活力，推动整个社会文化的良性发展。

六、组织文化的作用

（一）组织文化是组织发展的基石

管理最高境界就是无为而治。而组织文化的约束是一种“软约束”，它可以减弱硬约束对职工心理的冲撞，使组织的约束更加和谐、统一，不管领导在不在现场，员工都会按照规定的行为规范做事情，使管理达到无为而治的管理最高境界。

（二）组织文化是组织持续生存和发展的基础和动力

组织文化已经形成，在较长时期内会保持稳定，不会因为领导人的改变而改变。组织文化就好像是组织的宪法，无论谁来管理组织，都要按文化所要求的规范去行动，进而减少了组织的内耗，推动组织持续发展。

（三）组织文化拥有“一石三鸟”的作用

组织文化是思想政治工作、科学管理、精神文明的结合点，导入组织文化既可以发挥思想政治工作的育人作用，又可将科学发展观融入员工行动中，还可以通过道德的约束，提升组织的精神文明程度。可谓一石三鸟。

七、公司文化的构建

组织文化的构建是一个长期过程，同时也是组织发展过程中的一项艰巨的、细致的系统工程。一般要经过以下几个过程，如图 5－2 所示。

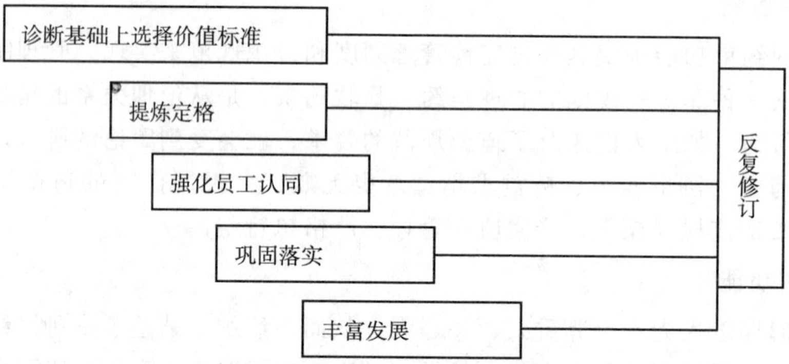

图 5－2　企业文化建设过程

（一）组织诊断

要构建组织文化，必须对组织文化的现状进行摸底调查，弄清组织的优势和劣势。诊断的内容一般包括：公司的发展历史，也就是组织文化要体现公司历史上最显著的特征；公司领导的价值取向，即组织文化的核心理念一般与领导者的价值取向有关；公司的行业背景分析，组织文化要体现行业背景。企业文化实质上就是企业家文化，企业家的个性、喜好、价值倾向以及行为选择，深刻的影响文化理念。

常用的组织文化诊断方法和步骤：个别访谈，小型座谈会，问卷调查，领导座谈，撰写纲要。

（二）选择价值标准

价值标准是整个组织文化的核心，应与组织诊断的结果相一致。在此基础上，价值标准的选择要符合以下要求：

（1）要正确、明晰、科学，具有鲜明特点。

（2）体现组织的宗旨、战略和发展方向。

（3）与组织员工的基本素质相和谐。

（4）从群众中来，到群众中去。

（5）组织价值标准要体现：法律精神、民主精神、艰苦创业、追求卓越、对市场和社会负责和共识共和的精神。

（三）提炼定格

组织文化形成不是一蹴而就，必须经过分析、归纳、提炼才能定格。

（1）精心分析。即对初步形成组织文化方案进行详尽的分析评价，必要时可吸收专家和员工合理意见。

（2）全面归纳。在系统论证的基础上，进行总结和归纳，保留积极向上的形式和内容。

（3）精炼定格。把经过论证的价值观念、故事、口号、行为准则，予以条理化、格式化、完善化，并用精炼而生动的语言表述出来。

（四）强化员工认同

（1）充分利用宣传工具和媒体，使之家喻户晓，营造浓厚的文化氛围。

（2）树立榜样人物。充分利用榜样人物的号召力和示范效应。

（3）培训教育。通过有目的的培训，使广大员工系统接收组织价值观，并通过培训强化对组织文化的认同感。

管理团队是文化建设的"制度英雄"，企业提出和倡导的价值观都体现了文化的前进方向，但落实靠中层。员工是文化的"实践英雄"自觉地响应组织倡导的文化方向，推动了组织倡导的文化的落地。所以教育培训是文化落地的关键。

（五）巩固落实

组织文化的巩固落实首先要建立必要的制度，保证奖优罚劣，从制度上保证组织文化的落实；其次是领导要率先垂范，"火车跑得快，全靠车头带"。

（六）丰富发展

任何一种组织文化都是特定历史产物，当组织内外环境发生变化时，必须适时的丰富、发展和进一步完善组织文化，让组织文化始终成为推动组织发展的原动力。

另外，企业文化构建中必须多种方法并举，系统运用，持之以恒，方能见成效。培养企业文化的方法及其对企业文化培养的贡献如图 5－3 所示。

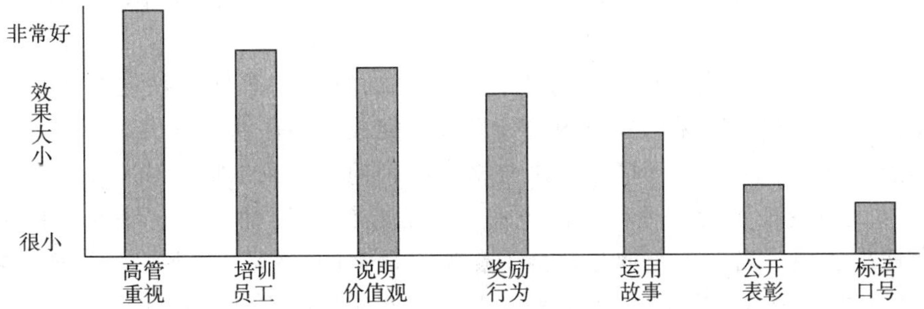

图 5－3　企业文化培养方法

第二节　社会责任与管理道德

社会责任

一、什么是社会责任

社会责任通常是指组织承担的高于组织自身目标的社会义务。如果一个企业不仅承担了法律上和经济上的义务，如合法经营、照章纳税、提供有益社会健康的产品和服务、与环境和谐相生等，还承担了“追求对社会有利的长期目标”的义务，如关心员工成长、从事慈善事业、保护和节约社会资源、维护生态环境的平衡等，我们就说该组织是有社会责任的。一个组织应以一种有利于增进社会发展的方式进行经营和管理。

有关组织的社会责任有两种相反的观点，即古典观点和社会经济学观点。

（1）古典观点（Classical View）主张管理当局唯一的责任就是利润最大化。认为管理者的主要责任就是从股东（公司真正的所有者）的最佳利益出发来从事经营活动。这些利益是什么呢？他认为股东只关心一件事，这就是财务方面的回报。他还主张，不管何时只要管理者自作主张将组织资源用于社会利益，就是在增加经营成本。这些成本要么通过高价转嫁给消费者，要么通过降低股息回报由股东吸收。但并不是说，他认为企业组织不应该承担社会责任，他支持组织承担社会责任，但这种责任仅限于为股东实现组织利益的最大化。

（2）社会经济学观点（Socioeconomic View）认为管理当局的社会责任不只是创造利润，还包括保护和增进社会福利。在市场经济条件下，企业不仅是独立的经济实体，也是具有独立人格的伦理实体，具有“经济人”与“道德人”两种属性。企业并非只是对股东负责的独立实体。它们还要对社会负责，因为社会系统是企业的利益相关者，它们通过法律法规认可了公司的建立，并通过购买其产品和服务对企业提供支持。

本书认为比较合适的社会责任包括企业环境保护、社会道德以及公共利益等方面，由经济责任、法律责任、持续发展责任和道德责任等构成。

（1）经济责任：指企业以满足顾客需要为中心，通过向市场提供产品和劳务并能盈利的责任。其核心是企业要创造利润、实现自身最大的价值。公司的经济责任要求公司首先认识到自身的经营活动对所处的社会会产生很大的影响，而社会环境同样也会影响企业经营的成败；第二，作为响应，企业要积极管理其世界范围内的经营活动对经济、社会、环境等方面的影响，努力使其为企业的业务运作和企业声誉带来好处，并使其造福于企业所在的社区；第三，企业要通过与其他利益相关组织，如社团、政府、新闻媒体、公众等，进行密切合作，来实现经济责任。

（2）法律责任：指企业履行法律法规各项义务的责任。该项责任主要通过税收责任和遵守它们在污染防治和环境保护方面的法律义务来完成。在法律责任方式下，组织会遵守法律法规，如照章纳税、不污染环境、提供合格产品，但不会采取进一步行动。

（3）持续发展责任：指管理者保证企业与社会持续发展的责任。该项责任主要通过环保和创新责任来实现。当下，企业是社会中影响力最大的组织，企业行为同样会影响到社会行为。商家所提供的产品和服务在很大程度上影响着人们的生活质量甚至生活方式。细想一下，我们的饮水方式和口味，在多大程度上受了整个饮料行业的影响；我们的居住环境和方式，在多大程度上受了地产、建筑和建材装饰行业的影响；我们的信息获取方式，在多大程度上受了电视和互联网的影响；我们的饮食卫生与健康同样与商家提供的产品品质密不可分。因此，在引领新的生活方式和提升人们的生活质量上，企业有着不可推卸的责任。尤其随着组织更多的认识到顾客对环境问题的重视程度的提高，组织就会对顾客的环境偏好作出响应，努力提供顾客需求的任何善待环境的产品。

（4）道德责任：指公司满足社会准则、规范和价值观、回报社会的责任。管理者有责任塑造组织以使其价值观、准则和理想能够强烈的吸引员工，同时，公司要以价值观为基础进行管理。一个组织的价值观反映了组织赞同什么以及信奉什么，其构成了组织文化并影响组织的运营方式和员工的行为方式。例如，美赞臣公司进入中国后，美赞臣基金会曾向患有苯丙酮尿症的患儿提供特殊配方奶粉，汶川地震后，美赞臣紧急捐赠了价值约 300 万元的奶粉及其他款项、物资等。2006 年，美赞臣与中国扶贫基金会联合发起“母婴平安 120 行动、美赞臣爱心之旅”活动，捐赠价值 300 万元的奶粉，并资助 1000 名贫困婴儿。而 2009 年更是增加婴儿智力开发培训，在当地建立了爱心文化室。公司贯彻、实践着自己的价值观。

二、管理道德

管理道德

（一）管理道德的内涵

道德（Ethics）是指规定人们行为是非的惯例或准则。即大多数人对一种社会现象的看法，是人们用来判断某种行为是对是错的标准。管理道德作为一种特殊的职业道德，是从事管理工作的管理者的行为准则与规范的总和。它包括两个层面，一是管理者个人的职业道德，它关注的是个人利益和企业利益之间的关系；二是管理者的组织身份所要求的职业道德，它关注的是企业利益和社会利益之间的关系。对管理者自身而言，管理道德是管理者的立身之本、行为之基、发展之源；对企业而言，是企业管理的价值导向，是企业健康持续发展所需的一种重要资源，是企业提高经济效益、提升综合竞争力的源泉，可以说管理道德是管理者与企业的精神财富。

（二）企业道德的四种不同观点

1. 道德的功利观

它是一种从行为引起的后果来判断道德性，认为决策应该按照结果或后果作出。功利理论强调只要你的决策结果能为绝大多数人提供最大的利益，那么，这种决策就是合理的。按照功利观点，一个管理者就理所当然的认为，当企业处于困境中时，解雇 20% 的员工是合理的，因为这将增加公司的利润，降低成本，提高留下的 80% 员工的工作保障，并能使股东获得最大收益。功利主义关注效率和生产力提升，并符合利润最大化目标。它的不足之处是导致资源的不合理配置，一些利益相关者的权利会被忽视。

2. 道德的权利观

这是与尊重和保护个人自由和特权有关的观点，包括隐私权、思想自由、言论自由和法律规定的各种权利。权利观的积极一面是保护个人自由和隐私等基本权利，但消极的一面是它也能造成一种过分墨守成规的工作气候，阻碍生产力和效率的提高。

3. 道德公正观理论

这要求管理者公平和公正地加强和贯彻规则，并在此过程中遵守所有的法律法规。管理者可能会运用公正理论来决定给那些技能、绩效和职责相似的员工支付同等级别的薪水，或者给那些新进入企业的员工支付高于最低工资标准的工资，因为管理者认为最低工资不能满足员工基本生活的需要。其优点是公正观保护了那些其利益可能未被充分体现或无权的利害攸关者，缺点是它也会是使员工降低风险承诺、创新和生产率的权利意识。

4. 整合性社会契约理论

唐纳德森和邓菲（1994）提出了整合性社会契约理论。该理论认为道德义务以两个层面的共识为基础：即所有的理性缔约者就“宏观社会”契约达成的共识，和局部社区的成员就“微观社会”契约所达成的共识。这种观点认为应当根据实际和规范来制定道德决策，其基础是宏观社会契约和微观社会契约的整合：即允许企业按可以接受的社会一般契约处理问题，以及参照社区成员之间可以接受的具体契约处理问题。例如，在某一地区制定一家新建工厂的工资水平决策时，遵循整合社会契约理论的管理者可能会根据该地区当前工资水平制定决策。这种商业道德观与其他三种的区别在于它要求管理者考察各行业和各公司中的现有道德准则，以决定什么是对的、什么是错的。

在4种道德观中，目前较流行的是道德的功利观，因为它与效率、生产力和高利润等目标一致。尽管人权和公开公正越来越多得到人们的重视，但道德的权力观和公平理论道德观的实际运用者却寥寥无几。相对于人的基本权利而言，不论是组织、管理者抑或个人，都把效率和生产率的提高放在首位，因为两率的提高直接关乎利润的大小。但往往会为了大多数人的利益而牺牲少数人的利益。随着社会的进步，它受到越来越大的挑战。管理者往往会发现自己正面临着道德的困境。

（三）影响管理道德的因素

一个管理者的行为合乎道德与否，是管理者面临的内外部因素相互作用的结果。

1. 外部因素的影响

外部因素的影响主要包括早期教育、组织结构、组织文化、问题的强度等。

（1）早期教育的影响。个人早期受的教育、生活环境，尤其是在其幼、童年时期所处环境的熏陶、所受教育的程度对其今后的观念的形成起到至关重要的影响，通过这时期感知、认知事物，其个人的道德观初步形成。“孔融让梨”就是早期教育对其道德影响的表现。

（2）组织结构的影响。结构变量是指一个企业的组织结构设计模式与相关制度。如果结构变量模糊，管理者就容易出现道德问题。如果企业的管理体制有利于企业发展，企业领导者为管理者创造一个工作、发展的平台，企业做到组织结构科学合理、规章制度健全完善、人才培训培养机制激励有效等，都对管理道德的形成起到较大影响。正如张瑞敏评价他在海尔充当的角色时，认为“第一是设计师，在企业发展中如何使组织结构适应企业发展；第二是牧师，不断地布道，使员工接受企业文化，把员工自身价值的体现和企业目标的实现结合起来。”

（3）组织文化的影响。一个组织有较强的、积极向上的企业文化就可以抵御外来风险，化解内部冲突。自走上市场经济之路以来，许多企业注重实施企业文化建设，形成具有企业自身特色的文化，如海尔文化，不仅使海尔的知名度进一步提升，而且使企业的凝聚力进一步增强，员工的亲和力进一步增强，从而形成了海尔人良好的职业道德、行为准则。

（4）问题的强度。管理道德问题的强度是从道德问题本身来讲，有如下几种情况：某种道德行为的受害者或受益者受到多大程度的伤害或利益。伤害很大则不道德，伤害很小则无所谓；有多少舆论认为这种行为是邪恶的或善良的。如果大多数人认为这种行为恶劣则不道德；若很少人这样认为则无所谓。在我国的行政单位与国有企业办公室，用公家的电话办自己的事，由于公有制单位传统上职工有享受非货币化福利的权利与“习惯”，因而很少人对之斥责。这样在很长时间内，该行为未受到很多人的道德质问；行为的实际发生和将会引起的可预见的危害或利益的可能性有多大，可能性大者道德问题越严重；在该行为和它所期望的结果之间持续的时间有多长。如公司制定减员增效计划，减员对象中有很多是对公司作出长期贡献的人，宣布该计划立即实施和在两年后实施引起的反应是不一样的。前一种方案会被很多职工认为是“没良心的”，而后一种实施方案，大多职工因是以后的事，反应不太强烈；在心理与物质上，你与该种行为的受害或受益者的接近程度。若是与你亲近的人受害，你会对那种邪恶行为作出很不道德的判断；行为对有关人员的集中作用程度，即该行为的发生对多少人产生有利或不利的影响。这些因素基本上决定了一个人管理道德观的形成，但一定时期社会上大多数人的世界观和价值观也会受外部影响，甚至改变个人的管理道德观。

2. 内在因素的影响

内在因素的影响主要包括管理者个人的风格、自我强度、控制中心等因素。

（1）个人风格。据研究表明，个人风格的形成主要受一个人幼年和童年这十几年生活环境的影响，在这十几年中，也基本形成了他今后人生很难改变的道德观。

（2）自我强度。自我强度是衡量个人自信心强度的指标。它由主见、意志、能力和信念构成。个人意志坚强、个人能力较强、个人信念坚定的管理者对事物判断比较准确，无论身处顺境还是逆境，无论是外部诱惑如何，其大多数会在道德准则判断与道德行为之间保持较强的一致性，不会因一时之事、一念之差而作出不正确的选择；反之则会在道德准则判断与道德行为之间作出不正确的选择。

（3）控制中心。控制中心主要表现在个人责任感的强弱。责任感是每个人对工作、企业、社会等所做出行为的负责态度，具有内在控制中心的人对自己行为负责，有独到眼光，很少出现违背道德准则的情况，适合做管理者。反之，具有外在控制中心的人对自己行为的后果不承担责任，往往埋怨客观环境，甚至认为“事不关己”，推卸责任，则缺乏最基本的道德素质，不适合做管理者。

上述几种因素基本上决定了一个人管理道德观的形成，不同的道德观导致了相应的管理行为，造成各种各样的管理道德问题。

（四）管理道德失衡的表现

在市场经济转型过程中，一些单纯以经济利益为导向的组织，在经营管理活动中，经常出现应该遵守的道德规范与实际经营中不讲道德的高度分裂，由此产生了组织管理的道德失衡。具体表现：

1. 组织面对顾客

某些组织采用欺骗性的广告宣传，夸大其词的宣传报道，提供不安全或有损健康的产品，故意向消费者隐瞒对消费者不利的产品成分，或信口开河、擅自夸大产品的功效等现象仍然存在。

2. 组织面对竞争对手

某些企业还存在假冒其他组织的商标，生产假冒伪劣产品，侵犯他人商业秘密，损害竞争对手商业声誉，不遵守市场游戏规则，企业间不讲信誉、彼此拖欠和赖账、不履行合同等不道德行为。

3. 组织面对员工

有些组织为盲目追求利润，忽视员工生存和工作环境，侵犯员工的健康权利；有些组织在招聘、提升和报酬上采取性别歧视，侵犯隐私、工作评价不公正，克扣薪水等。

4. 组织面对政府

有些组织存在财务欺诈、偷税漏费、权力腐败、商业贿赂、地方保护主义、“内部人”控制等不道德行为。

5. 组织面对自然环境

某些组织为追求高利润，对治理污染采取消极态度，存在乱丢垃圾、偷排废水的不道德行为，严重污染了周边环境。

（五）我国企业管理道德失衡的成因

企业不道德经营行为的成因，从客观上看是因市场经济体制不完善，竞争无序，信息传递的滞后和扭曲等原因造成。从主观上看是由于人们价值取向的混乱和思想认识上的偏颇，法治观念落后，消费者保护意识差等综合因素造成。

1. 市场经济体制不完善

改革开放，使我国经济处于转型阶段，市场经济体制还不完善，未能形成统一开放的全国大市场，使得地方保护主义、地区封锁和部门分割的现象仍然存在。其结果就会出现企业经营缺乏道德约束，经营活动缺乏公平竞争制度，经营“游戏”规则混乱的局面。

2. 信息不对称

在市场经济条件下，市场信息复杂多变，使得信息难于驾驭。拥有信息多的一方就可能有意的隐瞒对组织不利的信息而欺骗另一方，只要有利可图，或者欺诈带来的收益大于为进行欺诈所付出的成本投入，企业就不惜冒险失信下去。

3. 企业价值取向的偏颇

建立社会主义市场经济的目的是为了满足人民群众日益增加的物质文化需要。社会主义市场经济的道德价值观，仍然是坚持集体主义原则，以全心全意为人民服务为核心。然而，在经济转型的特殊环境条件下，部分企业价值取向出现了偏颇，过分强调企业利润最大化，功利主义的趋向严重，忽视甚至侵害他人的利益。这些企业为了私利，不择手段，违法经营，使企业丧失道德，逃避责任，造成企业管理道德的失衡。

4. 消费者自我保护意识差

相对经营者而言，消费者处于弱势地位。为此国家颁布了一整套法律制度，如消费者权益保护法、广告法等。目的是为了保护消费者的人身财产安全，维护公平交易和消费者切身利益。然而许多消费者面对迅速形成的立法内容无从掌握和运用。消费者维权意识淡漠，这为企业不道德行为提供了可乘之机。

（六）管理道德的培育

如果管理者确实想减少组织中不道德的行为，就可以从以下几个方面入手：

1. 把好用人关

现在许多企业选择管理者，往往重才不重德，重能不重品。防范管理道德问题，一定要把好高级管理人员的用人关，这正如德漠克利特所说，如果没有德性，能力越大，创造的罪恶越大。

2. 提炼、规范管理道德准则

对于员工来说，可能会对道德是非问题产生迷惑。道德准则就是表明一个组织期望员工遵守的基本价值观和道德规范的正式文件。道德准则是减少员工判断是非迷惑的一个重要手段。那么道德准则应如何提炼和规范呢？一般做法是，一方面，道德准则应当尽量具体，从而让员工明白他们应以什么精神从事工作；另一方面，道德准则应当足够宽松，以允许员工有判断的自由。在我国，企业的道德准则首先要服从“社会主义荣辱观”，在此基础上道德准则的内容可从三方面考虑：一是对组织忠诚，如诚实、公平、服从指挥、遵纪守法等；二是不做任何不合法或有损组织的事，如合法经营、保守秘密、不行贿、阳光下的利润等；三是处处为顾客着想，如广告信息真实、提供优质产品和服务等。

通过提炼管理道德标准，实行管理道德的规范化管理，使管理者自觉地对照管理道德准则时刻检查自己、规范自己行为，将管理道德准则内化成管理道德认识，从而培养成良好的管理道德行为习惯，既有利于管理者自身建设与发展，又有利于企业管理水平提高与发展。

3. 加强社会监督

管理道德的完全自觉依赖于违背管理道德所产生的负收益，如果违背管理道德能够产生正收益的概率比较大，那么管理道德的完全自觉将遥遥无期。只有加强监督，使违背管理道德的行为只可能产生负收益，道德失衡现象才能被遏制。

4. 企业治理结构的改进

要改善管理道德，不论是合资企业还是国有独资企业，都要完善企业管理治理结构，建立合理的制约机制，让权力相互制衡，让决策机制科学，让责任真正能制约权力。唯有如此，才有可能从制度上保证管理道德的实现。

5. 加强企业文化建设

加强企业文化建设，首先要在企业内形成正确的价值观，要使员工明确什么是道德的，什么是不道德的。高层管理者应当营造一种道德的氛围，自觉地遵守道德准则。具有健康企业文化的组织，一旦出现诸如陈馅做新饼、牛奶加三聚氰胺等危害消费者利益的行为，必然出现很多的检举揭发，从而遏止违背管理道德的行为。

第三节　组织文化制度化

一、组织文化与管理制度的关系

（一）组织文化制度化的内涵

组织文化制度化是组织制度变迁或制度创新的过程，把组织倡导的文化理念转化为具有可操作性的管理制度的过程，它是将组织文化理念转化为员工自觉行为的关键。文化理念必须转化为管理制度，否则，企业文化变革不可能成功。在将文化理念转化为管理制度的同时，一定要关注制度与价值观的联系，防止二者脱节。理念落地是企业文化形成的标志。组织文化总是沿着文化理念—管理制度—新的文化理念—新的管理制度的轨迹，不断发展、丰富和提高的。

（二）文化与制度的关系

制度作为企业文化建设的载体之一，与企业文化建设相辅相成，共生共荣，是企业文化建设要求的具体体现。常言道好制度造好人，好文化塑人魂。制度建设起指导和规范作用，是企业管理的红绿灯，有利于分工带来的道德风险。同时提高企业凝聚力和竞争力。如，通过岗位职责建设，避免职责不清，任务不明。通过流程建设避免衔接不畅和拖延。通过用人制度，奖惩制度，避免错位，干多干少一个样。通过组织制度建设，避免权力没有制衡，一言堂。

二、组织文化制度化的途径

秩序化首先是制度化。管理就是一个从制度到文化的演变过程。开始的时候，不借助制度什么都难以推行。后来，光靠制度，又变得过于机械、缺乏活力，必须培育文化。文化是制度的积淀和升华。造人先造魂，修路要修红绿灯，文化制度化的具体途径：

（1）制定能够直接显示企业文化理念内涵的制度。例如诚信文化，主要体现在售后服务管理制度、产品召回制度、最低赔偿制度、产品质量保证制度、问责制度。要使制度具体化、细化、操作化。必须做什么（没有做会有什么结果），不能做什么，做了不能做的是将会得到什么惩罚，把必须做的事情做到最好将得到什么奖励。

（2）在企业制度执行过程中，通过企业组织整体和职工个人的职业行为，以制度为依托，在顾客群体以及全体社会成员中，彰显文化理念的魅力。例如诚信道德的情感魅力在沃尔玛体现在日落法则；海尔体现在6星级服务；联想体现在五心服务。

（3）要遵守制度必须熟悉制度，因此，要加强制度学习。要把制度融入《岗位手册》，让员工学习、参照、遵守。学习要考核效果，考核了解、知晓的程度，根据知晓程度进行奖惩；学习之后要参照执行，形成习惯。

（4）强化制度意识。要形成一种尊重制度、遵守制度的风气，什么事情不是人说了算，而是制度说了算，保持制度的权威性，逐步走上制度化管理。

（5）加强考核、建立监督机制。人们通常只关心考核的部门，对不纳入考核的要求往往会漠不关心。因此制度的落实必须与考核挂钩。此外，还要加强走动式管理，不定期监督与定期考核相结合。

（6）奖惩一定要落实。没有奖惩，监督、考核就会失去作用；奖惩要及时并有力度。没有监督、考核，制度管理就会失去作用。奖惩不落实也是制度失灵的一个重要原因。如果不遵守制度不会受到惩罚或惩罚不足以起警示作用，那么，就不会有人去遵守制度了，制度就成了一纸空文。制度失灵的原因可能是诱惑力不够大，也可能是形成的压力和恐惧不够大。所以刺激量很重要。

关键词

组织文化 Organizational Culture
价值观 Values
英雄人物 Heroes
口号 Slogan
仪式 Ceremony
文化网 Cultural Network
制度化 Institutionalization

思考题

1. 如何理解组织文化的含义和功能？

2. 组织文化建设的基本内容与要求是什么？

3. 模拟一个公司的组织文化，并对组织文化分析？说明该公司的制度与组织文化是否相互融合？举出几例说明。

管理定律

雷尼尔效应

西雅图位于太平洋沿岸，华盛顿湖等大大小小的水域星罗棋布，天气晴朗时可以看到美洲最高的雪山之一雷尼尔山峰，华盛顿大学的教授们出于留恋西雅图的湖光山色，愿意接受较低的工资，而不到其他大学去寻找更高报酬的职位，他们为了美好的景色而牺牲更高的收入机会，被华盛顿大学的教授们戏称为“雷尼尔效应”。由此可见，美丽的景色也是一种无形财富，它起到了吸引和留住人才的作用。同样的道理，企业也可以用“美丽的风光”来吸引和留住人才。当然，这里的“美丽风光”不仅是自然风光，更多的是良好的人际关系和健康的文化氛围。

案例分析讨论

文化是企业的灵魂

海尔的企业文化分为三个层次：最核心的是价值观、中间层是制度行为文化、最表层的是物质文化。发展到海尔员工核心能力素质模型：一个目标：为客户不断优化和创新；三项素质：热忱敬业、主动负责、诚实可信；六项能力：追求卓越、客户为尊、目标导向、思行结合、团队协作、创新改善。其中创新始终是企业文化的主旋律。

一、文化创新

创造有效供给就是创造市场，企业的目标就是为用户创造价值，组织的目的就是让平凡的人做出不平凡的事；创新的本质就是创造性的破坏——破坏所有阻碍创造有价值订单的枷锁。

第一个十年：创业；海尔精神：无私奉献，追求卓越；海尔作风：迅速反应，马上行动。创业初期：以身作则，比别人更吃苦，员工愿意追随。

第二个十年，创新，走出国门，创国际化企业；海尔精神：敬业报国，追求卓越；海尔作风：迅速反应，马上行动。扩张时期：千方百计让决策成功，员工就会信服。

第三个十年，创造资源，实施全球化品牌战略；创造资源，实施全球化品牌战略；海尔精神：创造资源，美誉全球；海尔作风：人单合一，速决速胜。信息时代：从大家愿意跟着你工作，变成大家自己为自己工作。

二、管理创新

1. OEC 管理法

海尔经过四个战略阶段，其根基都是 OEC 管理法。

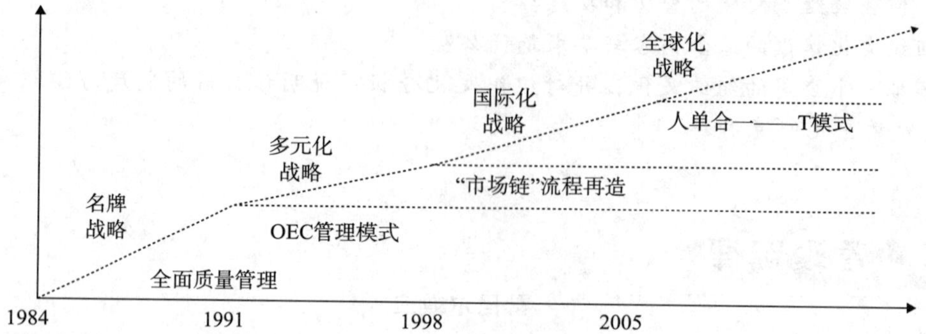

图 5－4　四个战略阶段

OEC 管理法也可表述为："日事日毕，日清日高"，总账不漏项，人人都经营，事事都创新，管事凭效果，管人凭考核。

日清的目的：日事日毕、日清日高，以求把问题控制在最小范围，解决在最短时间，把损失降低到最低程度，以保证在"永远在变"的市场竞争中取胜。

图 5－5　OEC 构成体系

个人必须天天日清的三个方面：目标是否达到，差距在哪里？为什么会出现差距，问题在哪里？如何纠偏及弥补，路径在哪里？

2. 海尔业务流程再造

海尔打破现状，以市场为龙头建立业务流程，确保组织架构高效、精简、灵活。使企业人人有事做，事事有人管，没有人浮于事的现象，并通过 SST（索酬、索赔、跳闸），三工并存（不合格、合格、优秀员工）动态运转，把每一个员工放在斜坡上，成为斜坡上的球，自我加压，才能产生止动力。

3. 人单合一——T 模式

T 模式全流程 13 个节点，人码、订单码、物码三码合一扫描的信息化系统；不是分段而是全程追溯；每一个节点都要创造第一市场竞争力；为了解决个人市场效果自报的弊端，建立一个独立的信息化系统来取数，给薪酬和市场绩效挂钩提供公正、透明的平台，避免数据化妆。

4. 6S 现场管理

整理、整顿、清扫、清洁、素养、安全。

5. 管理原则

(1) 80/20 原则。关键的少数干部决定次要的多数，下属犯了错误批评领导。员工的素质就是领导的素质。你可以不知道下属的短处，却不能不知道下属的长处。只有落后的主管，没有落后的部属。当他碰到问题时，他不是把指头指向别人，而是指向自己，并给自己挑战，追求突破。领导是搭平台的，员工没有做对，是因为平台不对，培训不到位。部下素质不高不是你的责任，但提高不了部下的素质就是你的责任。

(2) 10/10 原则。考虑所作的决策可能带来的长远影响。即：这个决策在 10 分钟后会产生什么影响？这个决策在 10 个月后会产生什么影响？这个决策在 10 年后会产生什么影响？

三、技术创新

在技术创新过程中，海尔回答了几个问题：

质量可以分等级吗？通过砸冰箱案例海尔提出质量观：高标准、精细化、零缺陷。有缺陷的产品就是废品。

抓质量就是抓质量合格率吗？提出抓质量先抓人，抓人先抓观念。优秀的产品是优秀的人干出来的。员工不会干，平台来培训。会干不干或不想干，通过分配、激励来提升积极性。海尔提出 4 个层次相结合的混合型培训方案，提供多种学习方式的选择。

四、人力资源创新

海尔人才观是：人人是人才，赛马不相马。你能够翻多大跟头，给你搭建多大舞台。现在缺的不是人才，而是出人才的机制。管理者的责任就是要通过搭建“赛马场”为每位员工营造创新的空间。

五、观念创新很重要，行动比观念更重要

海尔通过观念—案例—传播—认同—支持系统，使优秀的文化落地、生根、开花、结果。海尔通过案例，生动形象展示给大家，通过传播的力量，获得大家的认同、理解、支持，内化为自己的行动。

资料来源：企业文化是企业的灵魂，百度文库。

问题：

1. 海尔的精神文化是什么？

2. 海尔的文化理念是如何与制度融合的？

第六章　决策理论与方法

本章要点

1. 决策的概念及分类
2. 决策程序
3. 定性决策方法
4. 定量决策方法

导入案例

一生的哲学

印度有一位知名的哲学家，他有一个中意的女朋友，某天，女子来敲他的门，她说：让我做你的妻子吧！错过我，你将再也找不到比我更爱你的女人了！哲学家虽然也很中意她，但仍回答说：让我考虑考虑！

事后，哲学家用他一贯研究学问的精神，将结婚和不结婚的好、坏，分别列出来，发现好坏均等，真不知该如何抉择。于是，他陷入长期的苦恼之中，无论他又找出了什么新的理由，都只是徒增选择的困难。

最后，他得出一个结论——人若在面临抉择而无法取舍的时候，应该选择自己尚未经历过的那一个。不结婚的处境我是清楚的，但结婚会是个怎样的情况，我还不知道，我该答应那个女人。

哲学家来到女人的家中，问女人的父亲说：您的女儿呢？请您告诉她，我考虑清楚了，我决定娶她为妻！女人的父亲冷漠回答：你来晚了 10 年，我女儿现在已经是 3 个孩子的妈了！哲学家听了，整个人几乎崩溃，他万万没有想到，向来自以为傲的哲学头脑，最后换来的竟然是一场悔恨。

之后两年，哲学家抑郁成疾，临死前，将自己所有的著作丢入火堆，只留下一段对人生的批注——如果将人生一分为二，前半段人生哲学是“不犹豫”，后半段人生哲学是“不后悔”。

面对人生，既要有当机立断的决心，更要有永不后悔的气魄！

资料来源：印度哲学家的人生哲学，360 文库。

第一节　决策概述

管理决策内涵

一、决策的内涵

“决策”（Decision Making），原意是作出决定或选择。时至今日，对决策概念的界定不下上百种。狭义的决策是指从两个或两个以上的备选方案中作出选择（斯蒂芬·P·罗宾斯，2004），是决策者的拍板定案；广义的决策则是指组织或个人为了实现某种目标而对未来一定时期内有关活动的方向、内容及方式的选择或调整过程（周三多，1999）；路易斯·古德曼和范特（Lewis Goodman and Fandt），将决策定义为识别并解决问题以及利用机会的过程。西蒙对决策的解释是管理就是决策。

尽管观点众多，但基本内涵大致相同，就是决策就是指组织和个人为了实现某种目标，从众多方案中选择一个合理方案，并加以实施的活动过程。这个过程包括：确定问题和决策标准，并为这些标准分配权重；开发、分析和选择一个可以解决问题的替代方案；实现选定的替代方案；评估决策的有效性。

在管理学研究中决策是作为决策制定过程来理解的，而不仅仅是指选择决定和抉择的那一刻的行为。也就是决策是一个过程，而不是一个时点。

决策的核心是要选择，而要进行正确的选择，就必须利用合理的标准对各种可行方案进行评价。西蒙认为，由于决策者在认识能力上和时间、经费及情报来源上的限制，不可能全面掌握信息，人们在决策时，不能坚持要求最理想的解答，常常只能满足于“足够好的”或“令人满意的决策。

正确理解决策概念，还应理解决策的构成要素：

（1）决策者。决策者是享有决策权力和对决策有较大影响的组织或个人，是决策活动的主体，参与决策制定的全过程。决策者是决策系统的驾驭者和操纵者，是决策系统中最积极能动的因素，其素质和能力如何直接影响着决策活动的成败。决策者可以是组织，也可以是组织中的个人。

（2）决策目标。决策是为了解决某一问题，或是为了达到一定目标。确定目标是决策过程第一步。决策所要解决问题必须十分明确，所要达到的目标必须十分具体。没有明确的目标，决策将是盲目的。

（3）决策方案。决策实质上是选择行动方案的过程。如果只有一个备选方案，就不存在决策的问题。因而，至少要有两个或两个以上方案，人们才能从中进行比较、选择，最后选择一个满意方案为行动方案。

（4）客观状态。不以决策者主观意志为转移的情况和条件。

（5）决策准则。表现为选择方案所依据的原则和对待风险的态度。

（6）决策结果。决策结果是指一项决策实施后所产生的效果和影响，即该方案实施之后是否能够达到预期的目标。在作出最终决策之前，对每一备选方案的实施后果进行客观、公正的预测和评价，既是保证决策科学化的重要前提，也是方案择优的最终依据之一。

二、决策在管理中的地位和作用

（一）决策是管理的基础

决策专家赫伯特·西蒙是决策理论学派的代表人物，1978 年凭借其“对经济组织内的决策程序所进行的开创性研究”被瑞典皇家科学院授予诺贝尔经济学奖。西蒙认为：管理就是决策。决策是管理的核心，贯穿管理的全过程。任何作业开始之前都要先作决策，制定计划就是决策，组织、领导和控制也都离不开决策，决策是管理工作的基本要素。例如，制定组织的各种战略计划和战术计划，都需要在两个以上可供选择的方案中决定选取哪一个，这就是计划工作过程中的决策问题，即计划决策；组织结构的设置，组织部门化方式的选择，职责和权限分工，以及人员配备等，这些是组织工作中的决策问题，即组织决策；如何使用领导方式并加以激励，这属于领导职能，也需要决策；至于控制职能中，绩效标准的制定，纠正偏差措施的选择等，也需要进行决策。

（二）管理的重心在决策

“管理就是决策”是美国著名管理学家西蒙的一句名言。管理就是决策，这一定义切中了管理的要害。因为决策是企业里做任何事情的第一步，即先要决定做什么，然后才是怎么做的问题。决策也是企业最费神、同时也是最具风险性的核心管理工作。决策不仅仅是“上层主管人员的事”。上至国家的高级领导者，下到基层的班组长，均要作出决策，只是决策的重要程度和影响的范围不同而已。

（三）决策是执行的前提，正确的行为来源于正确的决策

正确的决策是组织在有限的条件下做正确的事、创造最大价值的前提。因为决策解决的是方向性问题，方向错了，管理水平越高，作业效率越强，给组织带来的损失就越大。

资料链接 6－1　　机会是平等的

有两个人去寻找成功的道路，他们必须经过一片森林，在那里他们遇到了蜜蜂群。这些蜜蜂不停地嗡嗡叫，并企图蜇他们。其中一个人一边抱怨，一边心惊胆战的逃出森林。另外一个人也是很小心的避着蜂群，但他边走边看着四周。许多年后，一个成了乞丐，另一个成了富翁。当两个人偶然再见面时，乞丐说，上天对他太不公平了，找了一辈子也未找到成功。富翁说，你错了，上天同时给了我们机会，你只看到了蜂群，我却因为蜂群发现了大量的玫瑰和蜂蜜，最终成功了。

心得：机遇面前人人平等，关键是看你能不能把握住他，作出正确的决策。战略决策是复杂、多变的，所以要常常依赖于决策者的直觉，经验和判断能力。

三、决策的类型

决策类型

按照不同的标准，可以将决策分为不同的类型。

（一）按决策范围，可以分为战略决策、战术决策和业务决策

（1）战略决策是指由组织的最高管理层所作出的、对整个组织有长远和重大影响的决策。战略决策涉及的范围大、因素多，带有明显的整体性、长期性和稳定性特点，主要表现

在对组织的路线、方针、政策、规划等的制定上。这类决策一般由企业高层管理者行使。战术决策是指在战略决策的指导下，对某一具体问题的决策。

（2）战术决策主要以实现战略决策所规定的目标为决策的前提和标准，是战略决策的延续和具体化，具有局部性、具体性、实施性的特点。例如，销售计划的制定、产品开发方案、企业财务决策等。这类决策一般由企业中层管理者行使。

一般来说，可以从以下几个方面来理解两者的区别：①从调整对象上看，战略决策调整组织的活动方向和内容，解决“做什么”的问题，是根本性决策；战术决策调整在既定方向和内容下的活动方式，解决“如何做”的问题，是执行性决策。②从涉及的时间范围来看，战略决策面对组织整体未来较长一段时期内的活动；而战术决策则是具体部门在未来较短时间内的行动方案。③从作用和影响上来看，战略决策的实施效果影响组织的效益与发展；而战术决策的实施效果则主要影响组织的效率与生存。

资料链接 6-2　　毛泽东论战略与战术

1948 年，毛泽东在为中共中央起草的决议草案《关于目前党的政策中的几个重要问题》中说：“当我们正确地指出在全体上，在战略上，应当轻视敌人的时候，却决不可在每一个局部上，在每一个具体问题上，也轻视敌人。”这就是在战略上我们要藐视一切敌人，在战术上我们要重视一切敌人。

战略，就是道，就是本质，就是整体，就是大局观，就是万事万物内在规律。战术，就是术，就是策略，就是局部，就是方法论，就是各种各样的具体方法。

（3）业务决策又称日常管理决策，属于日常活动中有关提高效率和效益、合理组织业务活动等方面的决策。这类决策一般由企业基层管理者行使。例如，每日产量、机器设备的故障检修、产品设计的选择等。

（二）按决策问题的重复程度，可以分为程序性决策和非程序性决策

（1）程序化决策又称重复性决策、定型化决策、常规决策，是按预先规定的程序、处理方法和标准来解决管理中重复出现的一般性问题。在组织的管理过程中，有些问题是经常发生的，针对这些问题，组织往往会形成一套解决该问题的方法和程序。等到遇到这类问题即可采用程序化、标准化的处理方式来解决，而不需要每次都由决策者重新作决策，大大简化了决策过程。将经营管理中的日常管理尽可能程序化是提高管理效率的重要途径。例如当一位员工要出差，他可以根据公司有关该问题的要求，来决定自己需要带什么东西、做哪些工作，以及回来以后应该汇报什么。再如，一家超市在市场稳定时，大致应保持多大数量的库存、多少品种和数量的上架货物，以及订货频率，都属于程序性问题。

（2）非程序化决策则是为解决不经常重复出现的、非例行的新问题或较为重要的问题所进行的决策，又称为非常规决策。如：投资方向、新产品开发、企业的购并重组、合作伙伴的选择、技术改造等。对于这类问题的处理一般没有例行程序和现成模式，需要单独设计和选择独特的解决方案。非程序化决策大都由高级管理者作出，更多地依赖于决策者个人的知识、经验、判断力和创造力等。

在现实社会中，很少的决策是完全程序化的或完全非程式化的。采用程式化决策有利于提高组织效率，只要有可能管理决策都应当程序化。因为非程序化决策需要更多成本（包括时间成本）、需要决策能力。

（三）按决策面临的风险程度，可以分为确定型决策、风险型决策、不确定型决策

（1）确定型决策是指决策约束条件已经十分明确，而且每一方案的结果也比较确定。例如，把资金存入银行和购买国家债券，其利息和所得回报是在投资决策前就可以确切知道的，即每一种方案的结果是确定的，这时从两个方案中选择最优的就称为确定型决策。海尔进军海外市场时，坚持“先有市场，再建工厂”决定先用产品打开市场，等发展到了市场上的订单需要拓展生产规模时，再去建立工厂；在南卡州设厂之前，海尔出口美国的冰箱已达到50万台，远远超出平衡点。所以海尔去美国绝对不是去冒险。

（2）风险型决策是指决策者知道未来事件可能有多少种自然状态发生，对每种自然状态发生的概率可以作出客观估计，并依据估算结果进行选择的决策。不论如何选择都要承担一定风险是这类决策的特征。例如购买银行推出的理财产品和在股票市场上购买企业股票等决策。风险型决策是经济活动中最常见的决策。

（3）不确定型决策是决策者仅知道未来事件可能有多少种自然状态发生，但不知道它发生的概率，这种情况下作的决策为不确定性决策。比如新产品开发，由于缺乏经验，决策往往受到决策者个人主观意愿的影响，有较大的随意性，更需要决策者有丰富的知识、经验、直觉和判断作支撑。

资料链接 6-3　　决策是识别机会利用机会的过程

1960年，李·艾柯卡升为美国福特公司副总裁兼总经理，他观察到一股以年轻人为代表的社会革新力量正式形成，它将对美国社会、经济产生难以估量的影响，李·艾柯卡认为，设计新车型时，应该把青年人的需求放在第一位。而这一代人对车的要求与其父母大相径庭，他们想张扬自己的个性。在李·艾柯卡精心组织下，经过多次改进，1962年底新车最后定型。它看起来像一部运动车，鼻子长、尾部短，满足了青年人喜欢运动和刺激的心理。更重要的是，这种车的售价相当便宜，只有2500美元，一般青年人都能买得起。最后这种车还取了一个令青年人遐想的名字——“野马（Mustang）”。

李·艾柯卡将“野马”首次亮相的舞台选在了1964年4月的纽约世界博览会，“野马”正式在市场上露面，在此之前，福特公司还为此造了一番舆论，掀起了一股“野马”热。全球的观众目睹了汽车革命的来临。福特的时间表把握得非常之巧，此时正值战后生育高峰期的一代刚刚进入购车的年龄。在头一年的销售活动中，顾客买走了41.9万辆“野马”，创下全美汽车制造业的最高纪录。“野马”的问世和巨大成功显示了李·艾柯卡杰出的识别机会、利用机会的经营决策才能。

资料来源：（美）诺瓦克/（美）艾柯卡。译者：贾坚，《艾柯卡自传》，中信出版社，2007-09。

（四）按决策人数，可以分为集体决策和个体决策

（1）集体决策是为充分发挥集体的智慧，由多人共同参与决策分析并制定决策的整体过程。参与决策的人组成了决策集体。集体决策的长处：①集思广益。提高决策优化的概率，不出或少出纰漏；②防止个人专断。

集体决策的局限性：①时间长。集体中各成员之间进行沟通和协调意见需要很多的时间，有时甚至会因意见不一致而久议不决，贻误时机；②群体一致性压力。集体决策中，如果个体表示异议，可能会受到多数人的孤立和嘲笑，丧失归属感。由于群体压力的存在，往往会使个人真实的想法很难表达出来，这就是从众现象，可能降低决策质量。③责任不清。据心理学家研究发现在很多时候集体决策较个人决策有更大的冒险性，存在“风险转移”现象。当集体决策时，责任共担，“法不责众”，所以往往会作出冒险的决策。

（2）个体决策，又称个人决策，即由单个人作出决断的决策。个体决策的长处：①决策者能够迅速、灵活、机动地作出决策；②集中统一指挥，提高工作效率。

缺点是：①一言堂。如果缺少必要的制度，决策者容易主观专断；②决策者个人素质决定着决策质量。因此，一些方向性、立法性、战略性、规划性、政策性、协调性的重大问题，可采取集体决策；而日常工作中应急性、具体性、技术性、执行性、随机性的事情，则可由分工负责的个体进行决策。

（五）按决策起点，可以分为初始决策和追踪决策

（1）初始决策是指组织对从事某种活动或从事该活动的方案所进行的初次选择。

（2）追踪决策是在初始决策的执行中，由于内外环境的变化对组织的活动方向、内容或方式的重新调整的决策。它具有双重优化、非零起点、回溯分析、心理效应等特点。显然，组织中的大部分决策都属于追踪型决策。

资料链接6－4　　海尔手套的故事

为确保产品质量，家电制造生产一线的工人都必须佩戴白手套操作。

有一段时间，发现产品质量有不达标的现象，经海尔的新闻媒体追踪曝光，发现是由于工人戴的手套很脏造成的。按照制度，工人的白手套是一个月发放8套，为什么工人不及时地更换自己的手套呢？

经过深入了解以后，发现是因为工人的手套可以拿去卖钱，所以很多工人都是一副手套用一个月，甚至两个月。这个问题引发了海尔对工作方法的创新和改进：就是不再每个月向工人发放手套，而是当天发放手套，当天回收，并进行清洗，第二天早上再发放。这样不仅解决了手套变脏的问题，还大大降低了成本。取得了很好的效果。但是，过了一段时间，工人的手套又出问题了，就是手套经常容易破烂，不仅影响产品质量，而且不利于劳动保护。这又是为什么呢？经调查，发现是手套的质量很差，容易破损。

那么海尔是怎么彻底来解决手套以及其他类似的企业管理问题呢？

海尔进行了流程和组织的创新和改进——内部市场化运作。海尔在内部市场化的过程中，提出了SST：

索酬：索酬就是通过为服务对象服好务而获得报酬；

索赔：达不到市场的要求则要求被索赔；

跳闸：如果既不索酬又不索赔，第三方就会跳闸，出面解决问题。

企业内部的员工相互之间不再只是同事和上下级关系，而是市场关系。员工之间实施SST，如果你提供的服务好，下道工序应该给你报酬。不好的话，下道工序就有权向你索赔。这种制度保证下的内部市场化让追踪决策见到奇效。

决策过程

第二节　决策过程与影响因素

一、决策的过程

正确的决策，必须遵循科学的决策程序。决策程序也叫作决策过程或决策步骤。决策制定是一个复杂的过程，而决策过程的科学性、合理性是决策结果正确性的保证。整个决策过程开始于识别组织需要解决的问题或遇到的机会，进而明确决策目标、拟定备选方案，之后对每个备选方案进行综合的分析与评价，并选择最优方案。接下来要做的事情就是实施最优方案、并对决策的结果进行跟踪评估。

（一）识别决策问题

决策的起点是组织存在某个需要解决的问题，即实际状况与应有状况之间的差异。组织中总是会遇到许许多多的问题，例如：企业的发展战略方向、开发新产品的类型、人才引进计划、企业经营模式选择等。这些问题的解决都需要决策。

识别问题是决策过程中最为重要也是最为困难的环节，重要是因为问题不清则无从决策、问题找错则一错百错；困难是因为真正的问题常常为众多的表象所掩盖，需要我们进行深入的分析，才能找到真正的问题。因此，在识别决策问题的过程中，需要决策者明确以下几点：①首先确定是否存在该问题，即通过决策的前期调查工作取得足够的资料和数据，去比较组织实际情况和现实状况之间的差异是否存在。②明确这一问题是否需要解决。例如本企业产品存在市场占有率下降的现象，是淡季的周期性现象还是具有严重的下降趋势？如果是后者，说明该问题已非常严重，值得决策者重视，需要立即着手解决。③明确问题出现的真实原因，即初步调查问题究竟出在何处。这就要求决策者要运用科学的调查方法和实事求是的调查态度去找出表象后的真正原因。只有做到以上这几点，才能使得决策活动有意义、并为决策提供方向上的支持。

（二）确定决策目标

决策目标是指在一定的环境和条件下，组织所希望获得的结果。同样的问题由于目标不同，所采用的决策方案也会大不相同。决策目标是拟定和选择决策方案的依据、同时也是执行决策和评价决策效果的标准。

（三）拟定备选方案

决策的本质是选择，而要进行正确的选择，就必须提供多种备选方案。所以，决策目标确定以后，就应拟定达到目标的各种备选方案。

备选方案的拟定一般要遵循以下原则：

（1）方案的可行性。拟定备选方案的第一要求是要紧紧围绕着所要解决的问题和决策目标，满足技术上可行、经济上合理、环境上有益等要求。

（2）方案的多样性。也就是穷举各种方案。决策者应全面分析和研究目标实现的外部环境和内部条件、积极因素和消极因素，以及决策事物未来的运动趋势和发展状况，并结合组织已经具备和经过努力可以具备的各种条件，充分发挥积极性、创造性和丰富的想象力，拟定出实现目标的各种备选方案，以便进行对比，才能使决策趋于合理。

(3) 方案的层次性或相互排斥性。多种备选方案不能集中于某一层次、水平上，既要考虑宏观和微观，又要考虑近期与远期，多层次、多水平地对备选方案进行逻辑思考。

(4) 方案的创新性。拟定备选方案要勇于开拓，善于创新，敢于冲破一切旧规则、旧习惯和社会环境压力的束缚。

(四) 评估和选择方案

每个可行方案都有其可取之处，也有其不利的一面。决策者必须对每个备选方案进行综合的分析与评价，权衡利弊，供进一步评估和抉择。评估备选方案首先要建立一套有助于指导和检验判断正确性的决策标准，例如各方案的经济指标（如成本预测、收益、投资回收期、确定性、风险等）；其次根据各标准在决策中的重要性，对其进行权重赋值；然后，按决策标准对各个方案进行评价打分；最后根据各方案的综合成绩，选择一个最为满意的方案。

在实践决策工作过程中，方案的拟定、评估和选择往往是交织在一起的，因为方案的拟定并不是一次性完成的，需要不断地完善。这种完善往往需要在与其他方案的比较中，受到其他方案的启发。

在方案的评估和选择中，决策者要注意处理好一些问题。

(1) 要统筹兼顾。在方案的评价和选择中，不仅要注意决策方案的各项活动之间的协调，而且要尽可能考虑外部环境因素。要统筹考虑执行方案所带来的经济效益和社会效益，以及可能出现的其他潜在问题，要充分利用组织现有的结构和人力条件，为实现新的目标服务。

(2) 要注意反对意见。一种方案，要取得完全一致的意见几乎是不可能的。再好的方案也会有反对者。决策方案评价和选择过程中只有一种声音往往也是非常可怕的。决策者要充分注意方案评价和选择过程中的反对意见，因为反对意见不仅可以帮助决策者从多角度去考虑问题，从而促进方案的进一步完善，而且可以提醒和防范一些可能出现的潜在风险。

(3) 要有决断的魅力。任何方案都有支持者和反对者。方案的支持者可以列出一大堆相应方案的优势，方案的反对者也可以列出许多反对的理由。在众说纷纭的情况下，决策者要在充分听取各方意见的基础上，根据自己对组织任务的理解和对形势的判断，权衡各种方案的利弊，作出决断。

(五) 执行方案

决策的过程不仅包括方案的选择，还包括方案的执行。使决策生效和得以实施是决策过程的一个重要环节，任何不生效的决策都是没有实际意义的。人们常说"光打雷，不下雨""雷声大、雨点小"，这些都是对"只决不行"的形象描述。

执行方案是检验方案正确与否、质量优劣的标准，决策如果实施不力，该决策仍有失败的可能。在方案的执行过程中，决策者需要将方案有关的信息传达给相关的人，并获得他们的认同，最终使之承诺参与决策。因此最可取的方式是采用一种决策模式使得所有成员都能够参与决策、了解决策、以便能更好地实施决策。例如可将决策的目标分解到组织的各个部门、甚至个人，并将决策权适当下放，使相关主题拥有必要的权利，在此基础上设计合理的报酬制度，根据目标完成情况实施奖惩。这样不仅可以充分调动各参与主体的积极性，还可以实现决策活动的权、责、利相对等，确保方案的执行效果。

此外，在执行方案的过程中，决策人要注意及时地了解和掌握决策实施的各种信息，以及时发现新问题，从而对原来的决策进行必要的修订、补充和完善，处理好执行过程中所出现的新情况、新问题。

（六）评估决策效果

决策过程的最后一步是评估决策的效果，即查看问题是不是已经得到了解决、所选方案在实施之后是否达到了预期的效果。如果解决了现在的问题，可能会遇到新的问题，那就要继续决策的制定过程；如果问题没有解决或决策效果不佳，则可能需要决策者重新回到决策过程的前面某个阶段，开始决策的优化过程。而总结这次决策的经验和教训则可为下次决策提供依据、帮助决策者提高决策水平。从这个意义上说，决策不是一次性的静态过程，而是一个循环往复的动态过程。

二、决策的影响因素

按科学的程序进行决策并不能够保证决策结果是正确的，但决策失误一般都是因为没有按照这一过程进行决策。决策的正确与否还和以下因素相关。

（一）环境

环境对组织决策的影响是不言而喻的。环境的特点影响着组织决策的频率和内容。比如，在稳定的市场环境中，组织所作的决策大多和过去所面临的环境是相似的，因此企业可以作一些中长期决策、决策内容也相对简单，这种情况下的决策一般由组织的中低层管理者进行；而在剧烈变化的环境中，组织则需对经营方向和内容经常进行调整，这种情况下的决策一般由组织的高层管理者进行。又如，位于垄断市场上的企业，通常需要将经营重点放在内部生产条件的改善、生产规模的扩大以及生产成本的降低等方面，而处在竞争市场上的企业，则需密切注视竞争对手的动向，不断推出新产品，努力改善营销宣传，建立健全销售网络等。买卖双方在市场中的地位也会影响组织决策。当在买方市场条件下，组织作为卖方，在市场中居于被动和被支配的地位，组织所作的各种决策的出发点是市场的需求情况；当在卖方市场条件下，组织作为卖方，在市场中则居于主动、主导地位，组织所作的各种决策的出发点则是依据组织自身的生产条件和生产能力。

（二）决策者对风险的态度

即使在相同的环境背景下，不同的组织也可能作出不同的反应，这主要是由于决策者对风险的态度不同所造成的。风险是指失败的可能性，任何决策都带有一定程度的风险性。由于决策是人们确定未来活动的方向、内容和目标的行动，而人们对未来的认识能力有限，目前预测的未来状况与未来的实际状况也不可能完全相符，因此在决策指导下进行的活动，既有成功的可能，也有失败的危险。

风险是伴随行动结果的不确定性而产生的，组织及其决策者对待风险的不同态度会影响对决策方案的选择。人们对待风险的态度有三种类型：风险厌恶型、风险中立型和风险爱好型。愿意承担风险的组织，通常会在被迫对环境作出反应以前就已采取进攻性的行动，甚至经常进行新的探索；而不愿承担风险的组织，通常只能由环境作出被动的反应，其活动往往要受到过去决策的严重限制，这样组织虽然经营状况稳定，但可能会丧失高收益。

（三）过去决策

在大多数情况下，组织决策不是在一张白纸上进行初始决策，而是对过去一些决策的完善、延伸或调整。即使是一项全新的决策，也是在过去的基础上进行的。也就是说，决策不是在与过去完全无关的状态下进行的，过去决策方案的实施，不仅伴随着人力、物力、财力等资源的消耗，而且会对组织的内部状况和外部环境带来不同程度的影响，进而影响到目前的决策。

此外，过去的决策对目前决策的制约程度要受到它们与现任决策者的关系的影响。如果过去的决策是由现在的决策者制定的，决策者通常由于要对自己的选择及其后果负责而会不愿对组织活动进行重大调整，而是倾向于把大部分资源投入到过去方案的执行中，以证明自己的一贯正确。相反，如果现在的主要决策者与过去的决策没有很深的渊源关系，则会易于接受重大改变。

（四）组织文化

组织文化制约着组织及其成员的行为以及行为方式，通过影响人们对改变的态度而对决策起影响和限制作用。任何决策的制定，都是对过去在某种程度上的否定；任何决策的实施，都会给组织带来某种程度的变化。组织成员对这种可能产生的变化会怀有抵御或欢迎两种截然不同的态度。在偏向保守、怀旧的组织中，人们总是更加愿意维持现状，总是担心在决策所带来的变化中会失去什么，从而对将要发生的变化产生怀疑、害怕和抗御的心理与行为；相反，在具有开拓、创新气氛的组织中，人们总是以发展的眼光来分析决策的合理性，总是希望在可能产生的变化中得到什么，因此渴望变化、欢迎变化、支持变化，即使失败也会宽容对待。显然，支持变化的组织文化有利于新决策的实施，而抵御变化的组织文化则可能给任何新决策的实施带来巨大障碍。在后一种情况下，为了有效实施新的决策，必须首先破除旧有文化，通过大量工作改变组织成员的态度、建立一种欢迎变化的组织文化。

因此，决策方案的选择不能不考虑到改变现有组织文化而必须付出的时间和费用的代价。而对待组织文化，应该既注意到它们对组织决策有影响和制约作用的一面，同时也认识到它们还有需要组织进行管理和变革的另一面。决策者对组织文化和组织外部环境，不应该只是被动地适应，还应该主动谋求影响和改变。

（五）时间

美国学者威廉·R·金和大卫·I·克里兰把决策类型划分为时间敏感决策和知识敏感决策。时间敏感决策是指那些必须迅速且尽量准确的决策，这种决策对速度的要求远甚于质量。例如，当一个人站在马路当中，一辆疾驶的汽车向他冲来时，关键是要迅速跑开，至于跑向马路的左边近些、还是右边近些，相对于及时行动来说则显得比较次要。同样，当外部环境突然发生了难以预料和控制的重大变化，组织面临生存危机问题时，需要迅速作出决策以避开风险。这种时间压力可能限制备选方案的产生数量，也可能造成决策者在短时间内得不到足够评价方案所需的信息，甚至偏重消极因素、忽视积极因素，仓促决策。

知识敏感决策是对时间的要求不太严格、但对决策的执行效果要求特别高的决策。制定这类决策时，要求人们充分利用知识，作出尽可能正确的选择。战略决策基本属于知识敏感决策，如组织关于活动方向与内容的决策。这类决策着重于运用机会，而不是避开威胁；着重于未来，而不是现在。所以选择方案时，在时间上相对宽裕，并不一定要求必须在某一日期以前完成。

决策方法

第三节　决策方法

科学的决策需要使用多种决策方法，一般地，可以把决策方法概括为两大类：一类是主观决策法（即软技术方法），另一类是计量决策法（即硬技术方法）。

一、决策的软技术方法

面对信息不完全的决策问题，或者与人们的主观意愿关系密切的决策问题，以及定量技术难以解决的复杂决策问题，常常要用到软技术决策方法。软技术决策法是指参与决策者以自身在某领域的经验和专业能力为基础，运用社会学、心理学、组织行为学、政治学和经济学等有关专业的知识，在决策的各个阶段，根据已知情况和资料提出决策意见，并作出相应的评价和选择的决策方法。常用的软技术方法有：

（一）集体决策方法

集体决策又称群体决策，相对于个人决策而言，集体决策是指为了充分发挥集体的智慧，由多个人组成一个决策小组进行决策分析并制定决策的整体过程。其中，参与决策的人组成了决策群体。集体决策方法主要有：德尔菲法、头脑风暴法、名义小组法等。

1. 德尔菲法

20 世纪 40 年代，美国兰德公司的道奇（Dalkey）等人，专门设计并推广一种专家集体决策的方法，因而也称专家意见法。德尔菲法需首先设法取得有关专家的合作，然后把要解决的关键问题告诉各位专家，收集并综合各位专家的意见，再把综合后的意见反馈给各位专家，让他们再次进行分析并发表意见，如此反复多次（经过 3 ~ 5 轮），最终得到一个满意结果。此法的特点主要有：

（1）选择专家人数一般在 10 ~ 50 人，一般不超过 20 人。

（2）匿名性。专家采用“背靠背”方式，互不通气、不发生横向联系，各自独立思考并提出备选方案，由一位工作人员收集各专家意见并进行反馈。这样可以避免具有不同意见的专家之间发生面对面的争执，也可避免因崇拜权威所带来的随声附和、抑制创新观点的缺陷。

（3）多轮反馈。对于专家的意见需要进行多轮反馈、归纳和修改，一般要经过 3 ~ 5 轮，当意见趋于一致时，结论往往已经比较切合实际。

2. 头脑风暴法

头脑风暴法（brainstorming）的发明者是现代创造学的创始人——美国学者阿历克斯·奥斯本，他于 1938 年首次提出头脑风暴法，借用这个概念来比喻思维高度活跃，打破常规的思维方式而产生大量创造性设想的状况。头脑风暴法就是邀请专家、内行，针对一定范围的问题，敞开思想，畅所欲言。

在头脑风暴法会议中，与会者围桌而坐（一般是 5 ~ 6 人为宜），当领导者阐明此次讨论的问题后，各成员在一定时间内“自由”提出尽可能多的想法或方案，留待稍后的讨论与分析。这是一种集体开发创造性思维的方法，其特点是鼓励与会者敞开思想、禁止任何批评，使各种设想在相互碰撞中激起脑海的创造性风暴。具体来说，运用头脑风暴法进行决策时要遵守以下原则：

（1）鼓励每个人独立思考（不要重复相同的意见）。

（2）意见和建议越多越好。

（3）不批评和反驳别人的意见，即便别人的意见看起来有多么不可行。也不要对别人的意见作结论。

（4）可补充和发展相同的意见。

（5）与会专家不能宣读事先准备好的发言稿。

（6）提倡简短精炼的发言，尽量减少详述。

资料链接 6－5　　奇思妙想

加拿大北部山区气候寒冷，冬季大雪不断，通信电线上落满了积雪，并结成了一层冰层，使得大跨度的电线经常被积雪压断。市民们为此怨声载道，市长终于坐不住了，勒令电信公司总经理塔拉姆马上彻底解决此事。

怎样才能解决冻在电线上的积雪呢？塔拉姆马上召开公司会议，召集各部门技术人员商讨解决办法。会上，有人提出设计一种专门用来清扫电线的电线清雪机；有人想出用电热装置来融化电线上的冰雪；还有人建议用振荡棒震荡敲击的办法来清除电线上的积雪……这些方法虽然在理论上行得通，但操作起来困难重重，不仅需要大量时间和研发经费，而且在短期内难以施行，所以最终都被塔拉姆否决掉了。一时间，会场陷入沉默，大家都想不出更好的办法。这时，一名检修技术员伸伸懒腰，调侃地说："看来，我们只能求助上帝用大扫帚来为我们扫雪了"。

那本是名检修技术员的一句玩笑话，却打开了旁边一名工程技术员的思维，他沉思片刻后，说："上帝扫雪，那不就是从天上来扫吗？我们是不是可以用直升机来扫除电线上的积雪呢？"很多与会人员听了都感觉荒唐可笑："用直升机扫雪？怎么扫？简直是异想天开！"那名工程技术员接着说道："让直升机沿着积雪严重的电线飞行，利用直升机高速旋转的螺旋桨产生的强大气流，完全可以将电线上的积雪迅速扇落掉。"

因为没有其他更好的办法，塔拉姆只好同意试一试。经过现场测试，用直升机扫雪果然既简单又高效。从那以后，每当大雪过后，电讯公司就雇佣几架直升机沿着积雪严重的电线飞行，依靠直升机高速旋转的螺旋桨将通信电线上的积雪迅速扇落掉，再也没有出现过通信电线被积雪压断的事件发生。

资料来源：佟雨航，用直升机扫雪，《生命时报》，2016 年 02 月 26 日。

3. 名义小组法

集体决策中，如对问题的性质不完全了解或意见存在严重分歧，则可采用名义小组技术。名义小组法首先由管理者先召集一些有知识、有经验、有能力的人，把要解决的问题和关键内容告诉他们；小组成员独立思考后制定备选方案，相互之间互不通气、也不讨论或协商；接着召开会议，由每个成员对自己的方案做一次公开陈述，在所有成员阐述完之前不作任何讨论；在此基础上，小组成员展开讨论并对全部备选方案投票优选，产生大家最赞同的方案，提交管理者作为决策参考。

名义小组法的特点有：

（1）限制讨论。从参与决策的成员制定各自方案时起，一直到在会议上公开陈述，相互之间是不进行讨论的，也不对他人的方案进行评价。

（2）独立作出方案评价。讨论后，每个成员须单独地、不记名地对所有方案进行独立评价与投票。

（二）有关活动方向的决策方法

当管理者需要解决有关组织活动方向的问题时，需要采用经营单位组合分析法和多因素投资组合矩阵法。

1. 经营单位组合分析法

经营单位组合分析法由波士顿咨询集团提出，因此又称波士顿咨询集团模型（The Boston Consulting Group Approach）。该方法认为，企业在确定其经营业务发展方向时，应综合考虑到各项经营业务的市场增长情况和该项业务在该市场上的相对竞争地位。

在矩阵中，横坐标轴代表相对市场竞争地位，一般用该业务单位的相对市场占有率来表示，即此业务单位的市场份额与该市场最大竞争者的市场份额之比。当相对市场份额为0.1时，则该公司的战略业务单位的销售额为市场领导者的销售额的10%；当相对市场份额为10时，则该公司的战略业务单位是该市场的领导者，并且是市场第二位的公司的销售额的10倍。横轴一般以1.0为分界线，将相对市场份额分为高相对市场份额和低相对市场份额。

纵轴表示该业务的市场增长率，即这项业务所在市场的年销售增长率，用数字0～20%表示，并认为市场增长率超过10%就是高速增长。需注意的是，企业可以在运用中根据实际情况对这些数字范围进行修改。图6－1中的8个圆代表某公司的8个业务单位，它们的位置表示这个业务的市场成长率和相对市场份额的高低。

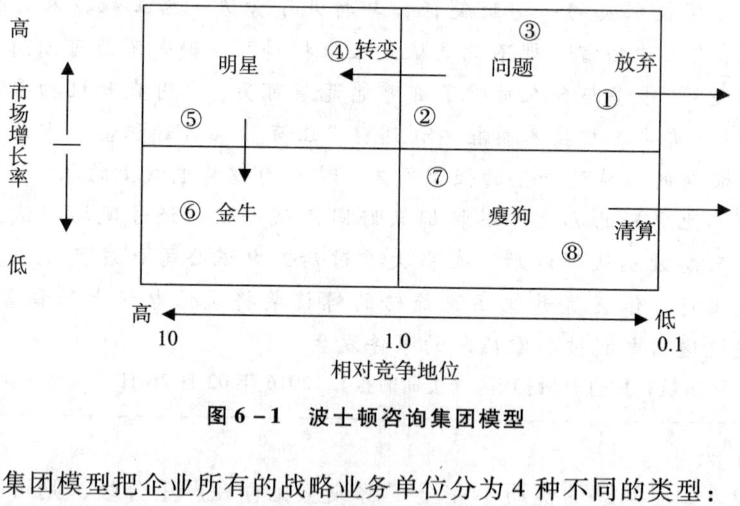

图6－1　波士顿咨询集团模型

波士顿咨询集团模型把企业所有的战略业务单位分为4种不同的类型：

（1）问题类。该类业务的市场增长率高和相对市场占有率低，大多数业务最初都处于这一类。该类单位需要大量资金，因为企业需要提高这类业务单位的相对市场份额以及为了跟上迅速增长的市场需求而增加厂房、设备和员工。这时公司必须慎重回答“是否继续投资，发展该业务?”这个问题。企业要考虑哪一项业务符合企业的长远发展目标，并且企业具有相应的资源和能力。图中所示的公司有三项问题业务，受资源的限制，企业只能选择其中的一项或两项，集中力量发展。

（2）明星类。问题类的业务如果经营成功，就会变成明星类业务。这一类业务的市场增长率和相对市场占有率都高。一方面，这类业务要满足迅速增长的市场需要；另一方面，它们要保护市场份额、击退竞争对手的攻击，因而也需要大量现金。当明星类业务的市场增长率降低后，它们就变为金牛类业务。

（3）金牛类。该类业务的市场成长率低，相对市场份额高。这一类业务的销售量大，产品利润率高、负债比率低，可以为企业提供资金，而且由于增长率低，也无需增大投资，可以为其他业务提供大量现金。图中所示的公司只有一个现金牛业务，说明它的财务状况是很脆弱的。因为如果市场环境发生变化，这项业务的市场份额下降，公司可能需要从其他业务中抽回现金来维持现金牛的领导地位，否则这个强业务可能会成为瘦狗类业务。

（4）瘦狗类。该类业务的市场增长率低，相对市场份额也低，利润率低、处于保本或亏损状态，难以为企业带来收益。对这种没有发展前途的狗类业务，公司应适当采取放弃策略，把资源用于经营效益高、有发展前途的领域。

2. 多因素投资组合矩阵法

多因素投资组合矩阵法提供了一个更为复杂的投资业务组合分析模型。该模型认为在评估战略业务单位时，除了应该考虑波士顿咨询集团模型中的市场增长率和相对市场份额两个因素外，还应考虑更多的因素。这些因素可以被分为两大类：一类是市场吸引力，另一类产品项目的竞争能力。

如图 6－2 所示：纵轴代表市场吸引力，它的大小取决于总体市场大小、年市场增长率、历史毛利率、竞争激烈程度等因素。横轴表示企业的该产品项目的竞争能力，它的大小取决于市场份额、份额增长、产品质量、品牌知名度、分销网络、促销效率、生产效率、单位成本、研究开发绩效等因素。企业按照上述两类因素对各业务单位进行评估：评出各个因素的分数（最高分为 5 分，最低分为 1 分），再按各个因素的重要性确定其权数，根据各因素的分数和权数就可计算出该项目的行业吸引力和企业的产品组合的竞争能力。图中，一个圆圈代表某公司的一个产品项目。圆圈的大小与行业的规模成正比，圆圈中阴影部分表示该业务在该行业中所占的市场份额。

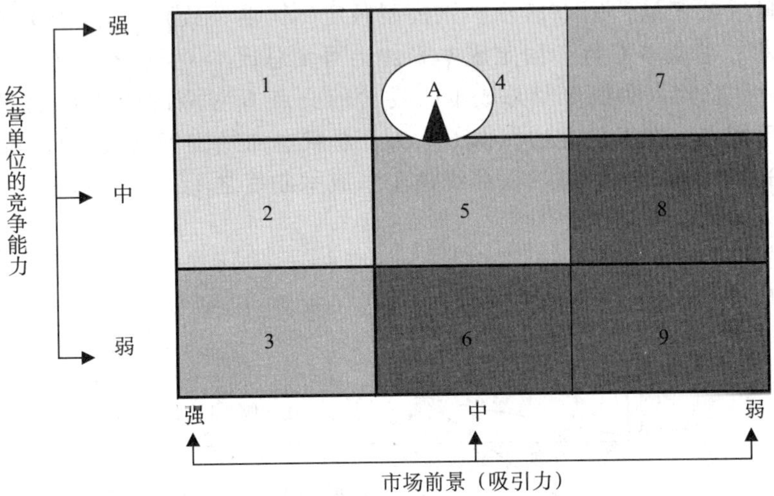

图 6－2　多因素投资组合矩阵

根据行业吸引力的大中小与企业各业务单位的竞争能力的强中弱，该模型可以将矩阵分为9个方格，企业可根据业务单位所处的象限进行决策。左上方的三个方格是最佳区域，称为绿色地带，对于位于这些区域中的业务，企业应该追加投资，促进其发展。对角线上的三个方格是中等区域，称为黄色地带，对于位于这些区域中的业务，企业应维持现有投资水平和市场占有率。右下角的三个方格是行业吸引力和企业竞争力都低的区域，称为红色地带，对于位于这些区域中的业务，企业应该采取收割或放弃的战略。

二、决策的硬技术方法——定量决策方法

在确定了企业经营活动的方向与内容后，决策者还必须对组织在既定方向下从事一定活动的不同行动方案作出选择。从环境因素的可控制程度看，决策的硬技术方法主要有3种：确定型决策、风险型决策、不确定型决策。

（一）确定型决策方法

确定型决策

确定型决策是指确定条件下的决策。这类决策的每一种备选方案都会得到一个明确的结果，决策就是从中找出结果的最好的方案。确定型决策的基本条件：要有两个以上的决策方案，未来的自然状态是确定的，各种方案的益损值是可以计算的。确定型决策最主要的方法有：线性规划法、模型求解法、ABC风险法、盈亏平衡分析法、经济订购批量法等。其中，最常用的方法是盈亏平衡分析法和经济订购批量法。

盈亏平衡分析法，也称量本利分析法，是通过分析生产成本、销售利润和产品数量这三者的关系，掌握盈亏变化的规律，研究生产、经营一种产品达到不盈不亏时（盈亏平衡点）的产量或收入决策问题。当生产量低于这个产量时，则发生亏损；超过这个产量时，则获得盈利。盈亏平衡分析的首要问题是找出盈亏平衡点。寻找盈亏平衡点有两种方法，即图解法和公式法。

图6-3中纵坐标表示总收入（Y）、总成本（C）、固定成本（F）和可变总成本（V）。横坐标表示产量（或销量，用Q表示，该模型假定产销量一致）。总收入Y是单位销售价格与产量Q的乘积；总成本C等于固定成本F加上可变总成本$V=Q\times C_V$（产量Q乘以单位产品变动成本C_V）。总收入曲线Y与总成本曲线C的交点E对应的产量Q_0就是总收入等于总成本时的盈亏平衡点。在E的左边，即$Q<Q_0$，总成本曲线位于总收入曲线之上，即亏损区域。在E的右边，即$Q>Q_0$，总收入曲线位于总成本曲线之上，即盈利区域。

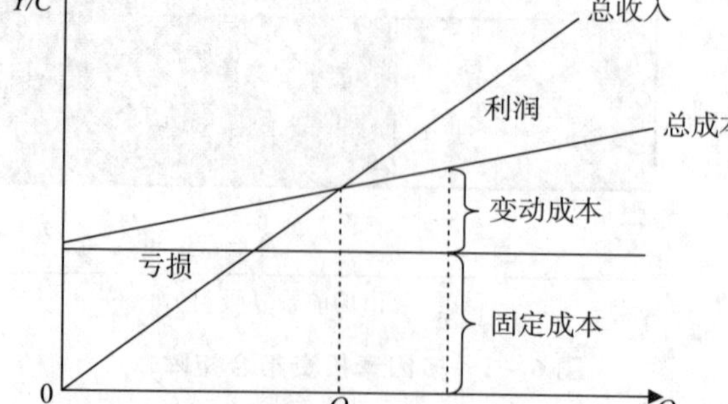

图6-3　盈亏平衡分析图

图 6－3 所示盈亏平衡点基本原理也可由公式来表示。由于在 Q_0 点有 $Y=C$，即

$PQ_0 = F + Q_0 \times C_V$

故盈亏平衡点（或保本点）产量为：

$$Q_0 = \frac{F}{P - C_V}$$

［**例 6－1**］某企业生产某产品的固定成本为 4 万元，单位可变成本为 240 元/单位，产品单位售价为 250 元，其盈亏平衡点的产量为：

$$解:Q_0 = \frac{F}{P - C_V} = \frac{40000}{(250 - 240)} = 4000$$

该模型除了用于盈亏平衡的产量、成本决策外，再增加一个利润变量便扩展为任意产量决策的模型。设利润为 B，根据定义有：

$B = PQ - (F + Q \times C_V)$

故保利点产量为：

$$Q = \frac{F + B}{P - C_V}$$

［**例 6－2**］某企业生产某产品的固定成本为 4 万元，单位售价为 250 元，单位可变成本为 240 元，若企业目标利润为 20 万元，则企业应完成多少产量？

$$解：由公式\ Q = \frac{F + B}{P - C_V} = \frac{(40000 + 200000)}{(250 - 240)} = 24000$$

经济订购批量法（Economic Order Quantity，EOQ）又称整批间隔进货模型，是一种将物资的经济订购批量作为经常储备定额的方法。所谓经济订购批量，是指某种物资的订购费用与储存费用之和最小时的订购数量。企业购买及储备物资，除了要支付物资的购买价格外，还要支付多种其他费用，主要包括订货时发生的一系列费用（如订购物资的行政开支、占用资金的利息支出、额外的工资支出等）和各种存贮费用（如建筑物的折旧费，租金，供暖，照明，工作人员薪水、建筑物及储备物资的保险费用以及储备物资变质报废等）。

经济订购批量法适用于整批间隔进货、不允许缺货的存储问题，即当某种物资的全年需求水平和成本都相对较为稳定时，企业可整批进货，而存储量以稳定的速度逐渐下降，经过时间 T 后，存储量下降到零，此时企业开始订货并随即到货。经济订购批量法从订货单位利益出发，分析订购批量与单位时间订购费用和单位时间存储费用的关系，来寻求年总费用最小的订购批量。

设 D 为物资的单位时间需要量，K 为每次订购费，P 为物资单价，I 为物资的单位时间储存费用率，Q 为订购批量，则该订购物资所需要的全年（单位时间）存储费用、全年订购费用，以及年度总费用如图 6－4 所示：

由图 6－4 可知：全年的订购费用 $Y_1 = D/Q \times K$，而全年的存储费用 $Y_2 = QPI/2$，则总费用 $Y = DK/Q + QPI/2$，则可求得：

经济订购批量（EOQ）为：$Q_0 = \sqrt{2DK/PI}$

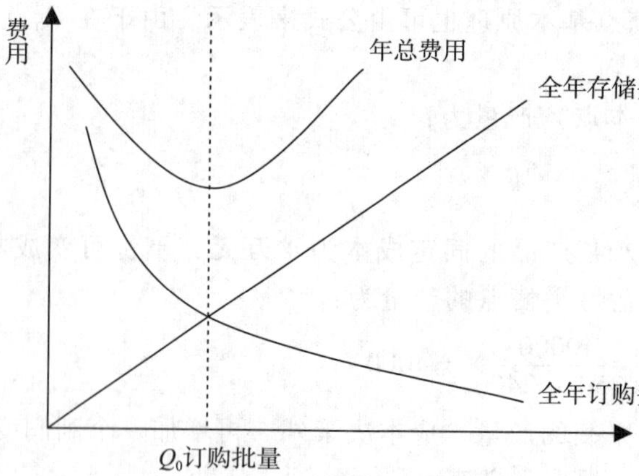

图 6－4　经济订购批量法

［**例 6－3**］某个企业每年需要某种零件 1600 个，每次订购费用为 100 元，该零件的单价为 10 元，零件的年保管费用率为 20%，求经济订货批量。

解：由题意可知，$D=1600$，$K=100$，$P=10$，$I=20\%$，

则经济订购批量 $Q_0=\sqrt{\dfrac{2DK}{PI}}=\sqrt{\dfrac{2\times1600\times100}{10\times20\%}}=400$（件）

即当经济订购批量为 400 件时，该企业的订购总费用最低。

> **资料链接 6－6**　　**ABC 分析法**
>
> ABC 分析法又称帕累托分析法或巴雷托分析法、柏拉图分析、主次因素分析法、ABC 法则、分类管理法、重点管理法、ABC 管理法、巴雷特分析法，它是根据事物在技术或经济方面的主要特征，进行分类排队，分清重点和一般，从而有区别地确定管理方式的一种分析方法。ABC 分析法起源于意大利经济学家、社会学家维尔弗雷多·帕累托对人口和社会问题的研究。19 世纪末 20 世纪初，帕累托根据一些国家的历史统计资料，对资本主义国家的国民收入分配问题进行研究时，发现少数人的收入占全部人收入的大部分，而多数人的收入却只占一小部分，他将这一关系用图表示出来，就是著名的帕累托图。1951 年，管理学家戴克将其应用于库存管理，命名为 ABC 分析法，使帕累托法则从对一些社会现象的反映和描述发展成一种重要的管理手段。ABC 分析法的基本原理，可以概括为"区别主次，分类管理"。他把管理对象分为 A、B、C 三类，将 A 类作为管理的重点。其关键在于区别一般的多数和极其重要的少数。
>
> 资料来源：http：//wiki. mbalib. com/wiki/ABC 分类法。

（二）风险型决策方法

1. 风险型决策的内涵

风险型决策是指备选方案的结果不能预先肯定，但决策者可以对每种方案的经济效益及其发生的概率作出客观估计，并依据估算结果进行选择的决策。决策者无论选择哪一个方案都要承担一定的风险。

风险型决策

2. 风险型决策的基本条件

（1）有一个决策目标。如成本最低、利润最大、风险最小、时间最短等。

（2）要有两个或两个以上的备选方案。

（3）每个方案都存在两种或两种以上的自然状态（指各种可行方案可能遇到的客观情况和状态）。

（4）每个方案在每种自然状态下发生的概率是可以估计的。概率分为主观概率：概率值由决策者估计得来；客观概率：概率值由资料确定；先验概率：根据过去的经验或主观判断而形成的对各种自然状态风险程度的测算值。一般原始概率被称为经验概率和后验概率；后验概率：获得信息后，对先验概率进行修正得到。

（5）每个方案在每种自然状态下的损益值是可以估计的。

［例 6-4］ 企业采购一批商品有三种方案：大批量采购，每次采购 1000 件，中批量采购 500 件，小批量采购 100 件，进价是 10 元/件，售价 20/件，产品在市场上有三种销售情况（自然状态）：畅销时，1000 件全部卖完，畅销的可能性（P1 概率值）0.5。平销时卖出 500 件，平销的概率值（P2）0.3。滞销时卖出 100 件，滞销的概率值（P3）0.2。损益值 = 销售收入 - 进货成本，见表 6-1。

表 6-1　　　　损益值表

方案 \ 损益值 \ 自然状态概率	畅销 P1 = 0.5	平销 P2 = 0.3	滞销 P3 = 0.2
大批量采购	10000	0	-8000
中批量采购	5000	5000	-3000
小批量采购	1000	1000	1000

3. 常用的风险性决策方法——期望值法

它是指以收益和损失矩阵为依据，分别计算各可行方案的期望值，选择其中期望收益值最大（或期望损失值最小）的方案作为最优方案。期望值是一种方案的损益值与相应概率的乘积之和；设 $E(d_i)$ 表示第 i 个方案的期望值；x_{ij} 表示采取第 i 个方案，出现第 j 种状态时的损益值；$P(\theta_j)$ 表示第 j 种状态发生的概率，总共可能出现 m 种状态，则期望损益的计算公式为：

$$E(d_i) = \sum_{j-1}^{m} x_{ij} P(\theta_j)$$

以上述案例为背景计算期望值，见表 6-2。

表 6-2　　　　期望值表

方案 \ 损益值 \ 自然状态概率	畅销 P1 = 0.5	平销 P2 = 0.3	滞销 P3 = 0.2	期望值（E_{di}）
大批量采购	10000	0	-8000	E 大 = 10000 × 0.5 + 0 × 0.3 + （-8000 × 0.2）
中批量采购	5000	5000	-3000	E 中 = 5000 × 0.5 + 5000 × 0.3 + （-3000 × 0.2）
小批量采购	1000	1000	1000	E 小 = 1000 × 1

决策树法是风险型决策方法的一种图解方式，利用一种形如树枝的图形帮助决策者对复

杂的问题进行决策。决策的基准是计算每个方案的期望值，期望利润的最大化。决策树的构成：决策点，一般用符号“□”表示，从决策点引发的分枝方案枝，表示决策时可采取的不同方案；状态点，一般用符号“○”表示，从状态点引发的分枝叫状态值（概率枝），表示方案在未来执行时可能遇到的几种不同的自然状态。决策树的图形通常如图 6 -5 所示。

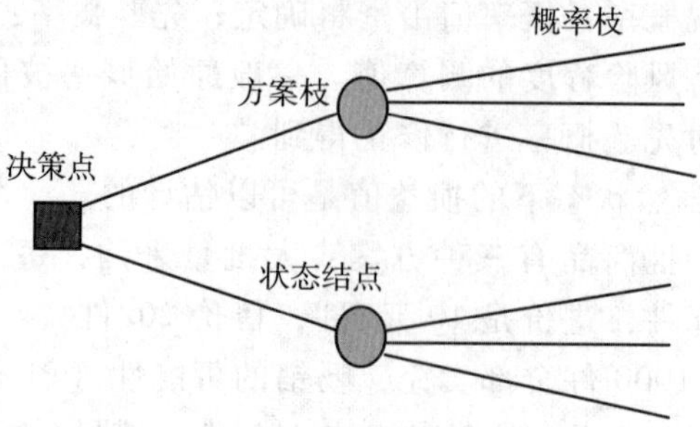

图 6 -5　决策树

决策树法的一般步骤是：

（1）绘制决策树形图。从左到右，由决策点引出若干条方案枝，并连接状态结点，再由状态结点引出若干条概率枝，每一条代表一种自然状态，整个结构像“树”型。

（2）计算各方案期望值。先从右向左计算各结点的期望值，期望值 = 收益值 × 概率 × 有限期限，最后相加，标于状态结点上。

（3）剪枝决策。比较各方案期望值，如果方案实施有费用发生，则应用状态结点的期望值减去所需投资额再比较。剪掉期望值小的方案枝，最后只剩一条贯穿始终的方案枝，其期望值最大，即为备选实施的方案。

［**例 6 -5**］某企业为扩大某产品的生产，拟建设新厂，据市场预测产品销路好的概率为 0.7，销路差的概率为 0.3，有 3 种方案可供企业选择：

方案 1，新建大厂，需投资 300 万元。据初步估计，销路好时，每年可获利 100 万元；销路差时，每年亏损 20 万元，服务期为 10 年。

方案 2，新建小厂，需投资 140 万元。销路好时，每年可获利 40 万元；销路差时，每年仍可获利 30 万元。服务期为 10 年。

方案 3，选建小厂，3 年后销路好时再扩建，需追加投资 200 万元，服务期为 7 年，估计每年获利 95 万元。

试选择方案。

解：（1）绘制决策树：

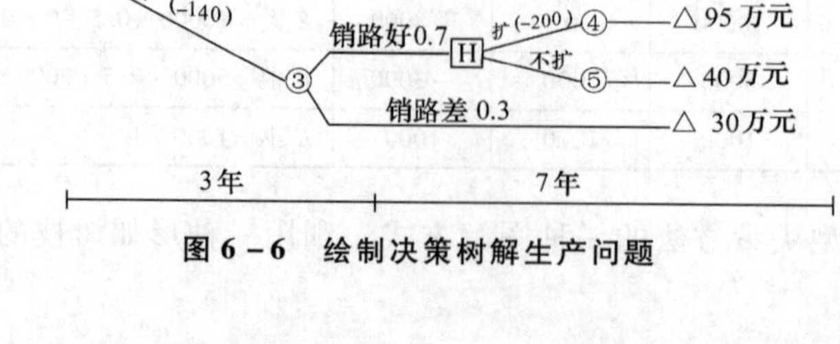

图 6 -6　绘制决策树解生产问题

（2）计算期望值：

建大厂：$E_1 = [0.7 \times 100 + 0.3 \times (-20)] \times 10 - 300 = 340$（万元）

建小厂：$E_2 = [0.7 \times 40 + 0.3 \times 30] \times 10 - 140 = 230$（万元）

建小厂销路好3年后扩建：$E_4 = 95 \times 7 - 200 = 465$（万元）

建小厂销路差3年后不扩建：$E_5 = 40 \times 7 = 280$（万元）

建小厂含扩建：$E_3 = (0.7 \times 40 \times 3 + 0.7 \times 465 + 0.3 \times 30 \times 10) - 140 = 359.5$（万元）

（3）剪枝决策：

比较 E_1，E_2，E_3，选择方案3为最好。

不确定型决策

（三）不确定型决策方法

在比较和选择活动方案时，如果决策者不知道未来方案有多少种自然状态，或虽知道有多少种，但不知道每种自然状态发生的概率，则需采用不确定型决策方法。不确定型决策的基本条件：①决策时要有 m 个方案；②每个方案都有 n 个可能结果；③未来的各种自然状态是不确定的，但其发生的概率是不可知，而可凭经验设定某种决策的判定原则，供决策时参考。常用的不确定型决策方法有小中取大法、大中取大法和最小最大后悔值法等。我们通过一个例子来介绍这几种方法：

［例6-6］某公司准备生产一种新产品，对未来的销售情况只能作大致的估计，市场可能出现高、中、低三种需求情况，公司有三套方案可执行：①新建一个车间；②扩建原有车间；③改造原有车间生产线。各种方案的收益值见表6-3，试进行决策。

表6-3 **产品的收益** （单位：万元）

状态 / 方案	收益值		
	高需求	中需求	低需求
新建（1）	60	20	-25
扩建（2）	40	25	0
改建（3）	20	15	10

1. 小中取大法——最大最小收益值原则

表6-4 **悲观原则决策表**

状态 / 方案	收益值			悲观原则
	高需求	中需求	低需求	小中取大
新建（1）	60	20	-25	-25
扩建（2）	40	25	0	0
改建（3）	20	15	10	10

这是一种悲观主义行为准则，当决策者对未来一无所知，而又持悲观态度，往往会认为未来只会发生最坏状态。小中取大法是通过比较各方案所产生的最小收益，而选取其中最大的一个方案。采用这一准则可保证决策者至少可获得某一收益，而不论实际发生的状态如何，都不会得到更差的结果。

按照这种原则计算对［例6-6］中的问题进行决策，各方案中的最小收益分别是-25、

0、10，取其中最大值10，对应方案3。因此应选择方案3，改造原有生产线。

2. 大中取大法——最大收益值原则

表6-5　乐观原则决策表

状态 / 方案	收益值			乐观原则
	高需求	中需求	低需求	大中取大
新建（1）	60	20	-25	60
扩建（2）	40	25	0	40
改建（3）	20	15	10	20

这是一种乐观主义行为准则，当决策者持乐观态度，认为未来只会发生最好状态，则会比较各方案所产生的最大收益，并选取其中最大的一个。采用这一准则需冒一定的风险，但也可能获得最大的收益。

从表中可以看出，各方案中的最大收益分别是60、40、20，取其中最大值60，对应方案1。因此应选择方案1，新建生产线。

3. 最小最大后悔值法——最大损失值极小化

所谓后悔，也就是机会损失，即如果决策者当初没有采用这个方案，而是采用了其他方案，当发现其为最优方案时就会感到遗憾或后悔。最大收益值和所采取方案的收益值之差，叫做后悔值。最小最大后悔值法是指首先找出各方案的最大后悔值，列出后悔值表，方法是用各种状态下的最大损益值分别减去该状态下所有方案的损益值，从而得到相应的后悔值。然后找出每一方案在各种自然状态下后悔值的最大值，最后，在已选出的最大后悔值中选取其中最小值，其所对应的方案为合理方案。这是一种力求使每一种方案选择的最大后悔值达到尽量小的决策方法。

按照这种原则计算对［例6-6］中的问题进行决策，首先计算各方案在各自然状态下的后悔值（后悔值=该自然状态下最大损益值-相应损益值），见表6-6：

表6-6　最大后悔值

	高需求	中需求	低需求	最大后悔值
新建（1）	0	5	35	35
扩建（2）	**20**	**0**	**10**	**20**
改建（3）	40	10	0	40

接着，找出每个方案的最大后悔值，分别为35、20、40，最后，从最大后悔值矩阵中选择其中最小的后悔值20，20对应方案2，因此应选择方案2，即扩建生产线。

关键词

决策类型 Decision Type　　决策过程 Decision - making Process

决策方法 Decision Making　　确定型决策 Deterministic Decision - making

风险型决策 Risk Decision - making　　不确定型决策 Uncertainty Decision

思考题

1. 思考管理与决策的关系。

2. 如何分析界定问题并进行正确决策?

3. 某企业要进行一项重大投资决策，如果用定性决策法，试问选择哪一种？为什么？

4. 周末准备外出旅游，你是否带雨伞进行决策，请问用什么决策方法？为什么？

5. 某企业有三种新产品待选，估计销路和损益情况见表6－7，试分别用乐观准则、悲观准则、后悔值准则选择最优的产品方案。

表6－7　新产品的预期收益

状态	甲产品	乙产品	丙产品
销路好	40	90	30
销路一般	20	40	20
销路差	－10	－50	－4

管理定律

手表定理是指一个人有一只表时，可以知道现在是几点钟，当他同时拥有两只手表时，却无法确定。两只手表并不能告诉一个人更准确的时间，反而会让看表的人失去对准确时间的信心。“手表定律”带给我们一种非常直观的启发：对于任何一件事情，不能同时设置两个不同的目标，否则将使这件事情无法完成；对于一个人，也不能同时选择两种不同的价值观，否则，他的行为将陷于混乱。一个人不能由两个以上的人来同时指挥，否则将使这个人无所适从；而对于一个企业，更是不能同时采用两种不同的管理方法，否则将使这个企业无法发展。当面临多块手表时，果断扔掉多余的手表，只留下一块，只选择一个导向。

案例分析讨论

从封闭到开放，换来腾讯的腾飞

一、封闭：曾经是腾讯深入骨髓的基因

2010年之前，腾讯的基因是“封闭”。用管斌全的话说：做事不要太绝，把兔子逼急了也会咬人，更何况是人？要给竞争对手一碗饭吃！

2010年腾讯和奇虎360的爆发了3Q大战，竞争最后演变成两个公司争夺用户，让用户在使用360和QQ之间作一次二选一的选择。在双方纠纷的最关键时刻，360董事长周鸿祎，在网络上发表了一封公开信："QQ 是一个封闭的帝国，它的商业模式就是依靠用户在 QQ 上积累的社会关系，强制用户接受它的产品。这种商业模式，让整个互联网行业创新寥落，寸草不生。"

腾讯的更大的威胁不是来自于竞争对手，而是来自于正在失去用户的信任，3Q 大战最终伤害了用户的忠诚度，腾讯帝国面临着瞬间土崩瓦解。

处于极度危机的腾讯等待着马化腾的抉择……

二、开放：两个字，让腾讯转危为安

在 2010 年其在封闭的过程中，腾讯遇到的对手就是 360 的周鸿祎，而且，这个对手有和腾讯同归于尽的实力。马化腾的可贵之处在于，他没有被愤怒冲昏了头脑，他选择了反思："公司成立以来，我们从未遭遇如此巨大的安全危机，这段时间，一种同仇敌忾的情绪在公司内部发酵，很多人都把 360 公司认定为敌人。但古往今来的历史告诉我们，被愤怒烧掉的只可能是自己。如果没有 360 的发难，我们不会有这么多的痛苦，也不会有这么多的反思，因此也就没有今天这么多的感悟。或许未来有一天，当我们走上一个新的高度时，要感谢今天的对手给予我们的磨砺。"

也许今天我还不能向大家断言会有哪些变化，但我们将尝试在腾讯未来的发展中注入更多开放、分享的元素。我们将会更加积极推动平台开放，关注产业链的和谐，因为腾讯的梦想不是让自己变成最强、最大的公司，而是最受人尊重的公司。

三、"封闭"死亡，"开放"重生？

这封信其实就是马化腾从"封闭"到"开放"宣战书，是一次凤凰涅槃，浴火重生的过程。一个词的改变，也让腾讯的基因产生突变，从"利己"颠覆为"利他"，腾讯的格局随之得到质的提升。

"封闭"到极致的马化腾，怎么会发生大逆转到"开放"呢？我们常说"江山易改，本性难移""性格不能改变，只能改善"，更何况是一个企业的基因，而且，腾讯的基因已经存续了 12 年。

改革之所以难，是因为改革是一种利益的重新分配，是将某些既得利益者的利益拿走。但在温室里的花朵打不过野外上千家、上百家的摸爬滚打，所以必须采用"开放"战略。

马化腾"开放"的核心，是由原来的"to C"（只针对消费者），而转变为在保留"to C"的基础上开始"to B"（针对企业）。这是一种根本上的改变，是一种颠覆式的改变。以前腾讯对于"B"是极度封闭的严防死守，但是，现在是毫无保留，全部开放。

格局决定一切：有的时候你拼死守护的，拿出来分享，或许是另外一番天地。

四、开放：马化腾做对了哪几件事情？

1. 定战略

腾讯只做"连接器"和"内容生产"，其余全部放弃。马化腾说，要想做"加法"首先做"减法"，腾讯，放弃了电子商务，放弃了出行，放弃了衣食住行……

2. 开放平台

2011 年 6 月 15 日腾讯召开合作伙伴大会，其中，QQ 空间，电脑管家，开始对外开放。众创空间的开放成为了创业者的家园。腾讯开放平台上创业公司总数量达到 400 多万家，合作伙伴公司总估值 3000 亿元，"双百计划"项目成功孵化 40 家市值超过 1 亿元的公司，半年内 5 家公司上市。

3. 投资收购

腾讯开始大规模投资，投资的标准是每个行业的前三名，扶持这些企业做大做强。先后投资滴滴打车、大众点评合并和58同城等。

一般的财务投资人都会觉得，腾讯把我的平台给你开放了，而且是免费，那么，我是不是可以在收购价格上低一些呢？但是，马化腾没有这样做，他表现出了极度的真诚。在收购的价格上，非但不降低而且还要提高。对于这一点，58集团CEO姚劲波感触很深："所以腾讯当时提出要入股，我们当时已经上市了，最后交易的价格，甚至比市场上的公开价格还有些溢价。"

4. 微信：生而免费、生而开放、生而平等

生而开放：在2013年，开发者大会上微信公布了10几个接口全部开放。

生而平等：腾讯公司内部产品线借助微信平台没有任何特权，享有和外部同等的权利。这从机制上避免权力的滥用，也让微信的开发更加公平。

生而免费：语音免费，发照片免费。

5. 马化腾：腾讯只留半条命

马化腾多次表示，腾讯只留半条命，把自己的半条命都交给合作伙伴。为了开放，舍得，这个也是一般企业做不到的。

6. 合作伙伴的事，就是腾讯的事

有句古话："浑身是铁打得多少钉儿"，腾讯今天的强大不是腾讯公司自己实现的，而是通过开放的平台，大家在这个平台上"八仙过海各显神通"实现的。这也就是在6月16日，中国互联网+指数发布会上，马化腾为什么要让58集团CEO姚劲波和美团大众点评CEO王兴多说话的原因。此时的马化腾深刻的意识到，围绕腾讯这个生态的企业过得越好，腾讯才会越好。腾讯对投资的合作伙伴没有压榨和剥削，有的是扶持和帮助。

这才是"开放"的魔力，"一枝独秀不是春""大家好才是真的好！"

资料来源：迟忠波，格局决定一切，2016年06月23日。

问题：

1. 通过案例，说明分析问题、识别机会和利用机会的过程。
2. 结合案例，说明腾讯从封闭到开放的原因。
3. 分析腾讯只给自己留半条命的自信表现在哪里。
4. 访问 http：//www. tencent. com，与企业家对话，说明开放的意义？

第七章　计划工作理论与方法

本章要点

1. 计划与决策的关系
2. 计划工作的内涵、特点与作用
3. 编制计划的过程
4. 滚动计划法
5. 目标管理法

导入案例

松下250年的计划

在1933年松下电器公司的创业纪念日讲话中，松下幸之助详述了实现自己经营理念的设想。其著名的“250年计划”即是从这里开始。讲话概要如下：

“从今天起，往后算250年，作为达成使命的期间。把250年分成10个阶段。再把第一个25年分成三期，第一期的10年，当作建设时代。第二期的10年，当作活动时代。第三期的5年，当作是贡献时代。以上三期，第一阶段的25年，就是所在的各位所要活动的时间。第二阶段以后，有我们的下一代，用同样的方法重复实践。第三阶段，也同样有我们的下一代，用同样的方法重复实践。依此类推，直到第10个阶段。换句话说，250年以后，要把这个世界变成一个物质丰富的乐土。”

“如上所述，我们的使命任重道远。从此刻起，我们要把这个远大的理想和崇高的使命，当作我们松下电器的使命。你们应该要自觉、勇敢地承受使命，若某人没有这种自觉的意识，我不得不认为他是与我们松下电器无缘的人。我们并不希求人数众多，我们需要的是，有使命感的人团结起来，朝着目标前进，这才是有意义的事。”

“在此我必须声明一句话：我们的使命重大，理想崇高。因此，有时我不得不以严峻的态度要求你们。可是对各位的辛劳，一定会重重地酬谢。”

“松下电器从未设立过创业纪念日，也未曾举办过纪念典礼。可是今天我要指定5月5日是我们的创业纪念日，以后每逢这一天，一定要举行隆重的典礼来祝贺。我要把今年取名叫‘命知’创业第一年，以后应当是命知第二年，第三年，依此类推，直到‘命知’250年。‘命知’的意义就是‘知道生命’。”

点评：松下的这段话的意义不在于250年的目标是否真能够如期实现，或者甚至是能不能实现的问题，而是在于，他的声明对于当时松下经营理念的强化和给那一代人所带来的精神支持和前进动力。在松下经营哲学的支持下，松下电器获得了飞速的发展。考究松下关于造福大众、服务社会的目标和长远设想现实与否，是没有多大意义的。关键在于，松下电器的发展是不是足够让人信服而是松下的豪情。

资料来源：松下幸之助传记，网络资料整理。

第一节　计划工作概述

计划工作是对决策所确定任务和目标并对选好目标提供一种合理实现方法，任何计划的制定都离不开决策，决策和计划是一个问题的两个方面，决策是计划的前提和基础，计划则是决策的逻辑延续，是决策的组织落实过程。计划是关于组织未来的蓝图，是对组织在未来一段时间的目标和实现目标途径的策划与安排。正如哈罗德·孔茨所言，“计划工作是一座桥梁，它把我们所处的这岸和我们要去的对岸连接起来，以克服这一天堑。”

一、计划与计划工作的概念

在管理学中，“计划”一词词性既可能是动词，也可能是名词。作动词理解，计划是指计划管理工作，包括确定未来目标、分解目标、为实现目标预先进行的行动安排与进度规定，以及行动结果的控制等活动。作名词理解，计划是指实施计划管理工作的书面文件，即用文字和指标等形式所表述的，组织在未来一定时期内的目标与行动内容安排的管理文件。

无论在名词意义上还是在动词意义上，计划的任务都包括“5W1H”，即计划必须清楚确定和描述这些内容：

What——做什么？目标与内容（合理配置组织的哪些资源）。

Why——为什么做？原因（要确定宗旨、目标及实现的可能性）。

Who——谁去做？具体的执行者（做到职责明确）。

Where——在什么地方做？执行地点（了解计划实施的环境）。

When——何时做？执行时间（计划的进度，做到合理配置组织资源）。

How——怎样做？执行方式和手段（如何将人力、物力、财力放置到不同的部门）。

实际上，一个完整的计划还应包括控制标准、考核指标的确定以及费用预算等，也就是告诉计划实施的部门或人员，要做成什么，达到什么标准，花费多少，才算完成了计划。

计划一直都被认为是管理的首要职能，在一个组织中，其他工作都只有在确定了目标、制订了计划以后才能开展，并围绕着计划的变化而变化。如果说决策工作确立了组织生存的使命和目标以后，计划工作就是一座桥梁，它把我们所处的此岸和我们要去的彼岸连接起来，给组织提供了通向未来目标的明确道路，是组织、领导和控制等一系列管理活动的基础。

计划工作有广义和狭义之分。广义的计划工作是指为实现组织的目标，制定计划、执行计划和检查计划的执行情况三个阶段的工作过程。因此计划即是行动的指导，又是控制的标准。而狭义的计划工作仅指制定计划，即根据组织内外部的实际情况，权衡客观的需要和主观的可能，通过科学的调查预测方法，提出在未来一定时期内组织所需达到的具体目标以及实现目标的程序，即书面形式的计划制定。狭义的计划工作是对组织未来活动所进行的预先行动安排，是一种对未来的筹划、规划、谋划、策划。本书的计划工作是从狭义上讲的。

与其他管理工作相比，计划有如下基本特征：

（1）目的性。任何组织的行动都是在具体的目标和行动方案的指导下才能有序进行的，而计划工作就是确定组织及其内部各部门的目标、并据此形成文字行动方案的职能活动。

（2）主导性。由于计划、组织、激励、领导和控制等方面的活动，都是为了支持实现组织的目标，管理过程中的其他职能只有在计划工作完成以后才能进行。因此，计划职能在管理职能中具有主导地位。

（3）普遍性。虽然各级管理人员的职责和权限各有不同，但是他们在工作中都有计划指导，计划工作在组织中各级部门的工作中都是普遍存在的。

（4）效率性。效率一般是指投入和产出之间的比率。我们衡量一个计划的效率，就是要看这个计划对我们的目的和目标的贡献。贡献是指扣除在制定和实施计划时所需要的费用和其他因素后，得到的收益。如果计划得到的收益最大或者说如果计划能按合理的代价实现目标，这样的计划就是有效率的。这里的代价不仅包括时间、金钱、生产等，还包括个人和集体的满意度衡量。

（5）动态性。动态性是指任何计划都不是一成不变的。由于任何人都不可能对未来所有的情况作出准确而且全面的估计，任何计划在实施过程中，都会遇到各种情况的变化，这时，就需要对计划作出及时的调整，以适应实际变化的需要。

资料链接 7－1　　企业计划易犯的 10 个错误

1. 没能事先做计划。做计划并不容易，因为没有对与错的答案，但计划的过程肯定会让你的公司为不确定的未来做好准备。

2. 忽视价值观和远见说明。你应把战略与预见联系起来，把预见、目的和目标与公司的宗旨联系起来，然后再把所有这些与计划联系起来。公司的价值观和远见说明就是要提醒你应该往哪个方向走以及你将会成为什么样。

3. 对顾客的主观臆断。不能忽略顾客的所想，如果你不去珍惜听取顾客的意见，不去了解他们的需要，那么，你的竞争者会去听、去做的。

4. 低估竞争者。有时你会专注于自己的产品或服务，而忘记有人在试图开发同样的产品或服务。行业中的竞争越激烈，竞争者似乎越聪明。注意了解竞争者如同倾听顾客的意见一样重要。你对竞争者了解越多，就越能击败他们。

5. 忽略你的优势。你总可以从竞争者身上学到很多东西，这一点毋庸置疑。但是，对某个竞争者来说是正确的做法，对你来说并不一定是最好的方法。因此，不要忽视并利用你自己的优势。

6. 把预算误认为计划。计划是在做预算之前你要做的所有工作。它首先涉及对你的行业、顾客、竞争者分析，然后你再作出正确的财务决定，预算是关于完成组织目标和计划所需资金的来源和用途的说明。

7. 回避合理的风险。任何事都有风险，尤其是在今天竞争激烈的市场中，做生意就意味着冒险，而做计划就是一种避免风险的好方法。因此，不要回避，去大胆尝试，在你完成计划之后，评价一下这种冒险，你会觉得这一步是对的。

8. 独断专行。没有人总是对的。如果公司很大，那么可以让尽可能多的人参与进来，提出他们不同的观点。你得到的观点越多，你的计划也就越坚实。

9. 害怕变革。我们的生活最终都会有些变化，要改变经营的做法很不容易，如果你很成功，就更难改变了。然而，一个好的计划会提醒你及时地改变一些做法，因为这样可以让你更贴近顾客、更具竞争力、更有效率、更能成功。

10. 忽视激发与激励的作用。计划应转化为公司全体人员的努力和活动，它应对每个人都有意义。要能激发雇员的积极性，要对他们的成绩予以奖励。

二、计划的作用

（一）指明方向

计划是对未来行动的筹划与预先安排，有助于明确整个组织今后的努力方向。良好的计划可以通过明确组织目标和开发组织各个层次的计划体系，将组织内成员的力量凝聚成一股朝着同一目标方向的合力，从而减少内耗，降低成本，提高效率。

（二）预测变化，减少冲击

“凡事预则立，不预则废”。在未来，无论是组织生存的环境还是组织自身都具有一定的不确定性和变化性。这就要求组织能及时发现机会以便早作准备；或能及时预见威胁以应付万一。而计划就是“预”，是面向未来的活动。在不断变化的环境中，计划是预期这种变化并且设法消除变化对组织造成不良影响的一种有效手段。

（三）减少浪费

组织在实现目标的过程中，各种活动会出现前后协调不一，联系脱节等现象，同样在多项活动并行的过程当中也往往会出现不协调现象。开发全面的分层计划体系，并通过设计好的协调一致、有条不紊的工作流程来综合协调组织中的各种活动，可以避免上述现象的发生，最大限度地减少资源浪费。

（四）便于控制

计划是控制工作的依据与标准。组织在实现目标的过程中离不开控制，而计划则是控制的基础。如果没有既定的目标和规划作为衡量的尺度，管理人员就无法检查组织目标的实现情况，也就无法实施控制。控制中几乎所有的标准都来自于计划。正式计划用书面形式确定了每个时期的具体目标并使全体成员都能深入了解，以指导组织各级部门的行为。

三、计划种类

计划是对未来行动的事先安排。计划的种类很多，可按不同的标志进行分类，最普遍的划分计划类型的方法是根据计划的形式、职能、广度、时间跨度和明确性对计划进行分类，见表 7－1。

表7-1　　计划种类

分类标志	类型
表现形式	宗旨、目标、战略、政策、规则、程序、规划和预算
职能	销售计划、生产计划、财务计划、新产品开发计划、人事计划
广度	战略性计划和战术性计划
时间跨度	短期计划和长期计划
内容	综合计划和专项计划
明确性	具体计划和指导性计划

（一）按计划内容的表现形式分类

哈罗德·孔茨和海因茨·韦里克按照计划不同的表现形式，从抽象到具体，把计划划分为一种层次体系：使命、目标、策略、政策、程序、规则、预算，如图7-1所示。

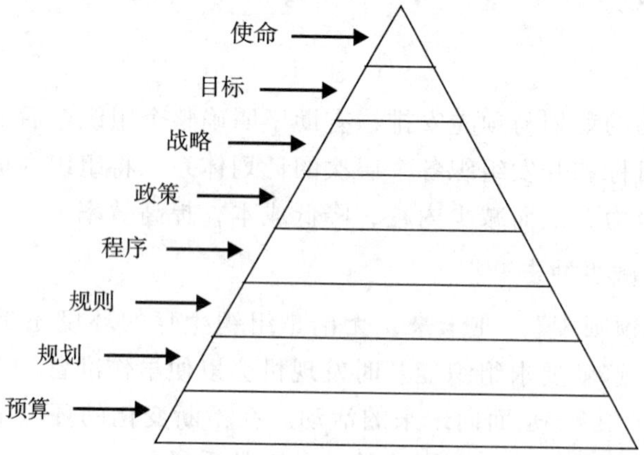

图7-1　计划的层次体系

（1）使命。各种有组织的活动，都具有或者至少应该有目的或使命。这种目的或使命是社会对该组织的基本要求。例如大学的宗旨是培养高级人才；医院的宗旨是治病救人；企业的宗旨是向社会提供生产和生活用品。

（2）目标。一定时期的目标或各项具体目标是在目的或宗旨指导下提出的，它具体规定了组织及其各个部门的经营管理活动在一定时期要达到的具体成果。目标不仅仅是计划工作的终点，而且也是组织工作、人员配备、领导以及控制等活动所要达到的结果。确定目标本身也是计划工作，其方法和制定其他形式的计划类似。从确定目标起，到目标分解，到最终形成一个目标网络，不但本身是一个严密的计划过程，而且是构成组织全部计划的基础。

（3）战略。“战略”一词来自军事用语，原意是对战争全局的谋划和指导。运用于组织，战略是指对在环境分析的基础上，确立组织发展的战略目标、战略阶段、战略重点和战略措施的过程。是组织指导全局和长远发展的方针，给组织提供指导思想和行动的框架。战略目标是核心和灵魂。

（4）政策。政策是指在决策或处理问题时指导及沟通思想活动的方针和一般规定。政策指明了组织活动的方向和范围，鼓励什么和限制什么，以保证行动同目标一致，并有助于目标的实现。政策有助于将一些问题事先确定下来，避免重复分析，并给其他派生计划以一个全局性的概貌，从而使主管人员能够控制住全局。政策种类有很多。例如，企业销售部门鼓励顾客先进支付货款的优惠政策；政府部门对招商引资项目的税收优惠政策等。

（5）程序。它规定了如何处理那些重复发生的问题的方法、步骤。程序就是办事手续，是对所要进行的行动规定时间顺序。程序是行动的指南。因此，程序是详细列出必须完成某类活动的准确方式。制定程序可以减轻主管人员决策的负担，明确各个工作岗位的职责，提高管理活动的效率和质量。

（6）规则。规则是对在具体场合和具体情况下，允许或不允许采取某种特定行动的规定。规则也是一种计划。规则常常容易与政策和程序相混淆，应特别注意区分。规则不像程序，因为规则指导行动，而不说明时间顺序，可以把程序看作是一系列规则的总和。政策的目的是要指导决策，并给管理人员留有酌情处理的余地。虽然规则有时也起指导作用，但是在运用规则中，没有自行处理的权利。规则常常与政策和程序相混淆。规则与政策的区别在于规则在应用中不具有自由决定权，规则与程序的区别在于规则不规定时间顺序，可以把程序看成是一系列规则的总和。

（7）规划。规划是综合性的计划，它是为实现既定目标、政策、程序、规则、任务分配、执行步骤、使用资源以及其他要素的复合体。因此，规划工作的各个部分的彼此协调需要严格的技能，以及系统的思考和行动的方法。通常情况下，一个主要规划可能需要很多辅助性计划，在主要规划实施之前，必须也要把这些辅助性计划制定出来，并付诸实施。所有这些计划都必须加以协调和合理安排。

（8）预算。预算作为一种计划，是一份用数字表示预期结果的报表。预算又被称为“数字化”的规划。例如，财务收支预算，可称之为“利润计划”或“财务收支计划”。一个预算计划可以促使上级主管对预算的现金流动、开支、收入等内容进行数字上的整理。预算也是一种控制手段，又因为预算是采用数字形式，所以它使计划工作更细致、更精确。

（二）按计划的职能不同分类

按职能将企业的经营计划分为销售计划、生产计划、采购计划、供应计划、新产品开发计划、财务计划、人事计划、后勤保障计划等。

（三）按计划的广度不同分类

按广度不同可分为战略性计划和战术计划。

（1）战略计划是关于组织整体在未来的战略行动计划，它试图规定组织未来的总体目标以及组织在环境中的地位。主要特点：①计划所设计的时间跨度长，涉及范围广；②计划是应用于整体组织的，计划内容抽象、概括，不要求具有直接的可操作性。

（2）战术计划则主要用于规定组织总体目标的实施细节，其需要解决的是组织的具体部门或职能在未来较短时期内的具体运作方案。战术性计划，是在战略性计划指导下制定的，是战略性计划的落实。主要特点：①战术性计划的任务主要是如何在已知条件下实现根据战略目标分解而提出的具体行动目标，因此计划所涉及的时间跨度比较短，覆盖范围也较窄；②战术性计划一般是各项业务活动开展的作业性计划，通常要求计划内容具体、明确且具有可操作性。

（四）按计划时间长短分类

按时间分可以将计划分为长期计划、中期计划和短期计划。

（1）长期计划的内容主要包括组织的长远目标和发展方向，以及如何去达到组织的长远目标。一般来说，人们习惯把五年以上的计划称为长期计划。总的来说，长期计划只规定组织的目标和达到目标的总的方法，而一般不规定具体做法。如日本松下公司甚至已经制定了公司 250 年的发展计划。一般地，战略计划是一种长期计划，但长期计划并不一定都是战略计划。

（2）中期计划是将长期计划的内容细化为每个阶段的目标，主要起衔接长期计划和短期计划的作用。一般地，一年以上五年以下的计划称为中期计划。

（3）短期计划对活动有着较为详细的说明和规定。短期计划通常是指年度计划或一年以下的计划，它是根据中长期计划规定的目标和当前的实际情况，对计划年度的各项活动所作出的总体安排。短期计划比中期计划更为详尽，更具操作性，因而在执行中灵活选择的范围较小。

上述三种计划，相互衔接，反映了组织发展在时间上的连续性。但需要注意的是，这样的时间划分并不是绝对的。对不同规模的组织，其标准是不一样的。例如政府一般的短期计划为 1 年，5 年计划为中期计划，10 年以上的才是长期计划。而一个小的服装厂，由于市场变化非常快，它的长期计划可能仅适应 1 年。而一个航天企业的某个项目短期计划可能需要 5 年。

（五）按计划的内容不同分类

按内容分为综合计划和专项计划。

（1）综合计划是指对组织经营过程中的各方面所作出的整体安排。短期计划也可能是综合性的计划，如“年度生产经营计划”。

（2）专项计划是对综合计划某一方面内容的分解和落实。通常是对某一专业领域职能工作所作的计划，如生产计划、财务计划、营销计划、人员培训计划等；或为完成某一特定任务而拟订的计划，例如基本建设计划、新产品开发计划、销售计划等。

综合计划与专项计划之间的关系是整体与局部的关系。专项计划是综合计划中某项重要内容的具体安排，它必须以综合计划为指导，以避免同综合计划相脱节。

（六）按计划内容的明确性不同分为指导性计划和具体性计划

指导性计划只规定一些重大方针，而不把管理者局限于明确的特定目标或特定的活动方案上。这种计划可为组织指明方向，统一认识，但并不提供实际的操作指南，需要具体性计划来明确和具体化。具体性计划是具有明确的、可衡量的目标以及一套可操作的执行方案，不仅告诉你做什么，还要明确如何做。在具体性计划中，不存在模棱两可的问题。

指导性计划是具体性计划的方向，而具体性计划是指导性计划的落实。一般来说，战略计划、长期计划大多是指导性计划，战术计划、短期计划大多是具体性计划。

第二节　计划制定的程序和原则

一、计划制定程序

计划编制活动本身也是一个过程。为了保证计划的合理性和可操作性，管理人员在计划编制过程中必须采用科学的方法，同时需要遵循一定的逻辑步骤。

（一）估量机会

在实际的计划工作开始之前，管理者应该对组织所处的环境做一个扫描，对将来可能出现的机会的估计，并根据组织的优势和劣势，搞清组织所处的市场地位，做到心中有数、知己知彼。同时，还应该弄清楚面临的不确定性因素有哪些，并对可能取得的成果进行机会成本分析。具体来说，管理者应考虑的内容主要包括：组织的目标与期望；成功的机会与组织把握这些机会所需要的资源和能力；失败的威胁；组织的优势与劣势等。

制定计划需要掌握全面、准确的信息，因此实际的计划工作之前的机会估计与分析是确立计划目标的前提。

（二）确定目标

在制定计划时，第二个步骤就是确定整个企业的目标，包括长期目标和短期目标，然后确定每个下属部门的目标。一般地，组织在未来一定时期内的目标不止一个，而是一个目标体系。它体现了组织整体、各职能部门以及各成员在下一个计划期内的行动方向和努力的标准，它指明所要做的工作有哪些，重点放在哪里，通过哪些措施与策略完成什么任务，以及什么时候实现目标等内容。

资料链接 7－2　　父子打猎

有一位父亲带着三个孩子，到沙漠去猎杀骆驼。他们到了目的地。父亲问老大："你看到了什么?"老大回答："我看到了猎枪，还有骆驼，还有一望无际的沙漠。"父亲摇摇头说："不对。"父亲以同样的问题问老二。老二回答说："我看见了爸爸、大哥、弟弟、猎枪，还有沙漠。"父亲又摇摇头说："不对。"父亲又以同样的问题问老三。老三回答："我只看到了骆驼。"父亲高兴地说："你答对了。"

管理启示：一个人若想走上成功之路，首先必须要有明确的目标。目标一经确立，就要心无旁骛，集中全部精力，勇往直前。

资料来源：管理故事，MBA 智库文档。

（三）收集资料，确定计划的基本前提条件

设定目标是确定计划的预期成果，而接下来为了实现目标，组织则需开始收集资料，以确定计划的基本前提条件。确定计划的前提就是研究分析和确定计划工作的环境，或者说就是预测执行计划时的环境，主要包括：组织外部的和内部的前提条件；定量的和定性的前提条件；可控的和不可控的前提条件。

组织外部的前提条件，既可以指组织所面临的一般环境，也可以指具体的环境条件；组织内部的前提条件主要指组织内部的运营环境。组织定量的前提条件是指可用数字表示的对计划工作具有影响的因素；定性的前提条件则是指那些难以用数字来表示的因素。计划的前提条件中，有些因素是组织无法控制的，例如本国的政治因素、竞争格局和经济形势等，组织的外部条件大多是不可控的。而有些因素是组织可以完全控制的，例如产品、价格、促销和渠道，这些因素在短时间内难以改变，但从较长时间来看可以作适当调整，组织的内部条件大多都是可控的。对于可控的前提条件，组织应该在计划中制定出具体的影响、控制和改变的措施和策略；而对于不可控的前提条件，则需要在计划中规定出适应或应变的办法。

总之，在收集资料时，由于环境的复杂性和未来的不确定性，组织应选择那些对计划工作具有关键性的、有战略意义的、对执行计划最有影响的因素进行预测。

（四）拟定可供选择的方案

确定了计划的基本前提条件后，就可以将实施目标的条件、路线方法、将可能出现的困难及解决方法具体化，即制定实施方案。制定计划的人员不能闭门造车，应与计划的执行人员进行沟通，以帮助其制定计划的路线与措施，同时也有利于计划将来的实施和控制。

虽然“条条大路通罗马”，但方案也不是越多越好。为保证制定出最优方案，使目标得以实现，一个计划往往有几个可供选择的方案。拟定方案要遵循两大原则：一是穷举，即把实现目标的各种可行方案一一列举，无一遗漏；二是排斥，即方案之间不能相互包容，两个相互包容的方案要合并。人对客观世界的认知是有限的，要发掘出多种高质量的方案必须集思广益、开拓思路、大胆创新。但同样重要的是要进行初步筛选，减少被选择方案的数量，以便集中对一些最有希望的方案进行仔细的分析比较。

（五）评估各种方案

在找出了各种可供选择的方案并明确了它们的优缺点后，就要根据组织目标和方案的可操作性去权衡它们的轻重优劣，对方案进行评估。评估备选方案的尺度一般有两个：一是评估的标准，如经济效果评估、潜在损失评估、客观程度评估、灵活性评估；二是各个标准的相对重要性，即权数。评估的结果必须作出书面说明，以供决策者参考。在评估时要综合考虑每一个方案所带来的利益与可能出现的制约因素或隐患，要用总体的效益观点来衡量方案。

（六）选择方案

选择方案是做计划的关键。为了保持计划的灵活性，组织往往可能会选择两个甚至两个以上的可取方案，但在这种情况下，必须确定出首先会采取哪个方案，并将其余的方案也进行细化和完善，并作为后备方案。

选择方案必须遵循一定的标准，即尽量做到方案实施的时间最短，利润最大，风险最小，成本最低，与国家的法律法规相符合。如前所述，人是有限理性的经济人，对客观世界认知的有限性，一个十全十美的最优方案在特定的时间内很选出，因此，管理学者西蒙提出了决策的满意化标准同样适用于计划方案的选择，追求足够好，而不是十全十美。

（七）制定派生计划

派生计划是总计划下的分计划。计划编制工作不是单一层次的，而是在战略性计划、指导性计划制定好之后，再编制下一步的战术性计划和具体性计划，即制定派生计划。另外，组织的综合计划也要靠派生的专项计划来扶持，完成派生计划是实施总计划的基础，如新产品开发决策中，你选中了开发 A 产品，就要制定支撑 A 产品开发的投资计划、培训计划、生产计划、销售计划、采购计划、成本计划等，A 产品才能落地。

（八）编制预算

在完成上述各个步骤之后，最后一项工作便是把计划转化为预算，使之数字化，通过数字来反映整个计划。如：项目预算、工资预算、采购预算、销售预算等。预算实质上是资源的数量分配计划，也只有将各种资源数量化才能进行汇总和平衡，达到资源优化配置的目的。此外，预算既可以成为汇总各种计划的工具，又是衡量计划工作完成进度的重要标准。

资料链接7-3　　肯德基全球冠军计划

肯德基曾在全球推广“CHAMPS”冠军计划，其内容为：C-Cleanliness保持美观整洁的餐厅；H-Hospitality提供真诚友善的接待；A-Accuracy确保准确无误的供应；M-Maintenance维持优良的设备；P-Product Quality坚持高质稳定的产品；S-Speed注意快速迅捷的服务。肯德基冠军计划有非常详尽、可操作性极强的细节：

肯德基在进货、制作、服务等所有环节中，每一个环节都有着严格的质量标准，包括配送系统的效率与质量、每种佐料搭配的精确（而不是大概）分量、切青菜与肉菜的先后顺序与刀刃粗细（而不是随心所欲）、烹煮时间的分秒限定（而不是任意更改）、清洁卫生的具体打扫流程与质量评价量化，乃至于点菜、换菜、结账、送客、遇到不同问题的文明规范用语、每日各环节差错检讨与评估等上百道工序都有严格的规定员工培训计划：

为了保证员工能够服务到位，肯德基对餐厅的服务员、餐厅经理到公司的管理人员，都要按其工作性质的要求，进行严格培训。例如，餐厅服务员新进公司时，每人平均有200小时的“新员工培训计划”，对加盟店的经理培训更是长达20周，餐厅经理人员不但要学习引导入门的分区管理手册，同时还要接受公司的高级知识技能培训。

资料来源：肯德基冠军计划，百度文库。

二、制定计划的原理

做好计划工作是非常重要的，但却并非一件容易的事情。但是，在计划工作中还是有通用原则可以遵循的，这些原则是限定因素原理、许诺原理、灵活性原理和改变航道原理。

（一）限定因素原理

限定因素是指妨碍组织目标实现的因素。限定因素原理的含义是主管人员在制定计划时，必须全力找出影响计划目标实现的主要限定因素，并有针对性地采取得力措施。限定因素指出了计划编制过程中要清晰认知对实现组织目标起主要限制作用的因素，抓住主要矛盾。限定因素原理亦称“木桶原则”，含义是木桶能盛多少水，取决于桶壁上最短的那块木板条。正确运用“木桶”原理，既可以省时、省力，避免对问题的面面俱到，又可以防止把主要精力放在一些非关键因素上，影响主要问题的解决。

（二）许诺原理

任何一项计划都是对未来完成组织中各项任务所做的许诺，许诺越大，实现许诺的时间就越长，计划的期限也就越长，而此时由于诸多不确定因素的存在，实现许诺的可能性也就越小。因此作计划时要留有余地，每一项计划的许诺不能太多，要看到未来众多的不确定因素，要考虑到风险。此外，计划必须有期限，如果有可能尽量缩短计划期限。否则，计划的时间过长，许诺所实现的可能性就越小。

（三）灵活性原理

计划中的灵活性越大，由于意外事件引起损失的可能性就越小，两者是反比例关系。灵活性原理主要针对计划的制定过程，如有备用计划，使计划本身具有适应性，要求计划的制定要“量力而行，留有余地”。而计划的执行，则必须严格准确，要“尽力而为，不留余地”。

（四）改变航道原理

在计划的实施过程中，由于环境的多变性，必要时可在保持计划总目标不变的前提下，将实现目标的进程作出必要的修订和变化，使计划的执行过程具有应变力。也就是说，在计划实施过程中，必须进行定期检查和调整。这个原理和灵活性原理不同。灵活性原理是指计划本身具有灵活性，而改变航道是指计划在执行过程中具有应变能力。因此，计划工作者就必须经常地检查计划，重新调整、修订计划，以达到预期的目标。

三、成也计划败也计划，可以不要计划吗

（一）计划是一种约束，会降低组织的灵活性

在实践中，合理的计划工作是一种滚动的过程。计划并不是为了消除变化，而是基于对未来可能发生变化的预见来对组织的活动所作出的安排。在计划工作中很难准确地预测将来影响组织生存和发展的政治、经济、文化、技术等各种变化因素，而且随着计划期的延长，这种不确定性就越大。因此，如果机械地按照最初的计划实施，或者是机械地、静态地实施计划，则可能导致巨大的错误或损失。

（二）当环境变化时，计划也要不断调整，否则计划工作的意义不大

计划工作的目的是预测变化和制定最有效的应变措施。组织环境是不断变化的，组织可以通过周密的预测，减少变化的环境给组织带来的冲击，从而变被动为主动，变不利为有利。从这个意义上讲，计划工作一定是有意义的。

（三）计划是计划部门的事，和其他管理人员无关，计划失去导向激励作用

计划涉及目标的制定和行动方案，这里的目标不仅包括组织的整体目标，还包括各个部门、各个工作小组、各个员工的目标。所以，计划工作需要全体管理者和全体员工的共同参与。

综上所述，尽管有不同的观点，但实践证明任何一个组织的成功，都离不开科学周密的计划。科学周密的计划是事业成功的一半。

第三节　编制计划的方法

一、滚动计划法

由于环境的不断变化，在计划的执行过程中现实情况和预想的情况往往会有较大的出入，这就需要定期对计划作出必要的修正。滚动计划法就是这样一种定期修改未来计划的方法，其基本思想是：根据计划执行的情况和组织内外部环境的变化情况，定期调整未来的计划，并不断逐期向前推移，使短期计划和中期计划有机地结合起来。因此，滚动计划法是一种动态编制计划的方法。

在滚动计划中，采用远粗近细的方法，即把近期计划定得较细、较具体，远期计划定得较粗、较概括。在近期计划完成后，再根据执行结果的情况和新的环境变化，对原定计划进行必要的调整和修订，并将计划期顺序向前推进一期，以后根据同样的原则逐期滚动。例如，某企业在2020年底制定了2021—2025年的五年计划，如采用滚动计划法，到2021年

底，根据当年计划完成的实际情况和客观条件的变化，对原定的五年计划进行必要的调整，在此基础上再编制2022—2026年的五年计划，往后依此类推、不断滚动。每次调整时，保持原计划期限不变，只将计划期限顺序向前推进一个滚动期，或者说平行移动一个滚动期。如图7-2所示：

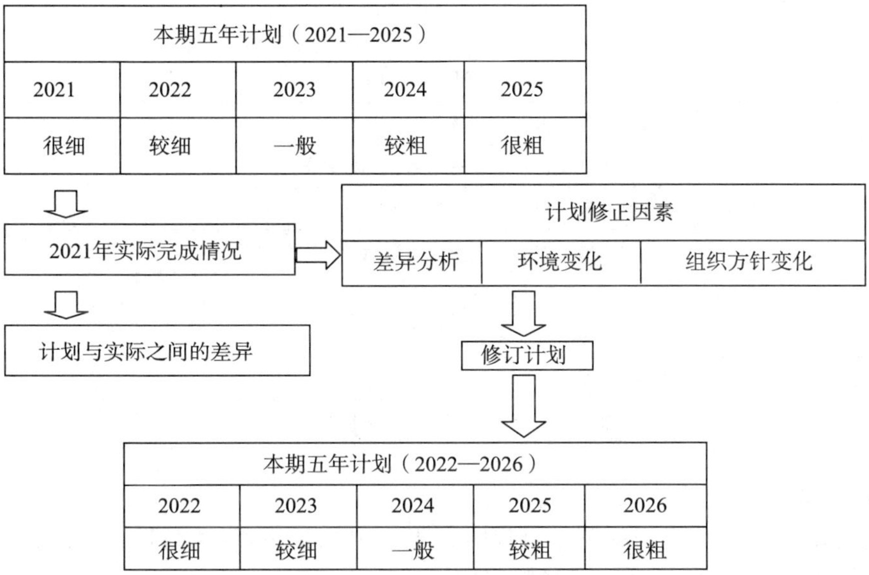

图7-2　滚动计划法示意图

滚动计划的特点是，把计划工作看成是一种不间断的运动，使整个计划处于适时的变化和发展之中，避免了计划的凝固化，提高了计划的适应性。由于计划内容随着内外部条件的变化而不断调整，便于不同的时限的计划之间的衔接和协调，可以提高计划的指导作用。具体来说，滚动计划法有以下优点：

（1）较好地解决了计划的相对稳定性和实际情况的多变性这一矛盾，使长期计划更加切合实际，增加了计划的准确性，提高了计划工作的质量；

（2）这种计划方法使长、中、短期计划能够相互衔接，既保证了长期计划的指导作用，使得各期计划能够基本保持一致，又实现了计划的定期调整补充，实现计划期内各阶段的有机衔接；

（3）使计划更富有弹性，特别是在环境剧烈变化的今天，有助于企业的各项活动灵活地适应各种外部环境和市场需求，提高组织的应变能力。

但是，需要指出的是，滚动间隔期的选择要适应企业的具体情况。如果滚动间隔期偏短，则计划调整较频繁，这样不仅降低了计划的严肃性，同时也增加了计划的工作量，需要大量的人力和时间。

二、目标管理法（Management by Objectives，MBO）

（一）目标的内涵和性质

1. 目标的内涵

每一个组织都应有自己的目标，组织的各种活动都应该围绕目标展开。如前所述，目标是目的或宗旨的具体化，它具体规定了组织及其各个部门的经营管理活动在一定时期要达到的具体成果。这些成果是组织、是部门、也可以是个人努力的方向。企业目标是在分析企业内部条件和外部环境的基础上确定的企业各项经济活动的发展方向和奋斗目标。企业目标为企业决策指明了方向，是企业计划的重要内容，也是衡量企业实际绩效的标准。企业目标常见的内容见表 7 –2。

表 7 –2　　目标的内容

市场方面的目标	市场占有率，市场范围等
技术改进和发展方面	新产品的开发、技术改造的数量和质量等
提高生产力方面	原材料的有效利用，提高产品质量和数
物质和金融资源方面	物质和金融资源的获得渠道、数量及其有效利用
利润方面	利润、销售额、利润率等
人力资源方面	人力资源的结构、获得、培训和发展
员工积极性发挥方面	激励和报酬
社会责任方面	公众形象、社会经济效益、环境保护等

2. 目标的性质

（1）目标的层次性。组织在制定目标时，先确定总目标目标，再层层分解为部门目标、班组目标和个人目标，纵向衔接，层层保证。

（2）目标的网络性。目标之间左右关联，互相支持，互相连接，构成一个网络。目标和具体计划之间构成一个网络，成为目标网络。本部门目标和其他部门目标、目标和实现目标的资源都要构成一个相互协调的网络。

（3）目标的多样性。目标的内容应该是多方面的，包括利润、社会责任、员工保障等目标，每一个方面都还有更具体的目标，例如利润率方面可能包含销售利润率、资金利润率和投资报酬率等目标。但要突出重点，分清轻重缓急。组织要分清主要目标和次要目标，明确目标和模糊目标；需要在多种目标之间取得平衡。著名的管理学家彼得 · 德鲁克曾经指出，如果把盈利目标确定为企业的唯一目标是很危险的。过分强调单一的目标，会过多地考虑眼前的行动而忽视了明天的利益。

（4）目标的动态性。目标的确定要随着环境的变化而调整，但不能变动太频繁，否则不仅表示目标确定不够慎重，而且会导致员工无所适从。

（二）目标管理的概念

目标管理是一个组织的上下级管理人员和组织内的所有成员共同制定、共同实施目标的一种管理方法。具体来说，目标管理是一种由组织制定一段时期的总目标，然后各部门和所有员工根据总目标的要求，制定各自分目标，并积极主动实现其目标的管理模式。

目标管理是由美国管理专家彼得 · 德鲁克在其 1954 年出版的《管理的实践》一书中，首先提出了"目标管理和自我控制的主张"，他认为"企业的目的和任务必须转化为目标"。"企业如果无总目标及与总目标相一致的分目标来指导每个员工的生产和管理活动，则组织规模越大，人员越多，发生内耗和浪费的可能性越大"。因此，他提出，凡是影响企业健康成长的地方都应设立目标。每个员工根据总目标要求自己制定个人目标，并努力达到个人目标。概括来说目标管理也即是让企业的管理人员和员工亲自参加工作目标的制定，在工作中实行“自我控制”，并努力完成工作目标的一种管理制度。

目标管理方法一诞生，就被美国企业界视为一种起死回生的有效手段，迅速普及于工业、金融、公用事业等大中小企业。

（三）目标管理的特点

（1）目标管理是一种参与管理。传统的目标设定方法中，组织目标由最高管理者设定，缺乏执行者的参与，而执行者的目标由他人来确定不免要出现目标扭曲问题。而目标管理（MBO）方法则是员工参与制定目标，实行自我管理和自我控制。企业制定总目标，各部门和全体员工根据总目标的要求，采取“自上而下”“自下而上”相结合以及各部门相互协调的方式来确定各自分目标，形成以企业总目标为中心的、协调一致的目标体系。

（2）建立目标锁链与目标体系。目标管理通过专门设计的过程，将组织的整体目标逐级分解，转换为各单位、各员工的分目标。从组织目标到经营单位目标，再到部门目标，最后到个人目标。在目标分解过程中，权、责、利三者已经明确，而且相互对称。这些目标方向一致，环环相扣，相互配合，形成协调统一的目标体系。只有每个人员完成了自己的分目标，整个企业的总目标才有完成的希望。

（3）重视人的因素，强调“自我控制”，促使权力下放。在目标管理的执行阶段中，上级应充分信任员工，逐级充分授权，使执行者权责一致，实现员工的自我管理与控制。在成果评价阶段，实行员工自检、互检与上级成果检查相结合的方式，实现基于工作成果评价的管理控制。这种参与式、民主式的目标管理制度能使员工在承诺目标和被授权之后发现工作的兴趣和价值，享受工作的满足感、成就感和受尊重感。

（4）重视成果。目标管理以制定目标为起点，以目标完成情况的考核为终结。工作成果是评价目标完成程度的标准，也是人事考核和奖评的依据。至于完成目标的具体过程、途径和方法，上级并不过多干预。所以，在目标管理制度下，监督的成分很少，主要是员工进行自检，而控制目标实现的能力却很强。

（四）目标管理的实施过程

1. 第一阶段：目标体系的确立阶段

目标管理使管理者的工作由被动变为主动的一个很好的管理手段，不仅有利于员工更加明确高效的完成任务，而且有助于考核更加有据可循科学规范。制定目标看是一件简单的事情，但如果上升到技术的层面，就必须学习并掌握目标设置理论的 SMART 原则，他由美国马里兰大学的心理学教授艾德温·洛克于 1968 年提出。具体如下：

（1）目标具体且科学（Specific）。能够用具体的语言清楚说明要达成的行为标准。不能笼统、模棱两可。如，服务人员要增强以客户为中心的意识，这就是一个不合格的目标，因为增强以客户为中心的意识包含很多方面，如提升服务速度、使用规范礼貌用语、采用规范的服务流程等。这会让执行人员摸不着头脑，不知所措。如果改为客户业务的办理速度，由 6 分钟提升到 4 分钟，减少客户等候时间，这便是一个非常具体可操作的目标了。

（2）可测量（Measurable）。目标应有其明确的衡量指标，并尽可能的量化，以便度量和控制，不能含糊不清，而且可以获得。如果制定的目标无法衡量，就无法判断这个目标是否实现。如：为所有的中层管理者安排一次进一步的管理培训。进一步就是一个不明确、不容易衡量的概念。进一步到底指什么？是不是只要安排了这个培训，不管谁讲，也不管效果好坏，都叫进一步呢？如果改为：10 月给所有中层管理者安排一次关于高效管理决策主题的培训，课后考核平均分需要达到 80 分以上，而这样的目标就是变得可以衡量了。因此，绝不使用概念模糊、无法衡量的描述。衡量标尺，可以从数量、质量、成本、时间、上级和客户满意度等方面来进行描述。

（3）可达到（Attainable）。在付出努力的情况下可以达到合理的目标。即目标定的不能太高，太高则令人灰心丧气；目标不能太低，太低则不能挖掘人的潜力，目标要先进合理，让大部分员工经过努力可以完成，一部分员工通过刻苦努力超额完成，少部分员工不努力完不成。应该是努力跳一跳，或者借助其他的工具可以达成的，所谓的摘桃子。如果一厢情愿的把不可能完成的目标强压给下属，其必然会产生心理和行为上的抗拒，最终不利于任务的顺利完成，因此不能制定出跳起来摘星星的目标。同时目标设置要坚持员工参与，上下左右沟通使拟定的目标在组织及个人之间达成一致。因为下属参与目标制定不仅可以激发下属对目标的认可度、责任心和工作热情，还可避免为完成目标而推卸责任。

（4）相关的（Relevant）。组织的总目标与由此分解产生的各部门、各活动甚至各人员的目标必须是相一致的，这是保证计划层层得到落实的基本要求。如果实现了这个目标，但与其他目标完全不相关或者相关度很低，那这个目标即使达到了，意义也不是很大。目标要与岗位职责相关联，不能跑题。比如让前台人员学点英语，以便接电话的时候用得上。学英语这一目标与前台服务质量工作水准这一目标直接相关。

（5）有时间限度的（Time - scoped）。即明确提出完成目标的时间表，让人做到心中有数。如在 2024 年 12 月 31 日前完成某事。12 月 31 日就是一个确定的时间限制。设立目标时应注意目标的内容及其优先顺序。在一定的时间和条件下，几个共存的目标其重要性可能是不同的，设定不同的目标优先顺序将导致不同的行动内容和资源分配的先后顺序。设定一个大家都同意的合理的完成期限，就能对工作完成情况定期检查沟通，及时发现问题给予适当指导，成功完成任务。否则上司着急，下属却把他安排到几天后的工作中，到头来上级如热锅上的蚂蚁，下级也是万分委屈，不仅不能完成任务，还伤了下属的积极性和团队合作和谐的氛围。

2. 第二阶段：分解目标

组织的总体目标制定以后，就要把它分解下属成各部门的分目标和个人目标，即目标分解。这是一个自上而下的过程。同时，组织体系中的每个部门、每个成员可以根据自己的部门、层次、岗位分工和职责要求，结合初步下达的目标进行思考分析提出自己的目标，并按层级上报，这是自下而上的过程。组织将反馈来的目标与下达目标进行比较分析，并进行修订然后再下达，下级各方仍可以修正再次上报。经过这种自上而下和自下而上相结合的方式，最终将组织目标分解成一个目标体系，并下达给组织相应的层次、部门和组织成员。在目标分解的过程中，管理者还需时刻注意保持上下级目标、各部门目标之间的平衡，符合目标分解的贡献原则，即下一级目标的实现，对上一级目标的实现有贡献。

资料链接 7-4　　马拉松运动员的故事——目标要分解落实

山田本一是日本著名的马拉松运动员，他曾在 1984 年和 1987 年的国际马拉松比赛中，两次夺得世界冠军。记者问他凭什么取得如此惊人的成绩，山田本一总是回答：

"凭智慧战胜对手!"

大家都知道，马拉松比赛主要是运动员体力和耐力的较量，爆发力、速度和技巧都在其次。因此对山田本一的回答，许多人觉得他是在故弄玄虚。

10年之后，这个谜底被揭开了。山田本一在自传中这样写道："每次比赛之前，我都要乘车把比赛的路线仔细地看一遍，并把沿途比较醒目的标志画下来：比如第一标志是银行，第二标志是一个古怪的大树，第三标志是一座高楼……这样一直画到赛程的结束。比赛开始后，我就以百米的速度奋力地向第一个目标冲去，到达第一个目标后，我又以同样的速度向第二个目标冲去。40多公里的赛程，被我分解成几个小目标，跑起来就轻松多了。开始我把我的目标定在终点线的旗帜上，结果当我跑到十几公里的时候就疲惫不堪了，因为我被前面那段遥远的路吓倒了。"

资料来源：目标管理的七个经典故事，精品素材库。

3. 第三阶段：目标实施阶段

在目标的实施阶段，组织需要做好几方面的工作：

（1）上级对下级工作的检查与控制工作。企业任何个人或部门的目标完成出现问题都将影响企业目标的实现。定期或不定期地检查目标实施情况，及时发现和协助解决问题，甚至给予必要的资源支持以促进各部门和组织成员认真顺利地实现目标。必要时，也可以根据环境的变化对目标进行一定的修正。

（2）上级对下级的权力下放后，员工的自我控制工作。在目标实施过程中，上级关心的是下级是否达到目标、取得最终成果，至于下级采取什么方法和手段，通过什么途径来达到目标，则可以由下级自主选择决定。因此，在实施过程中，上级要尽可能授权下级自由处理的余地。而同时，员工也应根据自己所担负的责任，按照目标要求，在实施目标中进行自主的管理与控制。自我控制的最大成效就是能够挖掘和发挥员工工作的积极性，并以此指导自己把各项工作做好。

（3）上级应加强与下属之间的交流与沟通，并适时进行必要的指导，最大限度地保证各级目标的顺利完成。

4. 第四阶段：成果评价阶段

当目标实施活动已按预期要求结束时，组织必须按照定量目标值对各部门、各组织成员实际取得的成果作出评价，肯定成绩、指出不足，并使这种评价与奖励挂钩。而与此同时，还要把评价结果及时反馈给执行者，使其主动地总结自己在目标执行过程中的成绩与不足，以便在下一个目标管理过程中进行自我控制。

对于顺利完成目标的部门和员工，组织要制定合理的激励机制，对其实施奖励。而对于那些尚未完成目标或在工作中存在明显不足的员工，在追究其责任的同时，更应热情帮助其总结教训，分析其工作过程中存在的种种问题与解决方法，并为其指出今后努力的方向，激励其发挥出更大干劲。

成果评价工作完毕，则表示目标管理的一个周期结束。但目标管理是一个不间断的、反复的循环过程，每一新的循环周期的目标体系都是在前一个循环周期的实践基础上建立起来的。因此成果评价阶段之后，组织即可按照上述步骤确定新的目标体系，实施新一轮的目标管理。

（五）目标管理的优缺点

1. 目标管理的优点

（1）有效地提高管理的效率。目标管理对于目标的强调保证了组织的所有活动都围绕着完成组织的经营宗旨展开。这种有的放矢的管理一方面保证各层次管理者权责分明，增加管理工作的规范性；另一方面通过职工的广泛参与，保证了管理的科学性和有效性，提高管理水平。

（2）有助于组织机构的职责分工。目标管理的机构设置是围绕组织目标而建立的。这就要求组织机构要权责明确。目标管理的自我控制原则要求组织结构的设定要以分权为基础，即要充分授权，职责明确。

（3）有利于调动员工的工作积极性、创造性和责任心。目标的设定要求职工的广泛参与，使员工不再是只做工作、执行或等待指导与决策，组织的目标通过授权由员工自主完成，使他们有相当的自主权，在一定范围内主要依靠自我控制进行工作和承担后果，这会极大程度的调动员工的工作积极性、创造性和责任心。目标管理的以成果为人事考核和评价体系使职工的努力能够得到客观公正的评价，从而保证权责利的有效统一，产生强大的激励作用。

（4）有利于更有效的监督和控制。目标管理的自我控制和上级控制相结合的目标控制体系，保证了在目标的执行过程中及时发现并矫正各种偏差。目标管理以目标作为一切管理活动的依据，使可考核的目标体系成为组织进行监督的最好指导。

2. 目标管理的缺点

尽管目标管理方法有很多优点，但也有其缺点。了解目标管理的缺点，对有效实施目标管理是十分重要的。

（1）适当的目标不易确定。真正可考核的目标是很难确定的，特别是有些定性指标难以定量化。而目标管理的有效实施要以目标的准确设定为前提。组织是开放的系统，组织的活动受外部环境的影响较大，要把企业的目标具体化有一定的困难。这对管理人员的素质要求较高。

（2）目标制定与分解中的员工参与费时、费力。目标管理的思想基础是员工具有全局观念和长远观念。这种思想的形成需要组织长期对员工进行教育。比较而言，目标管理比单向的命令式管理费时、费力。如果协调不好，还会影响员工自我控制的积极性。

（3）目标成果的考核与奖惩标准很难统一。由于目标设定中对不同部门的目标完成的难度很难作出准确的划分，在评价、考核和制定奖惩方案时，经常会发生某一目标制定的偏低，按照完成情况进行奖励会引起其他部门的不满，伤害员工参与目标管理的积极性。

（4）企业职工素质差异影响目标管理的实施。目标管理的人性假设是员工乐于发挥潜力、勇于承担责任、愿意自我管理和体验工作成就感。而在实践工作中，却不完全如此。这就要求目标管理的实施要以员工有一定的素质为基础。

尽管目标管理还存在一些欠缺，但一旦被主管人员所认同，并在实践中灵活运用，不断探索，使之不断完善，目标管理就会在现代企业管理过程中起到很大的作用。

三、PDCA 计划循环法

PDCA 计划循环法是由美国统计学家戴明博士发明的，所以又叫戴明循环管理法。PD-

CA 是英文 Plan（计划）、Do（执行）、Check（检查）、Act（处理）4 个词首字母的缩写。它的基本原理，就是做任何一项工作，首先有个设想，根据设想提出一个计划；然后按照计划规定去执行、检查和总结处理；最后通过工作循环，一步一步地提高水平，把工作越做越好。它适用于各行各业的计划管理和质量管理，已成为我国现代化管理内容之一。

PDCA 循环法分为计划、执行、检查、处理 4 个阶段，具体包括 8 个步骤，见表 7 - 3。

表 7 - 3　　PDCA 计划循环法的内容与步骤

第一阶段：计划	确定方针、目标和活动计划等内容	①提出工作设想，收集有关资料，进行调查和预测，确定方针和目标。
		②按规定的方针目标，提出各种决策方案，从中选择一个最理想的方案。
		③按照决策方案，编制具体的活动计划下达执行。
第二阶段：执行	组织力量去执行计划，保证计划的实施	④根据规定的计划任务，具体落实到各部门和有关人员，并按照规定的数量、质量和时间等标准要求，认真贯彻执行。
第三阶段：检查	对照计划指标，对计划的执行情况进行检查和控制	⑤检查计划的执行情况，评价工作成绩。在检查中，必须建立和健全原始记录和统计资料，以及有关的信息情报资料。
		⑥及时发现执行过程中的问题，并进行科学分析，找出问题产生的原因。
第四阶段：处理	根据检查结果总结此次计划的经验教训，并把成功的经验和失败的教训都规定到相应的标准、制度或规定中	⑦对发生的问题应提出解决办法。好的经验要总结推广，错误教训要防止再发生。
		⑧对尚未解决的问题，应转入下一轮 PDCA 工作循环予以解决。

四、网络计划技术法

网络计划技术是用于复杂工程项目的计划与控制的一项管理技术。它是 20 世纪 50 年代末发展起来的，包括各种以网络为基础制定计划的方法，如关键路线法（Central Path Method，CPM）与计划评审法（Program Evaluation and Review Technique，RERT）等。其基本原理是将一项工作分为若干作业，运用网络图的形式表达整个计划中各种作业之间的先后次序和相互关系，并在此基础上进行网络分析、确定关键路线，从而对整个项目进行总体规划和调配，以达到用最少的人力、物力和财力资源以及最高的速度完成整个计划。

网络图是一个项目计划的图形解释，是网络计划技术的基础。它描述了项目各工序活动的顺序和时间，并根据这些工序在时间上的衔接关系，用箭线表示它们的先后顺序，画出一个各项工序相互联系的时间关系图，有时还加入相应的成本数据，这个工序图就称作网络图。一般地，网络图由以下部分构成：

（一）“→”，工序（活动、作业）

工序是一项需要消耗资源和时间的具体作业活动，用箭线“→”表示。箭线上面标写工序代号或名称，下面标写工序完成所需消耗的时间和其他资源；对箭线前后的节点进行编号，分别表示活动的开始和结束。相邻排列的工序之间，前活动是后活动的紧前活动，后活动是前活动的紧后活动。活动的作业时间最常采用的方法是三点估计法，三点估计法也被称为经验估计法，就是把施工时间划分为最乐观时间，即工作顺利情况下的时间 a，最可能完成的时间，就是完成某道工序的最大可能时间 m，最悲观的时间就是工作进行不利时所需的时间 b，则应用经验估计法计算活动的作业时间 t 的公式：$t=(a+4m+b)/6$。此外，一些既不占用时间也不消耗资源的虚设工序，为了清除表明示工序之间的关系也要表示出来，一般用虚线“→”表示。

（二）“○”，事件（结点）

事件是两个工序间的连接点，又叫结点，它表示前一活动的结束与后一活动的开始，不占用时间和资源，用“○”表示。一个网络图中只有一个始点事件，一个终点事件，其余为中间事件。

（三）路线

路线是网络图中由始点出发，沿箭线方向到达终点事件为止的一条通道，它表示一个独立的工作流程。一个网络图中往往存在多条路线，其中在占用时间最长的一条路线上，任何事件的完成时间发生任何延迟都将推迟整个项目的完成，也就是说，这条上活动的松弛时间为零。因此，这条路线被称为关键路线，它决定了计划的总工期，关键路线上的工序被称为关键工序。

我们通过一个例题来了解网络计划技术的使用步骤：

[例 7－1] 某住户乔迁新居，需事先对房屋进行装修，包括以下作业：A. 工具、原材料到位，7 天；B. 主体拆改，8 天；C. 水电改造，4 天；D. 包立管，2 天；E. 刷墙刷漆，7 天；F. 厨卫吊顶，3 天。G. 安装窗户，5 天；H. 安装晾衣架、灯具、卫浴洁具等，6 天；I. 贴地板，8 天；J. 安装成品门，1 天。

（1）确定完成项目必须进行的每一项工序，并确定工序之间的逻辑关系和先后顺序，见表 7－4：

表 7－4　　各工序之间的逻辑关系

工序	A	B	C	D	E	F	G	H	I	J
耗时	7	8	4	2	7	3	5	6	8	1
紧前工序	—	A	B	C	B	D、E	D、E	F、G	H	I

（2）根据工序之间的关系绘制 7－3 网络图：

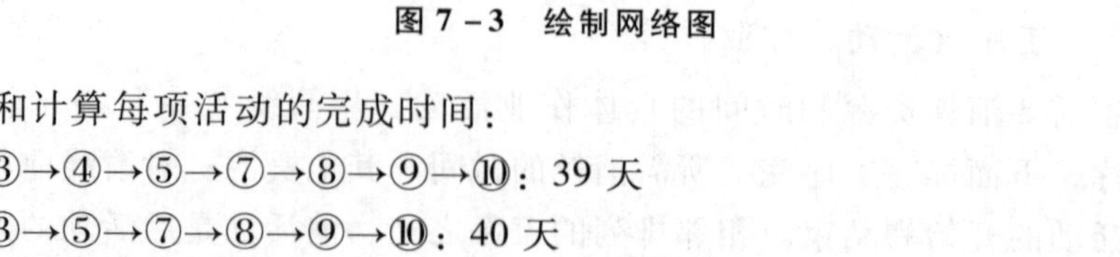

图 7－3　绘制网络图

（3）估计和计算每项活动的完成时间：

①→②→③→④→⑤→⑦→⑧→⑨→⑩：39 天

①→②→③→⑤→⑦→⑧→⑨→⑩：40 天

①→②→③→④→⑤→⑥→⑦→⑧→⑨→⑩：41 天

①→②→③→⑤→⑥→⑦→⑧→⑨→⑩：42 天

（4）确定关键路线：

从上图可知第四条路线（①→②→③→⑤→⑥→⑦→⑧→⑨→⑩）耗时 42 天，是最长的路线，即为关键路线。这条路线上的任何事件完成时间的延迟都会推迟整个项目的完成时间。而如果计划制定者想要缩短工期，就需要关注关键路线上的活动能不能完成地更快一些。

五、线性规划法

线性规划法是解决多变量最优决策的方法，即在各种有限资源的约束条件下，规划各变量之间的线性关系，并求得线性目标函数的最优解的方法。其中，目标函数是决策者要求达到目标的数学表达式，用一个极大或极小值表示。约束条件是指实现目标的能力资源和内部条件的限制因素，用一组等式或不等式来表示。

线性规划法作为经营管理决策中的数学手段，在现代决策中的应用是非常广泛的，它可以用来解决科学研究、工程设计、生产安排、军事指挥、经济规划；经营管理等各方面提出的大量问题。比如在有限的资源条件下如何确定最佳的产品组合、如何获得组织利益的最大化；在预算有限的情况下如何分配给不同的产品；如何选择最高效的运输路线。

[例 7-2] 某企业生产甲、乙两种产品，要用 A，B，C 三种不同的原料，从工艺资料知道：每生产 1 件产品甲，需用三种原料分别为 1，1，0 单位；生产 1 件产品乙，需用三种原料分别为 1，2，1 单位。每天原料供应的能力分别为 6，8，3 单位。又知，销售 1 件产品甲，企业可得利润 3 万元；销售 1 件产品乙，企业可得利润 4 万元。试写出能使利润最大的线性规划模型。

运用线性规划法求最优解的步骤有：

（1）把解决实际问题的含义搞清楚

单位产品所需原料 / 原料	产品		
	甲	乙	原料供应（单位）
A	1	1	6
B	1	2	8
C	0	1	3
单位利润（元）	3	4	

（2）确定影响目标的变量：

本题中：设生产甲、乙两种产品的产量分别为 x_1 件和 x_2 件。显然，x_1，$x_2 \geqslant 0$

（3）建立目标函数：$\max S = 3X_1 + 4X_2$

（4）找出实现目标的约束条件，构建线性规划模型：

$$\begin{cases} X_1 + X_2 \leqslant 6 & A-D \\ X_1 + 2X_2 \leqslant 8 & C-B \\ X_2 \leqslant 3 & O-F \\ X_1,\ X_2 \geqslant 0 \end{cases}$$

（5）计算出目标函数达到最优的可行解，即该线性规划的最优解。

对于复杂的线性规划问题，可采用单纯形法等数学方法或者专门设计的计算机程序来求解最佳方案。而如果计划问题比较简单，可采用图解法来求解。如图 7－4 所示：原材料 *A* 的约束条件用约束曲线 *AB* 表示，原材料 *B* 的约束条件用约束曲线 *CD* 表示，原材料 *C* 的约束条件用约束曲线 *EF* 表示。三个约束条件都满足的区域即为方案的可行域，表现为图中的梯形 *OCEF* 区域。最优解会落在该区域的某个角上，通过计算点 *O*、*C*、*E*、*F* 的利润值，发现点 *E*（$S=3\times3+4\times2.5=19$）提供了满足约束条件的最大目标利润的方案。

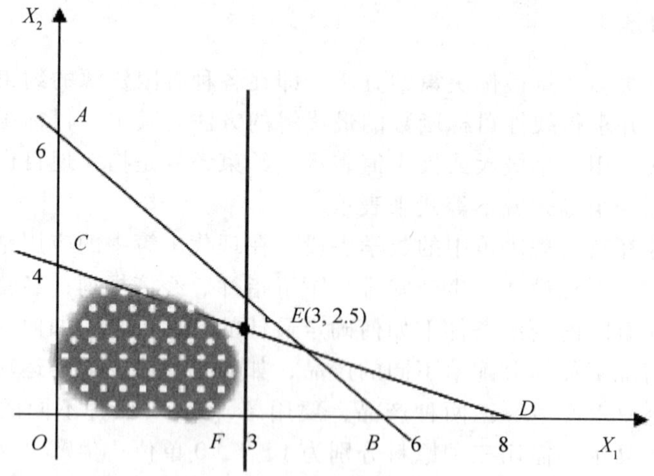

图 7－4　线性规划问题的图解法

六、甘特图

甘特图（Gantt chart）是在 20 世纪初由亨利·甘特开发的。它基本上是一种线条图，横轴表示时间，纵轴表示要安排的活动，线条表示在整个期间上计划的和实际的活动完成情况。甘特图直观地表明任务计划在什么时候进行，以及实际进展与计划要求的对比。

七、投入产出法

投入产出法是利用高等数学的方法对物质生产部门之间或产品之间的数量依存关系进行科学的分析，并对再生产进行综合平衡的一种现代的科学方法。

其作用：①经济结构分析；②经济发展相关条件分析；③平衡/缺口分析；④预测；⑤最优经济计划的编制；

八、计量经济学的方法

运用现代数学和各种统计的方法来描述和分析各种经济关系。

关键词

计划职能 Planning Functions　　　　计划程序 Planning Process

计划方法 Planning Approach

滚动计划法 Rolling Plan Method

目标管理法 MBO

线性规划法 Linear Programming

思考题

1. 决策与计划的关系。

2. 结合计划工作限制因素原理、许诺原理、灵活性和改变航道原理，谈谈在日常生活学习中应注意哪些问题？请举出身边的例子加以说明。

3. 成也计划败也计划，请问企业可以不要计划吗？通用汽车公司杰克·韦尔奇说：“与其让别人掌握你的命运，不如你自己来主宰。”在学完计划工作后，这句话有什么含义？“别人将主宰你的命运”的含义呢？

4. 请根据 SMART 原则，制定自己本学期的学习目标。

5. 假定你是麦当劳快餐郑州分店的业务经理，你想知道在每个工作轮班应制作多少类型的汉堡和安排几个出纳员，你认为哪种类型的计划对你最有用？

管理定律

80/20 法则，又称为帕累托法则、二八法则。19 世纪末 20 世纪初意大利的经济学家巴莱多认为，在任何一组东西中，最重要的只占其中一小部分，约 20%，其余 80% 尽管是多数，却是次要的。社会约 80% 的财富集中在 20% 的人手里，而 80% 的人只拥有 20% 的社会财富。这种统计的不平衡性在社会、经济及生活中无处不在，这就是二八法则。

二八法则告诉我们，不要平均地分析、处理和看待问题，企业经营和管理中要抓住关键的少数；要找出那些能给企业带来 80% 利润、总量却仅占 20% 的关键客户，加强服务，达到事半功倍的效果。企业领导人要对工作认真分类分析，要把主要精力花在解决主要问题、抓主要项目上。

案例分析讨论 1

“舒心”饮食店商业环境调查计划书

1. 前言：前提条件和条件设定；调查分析方法；本报告构成概要。

2. 饮食店的概要。

3. 都市条件：位置、区域；人口迁移；收入水平；城市规模；饮食市场；市场前景。

4. 开设条件：场所条件、位置、环境、道路及交通。

5. 商业环境条件：商业范围设定；商业范围人口；商业范围内商业设施；竞争状况；

未来状况；商业环境条件概要。

6. 结论：各条件的概念；对所有条件的判定；店铺提案；潜在月销售额测算。

7. 附件：周边环境图示；周边竞争图示；城市关系图示；商业范围内人口资料。

请同学们分组并按以上大纲，写一篇调查报告。要求报告有：封面、目录、结论概要、开设饮食店的场所、条件；营销战略观点；实际运营观点；开店后的计划。

案例分析讨论2

乔森家具公司五年目标

乔森家具公司是林大森先生在20世纪80年代创建的，开始时主要经营卧室和会客室家具，取得了相当大的成功，随着规模的扩大，自20世纪90年代开始，公司又进一步经营餐桌和儿童家具。1995年，林大森退休，他的儿子林小森继承父业，不断拓展卧室家具业务，扩大市场占有率，使得公司产品深受顾客欢迎。到2003年，公司卧室家具方面的销售量比1995年增长了近两倍。但公司在餐桌和儿童家具的经营方面一直不盈利，面临着严重的困难。

一、董事长提出的五年发展目标

乔森家具公司自创建之日起便规定，每年12月召开一次公司中、高层管理人员会议，研究讨论战略和有关的政策。2003年12月14日，公司又召开了每年一次的例会，会议由董事长兼总经理林小森先生主持。林小森先生在会上首先指出了公司存在的员工思想懒散、生产效率不高的问题，并对此进行了严厉的批评，要求迅速扭转这种局面。与此同时，他还为公司制定了今后5年的发展目标。具体包括：

（1）卧室和会客室家具销售量增加20%；

（2）餐桌和儿童家具销售量增长100%；

（3）总生产费用降低10%；

（4）减少补缺职工人数3%；

（5）建立一条庭院金属桌椅生产线，争取5年内达到年销售额5000万元。

这些目标主要是想增加公司收入，降低成本，获取更大的利润。但公司副总经理马一鸣跟随林大森先生工作多年，了解林小森董事长制定这些目标的真实意图。尽管林小森开始承接父业时，对家具经营还颇感兴趣。但后来他的兴趣开始转移，试图经营房地产业。为此，他努力寻找机会想以一个好价钱将公司卖掉。为了能提高公司的声望和价值，他准备在近几年狠抓一下经营，改善公司的绩效。

马一鸣副总经理意识到自己历来与林小森董事长的意见不一致，因此在会议上没有发表什么意见。会议很快就结束了，大部分与会者都带着反应冷淡的表情离开了会场。马一鸣有些垂头丧气，但他仍想会后找董事长就公司发展目标问题谈谈自己的看法。

二、副总经理对公司发展目标的质疑

公司副总经理马一鸣觉得，董事长根本就不了解公司的具体情况，不知道他所制定的目标意味着什么。这些目标听起来很好，但马一鸣认为并不适合本公司的情况。

他心里这样分析道：第一项目标太容易了——这是本公司最强的业务，用不着花什么力气就可以使销售量增加20%；第二项目标很不现实——在这领域的市场上，本公司就不如竞争对手，绝不可能实现100%的增长；第三、四项目标亦难以实现——由于要扩大生产，又要降低成本，这无疑会对工人施加更大的压力，从而也就迫使更多的工人离开公司，这样空缺的岗位就越来越多，在这种情况下，怎么可能减少补缺职工人数3%呢？第四项目标倒有些意义，可改变本公司现有产品线都是以木材为主的经营格局，但未经市场调查和预测，怎么能确定5年内我们的年销售额就能达到5000万元呢？

经过这样的分析后，马一鸣认为他有足够的理由对董事长所制定的目标提出质问。

资料来源：乔森家具公司五年期目标，百度文库。

问题：

1. 你认为副总经理马一鸣对公司制定的发展目标提出质疑合理吗？为什么？

2. 假如你是董事长，面对马一鸣的质疑，你怎么做？

第八章　组织理论与方法

本章要点

1. 组织结构设计的基本原则
2. 职权配置的方法
3. 组织结构的基本形式

导入案例

CMP 出版公司组织结构的演变

戈里夫妇于 1971 年建立了该公司，所设立的组织结构将所有重大决策都集中在他们手中，公司运作得非常好。到 1987 年，公司出版的 10 种商业报纸和杂志都在各自的市场上占据了领先地位。他们所服务的计算机、通信技术、商务旅行和医疗保健市场也为公司成长提供了充分的机会。

1987 年情况发生的变化：想约见戈里的人早上 8：00 就要在办公室外等候。员工越来越难以得到对日常问题的答复。要求快速反应的决策常常被耽误。

当初设计的组织结构，对这个成长中的公司已经不适应了。认识这一问题后，他们立即对公司组织进行了重组：

（1）将公司分解为可管理的单位——分部。每个分部配备一名经理，授予足够的权力。

（2）设立出版委员会负责监管这些分部。他们夫妇和各分部经理都是该委员会的成员。

分部经理向委员会汇报工作，委员会负责确保各分部按公司的总战略运作。组织结构变革的效果：共出版了 14 种刊物，年销售额达到近 2 亿美元，公司收益按公司设定的 30% 的年增长率目标不断增加。

CMP 出版公司的例子说明了什么呢？在组织演进过程中选择合适的结构是至关重要的。

资料来源：CMP 出版公司组织结构的演变，百度文库。

第一节　组织工作概述

一、组织的含义

组织包括两层含义，一是由若干因素构成的有序的结构系统，如军队、医院、学校、企业山川、河流、湖泊等，是名词形式；二是根据一定的目的，按照一定程序对一些事务进行安排和处理的活动或行为，是动词形式。前者包括社会组织，也包括自然组织，后者则专指人类的活动。

社会系统学派的代表巴纳德认为，由于心理的、生理的、物质的、社会的限制，人们为了达到个人的和共同的目标，就必须合作，于是形成群体，群体形成组织，组织就是“由两个或两个以上的人为了实现共同目标而有意识地结合在一起的一个合作系统。”他指出的构成组织的基本要素有：共同的目标，合作的意愿，信息的交流。他认为，信息的交流是连接组织的共同目标与个人意愿的桥梁。没有信息的交流，目标难以为全体成员所接受，个人的合作意愿难以变成有效的行动。

组织是一个动态组织，是一个过程，是维持和变革组织结构，以完成组织目标的过程，是管理的一项基本职能。简单来讲就是按照计划要求，组织人力、财力、物力，建立组织结构，制定规章制度，保证计划在将来能够顺利的实现的过程。

组织工作之一就是形成了一个“组织结构”，人们常说的“组织设计”，指的就是组织结构的设计，因此，组织工作要回答或解决的基本问题就包括：

（1）根据组织目标设计和建立一套组织结构和职位系统；

（2）确定职权关系，从而把组织上下左右联系起来；

（3）畅通信息渠道，以保证所设计和建立的组织结构有效运转；

（4）根据组织内外部要素的变化，实时的调整组织结构。

从组织设计的视角看，组织可分为正式的组织和非正式的组织。

正式组织是为了有效实现组织目标而规定组织成员之间职责范围和相互关系的一种结构。具有不是自发形成的，有明确的效率标准，具有强制性等特点。

非正式组织是人们在共同工作或活动中，由于抱有共同的社会感情和爱好，以共同的利益和需要为基础而自发形成的团体。具有自发性、内聚性和稳定性特点。非正式组织可能给组织带来积极和消极影响。

非正式组织的积极影响是：增进个人间的感情；提高个人间的协作程度；提供了个人表达思想感情的机会；增加信息交流和沟通；减少个人对工作和环境的厌烦感，提高士气。非正式组织的消极影响是：可能成为实现正式组织目标的障碍。非正式组织的群体压力可能影响组织统一的价值观、共同信息的形成。非正式组织可能成为组织变革的一种阻力。

二、组织的作用

（一）组织具有人力汇集的功能

组织实际上是个人力量的汇集，把分散的力量汇集成整体，进而在同其他组织系统竞争中实现自身存在的价值协调功能。

（二）组织具有人力放大的功能

组织汇集了多种资源，通过精心的结构设计和合理的分工协作，使各种资源最大程度的发挥作用。有了组织，人们就要遵守各种规章制度，承担相应责任，在组织框架内发挥作用。有了组织，就可以通过奖酬形式激发人的积极性、创造性、主动性。

组织设计寻求人员的最佳组合，从而达到“1 +1 >2”的效果。正如沙子、水泥和钢筋按照合适的比例组合在一起可以盖起高楼大厦，这是沙子、水泥、钢筋任何一种物质无法单独完成的。因此，有机的组织具有人力放大的功能。

（三）组织具有桥梁功能

组织是连接企业领导与职工、企业与环境的桥梁。企业实现有效领导的前提，是领导与职工的信息交流、情感交流。信息交流可使每个职工明确个人的权利与责任。借助于组织内部在合理分工基础上形成的权责分配关系，使组织成员有一个正式的信息联系渠道，可以了解生产中出现的问题，及时进行信息传递，保证问题的及时有效解决，避免矛盾与误解。

第二节　组织设计

一、组织设计的含义

所谓组织设计，是指对一个组织的结构进行规划、构造、创新或再构造，以便从组织的结构上确保组织目标的有效实现。他是一种职务结构或职权结构的设计。

组织中的每个人不再只是对自己负责的个人，而是对实现组织目标负责，承担组织中的既定角色。正如孔茨所说：正式组织是基于对职务结构的理解设想出来的。

组织设计的任务是设计清晰的组织结构，规划和设计组织中各部门的职能和职权，确定组织中职能职权、参谋职权、直线职权的活动范围，绘制组织结构图并编制职务说明书。

组织结构的目的是为了实现组织的目标，在组织理论指导下，经过组织设计形成的组织内部各个部门、各个层次之间固定的排列方式。它体现了组织各部门的排列顺序，空间位置，聚集状态和相互关系。

二、组织设计程序

组织结构是描述组织的框架体系，就像人类由骨骼确定体型一样，组织也是由结构来确定其形状。组织结构可以用复杂性、规范性和集权性三种特性来描述：

复杂性是指每一个组织内部的专业化分工程度、组织层级、管理幅度以及人员之间、部门之间关系所存在着的巨大差别性。分工越细，组织层级越多，管理幅度越大，组织的复杂性就越高；组织的人员部门越多，分布越散，人员与事物之间的协调也就越难。

规范性是指组织需要依据规章制度以及程序化、标准化的工作，规范性地引导员工的行为。规范的内容既包括了以文字形式表述的规章制度、工作程序、各项指令，也包括了以非文字形式表达的组织文化、管理伦理以及行为准则等。组织中的规章条例越多，组织结构也就越正式化。

集权性是指组织在决策时正式权力在管理层级中分布与集中的程度。当组织的权力高度集中在上层，问题要由下至上反映，并最终要由最高层决策时，组织的集权化程度就较高；反之，一些组织授予下层人员更多决策权力时，组织的集权化程度较低，这种授权方式被称为分权。

组织设计的程序：

（1）工作划分。组织设计首先要把达成组织目标的总体任务划分为一系列各不相同又互相联系的具体工作任务。

（2）建立部门。根据每位职务人员从事的工作性质不同以及职务间的区别和联系，可以遵照组织职能相似、活动相似或关系紧密的原则，将各个职位人员聚集在部门这一基本管理单位内，构成职务和职位。也就是设计和确定组织内从事具体管理工作所需的各类职能部门以及各项管理职务的类别和职位数量。

职务是指职员所具有的头衔称谓，包括职权和职责两方面内容。它由一组重要责任相似或相同的职位构成。通常是一个职务，多个职位，比如，生产统计员，可以由一人或多人共同来担任，这些职位对应同一职务，而生产科长只能由一人担任，它既是职位，又是职务。

职位即岗位（Position），它是指组织中执行一定任务的位置，即只要是企业的员工就应有其特定的职位，职位通常也称岗位。

职能（Competency）是指人、事物、机构所应有的作用。从人的职能角度讲，是指一定职位的人完成其职务的能力。如，一个商场就离不开购、销、运、存等活动。企业的购、销、运、存能力越强，企业就越有竞争优势。一个生产型企业，就离不开研发、生产、营销、财务等活动。

（3）划分层级。在职能与职务设计以及部门划分的基础上，必须根据组织内外能够获取的现有人力资源情况，对初步设计的职能和职务进行调整和平衡，同时要根据每项工作的性质和内容，确定管理层级并规定相应的职责、权限，通过规范化的制度安排，使各个职能部门和各项职务形成一个严密、有序的活动网络。

（4）确定职权关系。在部门和层级设计完成后，按照水平和垂直的层次顺序，绘制出组织结构图，明确各部门的职责与权限，明确部门与部门之间的分工与协作关系，上下级之间的领导与被领导关系，以方便命令的传达和工作上的相互配合。

（5）按照水平和垂直的层次顺序画出组织结构图，形成职务说明书。

（6）动态调整，与时俱进。

三、组织设计的原则

（一）因事设职与因人设职相结合的原则

组织设计的根本目的是保证组织目标的实现，是使目标活动的每项内容都落实到具体的岗位和部门，即“事事有人做”。因此，组织设计中，逻辑性地要求首先考虑工作的特点和需要、要求因事设职，因职用人，而非相反。但这并不意味着组织设计中可以忽视人的因素，组织设计过程中必须重视人的因素。因为组织中各部门各岗位的工作最终是要人去完成的，即使是一个全新的组织，也并不总是能在社会上招聘到每个职务所需的理想人员的。如同产品的设计，不仅要考虑到产品本身的结构合理，还要考虑到所能运用的材料的质地、性能和强度的限制一样，组织机构和结构的设计，也不能不考虑到组织内外现有人力资源的特点。

（二）统一指挥原则

统一指挥原则就是要求每位下属应该有一个并且只有一个上级，要求在上下级之间形成一条清晰的指挥链。否则，易形成多头领导、多头指挥，下级无所适从。虽然有时在例外场合必须打破统一指挥原则，但是，为了避免多头领导和多头指挥，组织的各项活动应该有明确的区分，并且应该明确上下级的职权、职责以及沟通联系的具体方式。

（三）集权与分权相结合的原则

集权管理是社会化大生产保持统一性和协调性的内在要求，技术越发展，社会化程度越高，专业分工越细，就越需要统一指挥与管理。但是集权越多，组织内部的弹性越差，适应性越弱，因此还必须进行适度分权。要搞清集权和分权的概念与各自的优点和缺点，正确处理二者之间的关系。

（四）有效管理幅度原则

管理幅度指一个上级直接领导与指挥下属的人数应该有一定的控制限度，并且应该是有效的，即一个管理者能够直接地、有效地指挥、管理下属的人数。一个管理者的控制幅度究竟以多大为宜，至今还是一个没有完全得到解决的问题。汉密尔顿认为 3 ~ 6 人较宜。法约尔认为，最高经理管理 4 ~ 5 个部门经理，工长管理 25 ~ 30 名工人为宜。另外，有的认为管理者直接管理的下属人数不能超过 6 人，有的认为不能超过 24 个人。管理学家格兰丘纳斯指出，当增加一个下属时，直接单独联系的数量按算术级数增加，而相应的联系总数，由于加上直接多数联系和交叉联系，上下级之间的联系数量就会按几何级数增加。因为绝大多数管理人员拥有的知识、能力和时间都是有限的，一个领导者的管理幅度不可能无限制地扩大，否则管理的质量必将下降。

（五）权责对等原则

组织中的每个部门和部门中的每个人员都有责任按照工作目标的要求保质保量地完成工作任务，组织也必须委之以自主完成任务所必需的权力。职权与职责要对等。如果有责无权，或者权力范围过于狭小，责任方就有可能会因缺乏主动性、积极性而导致无法履行责任，甚至无法完成任务；如果有权无责，或者权力不明确，权力人就有可能不负责任地滥用权力，甚至于助长官僚主义的习气，这势必会影响到整个组织系统的健康运行。

（六）柔性经济原则

所谓组织的柔性，是指组织的各个部门、各个人员都是可以根据组织内外环境的变化而进行灵活调整和变动的。组织的结构应当保持一定的柔性以减小组织变革所造成的冲击和震荡。组织的经济是指组织的管理层次与幅度、人员结构以及部门工作流程必须要设计合理，以达到管理的高效率。组织的柔性与经济是相辅相成的，一个柔性的组织必须符合经济原则，而一个经济的组织又必须使组织保持柔性。

四、组织设计的内容

（一）职务设计

职务设计是将职务任务组合起来构成一项完整职务的过程。它经历 4 个发展阶段：

1. 按专业化原则设计职务

在20世纪50年代以前，受亚当·斯密和泰勒等人理论的影响，职务设计基本上是按职务专业化的模式进行的，即把职务简化为细小的、专业化的任务，强调专人专活。优点是：简单、可靠、安全，对提高雇员的工作熟练程度、减少因工作变化而损失的时间，减少人员培训的要求、降低工作成本等都有好处。缺点是：很少考虑工人的社会需要和个人成长需要，产生了很大的副作用，包括工作的单调乏味，工人对工作产生厌倦和不满情绪，管理者和工人之间产生隔阂，离职率和缺勤率增高，怠工和工作质量下降等。

2. 职务扩大化

这是为了克服由于过度的分工而导致工作过于狭窄的弊端而提出的一种职务设计思想。通过增加某职务所完成的不同任务的数量，实现工作多样化，即一人多活。职务扩大化所增加的任务往往与员工以前承担的任务内容具有类似性，因此它只是工作内容水平方向的扩展，试图避免职务专业化造成的缺乏多样性，但它因为工作内容的相似性，并没有给员工的活动提供多少挑战性和兴趣。这就产生了一种相似的做法是“职务轮换”，这样有利于促进雇员技能的多样化，在一定程度上减少工作的单调和枯燥的感觉，可以更好地培养和激励雇员。

3. 职务丰富化

职务扩大化是指工作的横向扩展，职务丰富化则是从纵向充实和丰富工作内容，赋予员工更多的责任、自主权和控制权，使其体验工作的内在意义、挑战性和成就感。职务丰富化设计，就是要将部分行政管理权限下放给下级雇员，使其在一定程度上自主决定工作的内容、方法、进度等。

4. 职务团队化

即围绕群体设职务，也就是职务团队化。团队代表了一种日益盛行的职务设计方案，如今越来越多的经济组织采用这一方式来安排工作以提高组织的竞争力。团队有多种类型，自主管理团队是其中最具代表性的一种，这种团队享有相当大的自主权，除了安排工作进度、决定工作方法之外，团队甚至可以自主挑选成员、自主考评工作绩效以及决定对团队成员的奖惩。

（二）管理层次设计

组织的纵向结构设计，就是确定管理幅度，划分组织层次。

1. 管理幅度与组织层级的关系

组织层级化设计的核心任务是确定完成任务需要设定的层级数目，而有效的管理幅度是决定组织中层级数目的最基本因素。所谓管理幅度，是指组织中上级主管能够直接有效地指挥和领导下属的数量。这些下属的任务是分担上级主管的管理工作，并将组织任务进行层层分解，然后付诸实施。显然，组织幅度应该是有限的。因为，一定幅度的下属数量固然能够减少上级必须直接从事的业务工作量，但同时也增加了上级协调这些人之间关系的工作量。

由于组织任务存在递减性，从最高的直接主管到最低的基层具体工作人员之间就形成了一定的层次，这种层次便称为组织层级。组织层级受到组织规模和组织幅度的影响，它与组织规模呈正比，组织规模越大，包括的人员越多，组织工作也越复杂，则层级也就越多；在组织规模已确定的条件下，组织层级与组织幅度具有互动性，它与组织幅度呈反比，即上级直接领导的下属越多，组织层级也就越少，反之则越多。

组织层级与管理幅度的互动关系决定了两种基本的组织结构形态：一种是扁平式的组织结构形态，另一种是锥形的组织结构形态。图 8-1 显示了这两种组织幅度与层级的差别性。

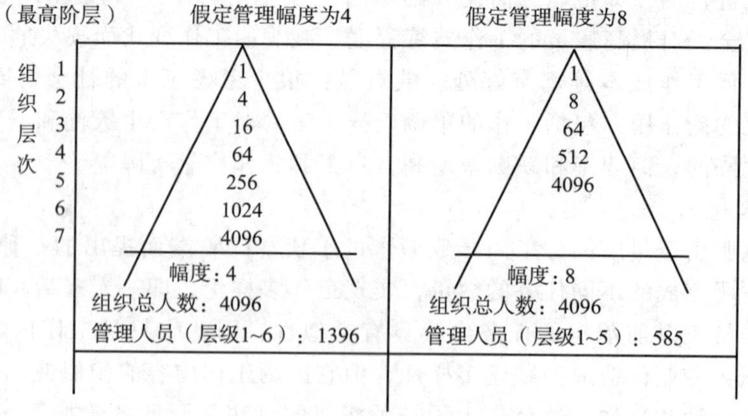

图 8-1　组织幅度与组织层级比较图

扁平式组织结构的优点是：由于管理的层级比较少，信息的沟通和传递速度比较快，因而信息的失真度也比较低，同时，上级主管对下属的控制也不会太呆板，这有利于发挥下属人员的积极性和创造性。其缺点是：过大的管理幅度增加了主管对下属的监督和协调控制难度，同时，下属也缺少了更多的提升机会。

锥形组织结构的优点是：由于管理的层级比较多，管理幅度比较小，每一管理层级上的主管都能对下属进行及时的指导和控制；另外，层级之间的关系也比较紧密，这有利于工作任务的衔接，同时也为下属提供了更多的提升机会。其缺点是：过多的管理层级往往会影响信息的传递速度，因而信息的失真度可能会比较大，这又会增加高层主管与基层之间的沟通和协调成本，增加管理工作的复杂性。

2. 影响管理幅度的因素

（1）管理工作的内容和性质。管理工作内容越多，上下左右之间的联系就越多，需要花费的工作时间也就越多；管理工作越是复杂多变，管理人员需要耗费的时间和精力就越多，组织就越是需要缩小控制幅度。另外，下属人员工作的相似性越大，管理的指挥，和监督工作就越容易，扩大管理幅度就越有可能。

（2）管理人员的工作能力情况。如果管理人员和下属都具有较强的工作能力，管理人员就能够准确而迅速地把握问题的关键，及时提出指导性的建议和方法，而下属也同样能够准确领会上级的命令和意图，从而减少协调和沟通的频率，有效扩大管理幅度。

（3）下属人员的空间分布状况。如果下属人员在空间上的分布比较分散，就会增加上下左右之间协调和沟通的困难，尽管现代通信手段提供了较为便捷的联系渠道，但是，这多少会影响上级主管增加管理幅度的主动性。

（4）组织变革的速度。每一个组织都必须根据环境的变化进行及时的调整，环境变化越快，组织遇到的问题就越多，组织变革的速度也就越快，主管人员对下属的指导时间和精力耗费也就越多，组织也就越不太容易扩大管理幅度。

（5）信息沟通的情况。信息充分及时是有效管理的前提，如果组织上下级之间的信息交流能够充分快捷，并且具有较高的横向沟通效果，组织就可以适当扩大管理幅度。

（三）部门设计

部门是指组织中主管人员为完成规定的任务有权管辖的一个特定的领域。部门确定了任务分配和责任的归属。组织的部门有多种不同的划分方式，依据不同的划分标准，可以形成以下几种不同的部门化形式。

1. 职能部门化

职能部门是一种传统而基本的组织形式。职能部门化就是按照生产、财务管理、营销、人事、研发等基本活动相似或技能相似的要求，分类设立专门的管理部门。图 8－2 是一个典型的按职能划分的部门化组织图。

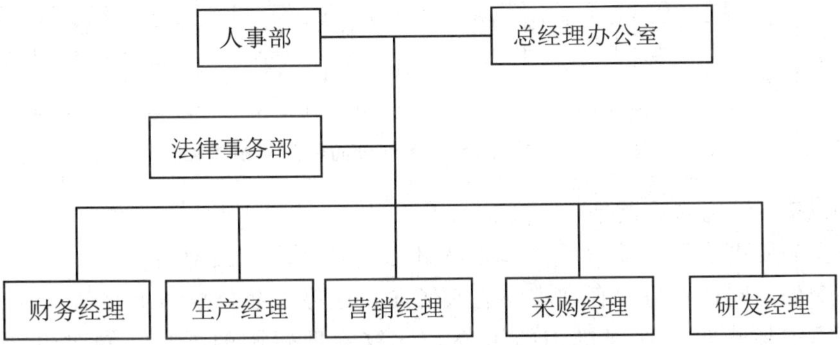

图 8－2　按职能划分的部门化组织图

职能部门化的优点主要是：①符合活动专业化的分工要求，能够充分有效地发挥职能管理人员专长，同时带动部门的效率提升；②它遵循了职业专业化的原则，因而简化了职业训练工作；③职能专业化减轻了主管部门经理承担最终成果的责任，因而提供了在上层加强控制的手段。

职能部门化的缺点主要是：①由于人、财、物等资源的过分集中，不利于开拓市场或按照目标顾客的需求组织分工；②这种分法也可能会助长部门主义风气，使得部门之间难以协调配合；③部门利益高于企业整体利益的后果可能会影响到组织总目标的实现；④由于职权的过分集中，不利于高级管理人员的全面培养和提高，也不利于“多面手”式的人才成长。

2. 产品或服务部门化

在品种单一、规模较小的企业，按职能进行组织分工是理想的部门化划分形式。然而，随着企业的进一步成长与发展，企业面临着增加产品线和生产规模以获取规模经济和范围经济的经营压力，管理组织的工作也将变得日益复杂。这时，就有必要按业务活动的结果为标准来重新划分企业的活动。按照产品或服务的要求对企业活动进行分组，即产品或服务部门化，就是一种典型的结果划分法。图 8－3 是一个典型的按产品划分的部门化组织图。

产品或服务部门化的优点主要是：各部门会专注于产品的经营，并且充分合理地利用专有资产，提高专业化经营的效率水平，这不仅有助于促进不同产品和服务项目间的合理竞争，而且有助于比较不同部门对企业的贡献，有助于决策部门加强对企业产品与服务的指导和调整，另外，这种分工方式也为“多面手”式的管理人才提供了较好的成长条件。

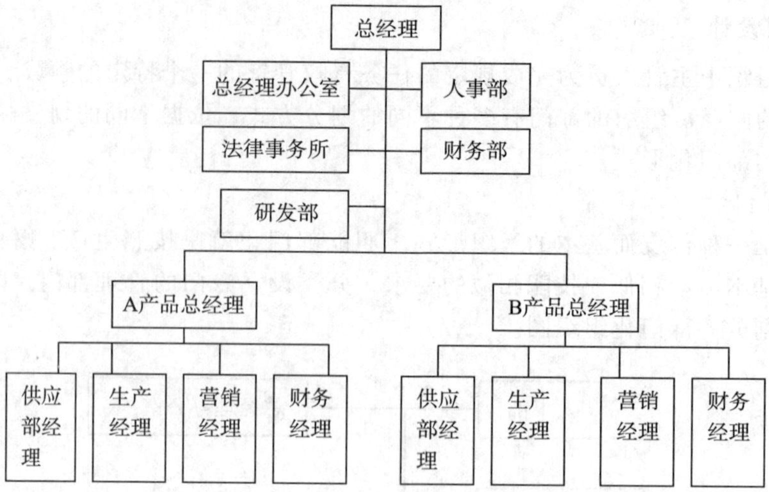

图 8－3　按产品或服务划分的部门化组织图

产品或服务部门化的缺点是：

（1）企业需要更多的"多面手"式的人才去管理各个产品部门；

（2）各个部门同样有可能存在本位主义倾向，这势必会影响到企业总目标的实现；

（3）部门中某些职能管理机构的重叠会导致管理费用的增加，同时也增加了总部对"多面手"级人才的监督成本。

3. 地域部门化

地域部门化就是按照地域的分散化程度划分企业的业务活动，继而设置管理部门管理其业务活动。随着经济活动范围的日趋广阔，企业特别是大型企业愈来愈需要跨越地域的限制去开拓外部的市场。而不同的文化环境，造就出不同的劳动价值观，企业根据地域的不同划设管理部门，为的是更好地针对各地的特殊环境条件组织业务活动的开展。图 8－4 是一个典型的按地域划分的部门化组织图。

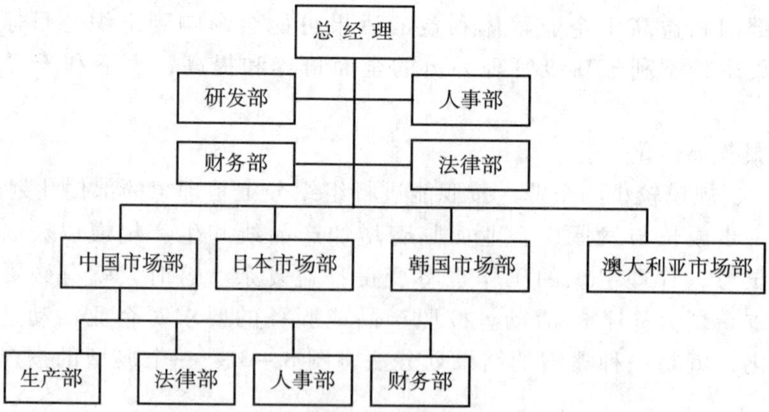

图 8－4　按地域划分的部门化组织图

地域部门化的主要优点是：可以把责权下放到地方，鼓励地方参与决策和经营，地区管理者还可以直接面对本地市场的需求灵活决策；通过在当地招募职能部门人员，既可以缓解当地的就业压力，争取宽松的经营环境，又可以充分利用当地有效的资源进行市场开拓，同时减少了许多外派成本，减小了许多不确定性风险。

地域部门化的主要缺点是：企业所需的能够派赴各个区域的地区主管比较稀缺，且比较难控制；另外，各地区可能会因存在职能机构设置重叠而导致管理成本过高的问题。

4. 顾客部门化

顾客部门化就是根据目标顾客的不同利益需求来划分组织的业务活动。在激烈的市场竞争中，顾客的需求导向越来越明显，企业应当在满足市场顾客需求的同时，努力创造顾客的未来需求，顾客部门化顺应了需求发展的这种趋势。

顾客部门化的优点是；企业可以通过设立不同的部门满足目标顾客各种特殊而广泛的需求，同时能有效获得用户真诚的意见反馈，这有利于企业不断改进自己的工作；另外，企业能够持续有效地发挥自己的核心专长，不断创新顾客的需求，从而在这一领域内建立持久性竞争优势。

顾客部门化的缺点是：可能会增加与顾客需求不匹配而引发的矛盾和冲突；需要更多能妥善协调和处理与顾客关系问题的管理人员和一般人员；另外，顾客需求偏好的转移，可能使企业无法时时刻刻都能明确顾客的需求分类，结果会造成产品或服务结构的不合理，影响对顾客需求的满足。图 8－5 是一个典型的按顾客划分的部门化组织图。

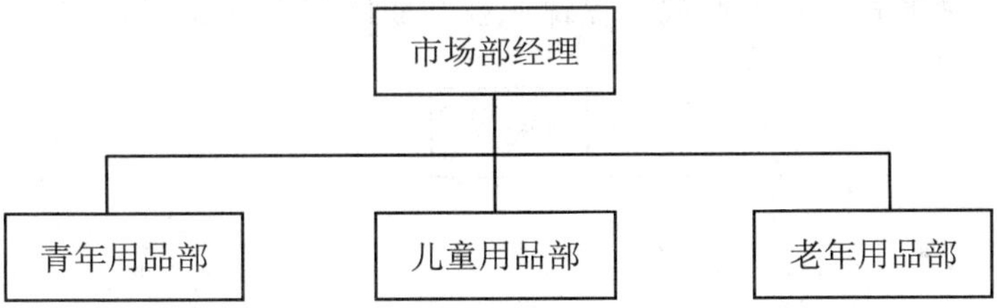

图 8－5　按顾客划分的部门化组织图

5. 流程部门化

流程部门化就是按照工作或业务流程来组织业务活动。人员比较集中或业务流程比较连续紧密是流程部门化的实现基础。例如，工厂的生产流程会经过燃煤输送、锅炉燃烧、汽轮机冲动、电力输出等几个主要过程。图 8－6 是一个典型的按流程划分的部门化组织图。

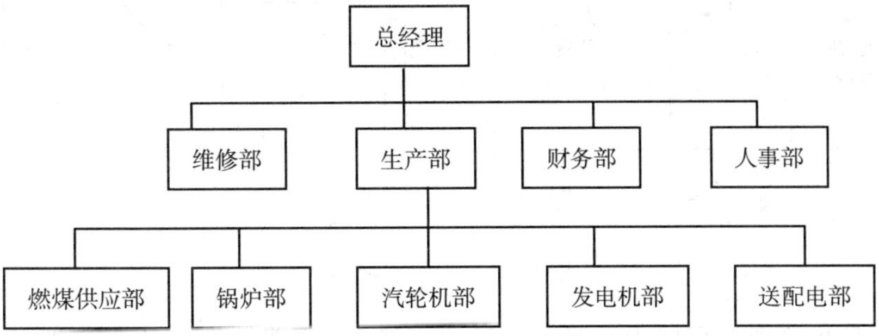

图 8－6　按流程划分的部门化组织图

流程部门化的优点是：组织能够充分发挥人员集中的技术优势，易于协调管理，对市场需求的变动也能够快速敏捷地反应，容易取得较明显的集合优势；另外也简化了培训，容易在组织内部形成良好的相互学习氛围，会产生较为明显的学习经验曲线效应。

流程部门化的缺点是：部门之间的紧密协作有可能得不到贯彻，也会产生部门间的利益冲突；另外，权责相对集中，不利于培养出“多面手”式的管理人才。

（四）组织运行设计

组织运行设计包括职权设计和权力的运用设计。只有明确组织的职权，处理好职权之间的关系，才能使组织拥有调节运筹的力量，保证组织有效运行。

1. 组织职权、权力与职责的含义

职权是一种合法的权力，是处于组织中某一职位上的权力，是通过组织安排的权力，与职位有关。权力是指一个人影响决策的能力。职权是更广泛的权力概念的一部分，未必需要有职权才能产生权力。权力包括职权。

一个人获取权力的同时就必须负担起责任，这种责任就叫作职责。职责与职权是有区别的。职权是一种权力，其合法性来自于组织中的职位，职权需要围绕工作而展开。另外，职权寓示着下属必须完成被指派的任务，而职责则寓示着下属所完成的任务必须符合上级所规定的标准。因此，权责必须一致，权责必须分明。有职权而无职责必然会导致职权的滥用，而有职责无职权也必然会导致执行者的无所适从。

2. 组织职权种类

通常划分为三种形式：直线职权、参谋职权和职能职权（见图 8 –7）。

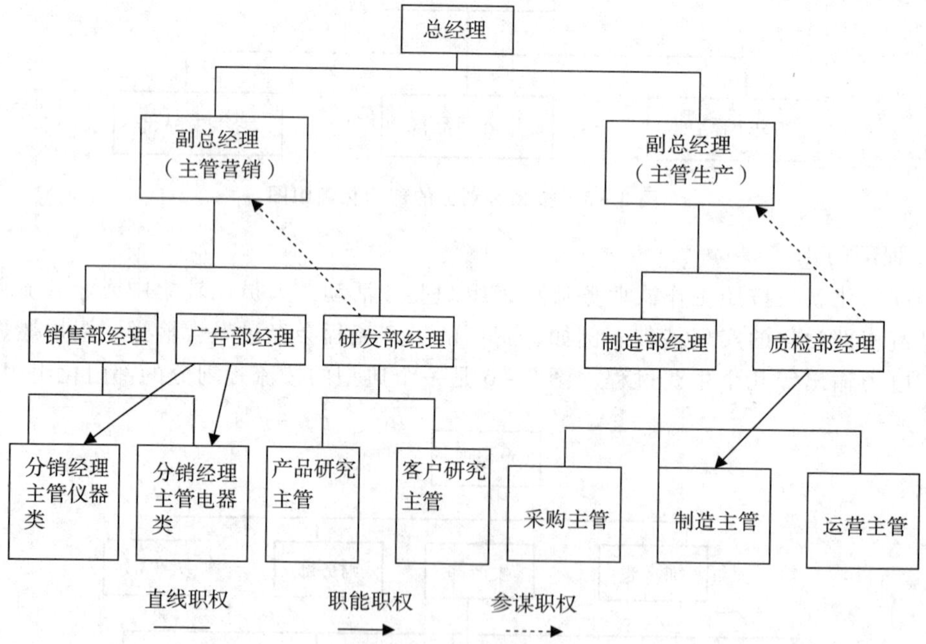

图 8 –7　组织职权形式

直线职权是指管理者直接指导下属工作的职权。这种职权由组织的顶端开始，延伸向下至最底层，形成所谓的指挥链（见图 8 –8）。在指挥链上，拥有直线职权的管理者有权领导和指挥其下属工作。当组织规模逐渐增大且日渐复杂时，直线主管将发现他们在时间、技术知识、精力、能力和资源等各个方面都不足以圆满完成任务，这就必须创造出参谋职权，以支持和弥补直线主管在能力方面的缺陷和障碍。

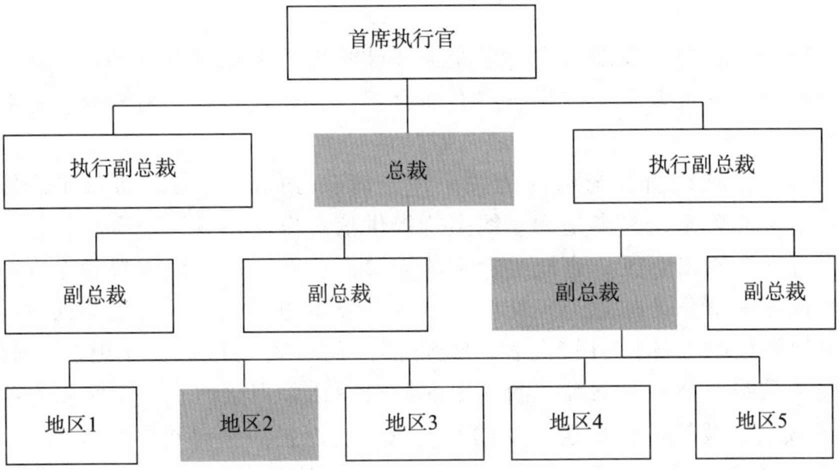

图 8－8　指挥链

参谋职权是指管理者拥有某种特定的建议权或审核权，可以评价直线方面的活动情况，进而提出建议或提供服务。参谋人员是直线人员的咨询人，他协助执行人员执行职责如智囊团、顾问班子，它聚合了一些专家，拥有集体智慧，协助直线主管进行工作。

职能职权则是一种权益职权，是由直线管理者向自己辖属以外的个人或职能部门授权，允许他们按照一定的程度和制度，在一定的职能范围内行使的某种职权。职能职权的设立，主要是为了能发挥专家的核心作用，减轻直线主管的任务负荷，提高管理工作的效率。

3. 处理好直线职权、职能职权和参谋职权三者的关系

很显然每一管理层的主管人员都应有这种直线职权，如厂长对车间主任拥有直线职权，车间主任对班组长拥有直线职权，这样从组织的上层到下层的主管人员之间，便形成了一条权力线。

在这条权力线中职权的指向由上而下，由于在指挥链中存在着不同管理层的直线职权，故指挥链又称为层级链。

在这个指挥链中，职权关系有两条必须遵循的原则：

（1）分级原则。每一层次的直线职权应分明，这样才有利于执行职责和信息沟通。一位厂长在总结经验时说过，在我的厂，厂长的职权不应侵犯、不能违抗，厂长的责任也一丝一毫不能少，副手的权力我也从不侵犯，给车间主任，科长管的事，我绝不干预，我不是一个人说了算，而是在各自职权范围内人人说了算，这样才能有序进行。如果大事小事都在厂长，那就说明下属不负责，厂长用人不当，下级会失去积极性、主动性。

（2）职权等级原则：作为下级来讲，应该用足自己的职权，在自己职权范围内作决策自由，当问题解决超越自身职权界限时才可能提交给上级，相反惧怕担风险的主管人员，或才能平庸的主管人员，常常把一切问题上交，仅仅起交换机的作用。这样一方面造成上级忙于应付具体事务；另一方面自己则失去指挥功能。

参谋和直线之间的界限是模糊的，作为一个主管人员，他既可以是执行人员，也可以是参谋人员，这取决于他所起的作用，即行使的职权。当他住处在自己所领导的部门中，他行使执行职权是执行人员；当他同上级打交道或同其他部门发生联系时，他又成为参谋人员。例如医院的院长在医院内是直线人员，但在卫生局进行计划决策征询他意见的时候，他又成

参谋人员了。

参谋职权有助于企业的发展，是适应企业经营管理复杂化专业化的需要而产生的，在企业进行职权设计时，一定要保证参谋机构有职有权，且职权合理。另外要合理利用参谋的作用，做到几点：

（1）明确关系。明确直线与参谋的关系，分清双方的职权关系和存在价值，从而形成相互尊重相互配合的关系；参谋是为直线主管提供信息出谋划策，配合主管工作的发挥参谋作用时，参谋应独立提出意见，直线主管不能被参谋左右，即直线职权和参谋职权是主导和从属的关系。例如一个公司的总经理统揽全局管理公司的职权，他为了节约时间，加速信息的传递，就可以授权财务部门直接向生产经营部门的负责人传达关于财务方面的信息和建议，也可以授予采购、公共关系等顾问一定的职权，让你直接向直线组织发布指示等。

（2）授予权利。授予参谋机构必要的职能权力，以提高参谋员的积极性。

（3）提供信息。直线经理为参谋人员提供必要的信息条件，以便从参谋人员处获得有价值的支持。

职能职权的使用也应注意。职权无限扩大容易导致多头领导，导致管理混乱，效率低下。所以注意适当限制职能职权的使用：

（1）限制使用范围。职能职权限于解决如何做、何时做等方面的问题，再扩大就会取代直线人员的工作；

（2）限制使用级别。下一级职能职权不应越过上一级直线职权。

第三节　组织结构的基本形式

随着管理实践的繁荣以及管理理论研究的深入，人们创造并规范出许多组织结构形式，典型的有直线制、职能制、直线—职能制、事业部制等。选择适宜的结构形式有利于建立适合各企业特点的组织结构框架。

一、直线型组织结构

直线制是组织发展初期的一种简单的组织结构模式，如图8-9所示。

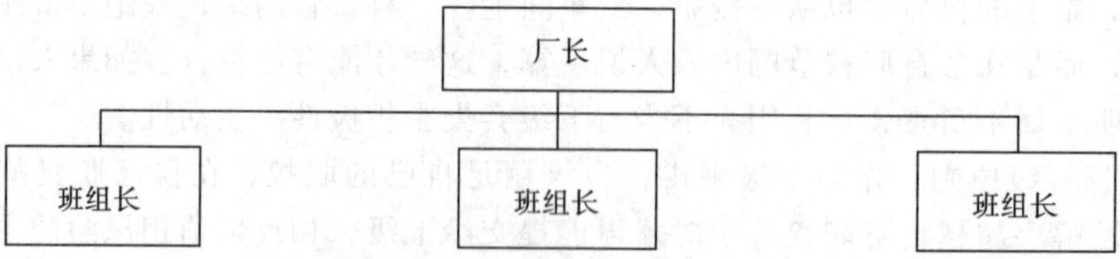

图8-9　直线型组织结构

直线制组织结构形式的特点是：企业没有管理职能部门，总经理或厂长直接指挥下属每一个工作人员，实行面对面的管理，二者的关系形同一条直线。这种组织结构形式简单，权责分明，指挥统一，反应快速，决策灵活，运营成本低，联系简单。

但由于低的正规化和高度集权导致信息滞积于高层，决策缓慢。当组织规模扩大的时候，如果经营者还试图独揽大权，包揽所有决策，势必影响企业的发展。这种形式适用于技术较为简单、业务单纯、组织规模较小的企业。

二、职能型结构

这种组织形式的特点是：将技能相似的专业人员集合在各自专门的职能机构内，并在各自的业务范围内分工合作，组织任务集中明确，上行下达。其优点是能够充分发挥职能机构的专业管理作用，适应了大生产分工合作的要求，提高了专业化管理水平，降低了设备和职能人员的重复性，减轻了高层管理者的责任压力，使其能专心致力于最主要的决策工作，如图 8－10 所示。

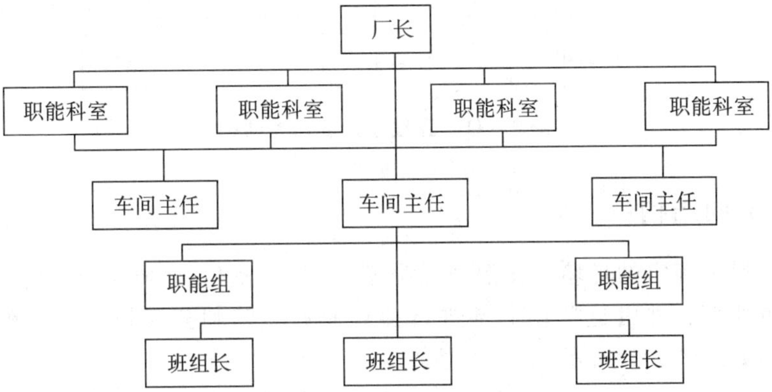

图 8－10　职能制组织结构

其缺陷是多头领导，极大地违背了统一指挥原则。这种组织形式适用于任务较复杂的社会管理组织和生产技术复杂、各项管理需要具有专门知识的企业管理组织。

三、直线——职能制组织结构

直线职能制是建立在直线制和职能制基础上的。这种组织结构形式的特点是：企业把管理人员分为两类，一类是职能管理人员，另一类是直线指挥人员，直线指挥人员实行自上而下的直接指挥，而职能管理管理人员职能为直线指挥人员提供参谋，除非上级直线管理人员授予其某种职能权力。

直线职能制的优点是：它既保持直线制集中统一指挥的优点，又吸收了职能制发挥专业管理职能的长处，具体地说，这种结构指挥权集中统一，决策迅速，且容易贯彻到底；分工细密，职责分明；由于各职能部门仅对自己应做的工作负有责任，既可减轻直线管理人员的负担，又可充分发挥专家的特长；容易维持组织纪律，确保组织秩序，在外部环境变化不大的情况下，易于发挥组织的集团效率。

直线职能制的缺点是：不同的直线部门和职能部门目标不易统一，相互之间容易产生不协调或矛盾，从而增加了高层管理人员的协调工作量；由于职能组织促使职能管理人员只重视与其相关的专业领域，因而不利于从组织内部培养熟悉全面情况的管理人才；由于分工较细，规章多，因而反应较慢，不易迅速适应新情况。

直线职能制是各类组织中最常用的一种组织模式，其结构如图 8－11 所示。

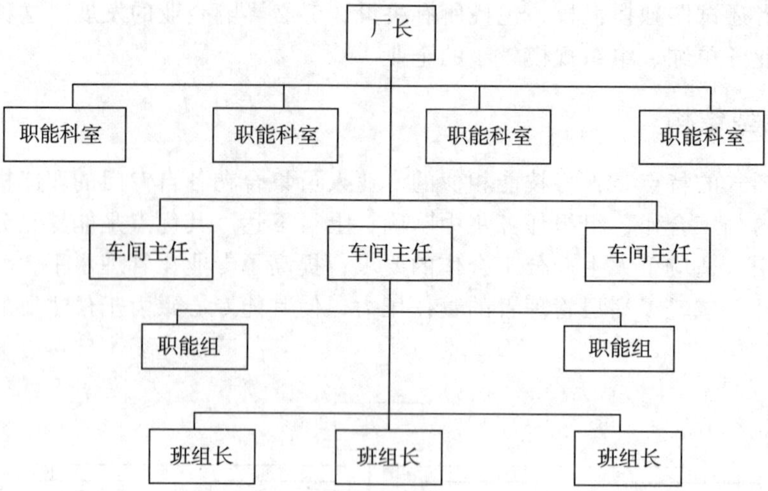

图 8－11　直线职能制组织结构

四、事业部制结构

它指组织面对不确定的环境，按照产品类型、顾客类型、地域及流程等不同的业务单位分别成立若干事业部，并由这些事业部进行独立业务经营和分权管理的一种分权式结构类型。其组织结构如图 8－12 所示。

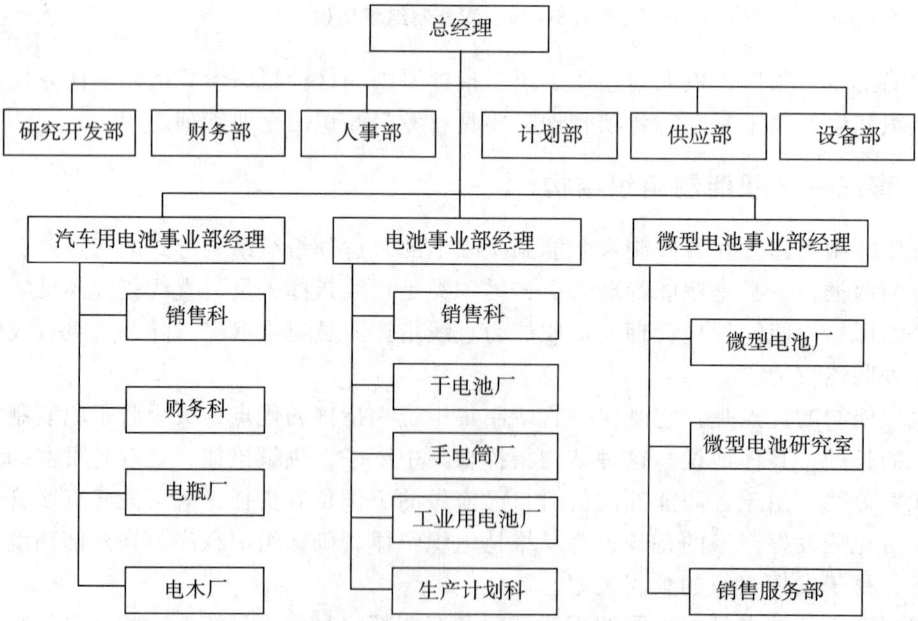

图 8－12　事业部制组织结构

在这种组织结构中，事业部一般按产品或地区划分，具有独立的产品或市场，拥有足够的权力，能自主经营，并实行独立核算、自负盈亏。

事业部型结构执行“集中政策，分散经营”的管理原则。即政策制定集权化，业务营运分权化。企业的最高管理层是企业的最高决策机构，它的主要职责是研究和制定公司的总目标、总方针、总计划以及各项政策。各事业部在不违背总目标、总方针以及公司政策的前提下，可自行处理其经营活动。

事业部制的优点是：①有利于调动经营者的积极性，培养“多面手”级的管理人才。提高对市场竞争环境的敏捷适应性；②可使总公司和最高管理层从繁重的日常事务中解放出来，得以从事重大问题的研究和决策；③各事业部相当于公司内部独立的组织，不论在公司内外，彼此都可以开展竞争，比较成绩优劣，从而可克服组织僵化和官僚化。

事业部制的缺点是：①各事业部往往只重视眼前利益，本位主义严重，调度和反应都不灵活，不能有效利用公司的全部资源；②由于各事业部相当于一个独立的企业，因此，对事业部一级管理人员的素质要求较高；③集权和分权关系敏感，一旦处理不当，会削弱整个组织的协调一致；④总部有职能部门，各事业部有完备的职能部门，机构重复，管理人员增多，管理成本增高。所以，事业部制一般适合于特大型企业。

五、矩阵型结构

矩阵制是又称项目小组制，是指企业为完成特定的任务，成立若干个项目小组，项目小组的人从原单位各部门抽调构成。矩阵制的具体结构如图 8－13 所示。其特点是：既有按管理职能设置的纵向组织系统，又有按产品、项目、任务等划分的横向组织系统。他们既能接受本职能部门的垂直领导，又接受项目组的横向领导，纵横结合，就构成了矩阵。因此，成为矩阵制。项目小组的人一旦某一项目完成，该项目组即行撤销，人员回原部门工作。

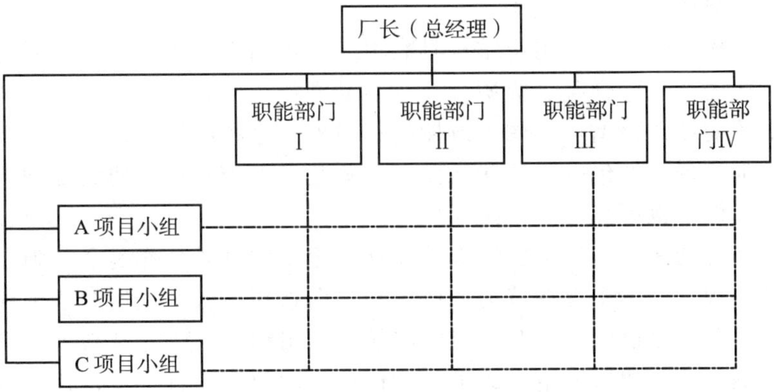

图 8－13　矩阵式组织结构形式

矩阵制的优点是：上下左右、集权和分权实现了有效的结合，有利于加强各个部门间的配合和信息交流，适应复杂多变的外部环境；便于集中各种专门的知识和技能，加速完成某一特定项目；可避免各个部门的重复劳动，加强组织的整体性；可随项目的开始和结束而组成和撤销项目组，增加了组织的机动性和灵活性。

矩阵制的缺点是：由于各成员隶属于不同的部门，仅仅是临时参加某一个项目组，项目负责人对他们的工作好坏，缺少足够的奖励和惩罚手段，项目负责人的责任大于权力；由于项目负责人和原部门负责人对于参加项目的人员都有指挥权，会造成多头领导，因此，这种结构只有当双方管理人员能密切配合时，才能顺利地开展工作。

矩阵式组织结构一般多适用于创新性任务较多、生产经营复杂多变的组织。

六、网络型组织

动态网络型结构是一种以项目为中心，通过与其他组织建立研发、生产制造、营销等业务合同网，有效发挥核心业务专长的协作型组织形式。其结构如图 8－14 所示。

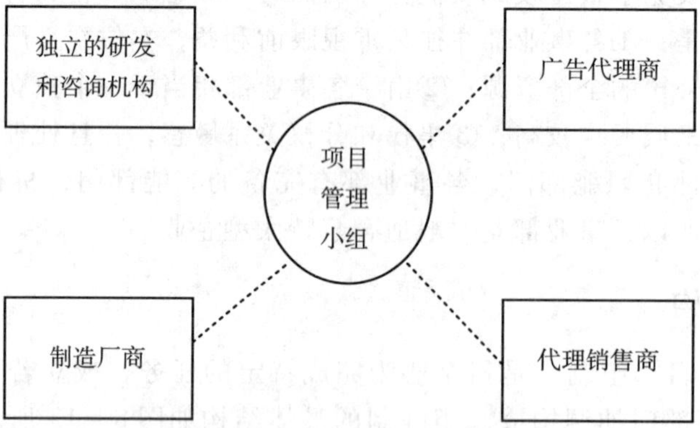

图 8－14　动态网络制组织结构

动态网络型组织结构是组织基于信息技术的日新月异以及更为激烈的市场竞争而发展起来的一种临时性组织。它通过以市场的组合方式替代了传统的纵向层级组织，实现了组织内在核心优势与市场外部资源优势的动态有机结合，因而更具敏捷性和快速应变能力，可视为组织结构扁平化趋势的一个极端例子。

动态网络型结构的优点是：组织结构具有更大的灵活性和柔性，以项目为中心的合作可以更好地结合市场需求来整合各项资源，而且容易操作，网络中的各个价值链部分也随时可以根据市场需求的变动情况增加、调整或撤并；另外，这种组织结构简单、精练，由于组织中的大多数活动都实现了外包，而这些活动更多的是靠电子商务来协调处理的，组织结构可以进一步扁平化，效率也更高了。

动态网络型结构的缺点是：可控性太差。这种组织的有效动作是靠与独立的供应商广泛而密切的合作来实现的，由于存在着道德风险和逆向选择性，一旦组织所依存的外部资源出现问题，如质量问题、提价问题、及时交货问题等，组织将陷于非常被动的境地。另外，外部合作组织都是临时的，如果网络中的某一合作单位因故退出且不可替代，组织将面临解体的危险。网络组织还要求建立较高的组织文化以保持一定的凝聚力，然而，由于项目是临时的，员工随时都有被解雇的可能，因而，员工的组织忠诚度也比较低。

资料链接 8－1　　**海尔的组织结构演变**

海尔第一阶段是“直线职能型”组织管理

这一时期，海尔组织架构模式的效能在“日事日毕、日清日高”为特征的“OEC管理模式”下达到了顶峰。

第二阶段是进入产品多元化战略阶段后，实行“矩阵型”管理、事业部制管理

不同专长的专业人员组织在一起，有利于互相启发、集思广益，有利于攻克各种

复杂的技术难题。

海尔 1996 年开始实行事业部制，这是在组织领导方式上由集权制向分权制转化的一种改革。集团总部是决策的发源地，管辖一些职能中心；下边是事业部，事业部是一个利润中心，是市场竞争的主体。事业部制高度分权，对市场销售具有有效刺激。

缺点也渐渐显露，如各事业部自主经营、独立核算，考虑问题往往从本部出发，忽视整个企业的利益，影响事业部间的协作；各个事业部都需要设置一套职能结构，因而失去了职能部门内部的规模经济效应。

第三阶段是"市场链"管理模式——国际化战略下的组织架构

海尔从 1998 年就开始实施以市场链为纽带的业务流程再造。

在海尔的市场链流程图上，第一个大圈是全球供应商资源，通过互联网可以在全球范围内找到最好的供应商，分供方也可以去满足客户的需求，物流把全集团的资源整合起来，找到最好的供应商。另一个大圈是产品制造部门包括 ODM、OEM，第三个大圈是全球用户的资源，寻求有价值订单。

为了适应国际化发展，1999 年 8 月，海尔对企业内部组织机构进行了重大调整，成立了物流、商流、资金流三个推进本部的改革。物流与商流是把原来各事业部的职能部门剥离出来。物流，使海尔实现在全球范围内采购零部件和原材料，为全球生产线配送物资，为销售中心配送成品，降低了成本，提高了产品的竞争力。

2007 年第二次以子集团形式出现的组织架构调整，新成立的各子集团再次拥有了产供销资源。但金融集团的成立还加强了海尔内部资金运作的监管力度。因此，这次组织结构的调整，是在以业务流程再造为基础上的市场链与事业部两者优势结合、强化不同产品运营模式的结构变革。子集团架构的变革，更多的是基于适应不同类别产品运营模式差异性以及竞争策略的调整。

另外，以子集团形式出现的组织架构，既吸收事业部制模式的部分优势，同时又通过产品线在子集团内部的组合，规避了事业部制模式的弊端，如重复建制的相类似职能部门。例如，以前海尔的冰箱、空调、洗衣机事业本部都各自有公关公司，帮助进行品牌或者产品推广活动，但是，新组织架构调整后，白电运营集团将会选择一家公关公司帮助它对所有白电进行市场推广活动，这样能够节约宣传成本，将白电统筹进行宣传，也更有助于海尔整体品牌形象的提升。同时，在事业部模式下，由于各种因素的影响，各事业部之间不可避免的会有资源的冲突，这时就必须有另一载体——集团总部来协调这些资源冲突。在原有事业部下，由于个别事业本部之间产品及资源需求的雷同性带来集团总部调拨资源的难度，而随着同类型产品线划分在同一子集团之下，各产品线之间的资源共享和协同作战能力则将得到加强。

2010 年，海尔实施全球化品牌战略进入第 5 年。海尔结合互联网发展趋势，推出了"倒三角"组织结构、虚实网结合的零库存下的即需即供商业模式，以及业务流程再造等新的管理实践模式。

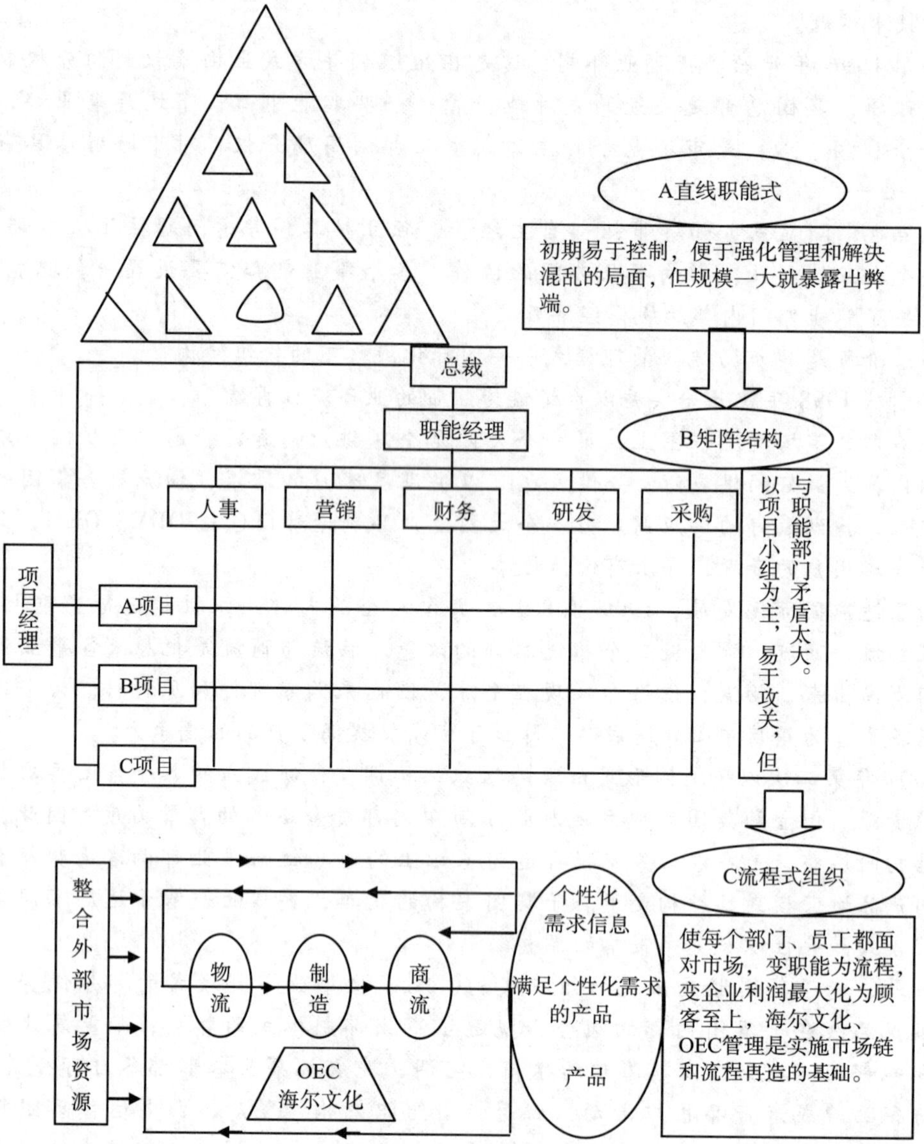

图 8 - 15　新的管理实践模式

1999 年 8 月，海尔开始 BPR 流程革命，成立超事业部结构，开始了组织结构的深度变革。第一步，把原来分属于每个事业部的财务、采购、销售业务全部分离出来，整合成独立经营的商流推进本部、物流本部、资金流推进本部，实行全集团范围内统一营销、统一采购、统一结算。第二步，把集团原来的职能管理资源进行整合，如人力资源开发、技术质量管理、信息管理、设备管理等职能管理部门全部从各事业部分离出来，成立独立经营的服务公司。整合后集团形成直接面对市场的、完整的物流、商流、资金流等核心流程体系和企业基础设施、研发、人力资源等支持流程体系。第三步，把这些专业化的流程体系通过“市场链”连接起来，设计索酬、索赔、跳闸标准，经过对原来的职能结构和事业部进行重新设计，把原来的职能型组织结构转变成流程型的网络体系结构，垂直业务结构转变为水平业务流程，形成首尾相接和完整连贯的新业务流程，如图 8－16 所示：

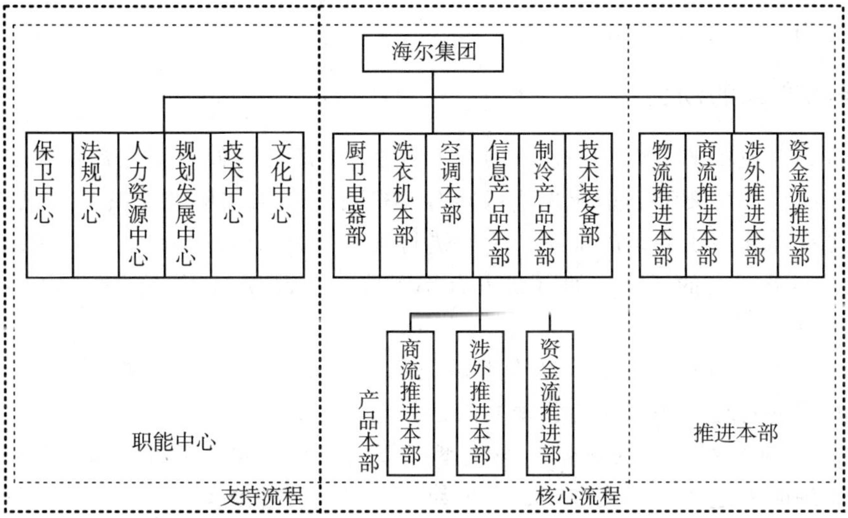

图 8－16　海尔集团流程再造后的组织结构创新

当然，在各流程内部要建立自己的子流程，例如：物流内部建立了采购事业部、储运事业部、配送事业部。采购事业部业务流程的任务主要是从分供方采购产品事业部所需要的零配件，并对分供方进行管理；储运事业部业务流程主要是仓储和运输采购事业部的零配件，以供产品事业部制造产品所用；配送事业部业务流程主要是从储运事业部的仓库把零配件直接送到产品事业部的生产线上，同时把产品成品配送到销售中心和客户手中，这样物流管理使海尔实现在全球范围内采购零配件和原材料，为全球生产线配送物资，为全球销售中心配送成品。降低了成本，提高了产品的竞争力。

企业有没有一种指标可以衡量组织结构的好与坏呢？一个最重要的衡量标准是看这种组织结构是否有利于调动全体职员的积极性，提高企业各组织机构的执行力，是否能够最大限度、最高效率地满足不断变化和增长的企业业务需求。世界上没有两个相同的企业，也没有两种相同的企业管理模式，对于企业来说，使命与目标一旦确立，就应认真分析，构建与之相适应的组织结构，坚定不移地贯彻组织发展思想，实现组织发展战略。没有完美无缺的组织结构，只有最适合的组织结构。

资料来源：海尔组织结构的演变，百度文库。

第四节　组织变革

一、组织变革的含义

企业的发展离不开组织变革，内外部环境的变化，企业资源的不断整合与变动，都给企业带来了机遇与挑战，这就要求企业关注组织变革。

组织变革是指运用行为科学和相关管理方法，对组织的权力结构、组织规模、沟通渠道、角色设定、组织与其他组织之间的关系，以及对组织成员的观念、态度和行为，成员之间的合作精神等进行有目的、系统的调整和革新，以适应组织所处的内外环境、技术特征和组织任务等方面的变化，提高组织效能。

二、组织变革的动力

一般来说，企业中的组织变革是一项“软任务”，即有时候组织结构不改变，企业仿佛也能运转下去，但如果要等到企业无法运转时再进行组织结构的变革就为时已晚了。因此，企业管理者必须抓住组织变革的征兆，及时进行组织变革。组织结构需要变革的征兆有：

（1）企业经营成绩的下降，如市场占有率下降，产品质量下降，消耗和浪费严重，企业资金周转不灵等。

（2）企业生产经营缺乏创新，如企业缺乏新的战略和适应性措施，缺乏新的产品和技术更新，没有新的管理办法或新的管理办法推行起来困难等。

（3）组织机构本身病症的显露，如决策迟缓，指挥不灵，信息交流不畅，机构臃肿，职责重叠，管理幅度过大，扯皮增多，人事纠纷增多，管理效率下降等。

（4）职工士气低落，不满情绪增加，如管理人员离职率增加，员工旷工率，病、事假率增加等。

当一个企业出现以上征兆时，应及时进行组织诊断，用以判定企业组织结构是否有加以变革的必要。

三、组织变革内容

组织变革具有互动性和系统性，组织中的任何一个因素改变，都会带来其他因素的变化。然而，就某一阶段而言，由于环境情况各不相同，变革的内容和侧重点也有所不同。综合而言，组织变革过程的主要变量因素包括人员、结构、任务和技术，具体内容如下：

（一）对人员的变革

人员的变革是指员工在态度、技能、期望、认知和行为上的改变。组织发展虽然包括各种变革，但是人是最主要的因素，人既可能是推动变革的力量也可能是反对变革的力量。变革的主要任务是组织成员之间在权力和利益等资源方面的重新分配。要想顺利实现这种分配，组织必须注重员工的参与，注重改善人际关系并提高实际沟通的质量。

（二）对结构的变革

结构的变革包括权力关系、协调机制、集权程度、职务与工作再设计等其他结构参数的变化。管理者的任务就是要对如何选择组织设计模式，如何制定工作计划，如何授予权力以及授权程度等一系列行动作出决策。现实中，固化式的结构设计往往不具有可操作性，需要随着环境条件的变化而改变，管理者应该根据实际情况灵活改变其中的某些要素组成。

（三）对技术与任务的变革

技术与任务的改变包括对作业流程与方法的重新设计、修正和组合，包括更换机器设备、采用新工艺、新技术和新方法等。由于产业竞争的加剧和科技的不断创新，管理者应能与当今的信息革命相联系，注重在流程再造中利用最先进的计算机技术进行一系列的技术改造；同时，组织还需要对组织中各个部门或各个层级的工作任务进行重新组合，如工作任务的丰富化、工作范围的扩大化等。

四、组织变革步骤

组织变革模型中最具影响的是勒温变革模型。勒温在1951年提出了一个包含解冻、变革、再冻结等三个步骤的有计划组织变革模型，用以解释和指导如何发动、管理和稳定变革过程。

（一）解冻

这一步骤的焦点在于创设变革的动机。鼓励员工改变原有的行为模式和工作态度，采取新的适应组织战略发展的行为与态度。为了做到这一点，一方面，需要对旧的行为与态度加以否定；另一方面，要使干部员工认识到变革的紧迫性。可以采用比较评估的办法，把本单位的总体情况、经营指标和业绩水平与其他优秀单位或竞争对手加以比较，找出差距和解冻的依据，帮助干部员工"解冻"现有态度和行为，迫切要求变革，愿意接受新的工作模式。此外，应注意创造一种开放的氛围和心理上的安全感，减少变革的心理障碍，提高变革成功的信心。

（二）变革

变革是一个学习过程，需要给干部员工提供新信息、新行为模式和新的视角，指明变革方向，实施变革，进而形成新的行为和态度。这一步骤中，应该注意为新的工作态度和行为树立榜样，采用角色模范、导师指导、专家演讲、群体培训等多种途径。勒温认为，变革是个认知的过程，它由获得新的概念和信息得以完成。

（三）再冻结

在再冻结阶段，利用必要的强化手段使新的态度与行为固定下来，使组织变革处于稳定状态。为了确保组织变革的稳定性，需要注意使干部员工有机会尝试和检验新的态度与行为，并及时给予正面的强化；同时，加强群体变革行为的稳定性，促使形成稳定持久的群体行为规范。

五、组织变革的阻力

（一）组织变革的阻力

组织变革是一种对现有状况进行改变的努力，任何变革都常常会遇到来自各种变革对象的阻力和反抗。产生这种阻力的原因可能是传统的价值观念和组织惯性，也有一部分来自于对变革不确定后果的担忧，这集中表现为来自个人的阻力和来自团体的阻力两种。

1. 个人阻力

个人的阻力包括：

（1）利益上的影响。变革从结果上看可能会威胁到某些人的利益，如机构的撤并、管理层级的扁平等都会给组织成员造成压力和紧张感。过去熟悉的职业环境已经形成，而变革要求人们调整不合理的或落后的知识结构，更新过去的管理观念，工作方式等，这些新要求都可能会使员工面临着失去权力的威胁。

（2）心理上的影响。变革意味着原有的平衡系统被打破，要求成员调整已经习惯了的工作方式，而且变革意味着要承担一定的风险。对未来不确定性的担忧，对失败风险的惧怕，对绩效差距拉大的恐慌以及对公平竞争环境的担忧，都可能造成人们心理上的倾斜，进而产生心理上的变革阻力。另外，平均主义思想，厌恶风险的保守心理，因循守旧的习惯心理等也都会阻碍或抵制变革。

2. 团体阻力

团体对变革的阻力包括：

（1）组织结构变动的影响。组织结构变革可能会打破过去固有的管理层级和职能机构，并采取新的措施对责权利重新作出调整和安排，这就必然要触及某些团体的利益和权力。如果变革与这些团体的目标不一致，团体就会采取抵制和不合作的态度以维持原状。

（2）人际关系调整的影响。组织变革意味着组织固有的关系结构的改变，组织成员之间的关系也随之需要调整。非正式团体的存在使得这种新旧关系的调整需要有一个较长过程。在这种新的关系结构未被确立之前，组织成员之间很难磨合一致，一旦发生利益冲突就会对变革的目标和结果产生怀疑和动摇，特别是一部分能力有限的员工将在变革中处于相对不利的地位。随着利益差距的拉大，这些人必然会对组织的变革产生抵触情绪。

（二）消除组织变革阻力的管理对策

为了确保组织变革的顺利进行，必须要事先针对变革中的种种阻力进行充分的研究，并要采取一些具体的管理对策。

1. 运用力场分析法

力场分析法是卢因于1951年提出来的，他认为：变革是相反方向作用的各种力量一种能动的均衡状态，对于一项变革，企业中既存在变革的动力，又存在变革的阻力，人们应该通过分析变革的动力和阻力，找到变革的突破口。如企业某产品市场占有率下降，就要分析问题关键点在哪里，是价格、人员素质或是有异味，找到突破口，一举突破。

2. 沟通与教育

员工的个性与其对待变革的态度有着密切的关系，因此，在组织变革的过程中，企业要加强对员工的培训，提高员工的知识水平和技能水平，使得企业的人力资源素质和企业变革同步推进。再次，在企业的日常经营过程中，企业应该树立一种团体主义的文化，培养员工对组织的归属感形成一种愿意与企业同甘共苦的企业文化。

3. 参与和谈判

在变革实施之前，企业决策者应该营造一种危机感，让员工认识到变革的紧迫，让他们了解变革对组织，对自己的好处，并适时的提供有关变革的信息，澄清变革的各种谣言，为变革营造良好的氛围。在变革的实施过程中，要让员工理解变革的实施方案，并且要尽可能的听取员工的意见和建议，让员工参与到变革中来。与此同时，企业还应该时刻地关注员工的心理变化，及时与员工交流，在适当的时候可以作出某种承诺，以消除员工的心理顾虑。

4. 强迫

强迫适用于组织确实存在危机，不改不行，而且其他实施技术都失败了。

5. 引入变革代言人与高层领导的支持

变革代言人即通常所谓的咨询顾问。咨询顾问通常都是由一些外部专家所组成，他们的知识和能力不容置疑。由于变革代言人来自第三方，通常能较为客观的认识企业所面临的问题，较为正确的找到解决的办法。

变革涉及多个部门或者资源的再分配，使用者怀疑变革的可能性，这时就要高层领导层支持变革。

六、组织变革的方式

根据组织变革的程度不同，组织变革方式可分：渐进式变革和激进式变革。

（一）渐进式

渐进式是采取系统研究、统筹解决的方式，制定出理想的改革方案，然后结合各个时期的工作重点，有计划、有步骤地加以实施。中国的改革开放就是渐进式，采用“摸着石头过河”和加强顶层设计，不仅符合马克思主义认识论和实践论，也集中体现了我们党的政治智慧。“摸石头”要在顶层设计观照之下，不能瞎摸；同时，顶层设计也不能闭门造车，而是要吸纳“摸石头”过程中的经验与反思的成果。

（二）激进式

采取激进式措施，一举打破原状，抛弃旧的一套而断然采取新的办法。这种变革涉及组织结构的再造、工作流程的重新设计和员工观念的转变等。

这两种组织变革的方式，在企业内外部环境发生重大变化时，有必要采取激进式组织变革以适应环境的变化，但是激进式变革不宜过于频繁，否则会影响组织的稳定性，甚至导致组织的毁灭；在两次激进式变革之间，在更长的时间里，组织应当进行渐进式变革。

关键词

组织 Organization

组织结构 Structure

组织的层级化 The Level of Organization

组织设计 Organization Design

组织的部门化 Departments of the Organization

组织变革 Organizational Change

思考题

1. 组织工作回答哪些问题？
2. 假如你是一名机构调整工作的负责人，在机构调整时你将遵循哪些基本的原则？
3. 在 CEO 位置上，有什么好处和坏处？
4. 你认为管理者在授权上存在哪些困难？怎样克服困难？
5. 采访一位董事会成员，讨论他对自己工作的看法。
6. 选择一个拟从事的工作，用管理幅度、授权、责任、职权和职责等来描述它。

管理定律

倒金字塔管理法（Pyramid Upside Down）最早由瑞典的北欧航空公司（SAS）总裁杨·卡

尔松提出。最上层：一线工作人员（卡尔松将其称之为现场决策者）；中间层：中层管理者；最下层：总经理、总裁（卡尔松将自己称之为政策的监督者）。

点评："倒金字塔管理法"能激发员工的工作热情。员工一旦受到信任与重视，就会为企业发展提出好的建议，就会使自己乃至整个企业的工作效率大大提高。

案例分析讨论1

1. 根据本章开篇案例，请对 CMP 公司的组织结构形式作简单分析。
2. 1987 年之后，公司领导面临的问题是什么？是如何解决问题的？
3. 授权能帮助 CMP 公司吗？请提出授权建议方案。

案例分析讨论2

1. 学生自愿分组，每 3 ~ 5 人组建一个模拟公司，设计公司的名称、公司的理念。
2. 确定本公司的组织结构形式和规章制度。
3. 画出公司的组织结构图和制定公司职位说明书。

第九章　人员配备理论与方法

本章要点

1. 人员配备的含义及任务
2. 工作分析的过程
3. 管理人员招聘的标准、来源与程序
4. 管理人员培训的类型和方法
5. 业绩考核的方法
6. 薪酬的基本内容与薪酬结构设计

导入案例

刘邦的用人之道

（1）知人善任。刘邦深谙此理，用韩信带兵，张良出谋，萧何保后，都安排得有条不紊。

（2）不拘一格。刘邦的队伍里面什么人都有，张良是贵族，陈平是游士，萧何是县吏，樊哙是狗屠，灌婴是布贩，娄敬是车夫，彭越是强盗，周勃是吹鼓手，韩信是待业青年。刘邦把他们组合起来，各就其位，历史证明，刘邦的用人策略是对的。

（3）不计前嫌。如韩信、陈平，韩信原来是项羽手下的人，因为在项羽手下不能发挥作用，来投奔刘邦。陈平走的路更多，陈平原来是魏王手下的人，不能发挥作用投奔项王，再投奔汉王，刘邦“大悦之”，并立即任命他做都尉。

（4）坦诚相待。张良曾问过刘邦，大王打得过项羽吗？刘邦的回答是“固不如也”。后来韩信到刘邦军中来，也问了这样的问题。刘邦沉默良久，最后还是坦诚相告，“固不如也”。这样信任对方，尊重对方，得到了对方同样的回报。

（5）用人不疑。刘邦和项羽正处于一个胶着的状态，为了让陈平能够成功的实施反间计，刘邦拨款黄金四万两给陈平，并且不问出入，可以想见刘邦对陈平的信任。

（6）论功行赏。刘邦夺取天下以后，根据各人的不同功绩，对功臣论功行赏，不但封赏了萧和、张良、韩信、彭越等一批人，还封赏了他最不喜欢的人雍齿。

点评：刘邦正是能够信任人，把合适的人放在合适的工作岗位上，充分调动他们的积极性，形成了一个优化组合，但又不失防范和控制。

资料来源：360 个人图书馆。

第一节　人员配备工作概述

组织设计仅为系统的运行提供了可供依托的框架，框架要能发挥作用，还需由人来操作。因此，为机构的不同岗位选配合适的人员是组织设计的逻辑延续。

一、人员配备的含义

人员配备是组织根据目标和任务需要正确选择、合理使用、科学考核和培训人员，以合适的人员去完成组织结构中规定的各项任务，从而保证整个组织目标和各项任务完成的职能活动。它包括明确组织人才的需求，对现有的人才进行招聘和录用、培训和发展、业绩考核与反馈、薪酬与分配制度、劳动关系等一系列活动。

人员配备主要涉及的是对人的管理，其在整个管理过程中的重要性是显而易见的。

（一）人员配备是组织有效活动的保证

组织结构的建立为组织提供了实现目标的条件。但是，如果人员安排的不合理，再好的组织结构也不能成为实现组织目标的保证，甚至还会干扰组织的有效活动，阻碍和破坏组织目标的实现。因此，人员配备工作的好坏，直接影响到组织活动的成效。

在组织的所有人员中，最重要的是那些管理人员。管理人员在整个管理过程中起着举足轻重的作用，其基本任务是使组织内部的员工能在现有的组织环境中共同工作，以完成预定的使命和目标。因此，有效地为组织机构配备各级管理人员是组织活动取得成效的最好保证之一。大到国家一级的组织，小到一个具体的企事业单位，管理人员配备恰当与否直接影响到组织的兴衰存亡。

（二）人员配备是做好指导与领导以及控制工作的关键

人是组织中蕴藏着极大潜在能力的最重要资源。没有人的组织结构是没有任何活力和功能的静态结构，也就无从谈起指导与领导以及进行有效的控制。在整个管理系统中，人员配备职能也不是孤立的，它以计划工作为前提，使计划工作与组织工作的人员落实，又为指导与领导工作以及控制工作奠定了一定的基础。在组织中，如果人员配备不适当或人员配备工作不完善，就不能使主管人员发挥出色的领导才能，不可能创造一种良好的环境，使其中成员的积极性、主动性得到发挥。因此，人员配备是做好指导与领导以及控制工作的关键。

（三）人员配备是组织发展的准备

组织的生存与发展都要受到内部和外部环境的制约，而组织内外部的环境是不断变化的。一个组织只有不断地发展，不断地获得新的生命力，才能适应内外环境的变化而立于不败之地。组织发展的动因是人，人员配备作为专门从事充实组织结构中的各种职位的动态职能，同组织发展的关系极为密切。人员配备不仅针对组织目前的职位需求进行配备，而且还要着眼于未来发展的需要，为将来在复杂多变的环境中从事组织活动所需的各类人员做好准备。所以说，人员配备是组织发展的准备。

总之，人员配备职能在管理中占有十分重要的地位，任何组织都应充分认识到它的重要性，在实际工作中给予足够的重视。

二、人员配备的任务

人员配备的主要任务是通过分析人与事的特点，谋求人与事的最佳组合，将合适的人放在合适的岗位上，实现人与事的不断发展。人员配备的任务可以从组织和个人这两个角度去考察。

从组织需要角度看，人员配备首先必须保证组织机构的每个岗位都有合适的人选，使组织系统能够正常运转；其次要注意组织后备干部队伍的建设，为组织发展准备力量；另外还要注重建立和维持员工对组织的忠诚感。

从员工个人角度看，应力求使每个人的知识和能力得到公正的评价、承认和运用，并在工作中得到不断提高。具体来说，人员配备的任务包括以下几个方面：

（一）物色合适的人选

组织各部门是在任务分工基础上设置的，不同部门或职位其工作任务和工作性质均有所不同，因此必然要求具有不同知识结构、能力结构和不同水平的人与之相匹配。人员配备的首要任务就是根据岗位工作需要，经过严格的考察和科学的论证，找出或培训为己所需的各类人员。

（二）促进组织结构功能的有效发挥

人员配备把具备不同素质、能力和特长的人员分别安排在适当的岗位上，使之尽量适应各类职务的性质要求，只有这样才能使各职务应承担的职责得到充分履行，实现组织设计的要求，并最终使组织结构的功能发挥出来，让组织结构真正成为凝聚各方面力量、保证组织管理系统正常运行的有力手段。

（三）充分开发组织的人力资源

现代市场经济条件下，组织之间的竞争是人才的竞争。在管理过程中，通过适当选拔、配备和使用、培训人员，可以充分挖掘每个成员的内在潜力，实现人员与工作任务的协调匹配，做到人尽其才，才尽其用，从而使人力资源得到高度开发。

三、人员配备的基本原则

为求得人与事的最优化组合，人员配备过程中必须依据一定的原则。

（一）因事择人原则

员工的选聘应以岗位的空缺和实际工作的需要为出发点，根据岗位对人员的实际要求为标准，选拔、录用具备相应知识和能力的人员到合适的岗位。

（二）因材适用原则

指根据人的能力和素质的不同，为之安排合适的工作。人的差异是客观存在的，一个人只有处在最能发挥其才能的岗位上，才能干得最好。因此，只有根据人的特点来安排工作，才能使人的潜能得到最充分的发挥，使人的工作热情和积极性得到最大限度的激发。

（三）人事动态平衡原则

由于组织本身一直处在动态变化的环境中，而同时个人的能力和知识也是在不断的提高和丰富的。因此，组织应以发展的眼光看待人与事的配合关系，并根据变化的情况进行适时协调平衡。动态平衡的目的有两个，一是要使那些能力已经得到充分发挥的人去从事组织中更为重要的工作，二是要对在目前岗位上表现平平或根本不符合职位需要的人进行识别和合理的调整，最终实现人与工作职位的动态平衡。

（四）相互匹配原则

公司激励与员工的贡献相匹配。公司激励就是企业提供给员工的待遇，如报酬和福利、设置有意义的工作、发展与培训、赋予员工具有挑战性的工作，如图 9-1 所示。例如，华为的薪酬管理是“以贡献为准绳、向奋斗者倾斜”。以贡献为准绳就是待遇体系，是基于贡献为准绳的。贡献和目标结果，并不完全是可视的，它有长期的、短期的，有直接的、间接的，也包括战略、虚的、无形的结果。因为只有以责任结果为导向才是公平。员工的贡献就是员工给企业带来的绩效，也包括有形和无形。如员工的能力、受教育水平、员工的创造性、责任感和经验。如，华为内部股的发放配额并非是固定不变的，通常会实时根据“能力、责任心、付出、工作积极主动性、风险担当”等因素作定期动态调整。

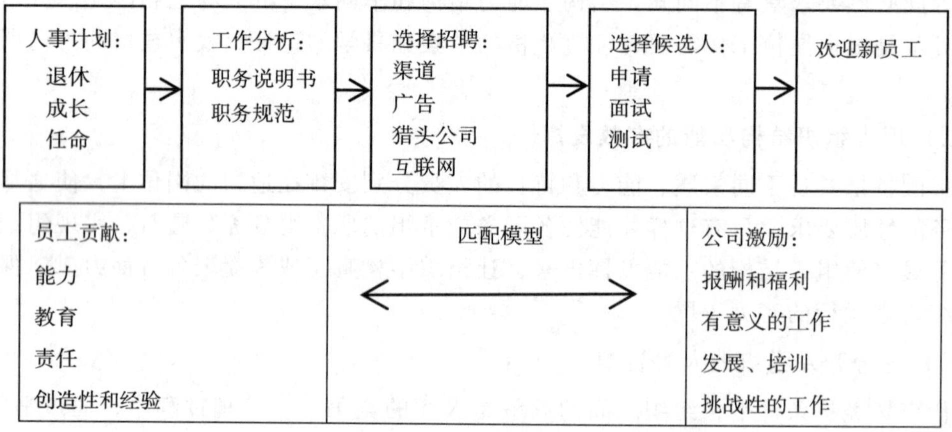

图 9-1　匹配模型

第二节　管理人员的获得与配置

一、人员配备计划

人员配备计划是为了实现组织的总体目标，对组织目前和未来对人力资源的需求以及组织内外部人力资源供给状况进行科学预测，综合平衡，以保证获得足够数量和较高质量的人员的一系列活动。根据环境的变化，组织发展对员工结构的要求也会发生变化，因此人员配备计划要预测有多少个工作岗位，哪些岗位需要补充或减少员工，明确各岗位分别需要哪种类型的人员，以及每项职务或者工作岗位的其他要求等。

人员配备计划的任务包括以下几个部分：

（一）确定管理人员的需求量

人员配备计划的目的就是要使组织内人员的供给与需求相一致，组织中管理人员的需要量，基本取决于组织的规模、发展计划和管理人员的流动率。管理人员的配备首先是为了指导和协调组织活动的展开，因此首先需要参照组织规模和组织结构来确定管理人员的需要量。随着组织规模的不断发展，组织活动的内容日益复杂，管理工作量也将不断扩大，因而对管理人员的需要也会不断增加。因此，在进行人员配备计划时还需预测和评估组织发展与业务扩充的要求，计划未来的管理干部队伍。此外，组织中现有的管理队伍会因病老残退而减少，甚至出现外流现象。因此，确定未来的管理人员需要量，还包括对这些自然或非自然的管理干部减员进行补充计划。

综合考虑上述几种因素，即可大致确定未来若干年内组织大致需要的管理干部数量，从而为管理人员的配备计划与选聘提供依据。

（二）评估现有的人才储备状况

当组织确定了管理人员的需求之后，就要开始对组织中现有的人力资源情况进行考察和评估，了解人才储备情况。评估的内容主要包括：①各级主管人员的年龄分布、任职时间、学历等。②分析目前管理人员的流动率及其原因，预测未来管理人员的流动状况，以便采取相应措施予以补救。③掌握管理人员的晋升与调动情况，确定哪些人员可以提升或有希望提升，保证组织内部管理职位和工作的连续性。④分析现有管理人员的工作环境、薪酬制度与激励制度，及其对现有人才储备的影响。

（三）根据供需状况制定相应的人员配备计划

在组织确定了管理人员的需求量和现有人才储备状况后，将两者进行比较，一般会有以下几种结果：

1. 供给大于需求

当组织内部现有人才供给大于需求，出现人员冗余现象时，人力资源工作的重点是通过改变计划实施成长策略。①提供更多岗位，如通过扩大经营规模，或者开拓新的增长点等方式，增加组织对人力资源的需求。②减少人员补充、并通过临时解雇来减少供给。临时解雇是暂时的，组织承诺当业务增加时，还会将这些临时解雇的员工安排到原来的工作岗位上。③鼓励员工提前退休，即给那些接近退休年龄的员工以优惠的政策，让他们提前离开组织。④增加无薪假期等。

2. 供给小于需求

当人员供给小于需求，呈现供不应求的情况时，组织内部会出现空缺岗位，此时人力资源工作的重点在于确保人才供给。一方面，组织需要加强内部培训工作，使之能够更好地胜任当前工作，甚至能够胜任更高层次尤其是岗位空缺的管理工作。另一方面，组织可面向外部广纳贤才，包括返聘退休人员。这是最为直接的一种方法。但外部招聘新员工会受到外部劳动力市场等诸多因素的影响，例如组织所需的管理人员在市场上比较紧缺，此时的招聘难度就会比较大。此外，组织还可通过延长工作时间、雇用临时工等方式进行人员调配与补充。

3. 需求和供给大体平衡

最理想的状态是人员的需求与供给是相匹配的，但即便在此时，管理者也须注意组织的人力资源结构是否平衡。例如高层管理人员供不应求而基层工人却供大于求，或某部门人员供不应求而另一部门却供大于求等现象。这时企业应根据具体情况采取相应措施予以平衡，制定出合理的人员配备计划，使各部门各岗位的人员数量达到动态平衡。例如，组织可以进行内部人员的重新配置，包括晋升、调动、降职等，来弥补那些空缺的职位，满足这部分的人力资源需求；同时，对职位变动的人员进行有针对性的专门培训，使他们能够尽快适应新的工作。另外，组织还可适当进行人员置换，释放那些企业不需要的人员，补充企业需要的人员，以调整人员的结构。

二、工作分析

（一）工作分析的概念和意义

确定了人员配备计划之后，要使每个岗位的职责做到清晰、周全，必须要进行工作分析。工作分析是对组织中各个职务的设置目的、工作性质、任务或职责、权限和隶属关系、工作条件和环境、任职资格等相关因素进行收集与分析，并作出明确的书面规定，通过岗位规范、工作说明书等人事文件来确定完成该工作所需的行为、条件、人员的过程。简单的说，工作分析就是确定某一职务的工作任务和性质是什么，以及哪种类型的人（如能力要求、教育程度和工作经验等）是适合被雇佣从事这一工作，这两个内容分别通过职务说明书和岗位规范来明确，见表 9 - 1。

表 9 - 1　职务说明书

1. 表头格式——注明企业中各职务名称、归属部门、隶属关系、级别、编号等。
2. 任职条件——描述某职务所需的相关知识和学历要求、培训经历和相关工作经验及其他条件。
3. 工作要求——主要描述该职务对一个合格员工工作的具体要求。这主要从工作本身的性质、量、范围、时效性等全方位考虑。
4. 责任范围——描述该职务所承负的主要责任及其影响范围。
5. 管理结构——职务权限、直接和间接。
6. 工作关系——此项工作需要与企业其他部门（人员）的联系要求。
7. 操作技能——描述完成该项工作对任职者的灵活性、精确性、速度和协调性的要求。

工作分析在整个人员配备的过程中是至关重要的，它不仅为人员的招聘、选拔和任用奠定了基础，也为员工的考核和晋升提供了依据，同时它也是组织对员工进行绩效评价及制订合理薪酬制度的重要前提。

1. 为招聘、选拔和任用合格的人员奠定基础

组织进行招聘和选拔的目的在于找出最合适的求职者并最终任用，而工作分析的所提供的信息实际上就决定了需要招聘和选择什么样的人来从事此种工作，因此，可作为招聘与甄选的标准。这些标准包括成功完成该项工作所需要的知识、技能与素质等，找到与这些标准相匹配的工作者，可以使其在这个岗位上发挥更大的潜能。此外，人力资源部门还可依据工作分析设计针对不同岗位的甄选工具、和笔记与面试题目等。

资料链接 9 - 1　微软挑选员工的标准

第一，标准是应聘者是否具有良好的品德。微软认为，良好的品质是职业道德的基础。

第二，看应聘者解决问题的能力如何，在面对困难时是退缩，还是勇往直前，因为实际工作中常有新问题需要解决。

> 第三，要测试应聘者有没有快速学习的能力，日新月异的技术发展要求有快速学习能力。
>
> 在面试的过程中，主考官还要通过与应试者讨论一些问题，来判断他有没有团队精神、责任心及他的工作热情、创新精神和独立工作能力如何。
>
> 资料来源：企业选择员工的条件，百度文库。

2. 为制定培训计划和员工绩效评估提供依据

企业可以根据工作分析来选聘合适员工，也可根据工作分析的信息来评估培训的需求及确定培训方案。工作分析首先可以识别一个员工必须完成的任务，并用以发展或计划员工必须具备完成其工作的知识与技能，在工作执行的过程中，再通过绩效评估去考察哪些人员未能很好地完成工作，其工作能力的缺陷方面即为需通过培训加强的内容。

3. 为员工绩效评估提供依据

而绩效评价的过程也需要以工作分析作为依据，工作分析上列出的详细的工作责任、工作内容或工作行为标准都可以发展为绩效评价的项目依据。以工作分析为绩效评估依据也可避免管理者对员工进行概括化的模糊评估，保证评估的公正性。

4. 为制定薪酬制度提供依据

薪资的给予，基本上是根据每一项工作对组织的相对价值及重要性来决定的。通过工作分析可以判断某项工作对组织的价值或重要性，以及由此所带来的工作要求，如执行该工作项目所需的资格条件等，并以此作为核定薪酬的依据。

5. 为组织进行内部沟通打下基础

不同的工作项目对不同的人来说，其认知标准也是不一样的，如每个人对工作内容和职责范围的理解均可能有所不同，而这是造成沟通困难最大原因。通过工作分析，各部门和每位员工都可以更加明确自己的责任和任务，既有利于员工本人自省自己的工作行为，也有利于管理人员决定是否授权。当组织发现某位管理人员或普通员工不能胜任其职位，需要调整岗位甚至解聘时，也可以工作说明书为依据说明其在哪些方面不能胜任该工作。

（二）工作分析的过程

工作分析是对工作进行全面评价的过程，整个过程可以分为四个阶段：准备阶段、调查阶段、分析阶段和完成阶段。

1. 准备阶段

准备阶段是工作分析的第一阶段。在准备阶段中，应该明确工作分析的目的、内容与步骤；确定调查分析对象的样本，同时考虑样本的代表性；此外，还要组织有关人员进行工作分析方面的宣传与解释。

（1）确定工作分析的目的、内容与步骤。确定工作分析的目的主要是指明确工作分析信息的用途、能够解决什么管理问题，这直接决定了需要搜集何种类型的信息以及使用何种方法去搜集。首先需要收集的信息是与工作分析有关的背景信息，如组织结构图、工作流程图等以帮助展开调查和分析活动。而在确定所要分析的其他信息内容时，如工作性质与职责等，还需注意考虑以前的工作说明书中是否存在不清楚、模棱两可的条款并作为拟解决的问题进行修正。在准备阶段即可完成之后，组织可根据工作分析的目的和内容，制定详细的工作分析实施时间表。

（2）确定调查分析对象的样本，并选择有代表性的样本进行分析。当需要分析的工作很多但却比较类似的时候，可以选择个别比较典型的工作进行分析，这要比对所有工作进行逐个分析省下很多时间。

（3）组织有关人员进行宣传。很多组织在进行工作分析时都会遇到员工的不配合，例如疑心重重或态度冷淡，这主要是由于事先没有做好宣传动员，员工不清楚工作分析的原因和目的，以为工作分析后组织会进行大规模的人事调整、裁员或增加工作量。因此，在准备阶段，需要由人力资源部门牵头组织工作分析小组成员对全体员工进行提前宣传和解释，明确工作分析的目的，获得员工的信任和配合。

2. 调查阶段

准备工作做好后，即可开始收集工作分析所需的信息，进入调查阶段。通过收集有关工作性质、工作职责、工作条件、工作对员工个人的要求等信息，以备进行实际的工作分析。分析的工作不同或目的不同，所采取的调查方法也不同，例如对于编写工作说明书和为空缺岗位甄选员工，采用访谈法从工作岗位上的员工那里获得直接信息是最有效的；而对于以确定某工作的相对价值进而确定该工作的报酬为目的时，采用问卷调查法则更具优势。在广泛收集有关资料和数据的同时，需要注意对重点内容作出细致的重点调查，并对被调查员工对各工作特征及工作人员特征的重要性作出等级评定，以帮助分析。

3. 分析阶段

信息分析阶段是将调查阶段所收集到的信息进行统计、分析、研究、归类的一个过程。首先，工作分析人员要仔细审核收集到的信息，尤其是注意核查所获得信息的完整性与可靠性，可以参照企业以前的工作分析资料或同行业同职位其他企业的相关工作分析资料。其次，创造性地分析和发现有关该工作的性质、职责及任职资格要求等信息的关键成分，并和从事这些工作的员工及其主管人员进行核对，确保没有疑点。最后，总结和归纳出此次工作分析的必需材料和要素。

4. 完成阶段

根据前三个阶段获得的信息与材料，结合组织内部的各项规范编制工作说明书和岗位规范。工作说明书即对工作职责、活动、条件及工作对人身安全危害等工作特性方面的书面描述，而岗位规范是全面反映工作对从业人员的品质、特点、技能、教育背景及工作经历等方面要求的书面文件。二者有时是两份文件，而有时可合并成一份工作说明书来写。完成阶段的具体工作如下：①工作分析人员编写职务说明书和岗位规范初稿。②将初稿与实际工作对比，考察其适用性，并据此对其进行修正。③与企业管理顾问、该工作岗位上的员工及其直接主管等人员讨论其中的具体内容，确定试行稿。④试行稿使用无误后，方可确定为正式文件。⑤正式文件可以存档，但工作分析人员还需对工作分析工作本身进行总结评估，并不断对工作说明书进行完善。

三、人员招聘

人员招聘是指组织为了发展的需要，根据人员配备计划和工作分析的数量与质量要求，通过科学的甄选，从组织内外吸收符合要求的人员充实组织的过程。人员配备计划和工作分析决定了招聘人员的数量、结构和类型，以及组织招聘人员的来源。

（一）管理人员招聘的标准

管理人员招聘是人员配备中的一个关键步骤，对整个管理过程的进行，以及整个组织中的其他活动都有着极其深远的影响。因此，组织一般要按照以下标准去招聘管理人员。

1. 职位的要求

为了有效地展开招聘，招聘人员必须首先对拟招聘管理职位的性质和用人要求有清楚的了解，明确职位对管理人员的要求一般是工作分析过程中所编制的工作说明书和岗位规范作为依据。除此以外，管理人员的招聘要比其他岗位的招聘更加复杂，还需要考虑管理人员应具备的素质与能力，以及是否具有管理愿望。

2. 管理愿望

管理愿望就是人们希望从事管理工作的主观要求，具有强烈的管理愿望是管理人员开展工作的基本前提，而以管理作为自己的职业生涯目标也是成为一个成功管理者的基本条件。俗语说，"不想当将军的士兵不是好士兵"。管理意味着对权力的运用，对权力不感兴趣的人必然不会很好地去运用权力，进而影响组织目标的实现。

3. 管理能力

一个管理人员至少应具备的三大基本能力分别是：技术能力、人事能力和概念能力。技术能力是指使用专业知识和技术来完成组织任务的能力，主要与专业知识的多少有关；人事能力是指管理者处理人和人之间关系的能力，包括领导能力、沟通能力和激励能力；概念能力是一种抽象思维能力，即认识和分析复杂问题并作出正确决策的能力，它要求管理人员能够洞察组织环境的细微变化，识别引起这种变化的关键变量，并作出有利于组织利益的决策。这三种能力是可以通过教育和培训以及在实践中吸取经验来获得和提高的。虽然这三种技能对各级管理人员都是重要的，但是处于组织的不同层次的管理者由于职责不同，其管理能力的大小和结构也是不同的。

4. 个人素质

管理者应具备的个人素质包括良好的品德、勇于创新的精神、良好的心理素质。一个管理者首先应该是一个有良知的人，譬如对国家、对社会、对员工都要有义务感和责任心，对工作精益求精，对他人诚实守信等。管理人员还要有创新和冒险的精神，只有不断创新，组织才能充满生机，不断向前发展。此外，作为一个合格的管理者，还必须有良好的心理素质，如在追求卓越目标时要意志坚强，胜不骄败不馁；对待组织中不同的声音要胸怀宽广，善于沟通和协调；对待自己要自信，同时善于听取他人意见。

（二）管理人员招聘的来源

组织可以通过外部招聘和内部提拔两种方式选拔人才。

1. 外部招聘

所谓外部招聘是指组织根据管理人员配备计划和空缺岗位工作分析的要求，从组织外部公开招聘管理人员。一般来说，该管理岗位在组织中所处的层级越高，岗位要求越高，其招聘范围就会越大，往往需要扩展到其他地区甚至其他国家。而此时，规模大、声望高的组织更加容易获得应聘者的注意和青睐。

外部招聘的优点在于：

（1）有广泛的人才来源。外部招聘比内部招聘的选择范围要大得多，不同国家和地区的人都可以看见组织所发出的招聘公告，组织可以根据需要选拔出符合要求的管理人才。

（2）能为组织输入新鲜血液。组织也需要不断地接受外部的新思想，增强创新。外部招聘所获得的人员往往会带来新的知识、新的工作方法，甚至会对现行的程序性的工作方法提出一些改进意见，为整个组织注入活力。

（3）节省培训费用。由于外部招聘倾向于有相关经验的应聘者，这些应聘者只需要一个简单的岗前培训就能很快适应工作。而内部选拔则需要对候选人进行全方位的培训，以使其能够胜任管理岗位，有时成本是极高的。

（4）给内部造成竞争压力。外部招聘会给内部人员造成竞争压力。当员工意识到来自外部的压力很强烈时，就会努力表现，这也是外部招聘的波及效果。

外部招聘的缺点在于：

（1）对应聘者不能深入了解。外部招聘只能通过应聘者提供的书面材料和几次笔试、面试成绩来考察其学历和知识水平等，组织不能深入了解应聘者的情况，并评判其管理能力与水平，有招聘失败的风险。

（2）应聘者可能需要较长的磨合过程。从外部聘请来的管理人员往往需要一段磨合期才能逐渐适应新的工作、新的环境和新的企业文化，进入角色的时间会比较长。外聘人员在尚未与整个组织融为一体时，会认为自己同企业之间仅仅是雇佣关系，缺乏对企业的忠诚，其流动性也相对较高。

（3）招聘费用偏高。通过外聘方式选择管理人员，组织除了要刊登招聘广告外，往往还需要组织专家进行测试和评价，尤其对于稀缺人才还要通过职业介绍所或者猎头公司来获得人才资源，此时的招聘过程较为复杂、招聘质量要求更高，自然费用也是很高的。

（4）可能挫伤组织内部成员的积极性。通过外部招聘给内部员工带来适当压力是可行的，但如果全部从外部获得管理岗位人员，而不给予内部员工选拔晋升的机会则会打击内部员工的工作积极性，影响士气，因为大多数员工都希望在组织中获得晋升的机会以及不断发展。

2. 内部提拔

内部提拔即从组织内部选聘那些能够胜任的人员来充实组织中空缺的管理岗位。它要求有完备的人事记录和对员工的评估制度，只有员工的能力得到充分证实后，才会被委以更高职务，承担更大责任。

内部提拔的优点在于：

（1）降低用人风险。从组织内部选拔管理人才，组织可以花较长时间全面了解和评估候选人员，包括其学识、能力、素质和工作态度等，而不像对外来应聘者那样知之甚少，降低招聘失败的风险。同时，内部员工对组织本身及其文化有更多的了解和认同，再加上通过努力获得组织认可并被委以重任，其忠诚度必然得到提升，从这一方面说，内部提升降低了人才流失的风险。

（2）内部候选人能很快胜任工作。内部候选人相比较外部应聘者更加了解组织，包括组织结构、政策及人事关系等，其对新工作的适应过程较短，能够很快进入角色，有利于组织的顺利运行。

（3）节省招聘费用。一般来说，招聘是一个长期的系统过程，需要耗费较多的时间、精力和财力。但内部招聘的宣传范围仅限于组织内，不需要支出过多的广告费、场地租用费、专业咨询费、差旅费等招聘开支。

（4）激发员工的工作积极性。内部提升为组织成员的工作变换提供了机会，使员工明白只要自己努力工作就会得到晋升机会，有助于激励组织成员的工作热情和进取心。甚至，外部应聘人员也了解，加入这类组织并努力工作是有机会获得升迁并一步步实现自己的职业规划目标的。

内部提拔的缺点在于：

（1）候选人选择有限。内部提升的挑选范围较小，如果企业过分依赖内部提升来填补管理岗位的空缺，有可能会造成组织逐渐趋于封闭，助长因循守旧。尤其是在组织高速发展的时期，选择面过窄可能造成组织不能选拔到满意的人选。

（2）可能挫伤组织中其他人的积极性甚至引起矛盾。内部选拔必然是以竞争机制为前提的，通常都会有多个员工同时竞聘同一岗位。这样，那些最终没有得到提升的人的积极性将受到打击，士气低落，甚至埋怨领导，对组织的忠诚度也会下降。尤其是由此引发的内部矛盾对组织来说是最为不利的。内部招聘可能会形成许多利益团体，如同乡、同学等利益群体，构成利益相冲的非正式群体，群体之间、个人之间的矛盾都会制约组织的发展。因此，实行内部提升时，组织一定要注意内部沟通，以避免挫伤他人的积极性，避免出现矛盾。

（3）可能造成“近亲繁殖”。内部提拔可能会导致被提拔人员对其提拔者的绝对依赖和效仿，比较容易出现思维定式和行为定式，这将使得组织无法顺利引入新思想、新知识和新的工作方法，缺乏组织创新，逐渐使企业丧失活力。

在实际工作中，采用哪种招聘方法需要从组织实际出发，通常可采用内部提拔与外部招聘相结合的途径。例如先将从外部招聘来的人员放置在较低的职位上，此后再根据其表现决定是否进行提升。

（三）管理人员的招聘程序与方法

1. 确定招聘计划

在人员配备计划的基础上，制定此次招聘计划，即确定组织目前和未来的管理人员需要量。制定招聘计划时，除了要以组织现有的规模、岗位数量以及人才储备状况作为依据以外，还要考虑到管理人员的流动性和组织长期发展的需要。一般情况下，招聘计划是由各部门根据用人需求确定部门招聘需求，并将招聘计划提交高层管理者审批，由组织的人力资源部门统一组织招聘。

2. 选择招聘渠道

招聘渠道即招聘来源，主要包括教育机构推荐、就业机构推荐、委托猎头公司物色、参加人才交流会、媒体广告等外部招聘；以及内部提升、员工推荐、岗位轮换、平级调动、返聘等内部招聘形式。管理人员的选聘多为内部提升或猎头公司物色的方式，但也有知名度高的公司采用媒体广告（如报纸、杂志、电视、海报、网络等）的形式，在更大范围内吸引更多人的注意。

3. 发布招聘信息

在选择好招聘渠道后，组织应以适当方式通过该渠道公布拟招聘管理岗位的相关信息。完整的招聘信息应包括：公司简介、拟招聘岗位名称、岗位性质、拟招聘人员数量、对应聘人员的要求、工作职责说明、工作条件说明、工作报酬与福利、晋升机会、应聘方法与流程，以及注意事项等信息。在确保招聘信息完整的前提下，应尽可能地进行招聘广告设计，使招聘信息足以吸引应聘者的注意力，激发他们的兴趣。同时，应聘者也通过招聘信息上的要求对自己进行一个筛选过程，考虑自己是否符合要求或是否适合这项工作。

4. 初选

在招聘信息发出之后，组织会陆续收到应聘者的求职简历。一般来说，组织会事先制定一个统一的报名表表格，要求应聘者按表格填写个人详细信息。组织可以根据收集到的应聘者个人简历和报名表，对应聘人员的硬件条件进行一个初步审查，如学历、年龄、专业、工作经验、简历内容的真实性、应聘者态度等。也有组织采取比较直观的面谈方式来了解应聘者，以对其初步印象作为初选的依据。面谈过程中，招聘人员可以观察应聘者的仪表、举止、言谈，可对其语言表达能力、逻辑思维能力、思维敏捷的程度、知识的广度和对问题认识的深度都有所了解。

5. 选拔

对初选合格的应聘者进行选拔过程一般包括笔试和面试两个阶段。

（1）笔试。笔试主要包括知识测试和心理测试两部分。知识测试主要考察应聘者的知识面广度和专业知识深度，考察知识面可采用百科知识测试，而考察专业知识则可采用业务知识测试和相关业务知识测试。

心理测试可以帮助判断应聘者的气质、思维敏捷性、才能、智力、个性等。我国公务员选拔考试中的《行政职业能力测验》考察的内容包括言语理解能力、数量关系能力、逻辑推理能力、综合分析能力、知觉速度和准确性等，这些能力往往是在各种工作中都会经常运用的能力，反映了一个人的学习能力。

个性测试是心理测试中必不可少的一部分。个性，也可称为人格，是在人们先天和后天的交互作用下形成的个体独特的和稳定的对待现实的态度和习惯化了的行为方式，是一个人区别于其他人的稳定的心理特征。个性没有好坏之分，但不同的个性特点对于不同的职业和岗位存在“匹配”与“不匹配”之分，某种个性能让一个人在某个岗位上大受挫折，但在另一岗位上却可获得成功。

测试个性的方法有自陈式量表法、投射测试、情景测试等，其中自陈式量表法和投射测试较为常用。所谓自陈，即让被测评者自己提供关于自己个性特征的报告。自陈式量表要求被测评者提供封闭式的答案，比较有名的有明尼苏达多项人格测验、卡特尔 16 种人格因素测验、爱德华个体偏好量表等。而投射测试则是让人们在不自觉的情况下，把自己的态度、动机、内心冲突、价值观、需要、愿望等个性特征在环境中其他事物上反映出来的过程。投射测验方法可以分为联想法（如著名的荣格文字联想测试法）、构造故事法、完成语句法、绘画表达法等。

（2）面试。几乎所有的人员招聘与选拔都要用到面试，而且在一次招聘活动中可能要进行多轮面试。从不同的角度可以将面试分为不同的类型。根据面试的结构化程度不同，可将面试分为结构化面试和非结构化面试。根据面试内容，可分为情景面试、行为面试和压力面试。

①结构化面试。结构化面试是指组织事先通过职位分析确定应聘岗位性质及对应聘者的素质要求，并在此基础上设计好面试的测评要素及问题、问题排列顺序、评分标准、评分规范等信息，在面试过程中向所有应聘者提出同样问题的面试过程。结构化面试的特点是统一题目、统一评分系统，规范性和准确性较强，因此又被称为标准化面试。通常，结构化面试

的问题可以是情境问题、智能问题、工作相关问题和行为性问题等。

②非结构化面试。非结构化面试是指事先没有明确规定面试的内容、程序和评价标准，主考官可以根据应聘者的具体情况和面试的需要事先准备一些重要的问题备用，亦可直接在面试中随机向应聘者提出各种开放性问题的一种面试形式。非结构化面试的面试问题、问题答案、面试过程和评分标准都是非标准化的，给面试双方以充分的自由发挥空间。但这种面试形式也存在一些问题，提问内容和顺序主要取决于主考官的主观因素，面试的结果缺乏一致的判断标准，也无法量化或同其他被测者的评价结果进行横向比较。

③情景面试。情景面试是指给定应聘者一个特定的情景，要求求职者进行分析并回答，观察其是如何作出反应的。情景面试中的题目多与岗位要求相关，如应聘财务经理的人员被要求对某个财务报表作出财务分析，以准确的测试出应聘者的专业水平。因此，这种方式多用于一些比较重要的专业职位的最后一两轮面试。

④行为面试。行为面试通过要求被面试者描述他在以前的某个实际情景中的具体行为来了解其各方面素质和行为方式的面试方法。该方法的基本假定是：通过一个人过去的行为可以预测这个人将来的行为。行为面试题目多为："工作中，你如何决定哪些事情最重要，请举出例子""请你归纳一下目前工作中的困难" 等，基于应聘者的描述，主考官可继续追问，并以此推测其在今后工作中的行为表现。

⑤压力面试。压力面试是指在面试过程中招聘方有意制造紧张，向应聘者询问一系列具有压力的问题，以了解应聘者对压力的承受能力和应变能力。通常，面试人员会提出生硬的，甚至不礼貌的问题故意让候选人感到不舒服，并对某一问题连续追问，从而达到面试目的。这种面试形式适合用于对高级管理人员的测试，因为承受高度压力并在此环境下作出正确决策是管理人员必备的一项能力。

6. 录用

通过上述初选与选拔测试之后，招聘方已对多位候选人有了更深的了解，最后一个环节就是从这些候选人中确定录用的人员。

决定录用之前，组织需要对拟录用人员进行背景调查。这是因为在之前的几个环节，组织所获得关于应聘者的信息大都是由应聘者自己提供的，组织还需对其提供信息的真实性进行调查。背景调查的主要内容包括学历学位的真实性、过去的工作经历（包括受聘时间、职位职责、离职原因和薪酬等），以及应聘者在过去是否存在不良记录等。

组织在为被录用人员办理入职手续的同时，也不要忽视了对未被录用应聘者的回复。拒绝信的语言要尽量简洁、坦率和礼貌，具有鼓励性，并表示希望与应聘者建立长期的联系，因为这不仅准确地传达了组织的决定，同时也体现了组织的形象。

四、培训和开发

（一）管理人员培训与开发

培训与开发，是指组织根据发展和业务需要，通过学习、训练等手段进行的旨在改变员工价值观、工作态度和工作行为，提高员工的工作能力、知识水平和业务技能，并最终改善和提高组织绩效的有计划、有组织的培养和训练活动或过程。

从管理角度讲，培训是使新老员工获得做好自己所承担工作所需的技能而采用的方法，而开发则是使员工掌握目前和未来工作所需要的知识、技能和思想，并发挥自身潜能的方法。也就是说，培训着眼于员工现在的工作，其培训目的是使员工掌握对其工作绩效起关键作用的工作能力，并能够在日常工作中加以运用，从而提高工作绩效。而开发则着眼于员工对未来工作的准备，培养和开发其面向未来不确定环境的素质和能力，侧重帮助员工个人发展。二者的共同点体现在以下几个方面：①人员的培训与开发都是一个教育和学习的过程；②人员的培训与开发都是由组织来规划的；③培训与开发的直接目标都是提高员工素质，适应工作，两者所使用的技术很多是相同的；④两者的最终目的都是通过将培训的内容与所期望的工作目标联系起来，以求个人职业发展与组织绩效的统一。

从人员配备的维护和开发角度来看，管理人员培训与开发是人员配备管理中的重要一环，其重要作用主要体现在：

1. 提高管理人员素质和职业能力

通过招聘与选拔，组织固然可以录用到素质较高和职业能力较强的管理人员，但是现代知识和技术的快速更新，加之市场需求的变化多端、市场竞争的日趋激烈都对管理人员素质和职业能力提出了更高的要求。因此，不断通过各种形式的培训活动，可以促使管理人员不断学习，及时补充和更新知识，提高管理能力，适应岗位发展所提出的更高要求。而管理人员的知识、技能、工作方法、职业能力的提高则有利于提高组织的运行效率和经济效益。

2. 促使外聘管理人员认同组织文化

对外聘管理人员进行职业培训，可以使他们尽快了解组织的运行规律，传达与组织文化相一致的价值观，引导他们的个人思想与组织文化相统一，促进其观念转变。

3. 助推员工自身职业发展

每一个管理人员都有其自身发展的要求，对自己的职业道路会作长远的打算，因此必然会产生对学习的渴望，以利于下一步发展。而组织也应帮助员工完成各自的职业发展计划，对于有良好发展潜力的管理人员，适时提供学习机会，使其人力资本价值得以增值。从这一点来看，对管理人员的培训应主要着眼于培养其系统思考、战略决策的全局观念和前瞻性思维；培养其团队合作意识、领导能力和沟通技巧；形成科学的管理思想，掌握先进的管理技术等方面，为其将来在更高层次上开展工作、承担更多责任做好准备。

（二）培训的类型

1. 岗前培训、岗位培训和转岗培训

按照培训对象的不同，可以将培训开发划分为岗前培训、岗位培训和转岗培训。岗前培训是针对新员工上岗之前所进行的培训，主要帮助新员工掌握岗位工作要求和操作技能，树立责任感和企业意识，使新成员对组织产生认同感，逐渐进入角色的过程。岗位培训是针对员工在某一工作岗位的需要进行的在岗培训，主要帮助员工补充学习工作所需而其欠缺的知识与技能。转岗培训是针对工作岗位调动的员工所进行的培训，主要帮助员工了解新岗位的工作需要与要求。

2. 在职培训（OJT）和脱产培训（FJT）

按照培训形式的不同，可以将培训开发划分为在职培训（OJT）和脱产培训（FJT）。在职培训指在员工业余时间进行的、不影响工作的培训活动。员工在培训期间多为带职带薪，不离开工作岗位，通过实际操作来学习这项工作。常用的在职培训方法有：学徒培训、指导培训、工作轮换等。在职培训主要用于培养提高员工的专业技能，针对性较强但需精心安排。而脱产培训则是员工完全脱离工作岗位，如脱产到高等院校、科研机构或有关组织参加为期较长的培训。这种培训方式的优点是可以让受训者集中时间和精力，没有工作压力，其知识和技能水平会很快提高，培训效果显著。

3. 知识培训、技能培训和态度培训

按照培训内容的不同，可以将培训开发划分为知识培训、技能培训和态度培训。知识培训是指以员工所需掌握的理论知识和业务知识为主要内容的培训，内容包括：对员工的工作行为与工作效率起基础作用的相关理论知识，如经济学、社会学、管理学、政治学、营销学等；与员工职能活动密切相关的组织的具体情况，如：组织发展战略、经营方针、经营状况、组织文化、规章制度、岗位业务常识等；以及与组织经营环境相关的广泛背景知识，如科技发展、政策、法律等。技能培训是指以员工从事本职工作需要掌握的技能为主要内容的培训。比如业务能力、沟通能力、思维能力、决策能力、创新能力等。态度培训主要涉及对员工的价值观、职业道德、行为规范、人际关系处理、个人行为方式等内容的教育和培训。员工态度包括员工的工作士气、精神状态及其对组织的态度等都是影响工作绩效的重要因素，因此态度培训尤其是对新员工的态度培训显得尤为重要。组织通过态度培训可以培养员工对组织文化和经营方式的认同感，使之迅速融入组织，并建立员工之间的相互信任关系，培养员工的团队精神、归属感以及对组织的忠诚感。

4. 长期培训和短期培训

按照培训周期的不同，可以将培训开发划分为长期培训和短期培训。长期培训是组织根据现在特别是未来发展的需要及员工未来的职业发展方向而进行的时间较长的培训。长期培训多采用全脱产的大学深造、出国进修等形式，其内容涵盖理论、业务等多方面知识，具有综合性和未来导向性。短期培训是组织根据工作岗位急需或其他原因而对员工进行的时间较短的培训，一般具有较强的专业性和针对性，要求具有立竿见影的培训效果。

（三）管理人员培训的方法

1. 授课法

授课法又称讲座法，这是最为普遍也是最为基本的一种培训方法，是指通过培训者讲授或演讲的方式来对受训人员进行培训。讲座的形式多种多样，如标准讲座、团体讲座、客座讲座、座谈讲座等。其优点是培训成本较低，可一次向很多人传授知识，但缺点是比较单调，基本上属于单向沟通，大多是纯理论讲述，缺乏与实践的结合。目前，授课法也开始采用各种新型手段，以提高培训效果。例如视听教学法，即将讲授的内容或示范的内容做成幻灯、电影、录像、录音等视听教材进行培训。又如程序教学法，即在培训前将培训内容划分为若干个单元，由受训者按顺序自主学习和自我测验，同时可向培训者提问，通过测验后方可进入下一单元。

2. 研讨会或讨论会

研讨会是指通过举行研讨会，组织中的一些上层主管人员与受训者一道讨论各种重大问题或进行决策，可以为受训者提供一个机会，观察和学习上级主管人员在处理各类事务时所遵循的原则，以及应如何利用集体智慧解决各种具体问题，获得管理工作的经验，从而达到培训的目的。

3. 角色扮演

角色扮演即设定一个最接近真实情况的培训环境，指定受训者扮演环境中的某一角色，借助所扮演角色的演练来增强其所扮演角色的感受，并培养和训练其解决问题的能力。这种培训方法的最大优点就是受训者可以将自己所掌握的各种技能与知识在培训中得到实践，并在整个培训过程中加深对知识的理解与掌握。目前，也有的组织采用某种商业游戏的形式来进行角色扮演培训，即将培训内容制作成模拟仿真的管理游戏，让受训者通过游戏进行训练。但这种管理游戏的开发和设计成本往往较高。

4. 工作轮换

工作轮换又称岗位轮换，是使受训者在不同部门的不同主管或非主管位置上轮流工作，以使其全面了解整个组织的不同工作内容，得到各种不同经验，为今后在更高层次任职打好基础。工作轮换的培训方法目前在很多大型企业中都得到应用，例如每年新招聘的管理培训生需要在各部门之间轮岗，以使他们了解整个商业运作流程，并测试他们的能力，为其选择适合的职位。

工作轮换被普遍认为是培养管理技能的一种有效方法，它不仅可以丰富受训者的技术知识和管理能力，使之掌握组织业务全貌，而且可以培养受训者的协作精神和全局观念，加强组织的凝聚力和灵活应变能力。但是工作轮换也有一定风险性，那些拥有较大决策权和承担较多职责的高层管理职位若贸然换上缺乏相应经验的人，可能会导致较大范围的混乱。因此，工作轮换一定要有周密的计划并且要控制好其涉及的范围。

5. 设置助理职务

在较高的管理层次设立副职和助理职务，既可以减轻主要负责人的负担，又具有培训待提拔管理人员的好处。助理职务的设立，是要让受训者同有经验的主管人员一道密切工作，后者对于受训人员的发展给予特别的注意和具体指导，并可通过委派受训者一些任务培养他们的工作能力。对受训者来说，这种方法不仅可以为他们提供实践机会，而且为他们提供了一个观摩和学习主管人员分析问题、解决问题的一个最佳平台。

6. 设置临时职务

当组织中某个主管由于出差、生病或度假等原因而使某职务在一定时期内空缺时（组织也可以有意识地安排这种空缺）则可以让受训者临时担任该职务。临时职务可以使受训者进一步体验高层管理工作，充分展示其管理能力，更为主要的是防止“彼得现象”的产生。

所谓“彼得现象”，是指英国学者彼得发现“在实行等级制度的组织里，每个人都崇尚爬到能力所不及的层次”，而选择不适合的人担任某一更高职位不仅不是对本人的奖励，反而使其无法很好发挥才能，给组织产生不利影响。这就要求组织要改变单纯的根据贡献决定升职的员工晋升机制，不能因某人在某个岗位上干得很出色，就推断此人一定能够胜任更高一级的职务。而设置临时职务，可以让受训者体验高层工作并展示自己的管理才能，这和设置助理职务的优点是一样的。而另一个优点即是可以让决策者从受训者的表现判断其是否适合该职位，若适合，可考虑其转正；若不合适，取消其临时职务另派他人上任，也不会对受训者带来打击。

第三节　业绩考核与反馈

一、业绩考核的内容与目的

业绩考核，又称绩效考核是指组织按照员工所在岗位的绩效标准，定期对员工的工作行为、工作结果、工作能力、发展潜能及工作态度等进行考察、评估和测度的过程。由定义可以看出，业绩考核主要包括三方面的内容：

（1）工作业绩。即员工的工作完成情况及其对实现组织目标的价值贡献。工作业绩一般可量化考核，如考核工作目标的完成情况或日常工作的数量与质量等，考核指标要求简化、重点突出，具有可衡量性。工作业绩是员工的努力程度、工作能力和实际成果的综合反映，是业绩考核的主体部分。

（2）工作能力。即通过考察员工在一定的时期内的管理工作，评估他们的现实能力和发展潜力，分析他们是否符合现任职务所具备的要求，任现职后素质和能力是否有所提高，能否担任更重要的工作等。工作能力考核包括对员工基础能力、业务能力及发展潜力等的全面考核。基础能力是指完成工作任务所需要的一些共同的能力素质，如知识、技能、体力、文字表达、沟通协调等；业务能力是指员工对本职工作的熟悉程度及实际操作能力，如理解力、判断力、表达力、指导力、规划力等；发展潜力是指员工是否具备担任高一级职务或其他类型职务的潜质，可参照前两种能力的考核结果进行推断，也可通过测验和面谈的方式来查证和判断。

（3）工作态度。态度考核首先是考核评价员工的纪律性与责任心，这是成为一名合格员工的基本条件，如按时上下班、遵守规章制度、工作认真负责等。其次是主动性与积极性，如在实际工作中遇到特殊情况时能否主动协调他人完成对组织有益的工作。由于这些因素较为抽象，一般只能通过直接上级和同事根据平时观察给予主观评价。

组织进行业绩考核的目的在于以下几个方面：

1. 业绩考核是激励员工的重要手段

业绩考核根据考核标准对员工日常工作能力与工作行为进行监督、考察、引导和约束，让员工了解考核的内容，可促使其为胜任工作而努力，为自己提薪、调动、晋升，以及获得培训机会创造客观条件和现实依据。考核的结果则可作为对员工进行奖惩的一项重要依据，对于那些恪尽职守、业绩优异的员工要给予物质或精神上的奖励，而对于那些不负责任、业绩低劣的员工则要给予相应惩戒。因此，业绩考核是激励员工的重要手段。

2. 业绩考核是人事调整决策的基础工作

通过业绩考核，组织可以了解员工的工作现状、工作能力和发展潜力，知晓各岗位的人员配备是否合理、是否能够胜任本职工作、是否有可能承担更多责任和更高职位，进而改善整个组织的员工结构和素质能力。现代管理理念更重视员工潜能的开发，将员工个人的职业前途与组织的长远发展结合起来筹划安排，而这就使得业绩考核成为人事调整决策中的一项基础性工作。依据客观的业绩考核结果，组织可作出员工工作调动、晋升和辞退的决策。

3. 业绩考核为员工培训工作提供依据

员工培训必须结合员工目前的表现、能力、素质及所在岗位的要求、组织发展要求等多方面因素才能有效开展。而通过业绩考核，可以发现员工的长处与不足、优势与劣势，从而根据实际需要制定培训计划。此外，组织对培训的效果也要进行评估，考察培训活动是否提高了员工的工作能力，而这又体现在受训员工之后的工作表现和工作业绩上。因此，业绩考核为员工培训活动的展开及培训效果的考察提供了依据。

4. 业绩考核为制定薪酬制度提供参考依据

薪酬制度是否合理公平直接影响着员工的工作积极性，而定期的业绩考核可以为确定员工报酬提供客观有效的依据，使工资、奖金等物质报酬的高低与员工的工作业绩及价值贡献相一致，以激励他们为组织发展作出更多贡献。

资料链接 9－2　微软考核的内容

1. 绩效考核。对员工工作效率及效果的考核（包括员工工作所完成的数量、质量等内容），是人事考核中最重要的组成部分，其结果为各项人事决策提供客观依据。

2. 能力考核。指员工从事工作的能力（包括智能与技能），通过员工对事物的记忆、分析、综合、判断、创新以及操作、表达、组织等能力来鉴定，是人事考核的重点与难点。

3. 态度考核。指员工的积极性在工作中的体现（包括出勤情况、纪律性、干劲、责任心、主动性等内容）。

4. 品德考核。指员工的思想品德、工作作风和职业道德。

资料来源：2015 微软员工手册，百度文库。

二、业绩考核的方法

（一）360 度考核法

360 度考核法又称为全方位考核法，它是一种从不同角度获取组织成员工作行为表现的观察资料，然后对获得的资料进行分析评估的方法。它包括来自被考核者本身的自评，以及上级、同事、下属、客户和供应商的评价。将所有考核意见综合起来再反馈给考核对象可以使之从不同方面了解自己的工作及他人对自己的评价，以促使其改进工作。

360 度考核法的优点是评价者来自不同层面的群体，他们可以从多角度给予被考核者全方位的信息反馈，可以减少由于个人偏见所带来的评分误差，易于做出比较公正的评价；同时，此方法可以增进组织中上、下级之间以及平级之间的信息沟通，有利于建立和谐的团队协作关系。360 度考核法的最大缺点是信息的收集成本较高，组织需要耗费大量的时间、人力和财力去收集、汇总和处理信息。此外，360 度考核法对参与考核的评价者的素质要求较高，这是因为考核的公正性主要取决于评价者所提供信息的真实性和客观性。如若上下级之间或同事之间由于利益关系冲突而借考核之名进行报复，则此法将难以有效进行。因此，使用 360 度考核法的关键在于建立评价者和被考核者相互之间的信任。

（二）强制分布法

强制分布法也称为强制正态分布法，这种方法基于这样一个假设：即企业的所有部门都同样具有优秀、一般、较差的员工。强制分布法的具体做法是预先确定评价等级以及各等级在总数中所占的百分比，然后将被考核者按照其业绩优劣归入各个等级。例如某组织把业绩最好的前 10% 的员工放在优秀等级，次之的 20% 放在良好等级中，再次之的 40% 属于中等级，之后的 20% 放在较差等级，最后余下的 10% 属于很差。

采取强制分布法，可以避免人人打高分、使考核流于形式的现象，无论组织整体绩效如何，都能评价出相对优秀和相对较差的员工，具有激励和鞭策作用。有些组织还在强制分布的基础上采取“末位淘汰制”，即落入“很差”绩效等级的员工会遭到淘汰，这种方法更强调惩罚，可能造成同类岗位同事之间关系的紧张化，甚至影响相互间的合作；但其优点是在组织内部引入竞争与淘汰机制，使员工在重压之下不敢有丝毫懈怠，只有奋勇向前，有利于迅速选拔优秀人才。

但强制分布法执行起来也有一些难点，如在一个整体绩效优秀的组织中，如果强制把表现不错的员工归于绩效较差等级，容易挫伤员工的积极性；再如组织中某些部门人员较少，无法进行强制分布；以及组织内各部门间进行联合强制分布，而各部门主管的评价尺度可能不一致的问题都有可能出现。解决这些问题，正确实施强制分布法，首先要求管理者要认清组织是否处于基于平均主义的低绩效环境，结合组织及员工的具体情况，决策是否有必要采取这种鼓励优秀、鞭策落后的强制分布法；其次，强制分布法的有效使用需要结合其他绩效评估法，如关键绩效指标法，选择合理的、易量化的考核标准，尽量避免部门间评价不一的现象；此外，实施该方法时，人员打击面不能过大，末位淘汰制不能过于频繁，一般可结合2～3年的考核成绩淘汰一次。

（三）关键绩效指标法

关键绩效指标法是指组织通过建立一套考核和管理被考核者绩效的可量化的或可行为化的关键绩效指标（Key Performance Indicator，KPI）标准体系来反映和沟通考核结果的方法。组织的关键指标体系一般由以下几个层级构成：①组织级关键绩效指标，主要根据组织的战略目标来确定的；②部门级关键绩效指标，由组织级关键绩效指标和部门职责来确定的；③岗位级关键绩效指标，由上两级关键绩效指标、具体岗位的职责要求及业绩衡量标准来确定。

由此可以看出，建立考核指标不仅需要明确组织目标、部门目标，还要针对不同的工作要求确定使用的指标类型，因此，指标体系的建立是有效使用此种方法的关键。组织在设定考核指标时应遵循 SMART 原则。

（1）Specific，指绩效指标设立要明确具体，考核要切中特定的工作指标，不能笼统。

（2）Measurable，指绩效指标应当是可衡量的，是可以数量化或者行为化的，验证这些绩效指标的数据或者信息是可以获得的。

（3）Attainable/Achievable，指绩效指标在付出努力的情况下可以实现的，避免设立过高或过低的目标。

（4）Realistic，指绩效指标是与目标相关的，是实实在在的，可以证明和观察。

（5）Time—bound，指绩效指标的达成是有时限的，注重完成绩效指标的特定期限。

（四）关键事件法

关键事件法是以记录直接影响工作绩效优劣的关键性行为为基础的考评方法。考核者通过观察把员工在工作中的关键行为记录下来，无论这种行为对部门的效益产生积极还是消极的影响，并运用这些记录对员工的工作业绩、工作态度和工作能力进行评价。

关键事件法的优点是能够为绩效考核与反馈提供有用的信息。管理者记录下的员工工作行为既可以在考核者向被考核者解释提供确切依据，而且可为帮助考核者提高工作业绩提供依据。关键事件法所记载的是与员工业绩相关的具体工作行为与事件，而不是对员工的笼统而抽象的言语评判，因此，在考核反馈时更容易被员工接受，帮助员工了解自己在哪方面做得好，而在哪方面又是需要改进的。而关键事件法的缺点则在于评价者需要花大量的时间去记录考核对象的行为，而员工也很担心自己的主管会如何记录他们的行为。

三、业绩考核的反馈

在考核工作结束后，组织要将考核结果通过一定方式反馈给被考核者。员工一般都想知道自己的工作表现获得何种评价。如果他们不能定期得到反馈，则可能会对自己的表现有不切实际的估计，如觉得自己做得很好或担心自己做得很差。而如果得到考核反馈，员工自己才认识到自己所取得的成绩和有待改进的地方。管理人员应通过定期反馈考核结果使员工及时了解自己的表现，肯定其贡献、找出其改进工作的办法，帮助完善其职业发展。

业绩考核的反馈形式一般有两种，一是考核者以书面形式将考核意见反馈给被考核者，若被考核者认可则签名盖章；若被考核者有异议则可要求上级部门重新对考核结果进行裁定。二是考核面谈，即考核者通过与被考核者进行面对面的交谈，在将考核结果反馈给被考核者的同时，观察其反应，听取其看法，并把面谈过程和被考核者意见记录下来，征求被考核者认可。考核面谈有助于建立一个上下级之间双向交流的平台，有助于管理人员当面指导员工、为其确定改进方向，同时也有助于员工了解自己的优势和不足，虚心接受领导意见。

建立和谐的反馈面谈关系，需要做好以下几个方面：

1. 管理者精心准备反馈面谈

即面谈之前，管理者要认真了解面谈对象的工作业绩、该员工的优点和缺点是什么、采用什么切入点开始面谈、又将采用何种方式促成双方达成共识；面谈的时间、地点选择也是准备活动之一。如面谈地点应该选在安静、放松的空间，如会议室、办公室或咖啡厅等，为面谈创造良好沟通环境，保持愉快洽谈。

2. 及时沟通

选聘者提前将面谈目的、面谈内容、时间及地点等信息告知面谈对象，使其有所准备，从而提高面谈效果，同时还能够使员工感受到自己是受到重视的。面谈开始后，管理者还应清楚告知业绩考核系统的构建及具体实施，使员工明白考核是客观公正的，而考核也不仅仅用于决定薪酬或晋升，为后面展开面谈作铺垫。

3. 敢于肯定员工的工作表现

任何一个员工在其工作中都会有某一方面的闪光点，管理者应以肯定员工工作表现为考核面谈的切入点，激励员工继续保持自己的优势，同时也能满足其被领导欣赏和肯定的心理需求，为面谈营造宽松氛围。

4. 鼓励员工说话，善于聆听

面谈是一种双向沟通，管理者要想办法鼓励和引导员工发表自己的意见，使之讲出其真实想法。而在员工表达自己意见时，管理人员应认真倾听，尽量不要打断，并捕捉员工谈话中的关键信息，发掘他的真实想法。

5. 真心为员工提出改善其工作绩效的具体建议

针对员工工作业绩的不足进行认真分析，并结合面谈中员工自己的意见，为之提出合理的改进措施。通过提出具体改进建议，来使之正视自己在工作态度、工作能力和工作业绩上存在的问题与不足，促使其在下一个阶段的考核中改善业绩。

6. 妥善处理员工的对抗情绪

当员工被告知业绩表现较差时，可能会出现否认和反驳，甚至情绪比较激动的现象。对于这些情况，管理者要在面谈之前就考虑到其可能性，并注意自己的措辞，尽量委婉，避免出现上述情况；还要想好防范措施，一旦出现应采取何种方式化解，以使面谈继续。

第四节　人员的保持与管理

一个组织除了要建立公平合理的业绩考核制度外，还必须有一个良好的薪酬制度。良好的薪酬制度可以帮助组织吸引和留住一流人才，并有效激励他们发挥出潜能，取得良好业绩，为组织创造价值。

一、薪酬

薪酬是员工因向所在组织提供劳务而获得的各种形式的酬劳。狭义的薪酬指货币及可以转化为货币的经济报酬，广义的薪酬则不仅包括狭义薪酬，而且包括各种非货币形式的满足，如赞扬与地位、学习机会、工作挑战性等。本书所讨论的是狭义的经济报酬，它包括基本薪酬、奖金和福利三部分。

（一）基本薪酬

基本薪酬是指组织根据员工所承担或完成的工作本身，或者员工所具备的完成工作的技能向员工支付的稳定性报酬。基本薪酬是薪酬的基础，也是员工收入的主要部分。西方的传统薪酬理论认为基本薪酬可分为薪水（Salary）和工资（Wage）两种类型。薪水主要适用于管理人员即专业技术人员，他们的基本薪酬通常采用年薪或月薪的形式，如果加班组织不需要支付加班工资，适用这种薪水制度的雇员被称为豁免雇员。而工资则是以小时或周来计算基本薪酬，适合用于蓝领工人，他们加班是要拿加班工资的。而随着白领与蓝领的工作界限日益模糊，薪水和工资的差别也不再显著。

从事相同工作的不同员工常常会因为其知识、技能、能力、资历和业绩的不同，在基本薪酬上存在着差异。例如，新员工所获得的基本薪酬比从事相同工作的老员工要低，又如，本组织内某个岗位的基本薪酬可能高于或低于外部市场上统一工作的薪酬。这就要求组织建立一个薪酬范围，为从事同一工作的不同员工提供基础薪酬的上限和下限。薪酬范围体现了一个工作或者一组工作对于组织的最大价值和最小价值。

（二）奖金

奖金是对员工超额劳动部分或工作绩效突出部分所支付的奖励性报酬。奖金的支付依据是绩效标准和考核结果，即在实现建立的绩效考核标准的基础上，根据员工个人或其团队的工作业绩而制定的可变的、具有激励性的报酬。所以说，奖金是对员工过去行为的评估奖励，旨在鼓励员工提高工作效率和工作质量。而要达到这种激励的效果，组织应提前将收益分享方案明确告知员工。奖金一般是在基本薪酬的基础上支付的，如年度业绩考核为优秀的员工加发50%的基本薪酬作为奖金，年度考核为良好的员工加发30%的基本薪酬等。

（三）福利

福利是一种不与员工的工作能力和工作业绩相关的报酬，是对基本报酬的附加部分。福利首先包括为了补偿职工特殊或额外的劳动消耗和因其他特殊原因支付给员工的津贴，如岗位津贴等；其次包括为了保证职工工资水平不受物价影响支付给员工的物价补贴，如住房补贴等。福利还有各种非货币表现形式，如带薪年假、培训机会，以及各种保险等。因此，福利可以概括为组织在基本薪酬和绩效奖金之外，对员工生活给予的经济上的帮助，以补充满足其基本的、共同的或特殊的生活所需所要采取的福利措施的总和。目前我国法定的福利包括社会统筹养老保险、医疗保险、失业保险、工伤保险、生育保险和住房公积金等，简称五险一金。

二、薪酬结构的设计

薪酬结构是指组织中各种工作或岗位之间薪酬水平的比例关系。具体来说，薪酬结构是组织依据其经营战略、经济能力、人力资源配置战略和市场薪酬水平等为组织内的不同岗位制定不同的薪酬水平和薪酬要素，提供确认员工个人贡献的办法。薪酬结构确定应注重两点：一是其制定过程要科学、合理；二是薪酬之间差异要合理。

确定合理的薪酬结构必须通过正确的薪酬设计程序方可完成，主要包括以下步骤：

1. 确定薪酬结构设计的战略

设计薪酬结构的基本前提是薪酬结构与组织的适应性，因为只有与组织目标相一致的薪酬结构才有助于激励员工的行为，支持其完成自己的工作，从而使组织实现经营目标。而要达到这种适应性和一致性，组织需要首先明确设计薪酬结构的战略，即确定是应该实行趋于平等的还是等级森严的薪酬结构。

组织的薪酬结构既可以偏向平等，又可以偏向等级。体现平等的薪酬结构，其相邻等级之间以及最高薪酬与最低薪酬之间的差距较小。而体现等级的薪酬结构，其相邻等级之间以及最高薪酬与最低薪酬之间的差距则较大。薪酬的级差是根据组织的发展战略、组织结构以及薪酬分配政策等多种因素确定的。如一些突出个人成绩的企业，其薪酬之间的级差一般较大；而那些强调团队奖励的企业，其薪酬级差应较小。

2. 职位分析与评价

职位分析与评价是制定合理薪酬结构的前提和依据。从前文分析可知，工作分析能够明确组织中各职位的工作性质、所承担责任的大小、劳动强度的轻重、工作环境的优劣以及劳动者所应具备的工作经验、专业技能、学识、身体条件等方面的具体要求。而根据工作分析所获得的数据和资料，再依据一定的标准和方法，对组织内各个层次不同职位的相对价值作出客观评价，以及据此建立岗位价值序列，则可作为确定企业薪酬结构及薪酬等级的依据。但职位评价是建立在一个假设前提的基础上的，即无论职位的工作内容是否相同，都可以通过该职位所包含的薪酬要素，确定他们的相对价值，并据此确定职位薪酬。因此，职位评价必须借助科学的评价方法，人力资源管理中常用的职位评价法包括职位排序法、职位分类法、因素比较法和要素记点法等。

3. 薪酬调查

薪酬调查是指通过必要的市场调查，充分了解和掌握组织外部的市场薪酬水平及各种影响薪酬水平的因素，包括劳动力市场上人才竞争与供给状况、各行业的薪资水平、其他同行组织所设立的薪酬福利保险项目，以及加薪频率等，以确保组织的薪酬制度对外具有竞争性，对内具有的公平性。但总的来说，薪酬调查重在解决薪酬对外竞争力的问题。一般来说，薪酬调查的操作程序如下：

（1）选择调查对象。即确定此次调查是针对同行业的其他企业还是其他行业中有类似工作岗位的企业，并根据本企业的人力、物力及财务状况确定调查的数目及方法。调查数据的来源可以是公开的统计资料、调查对象的招聘信息资料，也可以是使用抽样采访或问卷调查等形式所获得的一手资料。

（2）寻求合作。要获得调查对象的薪酬资料，一般需要本组织的人力资源部门经理甚至总经理和对方的管理人员进行直接沟通，并就此次调查的目的、资料保密，以及成果分享等问题进行协商，以求得对方的合作与支持。

（3）选择典型职位。在获得对方支持之后，组织往往要选择一些具有代表性的职位进行调查分析。所谓具有代表性的职位是指那些可以明确区分的、稳定的、不易变化的职位。

（4）确定调查内容。调查的内容包括：①调查对象的薪酬内容，包括其基本工资、津贴、奖金、福利项目有哪些；②调查职位的工作内容和工作时间，以和本组织类似职位的薪酬设计进行比较；③影响薪酬的因素，包括内在因素（如劳动差别因素、工资形式、企业的经济效益、报酬政策）和外在因素（相关的劳动法规、劳动力市场供给状况、物价水平、社会保障水平和经济发展状况等）。

（5）收集资料。采取问卷调查法、访问法、小组座谈法等方式来收集资料。

（6）资料的整理和统计。将调查得来的资料进行数据统计并写出调查报告，统计各处调查对象的薪酬内容、薪酬范围和薪酬等级，以及当地的市场平均薪酬水平，并与本组织的薪酬水平进行比较，以帮助组织确定薪酬结构和调整薪酬水平。

4. 确定薪酬结构

根据职位评价和薪酬调查的结果，结合组织的实际情况，组织可以确定各级员工的薪酬等级，规划各个职级的薪酬幅度、起薪点和顶薪点等关键性指标，亦即将职位评级评价所得各岗位之间的相对价值转换成具体的薪酬数额。明确各岗位的相对价值与实付薪酬的对应数值关系，通常用“薪酬结构线”来表示。

管理人员常常把多种类型工作按照其相对价值及与之相对应的薪酬归并成若干等级，形成一个薪酬等级系列。在同一等级中的职位，组织将支付给他们相同的薪酬，大大简化了管理。

此后，管理人员需要做的工作是确定组织内各薪酬等级的具体薪酬范围，这个范围称为薪幅。其下限为该等级的起薪点，上限为该等级的顶薪点。薪幅的存在使得在同职位上的任职者由于其能力、经验、工作效率、历史贡献等方面的差异体现在薪酬的差别上，增加了薪酬结构的灵活性；同时员工也会随着技能的提升和经验的增加获得薪资上涨，起到激励作用。

5. 薪酬结构的调整

在制定和实施薪酬结构的过程中，组织还要实时地根据环境变化和企业战略及时调整薪酬结构，修正实施过程中出现的问题。薪酬结构的调整应当遵循三个原则，即公平性、激励性和可操作性。常用的薪酬结构调整方法包括以下 3 种：

（1）增加薪酬等级。为了将职位之间的差别更细致化，从而设计与职位要求及贡献更加相符的薪酬，组织可以选择增加薪酬结构中的等级数量。

（2）减少薪酬等级。减少薪酬等级是指通过合并和压缩职位等级将薪酬级别减少，将薪酬等级线延长。其结果便是各薪酬等级之间，尤其是相邻薪酬等级之间，可能会出现薪幅的交叉重叠。减少薪酬等级使企业在员工薪酬管理上具有更大的灵活性，比较适用于一些非专业化的工作岗位。

（3）调整不同等级人员的规模和薪酬比例。组织可以在薪酬等级结构不变动的前提下，定期对每个等级的人员数量进行调整，即调整不同薪酬等级中的人员规模和比例，其实质是通过职位等级人员数量来调整薪酬比例。例如，为了降低组织的薪酬成本，组织可采取降低高薪人员规模的方式。一个高级管理人员的收入往往是低级和中级员工的数倍，甚至是数十倍，因此减少高级员工，降低该薪酬等级的薪酬支出，是控制薪酬成本的最佳方案。

三、福利

员工福利是员工薪酬的重要组成部分，可表现为货币收入和非货币收入。良好的福利制度可以帮助企业实现人力资源的保持与管理，为企业保留更多优秀员工，提高员工的工作满意度和忠诚度，激励他们发挥自己的主动性和积极性，实现个人与组织业绩的提升。

一般可将福利分为法定福利和自愿性福利。法定福利是指根据政府的政策法规要求，包括国家机关、事业单位，以及在国内注册的企业单位、民办非企业单位都要向员工提供的福利，例如五险一金、法定假日、产假、丧假等。而自愿性福利则是组织根据自身情况，有目的、有针对性地设计的一些福利项目，如带薪年假、教育培训福利等。

（一）我国的法定福利

1. 养老保险

养老保险是世界各国普遍实行的一种社会保障制度，是指国家和社会根据一定的法律法规，为解决劳动者在达到国家规定的解除劳动义务的劳动年龄界限后，或因年老丧失劳动能力退出劳动岗位后的基本生活而建立的一种社会保险制度。这一概念主要包含三层含义：①养老保险是在法定范围内的老年人完全或基本退出社会劳动生活后才自动发生作用的，其衡量标准是各国的法定年龄界限；②养老保险的目的是为保障老年人的基本生活需求，为其提供稳定可靠的生活来源；③养老保险是以社会保险为手段来达到保障的目的。目前世界上实行的养老保险制度可以分为三种：投保资助型（传统型）养老保险、国家统筹型养老保险、强制储蓄型养老保险。

2. 医疗保险

医疗保险是为补偿疾病所带来的医疗费用的一种保险，它是国家立法规定并强制实施的、在员工生病或受伤时，由社会或组织提供必要的医疗服务或经济补偿的一种社会保险制度。医疗保险具有强制性、互济性和社会性的基本特征。我国职工的医疗费用由国家、单位和个人共同缴纳，以减轻企业负担，避免浪费。

3. 失业保险

失业保险是指国家通过立法强制实行的，由社会集中建立基金，向由于非本人原因而暂时失业，致使中断生活来源，并愿意重新寻找就业机会的劳动者提供物质帮助的一种社会保险制度。失业保险基金由四部分构成：①城镇企业事业单位和城镇企事业单位职工缴纳的失业保险费；②失业保险基金的利息；③财政补贴；④依法纳入失业保险基金的其他资金。国家、社会、企业和个人所筹集来的资金将不分来源渠道、单位性质，全部并入失业保险基金，在统筹地区内统一调度使用，以发挥互济功能。

4. 工伤保险

工伤保险，又称职业伤害保险，是指劳动者在工作中或在规定的特殊情况下，遭受意外伤害或患职业病导致暂时或永久丧失劳动能力甚至死亡时，劳动者或其遗属从国家和社会获得物质帮助的一种社会保险制度。这种补偿既包括医疗、康复所需费用，也包括保障基本生活的费用。建立工伤保险不仅有利于促进安全生产，保护和发展社会生产力，同时保障了受伤害职工的合法权益，有利于妥善处理事故和恢复生产，维护正常的生产、生活秩序，维护社会安定。

5. 生育保险

生育保险是国家通过立法，在妇女劳动者因怀孕和分娩而暂时中断劳动时，由国家和社会提供医疗服务、生育津贴和产假的一种社会保险制度。这是国家或社会对生育的职工给予必要的经济补偿和医疗保健的社会保险制度。实行生育保险制度，对于保证妇女和婴儿的身体健康、促进优生优育；保障妇女权益、认可妇女价值、促进妇女就业等方面具有重要意义。

6. 住房公积金

住房公积金是单位及其在职职工共同缴存的长期住房储金，职工个人缴存的住房公积金以及单位为其缴存的住房公积金，实行专户存储，归职工个人所有。住房公积金制度是国家法律规定的重要的住房社会保障制度，是住房分配货币化、社会化和法治化的主要形式。国务院《住房公积金管理条例》明确规定：国家机关、国有企业、城镇集体企业、外商投资企业、城镇私营企业及其他城镇企业、事业单位、民办非企业单位、社会团体等单位必须为在职职工办理住房公积金账户并缴存住房公积金，逾期不办理者将受到罚款处分。

7. 法定节假日

法定节假日是企业职工依法享有的休息时间。按照国务院假日休假规定，全体公民放假的节日包括新年元旦（1 月 1 日放假 1 天）、春节（农历除夕、正月初一、初二放假 3 天）、劳动节（5 月 1 日放假 1 天）、国庆节（10 月 1 日、2 日、3 日放假 3 天）、清明节（放假 1 天）、端午节（放假 1 天）、中秋节（放假 1 天），以及每周至少两天的休息时间。在法定节假日中，劳动者有权享受休息，薪酬照发。法定节假日制度是国家政治、经济、文化制度的重要反映，涉及经济社会的多个方面，涉及广大人民群众的切身利益。此外，法定节假日的休假安排，为居民出行、购物和休闲提供了时间上的便利，为拉动内需、促进经济增长作出了积极贡献。

（二）自愿性福利

自愿性福利又叫补充福利，是组织出于某种目的，如激励员工，在国家法定的基本福利外由组织自定的福利项目，作为法定福利的补充。自愿性福利项目的多少、标准的高低主要受到组织的经济效益和支付能力的影响。补充福利的项目很多，包括企业补充养老金；补充医疗保险；过节费、物价补贴、交通补贴、通信补贴、房租补贴等补贴；免费住房、工作午餐、贷款担保、教育培训、带薪年假、旅游活动、商业保险、分红、购物券等多种形式。

其中，企业补充养老金，又称企业年金，是指在基本养老保险基础上建立的由企业和员工按照自愿原则自主设立的养老保险制度。企业年金由社会保险管理机构按照国家技术监督局发布的社会保障号码记入职工个人账号，所存款项及利息归个人所有。实行企业补充养老金计划，可以使不同企业的员工在退休后所领到的养老金各不相同，二者体现了员工所在企业的经济效益不同，体现了效益原则。

由于国家基本医疗保险制度的局限性，很多企业开始为员工建立补充医疗保险。企业补充医疗保险在国内外有多种表现形式：一是企业为自己的员工购买商业保险，由雇主和雇员共同缴纳保险费，员工看病或住院时由保险公司报销大部分医疗费。二是企业通过在保险公司为员工办理保险，或在工会组织办理员工医疗基金等方式，为员工负担基本医疗保险支付封顶线之上的医疗费用开支。企业补充医疗保险可以帮助保障高收入企业职工的医疗消费水平，满足部分可由企业支付承担的医疗消费需求。

四、解除合同

管理组织中的人力资源还包括解除劳动合同。组织原因和个人原因都可能导致一方解除合同，例如由于组织内部存在冗员、需要降低薪酬总支出，组织可能选择与员工解除合同；而员工若是期望另谋高就而跳槽也需要事先与原单位解除劳动合同。

《中华人民共和国劳动合同法》明确规定，用人单位在以下情形下，可以解除劳动合同：与劳动者协商一致，可以解除劳动合同；劳动者有违法、违纪、违规行为的，可以解除劳动合同；用人单位可以依法进行经济性裁员；劳动者不能从事或者胜任工作的，或者劳动合同订立时依据的客观情况发生重大变化，致使劳动合同无法履行的，用人单位提前 30 日以书面形式通知劳动者本人或者额外支付劳动者 1 个月工资后，可以解除劳动合同。

在解除或者终止劳动合同后，劳动关系就不存在了。为了便于劳动者尽快重新找到工作，用人单位应当为劳动者出具解除或者终止劳动合同的证明，并在 15 日内为劳动者办理档案和社会保险关系转移手续。用人单位对已经解除或者终止的劳动合同的文本，至少保存 2 年备查。

但如果存在以下情况，用人单位是不得单方面解除劳动合同。如：患职业病或者因工负伤并被确认丧失或者部分丧失劳动能力的；患病或者负伤，在规定的医疗期内的；女职工在孕期、产期、哺乳期内的；法律、行政法规规定的其他情形。如果用人单位违反法律、法规或者劳动合同，工会有权提出意见并要求重新处理；劳动者申请仲裁或者提起诉讼的，工会应当依法给予支持和帮助。

当然，劳动者也有权利要求解除劳动合同，《中华人民共和国劳动法》规定：有下列情形之一的，劳动者可以随时通知用人单位解除劳动合同。①在试用期内的；②用人单位以暴力、威胁或者非法限制人身自由的手段强迫劳动的；③用人单位未按照劳动合同约定支付劳动报酬或者提供劳动条件的。劳动者若想解除劳动合同，也应当提前 30 日以书面形式通知用人单位。

关键词

人员配备 Personnel Placement
招聘 Recruitment
薪酬 Salary
津贴 Allowance
工作分析 Job Analysis
业绩考核 Performance Evaluation
奖金 Bonus
合同 Contract

思考题

1. 人员配备的主要原则有哪些？
2. 外部招聘和内部提升的优缺点分别体现在哪些方面？
3. 组织进行员工业绩考核的目的和作用何在？
4. 建立和谐的反馈面谈关系，组织需要做好哪些工作？
5. 试分析员工福利对个人业绩提升的促进作用。

管理定律

彼得原理是美国学者劳伦斯·彼得在对组织中人员晋升的相关现象研究后得出的一个结论；在各种组织中，由于习惯于对在某个等级上称职的人员进行晋升提拔，因而雇员总是趋向于被晋升到其不称职的地位。彼得原理有时也被称为“向上爬”理论。对一个组织而言，一旦相当部分人员被推到其不称职的级别，就会造成组织的人浮于事，效率低下，导致平庸者出人头地，整体发展停滞。将一名职工晋升到一个无法很好发挥才能的岗位，不仅不是对本人的奖励，反而使其无法很好发挥才能，也给组织带来损失。

案例分析讨论

海尔的赛马机制

拥有人才、用好人才是企业腾飞的关键。海尔实施了全方位的对每天、每人、每件事进行清理、控制，“日事日毕，日清日高”，以求把问题控制在最小的范围，解决在最短的时间内，把损失降低到最低的程度。这就是海尔管理模式，即“OEC 管理”。从管理人员到普通员工，都十分珍惜每一次学习机会，自觉地为自己“上坡”加“油”。“变相马为赛马”，使每一个人都能在企业里找到适合自己价值的位置。新的理念在人们心中树立起来：今天工作不努力，明天努力找工作。谁砸海尔的牌子，企业就砸谁的饭碗。

员工——合格员工——优秀员工，三种员工实行动态转化。这里的赛马，遵循着“优胜劣汰”的铁的规律。任何人，不能满足于已有的成绩，只有创业，没有守业；谁守业，不进取，谁就要被严酷的竞争所淘汰。另外，海尔的赛马是全方位开放式的，所有的岗位都可参赛，岗位是擂台，人人可升迁，而且向社会开放。在这里，没有身份的贵贱、年龄的大小、资历的长短，只有技能、活力、创造精神和奉献精神。普通而有能力的员工可以升迁为管理人员，升迁不是梦，在海尔，你会被一种竞争向上的氛围、一种朝气蓬勃的气息所深深感染。

相马是将命运交给了别人，而赛马则是将命运掌握在自己的手中。是人才，赛中看，在海尔，是每个人自己铺就了一条成功之路。真可谓："海阔凭鱼跃，天高任鸟飞。"

这就是海尔的用人之道，也是它迈向成功、腾飞的主要原因。

问题：

1. 根据人员配备的培训与发展理论，分析海尔集团是如何建立人才机制的？

2. 结合绩效考评理论，评价海尔的"三工转换制度"。

3. 海尔的"斜坡球体人才发展论""变相马为赛马"运用了人员配备的哪些理论？

第十章　领导工作理论与方法

本章要点

1. 领导的概念与领导者的影响力
2. 领导特质理论
3. 领导行为理论
4. 领导权变理论
5. 领导艺术与领导方法

导入案例

毛泽东知人善任

1930年，红一军团成立，毛泽东担任政治委员。林彪任红一军团红四军军长，个性很强，与他做搭档，必须既有原则性，还要有一定的灵活性。派谁给林彪当政委呢？毛泽东想到了罗荣桓。果不其然，罗荣桓出任红四军政委后，把军中政治、宣传教育、军事训练和后勤保卫等各项工作安排得井井有条，连林彪也觉得无可挑剔。罗荣桓自调任红四军政委，到平津战役结束，两人搭档10年。

毛泽东善于做群众工作。在《关于领导方法的若干问题》中提出了“从群众中来，到群众中去”“发展生产，保障供给”“精兵简政”“自己动手、丰衣足食”等口号，都是听取群众意见并依靠群众来实施的具体例证。

习近平总书记在纪念毛泽东诞辰120周年座谈会上指出：“毛泽东思想活的灵魂是贯穿其中的立场、观点和方法，它有三个基本方面，这就是实事求是、群众路线和独立自主。新形势下，我们要坚持和运用好毛泽东思想活的灵魂，把我们党建设好，把中国特色社会主义伟大事业继续推向前进。

资料来源：1. 中共中央文献研究室．十八大以来重要文献选编（上）［G］．北京：中央文献出版社，2. 罗荣桓：被毛泽东称为“一生共事的人”，中共产党新闻网。

第一节　领导工作概述

领导是有效管理的一个重要方面，是一项重要的管理职能，把计划、组织和控制连接起来，是实现组织目标的关键环节之一。如何有效的进行领导是现代管理者必须掌握的一种基本技能。

一、领导的概念

领导中的领就是引领、率领，导就是指导、引导。放在一起领导就是带领和指导。关于领导的概念，历来有不同的解释。美国学者斯托格狄 1950 年提出：领导是对组织内群体或个体施加影响的活动过程。美国管理学家泰瑞 1960 年提出：领导是影响人们自动地为达到群体目标而努力的一种行为。美国管理学者戴维斯认为：领导是一种说服他人热心于一定目标的能力。而孔茨等人认为，领导的实质就是追随关系，领导可以定义为影响力，是影响人们心甘情愿和满腔热情的为实现群体目标而努力的艺术或过程。斯蒂芬·罗宾斯认为，“我们把领导定义为一种影响一个群体实现目标的能力。这种影响的来源可能是正式的，如来源于组织中的管理职位。那些非正式任命的领导者，也就是影响力来自于组织的正式结构之外的领导者，他们的影响力与正式影响力同等重要，甚至更为重要。”

本书认为，所谓领导就是指领导者在一定的环境下，运用职位权力和个人影响力，通过影响和激励下属实现组织既定目标的行为过程。而致力于实现目标过程中的人，就是领导者。

领导概念包含了以下 4 个方面的内容：

第一，领导的本质是影响力。领导就有领导者和被领导者，只有被领导者有追随和服从的意愿和行为，领导才能成为可能。

第二，领导者和被领导者在权力的分配上是不平等的。领导者在组织中能够占有和支配较多资源。领导者通过对组织资源的支配来影响组织成员的心理和行为。领导者在资源占有和支配上的优越性是领导工作得以顺利进行的重要基础。

第三，领导的目的是通过影响和激励下属，使下属实现组织的目标；

第四，领导是一个投入与产出的活动过程。你投入的是爱，产出的就是士为知己者死，是效率、是积极性；你投入的是苛刻，产出的是敌对、是低效率、是消极。

二、领导与管理

领导是管理的一个职能，组织中的领导行为仍属于管理活动的范畴。人们常将领导和管理、领导者与管理者混为一谈，实际上，两者之间既有联系又有区别。

资料链接 10－1　　什么是领导者与管理者

领导者指在科学方面的才干必须为人所敬仰，而且以一部分时间从事个人研究，余时间使其所属人员创造性的思考具体化，并协助他解决各种问题。

管理者处的不同层次有不同职能，高层侧重计划和组织，基层侧重领导。

程序学派认为，管理者是朋友，保护者，技术者，中间人，资本主，演员，同时他也是一个有才智的人，能够应用其知识来选择经济资源的最佳运用，以最有效的方法激励所属人员，以最技巧的方法解决所遭遇的问题，以期该企业对社会有重大贡献。

二者之间的联系：从行为方式看，领导和管理都是在组织内部通过影响他人的协调活动，实现组织目标的过程；从权力的构成看，两者都与组织层级的岗位设置有关。领导是整个管理的一种职能。

二者之间的区别见表 10－1：第一，从权力来源来看，管理是建立在合法的、有报酬的和强制性权力的基础上，而领导则是可能建立在合法的、有报酬的和强制性的权力基础上，也可能更多的是建立在个人影响力和专长权的基础上；第二，从工作对象来看，管理的对象通常包括人、财、物等多种生产要素，而领导工作的对象往往只能是人；第三，从工作手段来看，管理主要是计划、组织、领导、控制等，而领导主要是大政方针的制定、人事安排和对于各种活动的协调等；第四，从产生方式来看，管理者是正式任命的，而领导者即可以是正式任命的，也可以是从某个群体中自发产生出来的。

表 10－1　　领导与管理的区别

管理者	领导者
理性的	有洞察力的
坚持不懈	灵活的
善于解决问题	善于鼓舞人心
意志坚强	勇敢
分析力强	有想象力
有条文的	有创新精神
计划周密	鼓励变革

因此，一个人可能即是管理者，也是领导者。管理者的本质是被任命的，他们拥有合法的权力进行奖励和处罚，其影响力来源于他们所在的职位所赋予的正式权力。相反，领导者可以是任命的，也可以是从一个群体中产生出来的，领导者可以不运用正式权力来影响他人的活动。在理想情况下，所有的管理者都应是领导者。但是，并不是所有的领导者都是管理者，二者相分离的情况也会存在。如梅奥在霍桑试验的研究中指出的非正式群体的首领，就只是领导者。

三、领导者的作用

领导的作用指领导者在领导过程必须发挥的作用，即领导者在带领、引导和鼓舞下属为实现组织目标而努力的过程中，要发挥组织、指挥、协调和激励、控制作用：

（一）组织作用

组织作用指领导者为实现组织目标，合理地配置组织中的人、财、物，把组织的三要素构成一个有机整体的功能。组织功能是领导的首要功能，没有领导者的组织过程，一个组织中的人、财、物只可能是独立的、分散的要素，难以形成有效的生产力，通过领导者的组织活动，人、财、物之间的合理配置，构成一个有机整体，才能去实现组织的目标。

（二）指挥作用

在组织活动中，领导者要客观准确地分析预测内部条件和外部环境，运筹帷幄、高瞻远瞩，帮助组织成员认清当前形势，合理的确定组织目标和行动方案，并在组织成员行动过程中给予指导与帮助。

（三）协调作用

组织在内外因素的干扰下，需要领导者来协调组织成员之间的关系和活动，朝着共同的目标前进。

（四）激励作用

激励作用指领导者在领导过程中，通过激励方法调动下级和职工的积极性，使之能积极努力地实现组织目标的功能。实现组织的目标是领导者的根本任务，但完成这个任务不能仅靠领导者一个人去动手亲自干。他应在组织的基础上，通过激励功能的作用，将全体职工的积极性调动起来，共同努力，“众人拾柴火焰高”，领导的激励功能，形象地说就是要使众人都积极地去拾柴。领导者为组织成员主动创造能力发展空间和职业生涯发展的行为。

（五）控制功能

控制功能指在领导过程中，领导者对下级和职工，以及整个组织活动的驾驭和支配的功能。在实现组织的目标过程中，“偏差”是不可避免的。这种“偏差”的发生可能源自于不可预见的外部因素的影响，也可能源自于内部不合理的组织结构、规章制度、不合格管理人员的影响，纠正“偏差”，消除导致“偏差”的各种因素是领导的基本功能。

资料链接 10－2　管理者的任务

1. 高层

（1）深思熟虑企业重大使命：即目标设定，策略和计划的建立，以及为明天成果今天所需决策；

（2）具有建立和维持人群关系的责任。即开发人力资源，及时储备明天需要的高层管理人才；

（3）建立和维持与重大客户的关系；

（4）协调各项功能，使各目标间保持平衡；

（5）从事关键业务；

（6）高层主管需各类人员优化组合才能履行任务。人员结构由思想型、行动性、人群型和代表型构成，并做好分工。

2. 中层

（1）负责部门全部工作的监督；

（2）负责机构政策及目标的传达和沟通；

（3）培植所属主管；

（4）考核所属工作绩效并协调。

3. 基层

（1）激发群体工作热情，和谐合作工作在一起；

（2）指派并考核所属工作；

（3）工作技术和方法的训练与指导；

（4）协调解决各项工作上的问题。

资料来源：哈佛管理百科全书。

四、领导者的影响力

领导者是领导的主体，是领导活动的发起者，这里的领导者是指既拥有组织的职位权力又具有个人影响力，从而影响他人行为的人。

（一）领导者的影响力的内涵

目前关于领导者影响力的构成分类也有多种，有人将其分为职位性影响力（即与领导者的正式职位所赋予的权力相联系）和非职位性影响力（即与个人才智、经验、领导能力和过去的业绩相联系）。而心理学家弗兰奇和雷文，又将影响力分为5种：合法权、奖励权、强制权、专长权和人格权。

一般而言，领导者的影响力必须有一定的权力作基础。领导者的权力主要来源于两个方面：一是职位权力，简称职权。这种权力是上级和组织赋予的，并由法律、制度明文规定的，属于正式的权力。职权随职位的变化而变化，职位权力包括法定权、惩罚权、奖赏权。人们常常迫于压力和习惯不得不服从这种职位权力。二是个人权力即权威。这种权力不是由领导者在组织中的位置所决定的，而是由于领导者自身的某些特殊条件和才能所决定的，包括专长权和个人影响力。这种权力不会随职位的消失而消失，所产生的影响力是长远的。

（1）法定权。它是指组织内各领导职位所固有的合法的、正式的权力。不同组织成员因其所处的地位不同，享有的法定权力也不同。由个人在组织中的职位决定。个人由于被任命担任某一职位，因而获得了相应的法定权力。它来自下级传统的习惯观念，即认为领导者处于某个特定地位，从而具有合法的权力影响他。

（2）奖赏权。它是指提供奖金、提薪、升职、赞扬等其他任何会令人愉悦的东西的权力。它来自下级追求满足的欲望，即下级感到领导者有能力使他的需要得到满足。领导者控制的奖励手段越多，这些奖励对下级越重要，拥有的影响力就越大。例如上级在其职权范围内可以决定或影响下级的薪水、晋升、提拔、奖金、表扬或分配有利可图的任务、职位，或给予下属所希望得到的其他物质资源或精神上的鼓励，从而有效地影响他人的态度和行为。奖赏权是否有效，关键在于领导者要确切的了解对方的真实需要。

（3）强制权。它是领导者通过强制性的处罚而使下级服从的权力。下级不服从领导者的命令或指示，将会受到惩罚。它来自下级的恐惧感，即下级感到领导者有能力给予扣发奖金、降职、批评甚至开除等惩罚性措施来惩罚他。实际上是利用人们对惩罚和失去既得利益的恐慌心理来影响和改变他的态度和行为。这种权力的行使与领导者担任的工作和职位相关。

（4）专长权。它是由个人的特殊技能或某些专业知识而形成的权力。它来自下级的信任，即下级感到领导者具有某种专门的知识、技能和专长，能够帮助他排除障碍，达到组织目标和个人目标。

（5）个人影响力。它是指与个人品质、魅力、资历、背景、情感等相关的权力。它来自下级的尊敬，即领导者具有良好的品质和作风，而引起下级的认同、奖赏、钦佩、羡慕而自愿的追随和服从他。

对于任何一个领导者来说，职位权力无论何时都是必要的，但仅拥有职位权力是不够的。只拥有职位权力的领导者只会是一个指挥官，而不能成为令人信赖和敬佩的领导。因此，在拥有职位权力的同时，获得更大的个人权力，这将有助于提高领导的有效性。

（二）领导者影响力的提升

在领导行为中，领导者运用权力的目的是对被领导者施加影响，使其心理和行为发生预期的改变。权力是影响的基础，影响则是权力的核心和实施过程。根据权力性质不同，以权力为基础的影响力也分为两类，即外在影响力和内在影响力。

1. 提升外在影响力

外在影响力以领导的外在权力为基础，主要通过推动、强制等方式发生作用，对被领导者的影响带有强迫性和不可违抗性，被领导者的心理和行为表现为消极、被动的服从。外在影响力的具体作用方式有以下几种：

（1）传统观念的影响力。这种影响基于人们在长期的社会生活中形成的传统观念，即承认职位的权威性，认为组织中处于较高地位的人是既定权威，享有支配他人的当然权力，职位低的人理所当然地服从职位高的人。

（2）利益满足的影响力。人们从事任何活动的目的都是获取一定的利益，以满足自身的物质或精神需要。

（3）恐惧心理的影响力。当被领导者意识到领导者握有某种惩罚权力，能够使他陷于生理或心理上的痛苦时便力求迎合领导者的愿望，遵从其旨意，避免受伤害。

2. 提升内在影响力

内在影响力建立在领导者的内在性权力基础上，主要着眼于以领导者的良好素质和行为吸引、感化被领导者，通过激发内在动力，对职工心理和行为产生影响。内在影响不带有任何强制、压服性因素，而以潜移默化、自然渐进的方式发生作用。因此，受到内在影响的职工以积极、主动、自觉的态度接受领导。具体的影响力方式包括：

（1）理性崇拜的影响力。这是指因领导者个人的品格、能力、知识、专长等因素在企业中获得稳固的威信或声望，引发被领导者的尊敬、信服、敬佩乃至崇拜感，因而能遵从、接受其领导，甚至以领导者的言行为楷模，加以效仿。在这种方式下，领导者无须发布指示、命令或进行说服，即可达到影响的目的，并且能够引起被领导者深层心理活动的变化，产生持久、强大的影响。

（2）感情的影响力。感情是联结人与人之间关系的稳固的纽带，也是影响他人心理与行为的有效途径。在企业中，当职工感受到领导者关心、尊重他们，并与之建立起超越正式组织关系的更为密切的人际关系时，就会产生一种亲密感、知己感，因而从感情上自愿接受、支持其领导。运用感情的力量进行影响，有时可以达到理性力量无法企及的深度。

从以上两方面可以看出，内在影响力与外在影响力有着完全不同的权力基础和作用方式，因而影响方向和效果也迥然不同。外在影响力表现为领导和服从的关系，内在影响力表现为领导者和被领导者双向沟通过程。被领导者以主动自愿的态度接受影响并自觉内化于个人的思想和行为之中，大大扩展了影响力的深度和广度。因此，在领导的影响力构成中，具有决定意义的是内在影响力，内在影响力的加强可以弥补外在影响力的欠缺和不足，在特定场合甚至可以代替外在影响力。明智的领导者应特别注意发挥内在影响力的作用，通过内在影响力与外在影响力的合理结合与相互补充，提高领导的影响力。

五、领导工作的基本原理与要求

（一）领导工作的基本原理

1. 指明目标原理

是指领导工作应能使全体人员明确理解组织的目标，理解得越准确，则人们为实现组织目标所作的贡献就会越大。

2. 目标协调原理

是指个人目标与组织目标越能协调一致，人们的行为就会趋向统一，从而为实现组织目标所取得的效率就会越高，效果也就会越好。

3. 命令一致原理

是指主管在实现目标过程中下达的各种命令要一致，个人在执行命令中发生的矛盾就越小，领导与被领导双方对最终成果的责任感也就越大。

4. 直接管理原理

也可以叫走动式管理。是指主管人员同下级的直接接触越多，所掌握的各种情况就会越准确，从而指导与领导工作就会更加有效。

5. 沟通联络原理

是指主管人员与下属之间越是有效地、准确地、及时地沟通联络，整个组织就越会成为一个真正的整体。

6. 激励原理

是指主管人员越是能够了解下属的要求和愿望，并适当给予满足，就越是能够调动下属的积极性，使之为实现组织的目标作出更大的贡献。

（二）领导工作的要求

领导工作的要求总的说来就是创造一种良好的环境。为此，主管人员应达到以下 3 个方面的要求：

1. 畅通组织内外沟通联络的渠道

信息沟通使组织活动统一起来。一方面，信息沟通可以把组织中的各项管理工作聚合成一个整体；另一方面，主管人员通过信息交流可以了解组织外部环境。信息沟通使组织成为一个开放的系统，并与外部环境相互发生作用。因此，从某种意义上讲，组织就是一个信息沟通网络，主管人员处在这个信息网络的中心，他们对网络的畅通负有责任。

2. 运用适宜的激励措施和方法

领导工作就是指导和引导个体和群体的行为，去实现组织的目标。主管人员应当明确，他们只有帮助组织中每个成员的需要得到最大限度的满足，才能同时实现组织目标，领导工作才是有效的。这就要求主管人员了解并掌握有关的激励理论和方法，并在领导的实际工作中随机制宜地加以运用。

3. 不断改进和完善领导作风和领导方法

主管人员良好的领导作风和方法，能够鼓舞士气。而领导作风和方法往往又和主管人员所采取的激励措施和方法相联系。只有改进和完善领导作风和领导方法，领导工作才会有效，从而主管人员的工作也才是有效的。

第二节 领导理论

领导理论的研究成果可分为 3 个方面，即领导特性理论、领导行为理论和领导权变理论。

一、领导特质理论

从 20 世纪初到 30 年代，领导理论的研究，主要侧重于研究领导者的性格、素质方面的特征。这一理论的出发点是：领导效率的高低主要取决于领导者的特质，那些成功的领导者也一定有某些共同点。根据领导效果的好坏，找出好的领导者与差的领导者在个人品质或特性方面有哪些差异，由此就可确定优秀的领导者应具备哪些特性。研究者认为，只要找出成功领导人应具备的特点，再考察每个组织中的领导者是否具备这些特点，就能断定他是不是一个优秀的领导人。

这个观点到 20 世纪 70 年代逐步为现代的领导特质理论所取代。他反对传统领导特质理论强调遗传、天赋的片面观点，认为领导者的个性特征和品质是在后天的实践中形成的，并且可以通过培养和训练加以造就。主张现代特质理论的学者提出了不少富有见地的观点。

（一）斯托格迪尔的 6 类领导特质

（1）身体特征，如充满活力、身高、外貌等。

（2）社会背景，如社会地位、学历等。

（3）智力特征，如判断力、果断力、知识的深度和广度、口才等。研究确实发现成功的领导者在这些方面较突出，但相关性还较弱，说明还需要考虑其他方面的因素。

（4）个性特征，如适应性、进取性、自信、机灵、见解独到、正直、情绪稳定、不随波逐流、作风民主等。虽说这些发现并非与所有群体和企业领导人相吻合，但是他认为个性品质方面的特征是不可忽视的因素。

（5）与工作有关的特征。如渴望获得成就、责任感强、有事业心等。有些特征已经被证明具有积极的结果，例如高成就的需要、愿承担责任、毅力、首创性、工作主动、重视任务的完成等。

（6）社交特征。如善于交际、有行政能力和能够与人合作等。研究表明，领导者积极参与各项活动，广交人士，善于与人合作。这些人际关系方面的能力受到群体的重视，可以产生群体的和谐、信任和凝聚力。

（二）德鲁克的 5 种能力论

美国管理学家德鲁克在《有效的管理者》一书指出了 5 种有效领导者的特性，并指出它们是可以通过学习掌握的。这 5 种特征包括：

（1）善于处理和利用自己的时间。知道时间该花在什么地方，领导者支配时间常属于被动地位，所以有效地领导者都善于系统地安排与利用时间。

（2）注重贡献。致力于最终的贡献，他们不是为工作而工作，而是为成果而工作。

（3）善于发现和用人之所长。重视发挥自己的、同事的、上级的和下级的长处。

（4）能分清工作的主次，集中精力于关键领域。有效性的秘诀在于专心，做事“必先其所当先”，有轻重缓急，并集中精力坚持这种次序。

（5）能作有效的决策。管理者的任务繁多，决策是管理者特有的任务，一项有效的决策、危机时刻的决策，都有可能关系到企业的存亡。

（三）吉赛利的8种个性特征和5种激励特征

美国管理学家吉赛利在其《管理才能探索》一书中，研究的8种个性特征和5种激励特征是：

8种个性特征：①才智：语言与文辞方面的才能；②首创精神：开拓新方向、创新的愿望；③督察能力：指导别人的能力；④自信心：自我评价较高；⑤适应性：为下属所亲近；⑥决断能力；⑦性别（男性或女性）；⑧成熟程度。

5种激励特征：对工作稳定的需求；对金钱奖励的需求；对指挥别人的权力需求；对自我实现的需求；对事业成就的需求。

吉赛利的这些性格的研究，由于有严密的科学性而受到尊重。他的研究结果指出了这些个性特征的相对重要性，见表10－2。

表10－2　吉塞利的个性研究

重要性	个人特征
非常重要	督察能力
	事业、成就
	才智
	自我实现
	自信
	决断能力
中等重要	对工作稳定的需求
	适应性
	对金钱奖励的需求
	成熟程度
最不重要	性别

（四）日本企业界的10种品德和10项能力

（1）10种品德是：

①使命感：无论遇到什么困难，都要有完成任务的坚强信念；②信赖感：同事之间、上下级之间保持良好的关系，互相信任与支持；③诚实：在上下级之间和同事关系中，要有真心实意，以诚相待；④忍耐：具有高度的忍耐力，不能随意在下属面前发脾气；⑤热情：对工作认真负责，对同事与下级热情体贴；⑥责任感：对工作敢负责任；⑦积极性：对任何工作都要主动，以主人翁的态度去完成；⑧进取心：能在事业上积极上进，不满足现状；⑨公平：对人对事都要秉公处理，不徇私情；⑩勇气：有向困难挑战的勇气。

（2）十项能力是：思维、决策能力；规划能力；判断能力；创造能力；洞察能力；劝说能力；对人的理解能力；解决问题的能力；培养下级的能力；调动积极性的能力。

除了上述观点之外，还有一些类似的研究，但是领导特质理论的研究并未取得多大的成功。但是这些理论并非一无用处，由于这些理论系统地分析了领导者所应具备的条件，这对我们培养、选择和考核领导者具有积极的意义。

（五）我国对领导者特质的研究

孙子兵法认为，为将者要具备智、信、仁、勇、严的特质。即作为将领，要足智多谋，奖惩有信，爱抚下属，勇敢果断，纪律严明。

我国从 20 世纪 80 年代开始，也对领导者的特质理论进行了一系列的研究，一般认为，优秀的领导者的特质应包括 4 个方面，即政治素质、知识素质、能力素质和身心素质。概括起来说，应当是在政治品德好，身心健康的前提下，属于知识——能力型的人才。认为有领袖魅力的领导者的关键特点：①自信；②远见；③清楚表述目标的能力；④对目标的坚定信念；⑤不循规蹈矩的行为；⑥作为变革的代言人出现；⑦环境敏感性。

资料链接 10－3　习近平论领导干部修养

党员领导干部要做学习党章、遵守党章的模范。各级领导干部要把学习党章作为必修课，走上新的领导岗位的同志要把学习党章作为第一课，带头遵守党章各项规定。凡是党章规定党员必须做到的，领导干部要首先做到；凡是党章规定党员不能做的，领导干部要带头不做。

坚定理想信念，坚守共产党人精神追求，始终是共产党人安身立命的根本。对马克思主义的信仰，对社会主义和共产主义的信念，是共产党人的政治灵魂，是共产党人经受住任何考验的精神支柱。形象地说，理想信念就是共产党人精神上的“钙”，没有理想信念，理想信念不坚定，精神上就会“缺钙”，就会得“软骨病”。

好干部要做到信念坚定、为民服务、勤政务实、敢于担当、清正廉洁。

党性是党员干部立身、立业、立言、立德的基石。

各级领导干部都要树立和发扬好的作风，既严以修身、严以用权、严以律己，又谋事要实、创业要实、做人要实。

始终做到心中有党、心中有民、心中有责、心中有戒。

各级领导干部必须在“三严三实”上发挥表率作用。脚踏实地、实干苦干，求真知、说真话、办实事、求实效。

资料来源：习近平论领导干部修养——十八大以来重要论述摘编，《党建》杂志。

二、领导行为理论

领导行为理论认为领导的作用是通过领导者的特定行为表现出来的，该理论着重考察领导者的行为对其下属成员的影响，找出领导行为中的哪些因素在影响着下属成员的行为和集体的工作成效。

（一）勒温的领导方式理论

关于领导方式的研究最早是由心理学家勒温进行的，他通过实验研究不同领导方式对下属群体行为的影响，他认为存在着 3 种领导工作方式，即专制式领导、民主式领导和放任式领导。

1. 专制式领导

这种方式主要是靠权力和强制命令进行管理，领导者个人决定一切，布置下属执行，要求下属绝对服从。其主要特点是：

（1）个人独断专行，组织决策完全由领导者作出，从不考虑别人的意见；

（2）领导者预先安排一切工作内容、程序和方法，下级只能服从；

（3）除工作命令外，从不把更多消息告诉下级，下级没有任何参加决策的机会；

（4）主要靠行政命令、纪律约束等来维护领导者权威；

（5）领导者与下级保持相当的心理距离。

2. 民主式领导

民主式领导是指领导者发动下属讨论，共同商量，集思广益，然后决策，要求上下融洽，合作一致地工作。民主型领导方式的特征是：

（1）领导者在决策前同下属磋商，决策是领导者和其下属共同智慧的结晶；

（2）分配工作时，尽量照顾到组织每个成员的能力、兴趣和爱好；

（3）对下属工作的安排并不具体，下属有相当大的自由度，个人有较多的选择性与灵活性；

（4）主要运用个人的权力和威信使人服从；

（5）领导者积极参加团体活动，与下属无心理距离。

3. 放任式领导

在放任式领导方式下，领导者极少运用权力，给下属以高度独立性，以至放任自流。领导者基本上撒手不管，下属愿意怎样做就怎样做，完全自由，他的职责仅仅是为下属提供信息并与企业外部进行联系，以利于下属的工作。

放任型领导方式表现出以下特点：

（1）决策多由下级自行决定，领导者不参与，不插手工作方针和政策的制定，任由群体或个人自行决定。

（2）在工作中，领导者只负责给下属提供工作所需要的条件当下属请示工作或与其商量问题时，领导者只做简略回答，而不做指示，任凭下属自行其是。

（3）遇到需要分工或合作时，领导者不给予具体安排，表现出任其自流的状态。

（4）对工作的成绩或今后的工作设想，除非下属成员主动要求，否则不予任何指示，也不实行奖惩。

勒温通过试验发现，放任式领导的工作效率最低，但人们心情舒畅、组织成员之间的关系融洽，只达到了社交目标，而完不成工作目标；专制式的领导方式虽然通过严格管理能够达到工作目标，但组织气氛压抑，组织成员没有责任感、情绪消极、士气低落；民主式领导的工作效率最高，不但能够完成工作目标，而且组织成员关系融洽，工作积极主动，有创造性。

（二）利克特 4 种领导方式

以 R. 利克特为首的美国密执安大学社会调查研究中心，从 1974 年开始通过对大量企业的调查访问和长期研究，发现了各种各样的领导方式，从中归纳出领导行为方式的 4 种类型。这些研究成果后来写进了《管理的新模式》和《人群组织》两部著作中。他们的研究成果通常被称为“密执安大学的研究”。

利克特从以员工为中心和以工作为中心两个维度出发，把领导方式划分为专制权威式、开明权威式、协商式、群体参与式 4 种。

（1）专制权威式：采用这种领导方式的领导者非常专制，决策权高度集中；对下属没有信心，缺乏信任；经常以威胁、恐吓和惩罚来激发下属人员的工作意识；上级惯于由上而下地下达命令；上下级之间的信息交流很少，即使有些信息交流，也是在恐惧和互不信任的气氛中进行的。在这种制度之下，最易形成与正式组织的目标相对立的非正式组织。

（2）开明权威式：采用这种领导方式的领导者对下属有一定的信任和信心，但领导者仍然是专制的；领导者允许下属反映意见和提出建议，允许下属有一定的决策权，但会严加控制；运用奖励和有形、无形的惩罚调动下属人员；上下之间的信息交流虽然较多，但并不是以平等地位和在互相信任的气氛中进行的，有一定程度的自下而上的沟通。

（3）协商式：这种方式的领导者对下属抱有相当大但并不完全的信任；重要方针由领导制定，但允许下属部门对具体问题作出决策，并在某些情况下进行协商；组织中的信息交流上下并行地进行，通常是在相当程度的信任气氛中进行的；有相当部分的控制权由上级授权给下属掌握，职工不论上下都有责任感尤其是上层人员；主要采用奖赏的方式，偶尔也采用惩罚或让职工参与的方式来激励和督促职工完成生产任务。在这种制度中，可能产生非正式组织，但它可能支持正式组织的目标，只会部分地反对正式组织的目标。

（4）群体参与式：采用这种方式的领导者对下属有完全的信心与责任；决策权和控制权不是集中于上层，而是分布于整个组织中，较低阶层也能参与，鼓励各级组织作出决策；不仅有上下之间的信息交流，而且有同事之间横向的信息交流，这些信息交流是在互相信任和友好的气氛中深入进行的；凡事听取下属意见，并积极采纳；主要采用从内在激励员工的办法，如参与决策、经济报酬、自主设定目标等。在这种制度之下，非正式组织同正式组织通常是合而为一的，所有的力量（包括工作上的和人际关系的）都为实现组织目标而努力。同时，组织目标同职工的个人目标也是一致的。

利克特经过研究发现，群体参与式的领导方式的生产效率最高，专制权威式的领导方式的生产效率最低。因此，利克特主张，采取专制权威式、开明权威式的领导方式应向协商式、群体参与式的领导方式转变。

（三）四分图理论

1945 年，美国俄亥俄州立大学工商企业研究所在斯托格第和沙特尔两位教授的领导下，开展了对领导行为的一系列调查研究。他们首先提出了大量标志领导行为特征的因素，然后逐步筛选、归纳，最后概况为“抓组织”和“关心人”两大类。他们的研究成果又被称为“俄亥俄州立大学的研究”。

“抓组织”，强调以工作为中心，是指领导者以完成工作任务为目的，为此只注意工作是否有效地完成，只重视组织设计、职权关系、工作效率，而忽视下级本身的问题，对下级严密监督控制。“关心人”，强调以人际关系为中心，是指领导者强调建立领导者与下级之间的互相尊重、互相信任的关系，倾听下级意见和关心下级等。

根据这两类因素，他们设计了“领导行为描述问卷”，每类列举了 15 个问题，分发调查。调查结果发现，“抓组织”和“关心人”这两类领导行为在同一个领导者身上有时一致，有时并不一致。因此，他们认为这两种领导方式不是互相排斥的，领导行为应是两类行为的具体结合，而且有多种结合形式。领导者应当在组织的需要和个人的需要之间加以适当调节，找出最有效的领导行为方式。领导者的行为可以用两维空间的四分图来表示，如图 10－1 所示。

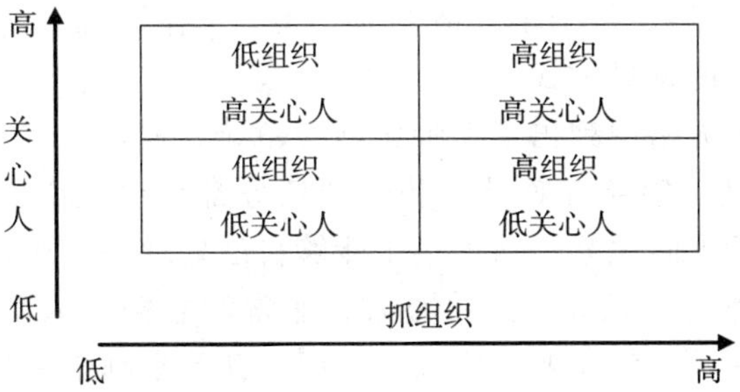

图 10－1　领导行为四分图

从图中可以看出 4 种结果：

（1）低组织、低关心人行为。对抓组织和关心人都不尽心尽力。

（2）低组织、高关心人行为。关心领导者与下属之间的合作，重视互相信任和相互尊重的群体气氛，而把完成工作任务、实现组织目标放在次要位置；与下级人际关系好，但容易引起上级的不满。

（3）高组织、低关心人行为。对完成工作任务、实现组织目标最为关心，但对下属疾苦关心不够；上级满意，但容易引起下级的不满。

（4）高组织、高关心人行为。对工作和下属都很关心，既能保证完成任务和实现组织目标，又能满足下属的合理需要，能有效地调动下属的积极性。上级和下级都满意。

以上 4 种领导行为也不能绝对地划分优劣，在一定的情况下还应当具体分析。一般来说，低组织、低关心人的领导方式效果较差，高组织、高关心人的领导方式效果较好。

（四）管理方格理论

在俄亥俄州立大学大学提出的领导行为四分图理论的基础上，美国德克萨斯大学教授布莱克和穆顿于 1964 年在《管理方格》一书中提出了“管理方格”理论。他们认为管理应归结为对工作和人的关心两大方面，并设计出一张九等份的方格图来分析不同的领导行为方式，如图 10－2 所示。

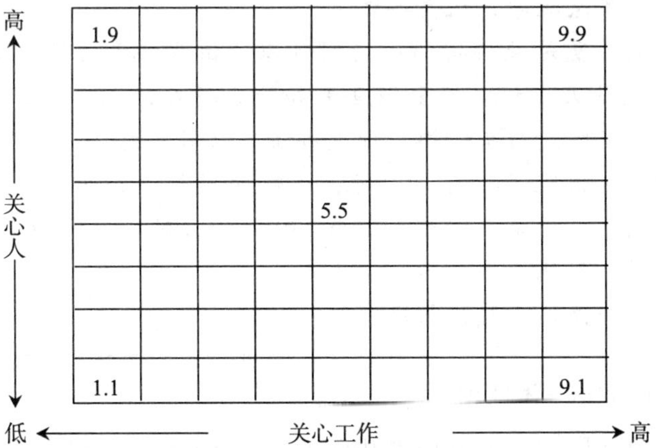

图 10－2　管理方格图

在方格图里面，横坐标表示领导者对工作的关心程度，纵坐标表示领导者对人的关心程度。在坐标图上由 1 到 9 划分为九个格，作为标尺，1 代表关心程度最小，9 代表关心程度最大，交叉形成 81 个小方格。每个小方格表示“关心工作”和“关心人”这两个基本因素以不同程度相结合的不同的领导方式。

布莱克和穆顿在管理方格中列出了 5 种典型的领导方式：

（1.1）为贫乏型管理。领导者对员工和生产任务都很少关心，仅以最小的努力完成组织必须完成的任务和维持人际关系，认为员工能够自己处理好工作与生活的各种事情。

（1.9）为俱乐部型管理。领导者只关心人，非常注意搞好人际关系，创造和谐的组织氛围，但不关心生产。对员工的需要、成长、健康、甚至家庭生活都非常关心，营造良好的乡下际关系和融洽的气氛，但对生产与工作漠不关心，忽视工作效果。

（9.1）为任务型管理。领导者高度重视生产任务的完成和生产效率的提高，但不关心人。领导者通过工作条件的安排与规则制度的控制实现高的工作绩效，尽量降低人为因素在工作中的影响，不关心下属的士气和发展，对员工与下属十分冷漠和不近人情。

（9.9）为团队型管理。领导者即关心生产又关心人，既考虑如何实现组织的既定目标、提高工作绩效，又关心员工的个人需求与成长。领导者努力使下级齐心协力、高效完成生产任务。他们会鼓舞士气，使大家和谐相处，发扬集体精神。

（5.5）中间型管理。领导者对人的关心和对工作的关心保持中间状态，追求正常的效率和一定的士气。这种领导方式既对工作关心，又对员工关心，但程度适中，强调适可而止。

布莱克和穆顿认为，（9.9）型的领导方式是最有效的，领导者应该客观地分析组织内外的各种情况，努力创造条件，将自己的领导方式转化为（9.9）型，以求得最高的效率。

上述五种典型的领导方式仅仅是理论上的概括，在实际工作中，很难出现这样一些特殊的领导。

资料链接 10－4　小赵为何辞职

小赵是某幼儿园的教学骨干，样样都干得很出色，尤其是近几年，为幼儿园争了不少荣誉。一次，小赵老师的爱人不幸生病，住进医院，家里又有一个不满两岁的儿子，这无疑增加了她的负担。小赵经过反复考虑，不得不向园领导提出了请假的要求，并表示：休假期间，不忘教学，认真备课。

然而，园领导的答复是硬梆梆的：请假可以，但要按章办事，每请 1 天假扣奖金 50 元，如 1 个月超过 3 天，该月奖金当全部扣除。另外，还要从工资中支付部分代课金。显然，这给小赵老师是当头一棒，但没办法，只好同意。

不久，小赵的爱人出院了，与此同时，小赵向园领导提出了调离本园的申请。这是园领导万万没料到的。于是，园长来了个 180 度的大转弯，收回当初所说的一切，补发扣除的奖金和工资，然而，小赵却坚持要走。

根据领导行为理论谈谈小赵为何辞职？

（五）领导行为连续统一体理论

这一理论是由美国管理学家坦南鲍姆和施米特于 1958 年提出来的。他们认为，领导者到底采取哪种领导方式更有效，应取决于多种相关因素。有以领导为中心的领导方式，也有以下属为中心的领导方式，在这两种领导方式中间，存在着多种过渡型的领导方式，这些不同的领导方式构成了一个连续统一体，如图 10－3 所示：

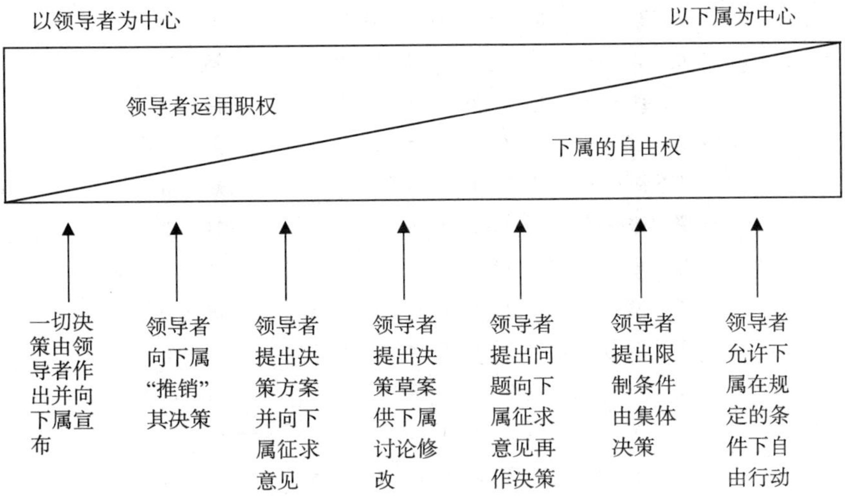

图 10－3　领导行为的连续统一体

坦南鲍姆和施米特认为，没有哪种领导方式是绝对正确的，也没有哪种领导方式是绝对错误的。领导者在选择具体的领导方式时应考虑相关因素的影响。这些相关因素主要是领导者、下属和环境三个方面的条件。领导者应该在综合考虑以上各方面的条件之后，确定一种适当的领导方式。该理论有了权变的思维。

三、领导权变理论

在领导过程中，不能追求不变的、最佳的领导行为或作风模式，而应该随机应变，随着条件的变化而采取相应的管理措施。领导权变理论的基本观点是：领导行为的有效性，既不取决于领导者个人的特性、才能，也不取决于某种固定不变的领导行为模式，而是决定于领导者所处的具体情境。所谓情境，主要指：工作的性质、特点，时间的要求，被领导者的需要、动机、期望值、态度、素质水平、成熟度及组织的物理环境、社会心理环境等综合因素。领导者应根据环境灵活地采取适当的领导方式。围绕这一基本观点，不同的研究者从不同的角度出发，提出了不同的理论。

（一）菲德勒的权变领导理论

美国管理学家费德勒在对各类组织进行了大量调查研究的基础上提出了“有效领导的权变模型”，即费德勒模型。他认为，没有什么固定的最优领导方式，应当根据领导者的个性和面临的组织环境采取不同的领导方式。

费德勒认为，领导风格是影响领导活动成功与否的关键因素之一，为了确定个体的领导风格，菲德勒开发了“最难共事者问卷”（LPC），如图 10－4 所示。LPC（Least－Preferred Co－worker）是指从工作绩效角度考虑，领导者最不愿意挑选其来一起工作的属员。费德勒把领导方式分为两大类：关系导向和任务导向。如果被试者的 LPC 得分较高，说明他乐意与同事形成良好的人际关系，菲德勒将这类领导者定义为关系导向型。相反，如果被试者的 LPC 得分较低，他对最难共事的同事都用较为消极的词汇来形容，说明他对工作更为感兴趣，菲德勒将这类领导者定义为任务导向型。

快　乐——	8	7	6	5	4	3	2	1	——不快乐
友　善——	8	7	6	5	4	3	2	1	——不友善
拒　绝——	1	2	3	4	5	6	7	8	——接　纳
有　益——	8	7	6	5	4	3	2	1	——无　益
不热情——	1	2	3	4	5	6	7	8	——热　情
紧　张——	1	2	3	4	5	6	7	8	——轻　松
疏　远——	1	2	3	4	5	6	7	8	——亲　密
冷　漠——	1	2	3	4	5	6	7	8	——热　心
合　作——	8	7	6	5	4	3	2	1	——不合作
助　人——	8	7	6	5	4	3	2	1	——敌　意
无　聊——	1	2	3	4	5	6	7	8	——有　趣
好　争——	1	2	3	4	5	6	7	8	——融　洽
自　信——	8	7	6	5	4	3	2	1	——犹　豫
高　效——	8	7	6	5	4	3	2	1	——低　效
郁　闷——	1	2	3	4	5	6	7	8	——开　朗
开　放——	8	7	6	5	4	3	2	1	——防　备

图 10－4　LPC 问卷

菲德勒把领导所面临的环境状况具体分解为三方面情境因素：

一是上下级关系，即组织成员对其领导者信任、喜爱或愿意追随的程度。双方信任、尊重、支持、密切合作，则关系好；反之，关系差。二是任务的结构，即工作任务的规范化和程序化的程度。工作任务是例行的、常规化的、有章可循，则结构明确；反之，则不明确。三是职位权力，即领导者运用组织所赋予的正式权力对组织成员的影响程度。如雇用、奖惩、晋升等活动。领导者职位越高，权力越强。

费德勒将三个环境因素组合成 8 种情况，调查了 1200 个团体的领导者，收集了将领导风格与工作环境情况关联起来的数据，根据结果绘成下图，如图 10－5 所示。

领导与员工关系	好				差			
任务结构	高		低		高		低	
职务权力	强	弱	强	弱	强	弱	强	弱
环境类型	1	2	3	4	5	6	7	8

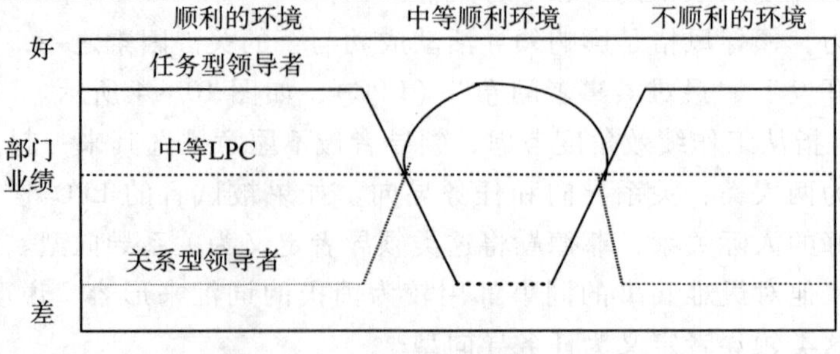

图 10－5　费德勒模型图

费德勒认为，在对领导者最有利和最不利的情况下（如1、2、3、7、8），采用任务导向型领导方式效果较好；在对领导者中等有利的情况下（如4、5、6），采用关系导向型领导方式效果较好。

由于菲德勒认为个体的领导风格是稳定不便的，根据领导风格与情景匹配的规律，要提高领导者的有效性有两种方法，一是选择具有恰当领导风格的领导者适应情景的要求；二是设法改变情景适应领导者的风格与方式。

（二）途径——目标理论

加拿大多伦多大学教授罗伯特·豪斯把期望理论和领导行为的四分图理论结合在一起，提出了途径——目标理论。该理论认为：领导者的工作是帮助下属达到他们的目标，并提供必要的指导和支持以确保各自的目标与群体或组织的总体目标相一致。即有效领导者通过明确指明实现工作目标的途径来帮助下属，并为下属清理各项障碍和危险，从而使下属更为容易的实现工作目标。

豪斯通过实验和研究，认为高工作和高关系的组合，不一定是最有效的领导方式，在这里还应该补充考虑环境因素。

当工作任务模糊不清，职工无所适从之时，他们希望有“高工作”的领导，帮助他们把工作作出明确规定和安排。当工作内容已经明确或进行的都是例行性工作，这时只希望“高关系”的领导，主要是使职工得到需要的满足。

豪斯进一步提出，领导者在不同环境下应采用不同的领导方式。他提出了4种领导方式，供领导者在不同环境下选择使用。

（1）指令型领导方式（Directive Leadership）。领导者发布指令，明确告诉下属做什么、怎样作，决策完全由领导者作出，下属不参加决策。领导者对下属需要完成的任务进行说明，包括对他们有什么希望，如何完成任务，完成任务的时间限制等。为下属制定出明确的工作标准，并将规章制度向下属讲得清清楚楚。

（2）支持型领导方式（Supportive Leadership）。领导者对下级友善关心，从各方面予以支持。领导者对下属的态度是友好的、可接近的，他们关注下属的福利和需要，平等地对待下属，尊重下属的地位，能够对下属表现出充分的关心和理解，在部下有需要时能够真诚帮助。

（3）参与型领导方式（Participative Leadership）。领导者在作决策时，征求并采纳下级的建议。领导者邀请下属一起参与决策，征求他们的想法和意见，将他们的建议融入团体或组织将要执行的那些决策中去。

（4）成就导向型领导方式（Achievement - Oriented Leadership）。领导者给下级提出挑战性的目标，并相信他们能达到目标。领导者鼓励下属将工作做到尽量高的水平。这种领导者为下属制定的工作标准很高，寻求工作的不断改进。除了对下属期望很高外，领导者还非常信任下属有能力制定并完成具有挑战性的目标。

在选择领导方式的时候，如果下属是教条的，任务是不明确的，组织的规章和程序是不清晰的，那么，指令型领导方式最适合。

对于结构层次清晰、令人不满意或者是令人感到灰心的工作，领导者应该使用支持型方式。当下属从事于机械重复性的和没有挑战性的工作时，支持型方式能够为下属提供工作本身所缺少的“营养”。

当任务不明确时，参与型领导效果最佳，因为参与活动可以澄清达到目标的路径，帮助下属懂得通过什么路径和实现什么目标。另外，如果下属具有独立性，具有强烈的控制欲，参与型领导方式也具有积极影响，因为这种下属喜欢参与决策和工作建构。

如果组织要求下属履行模棱两可的任务，成就导向型领导方式效果最好。在这种情境中，激发挑战性和设置高标准的领导者，能够提高下属对自己有能力达到目标的自信心。事实上，成就导向型领导可以帮助下属感到他们的努力将会导致有效的成果。

领导的有效性取决于下属的行为，下属是否接受领导者最终影响领导的效果。因此，领导者的行为要与被领导者的成熟度相适应，随着被领导的成熟度逐步提高，领导的方式也要作出相应的改变。

（三）领导生命周期理论

领导生命周期理论是由科曼于1966年首先提出的，后经保罗·赫西和布兰查德加以发展形成的。他们认为，成功的领导者要根据下属的成熟度来选择恰当的领导方式。领导生命周期论认为，“高工作、高关系”的领导不一定经常有效，同样，“低工作、低关系”的领导也不一定经常无效，关键是要看下属的成熟度如何。他在分析领导行为模式的基础上，发现在工作行为、关系行为和成熟度之间存在着非线性关系。如图10－6所示：

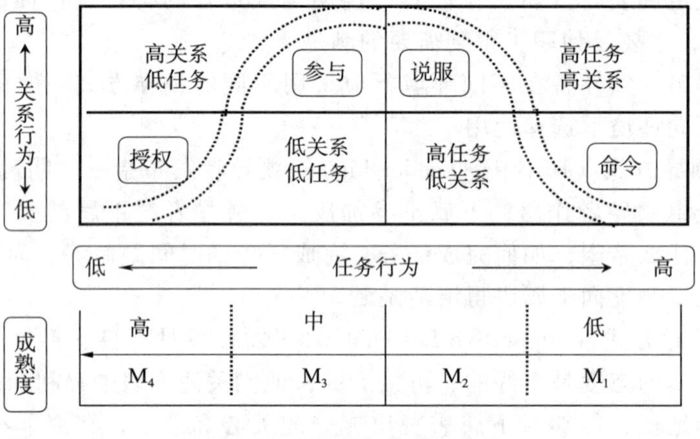

图10－6　领导生命周期理论

在领导生命周期理论中，成熟度指的是个体能够并愿意完成某项具体任务的程度。下属的成熟度由心理成熟度和工作成熟度两方面构成。心理成熟度指个体做某事的意愿和动机，心理成熟度高的个体不需要太多的外部鼓励，他们主要靠自身内在动机激励。工作成熟度是指个体的知识和技能。工作成熟度高的个体拥有足够的知识、能力和经验完成自己的工作任务而不需他人的协助或指导。心理成熟度和工作成熟度均高的人不需要太多的外部刺激，有强烈的工作意愿，拥有完成工作任务足够的技能。心理成熟度与工作成熟度均低的人，情况则恰好相反。

赫西与布兰查德将下属的成熟度由低到高分成了4个阶段：

不成熟（M1）：这些人既缺乏工作的热情，又不具备完成工作任务所需的技能，他们既不能胜任工作，又不能被信任。

稍成熟（M2）：这些人有较高的工作热情，愿意从事必要的工作任务，但目前缺乏完成工作所需要具备的技能。

较成熟（M3）：这些人具备完成工作所需要的技能，但缺乏工作热情，不愿意承担领导所交予的任务。

成熟（M4）：这些人既具有高度的工作热情，愿意承担工作任务，又具有完成工作所需要的知识和技能。

在这四个阶段中，领导的方式不能一成不变，而是要随之改变，否则将影响到领导的效果。由工作行为和关系行为相组合，形成了4种领导方式，不同的领导方式对应成熟度不同的下级。其对应关系如下：

S1：命令型领导（高工作低关系）：适用于下属成熟度低（M1）的情况。即下属既不愿意也无能力执行某任务，因此，领导者界定工作任务和角色，通过发号施令，明确告知下属完成任务的详细规则与程序，重视任务的完成情况，不过多的考虑下属的满意度。

S2：说服型领导（高工作高关系）：使用于下属稍成熟（M2）的情况。即下属愿意从事必要的工作任务、并担负起工作责任，但目前尚缺乏足够的技能。这时，领导者应指导行为与支持行为并重，说服下属接受他所决定的工作任务和工作方法，同时从心理上增强他们的工作意愿和热情。这样既关注员工的满意度，保持并提高员工的工作热情，又在指导和支持的过程中锻炼下属的能力，提高他们的工作技能。

S3：参与型领导（低工作高关系）：适用于下属比较成熟（M3）的情况。即下属的工作能力强但工作意愿比较低。领导者鼓励下属共同决策，为下属提供良好的工作条件和沟通渠道，从而提高下属的工作满意度，培养下属的工作热情。领导者的主要角色是提供便利条件与沟通，而不给予过多的指示和约束。

S4：授权型领导（低工作低关系）：适用于下属高度成熟（M4）的情况。即下属具有较高的自信心、能力和愿望来承担工作责任。领导者应给下属充分的自由，提供极少的指导与支持行为，确信下属能够依靠自己的能力明确任务的目标并出色的完成任务。领导者可赋予下属自主决策和行动的权力，领导者只起监督的作用。

可见，当下属的成熟度水平不断提高时，领导者不但可以逐渐减少对活动的控制，还可以逐渐减少关系行为：第一阶段（M1）下属需要得到明确而具体的指导。第二阶段（M2），领导者需要采取高任务——高关系行为，高任务行为能够弥补下属能力的缺陷；高关系行为则试图在心理上使下属领会领导者的意图。第三阶段（M3），领导者运用激励原理，采用支持性、非指导性的参与风格可获得良好结果。第四阶段（M4），领导者务须做太多的事情，因为下属即愿意又有能力担负责任。

总之，对不同成熟度的下属，应采取不同的领导方式，才能获得最为有效的领导。在管理工作中要创造条件，让被管理者在工作过程中更快地趋向成熟，把使用与培养结合起来，注重人力开发。

四、领导理论的新进展

（一）交易型领导和变革型领导理论

1978年，詹姆斯·麦格雷戈·伯恩斯（Burns）在对领导人进行定性分类研究的基础上，提出领导过程应包含交易型和变革型两种领导行为，这一分类为领导行为的研究开辟了新的思路；1985年，Bass正式提出了交易型领导行为理论和变革型领导行为理论，它比以往理论采取更为实际的观点，是以一个“走在大街上的”普通人的眼光看待领导行为，具有实际的应用价值，在实践中得到了广泛应用。

1. 交易型领导

交易型领导亦可称为交换型领导，是指领导者以下属所需要的报酬来换取自己所期望的下属的努力与绩效。

交换型领导行为理论的基本假设就是：领导与下属间的关系是以两者一系列的交换和隐含的契约为基础。该领导行为以奖赏来领导其成员，当下属完成特定的任务后，便给予承诺的奖赏，整个过程就像一项交易。其主要特征为：①领导者通过明确角色和任务要求，指导和激励下属向着既定的目标活动，领导者向员工阐述绩效的标准，意味着领导者希望从员工那里得到什么，如满足了领导的要求，员工也将得到相应的回报；②以组织管理的权威性和合法性为基础，完全依赖组织的奖惩来影响员工的绩效；③强调工作标准、任务的分派以及任务导向目标，倾向于重视任务的完成和员工的遵从。

根据 Burns 理论，交换型领导行为建立在一个交换过程的基础上，主要包括权变与非权变性两种奖励行为和权变与非权变性两种惩罚行为，实施不同的奖励和惩罚会导致不同的结果。所谓权变性奖惩是指根据下属的绩效进行奖励和惩罚；非权变性奖惩是指领导进行奖罚时不依据下属的绩效。Bass 则将交换型领导行为分为权变奖励领导行为（Contingent Reward Leadership）和例外管理（Management by Exception）领导行为两种，并随着领导者活动水平以及员工与领导相互作用性质的不同而不同。所谓权变奖励领导行为是指领导和下属间的一种主动、积极的交换，领导认可员工完成了预期的任务，员工也得到了奖励；例外管理领导行为则指领导借助于关注员工的失误、延期决策、差错发生前避免介入等，与下属进行交换，并按领导者介入时间的不同分为主动的和被动的两种类型。主动型的例外管理领导者，一般在问题发生前，持续监督员工的工作，以防止问题的发生。同时一旦发生问题，立即采取必要的纠正措施，当然也积极搜寻有可能发生的问题或与预期目标偏离的问题。领导者在员工开始工作时，就向员工说明具体的标准，并以此标准监督差误；被动型的例外管理领导者，则往往在问题已经发生或没有达到规定的标准时，以批评和责备的方式介入。一般情形下，领导者一直等到任务完成时才对问题进行确认，并以此提醒员工，也往往在错误发生后才说明自己的标准。当员工所处的工作以及环境已不能为员工提供激励、指导和带来满意感时，这种领导行为才具有效率。

20 世纪 80 年代以前创立的领导行为理论和权变理论都是以交换型领导行为为基础。交换型领导行为理论已得到了广泛的验证，如路径——目标理论、领导——成员交换理论。

2. 变革型领导

变革型领导是指领导者通过改变下属的工作动机与价值观来促进绩效的提高。领导者与雇员的关系是相互激励的关系。领导者培养员工对组织任务的认同，增强团队精神和为了实现组织的目标而超越自我利益，把下属的需要层次提高到更高的水平。

变革型领导行为是一种领导向员工灌输思想和道德价值观，并激励员工的过程。在这过程中，领导除了引导下属完成各项工作外，常以领导者的个人勉力，通过对下属的激励、刺激下属的思想、对他们的关怀会变革员工的工作态度、信念和价值观，使他们为了组织的利益而超越自身利益，从而更加投入于工作中。该领导方式可以使下属产生更大的归属感，满足下属高层次的需求，获得高的生产率和低的离职率。变革型领导行为的前提是领导者必须明确组织的发展前景和目标，下属必须接受领导的可信性。其主要特征为：①超越了交换的诱因，通过对员工的开发、智力激励、鼓励员工为群体的目标、任务以及发展前景超越自我的利益，实现预期的绩效目标；②集中关注较为长期的目标，强调以发展的眼光，鼓励员工发挥创新能力，并改变和调整整个组织系统，为实现预期目标创造良好的氛围；③引导员工不仅为了他人的发展，也为了自身的发展承担更多的责任。变革型领导行为拓宽了领导行为的研究范围。

Bass & Avolio（1994）提出变革型领导行为应包含以下 4 个维度：①理想影响力（Idealized Influence)。指能使员工产生崇拜、尊重和信任的一些行为，包括领导者承担风险、考虑个人之外员工的需求以及良好的道德品质；②鼓励性激励（Inspirational Motivation)。指向员工提供富有意义和挑战性工作的行为，包含明确描述预期目标，而且该目标受到整个组织目标的约束，同时通过积极乐观的态度唤起团队精神；③智力激励（Intellectual Stimulation)。指领导者启发员工发表新见解和从新的角度或视野寻找解决问题的方法与途径，鼓励员工采用崭新的方式完成任务；④个人化考虑（Individualized Consideration)。指领导者仔细倾听并关注员工的需求。我们在以往的一项关于中西方企业领导行为研究中曾提出 6 种变革型领导行为，包括提供远见卓识、智力激励、寄予厚望、树立榜样、促进合作和提供个人支持。研究结果表明，在中国文化背景下，促进合作（促进员工合作，使他们为共同目标而工作的程度)、提供个人支持（领导关心下属个人感受和需求的程度）和树立榜样（领导树立与之力求推广的价值观相一致的行为榜样）与中国文化特征和传统中国领导哲学相一致；有远见、寄予厚望和智力激励三种领导行为则在中国文化中不是很受重视。由此可见，变革型领导行为是一种动态性的结构，具有多维性，在不同的文化背景和工作环境下，它的维度具有权变性，如图 10－7 所示。

交易型领导	变革型领导
权变奖励 例外管理（主动） 例外管理（被动） 自由放任	理想影响力 鼓励性激励 智力激励 个性化考虑

图 10－7　交易型领导与变革型领导者的特征

区分交换型和变革型领导行为，并不意味着两者是不相关的。Burns 认为这两种领导行为是同一连续体的两个极端，而 Bass 认为它们是两个分开的维度，一个领导者既有变革型的一面，同时又具有交换型的一面，变革型领导行为以交换型领导行为为基础，但反向则不然。变革型领导行为可以说是交换型领导行为的一种特例，可以同时与一些目标和目的的实现相联系，这两者模式的不同主要表现在领导激励下属的过程中和目标设置的类型上。在竞争较为激烈的今天，研究变革型领导行为尤为必要。

（二）魅力型领导理论

魅力型领导理论自 20 世纪 80 年代起，日益受到研究者的重视。这是因为随着经济全球化的发展，市场竞争日趋激烈，各类组织，尤其是企业组织迫切需要魅力型领导者的改革和创新精神，以对应环境的挑战。

魅力型领导理论（Charismatic Leadership Theory）是指领导者利用其自身的魅力鼓励追随者并作出重大组织变革的一种领导理论。魅力型领导者的追随者表现出对领导者的高度忠诚和信心。

David A. Nadler & Michael L. Tushman 根据领导在变革中的角色对魅力型领导进行了描述。魅力型领导有 3 个特点：提供远景、鼓舞和注重行动。

（1）提供远景：包括创造未来的蓝图，或者陈述出人们所认同和能激发人们热情的未来状况，通过创造远景，加强人们责任感，提供共同目标，并为人们设定成功的途径。显然，最简单的形式就是清晰的表达出诱人的必然的远景。这种远景要有挑战性、意义和值得追求，并且可信。人们必须相信在追求远景中成功的可能性。

（2）鼓舞：在此，领导的角色就是直接为组织的员工提供动力，激励他们行动。不同的领导鼓舞的方式不同，但最常用的方式是领导演示个人的激情和干劲，通过指导个人与大多数人的合作使激情凝聚在一起，表达出他们有能力成功的信心。

（3）注重行动：领导从心理的角度帮助人们行动、面对挑战。设想个体有了远景并受到激励，他们可能在完成任务时需要精神上的帮助。领导必须能够分享组织的情感（倾听、理解）。他们要表现为支持员工，更重要的是他们要把他们的信心灌输于人们心中，以使人们有效的工作，面对挑战。

魅力型领导者也可能有消极方面。如果魅力型领导者过分强调自己个人需要高于一切，要求下级绝对服从，或利用其高超的说服能力误导或操纵下级，则可能产生不良结果。由于魅力型领导具有其自身的缺陷，企业在变革过程中，仅仅魅力型领导是不够的。

第三节　领导方法与领导艺术

领导方法与领导艺术到尚没有统一的看法。但讲不讲领导方法与艺术效果不一样。

一、领导方法

领导方法一般是指领导者为实现领导目标，在工作中解决实际问题的基本规则和途径。领导方法本质上是领导者所必须遵循和把握的那些实践规律和原则的总结。

方法是完成任务的手段，在任何的工作的过程中要完成一项任务，办好一件事情都必须采用一定的方法。无数实践证明，凡属正确领导，总是同运用正确的工作方法相联系。从一定意义上说能不能实施正确有效的领导，取决于领导者有没有科学的工作方法。

在领导工作中，领导者无不自觉或不自觉的运用这样那样的方法去解决问题，只不过有的领导方法好，有的不好，有的是科学的，有的是不科学，领导方法不同，其工作效果就不同。方法不对头，事与愿违；方法得当，事半功倍。常用的领导方法有：

（一）理论与实践相结合

毛泽东曾在《整顿党的作风》一文中作出了精辟的回答：中国共产党人只有在他们善于应用马克思列宁主义的立场、观点和方法，进一步地从中国的历史实际和革命实际的认真研究中，在各方面做出合乎中国需要的理论性的创造，才叫作理论和实际相结合。做到理论与实际相结合，要注意三个方面。

（1）进行调查研究。毛泽东曾说过：没有调查就没有发言权，不做正确的调查同样没有发言权。

（2）加强理论学习。只有把自己变成学习型领导，用科学的理论武装自己的头脑，才能在实际工作中用正确的立场、观点、方法分析问题，掌握事物发展变化的规律，把感性认识上升为理性认识，从而更好指导实际。

（3）在实践中丰富和发展理论。理论要与本企业的实际情况相结合，提出合乎实际的理论性创造才能更好的开展业务工作，促进本企业的发展。“空谈误国，实干兴邦”，夸夸其谈，纸上谈兵解决不了问题。

（二）领导与群众相结合

群众工作，说到底是做人的工作，从一定程度上也是说服教育和沟通交流的工作。习近平同志多次强调，做群众的工作，要坚持面对面的方法，善于同群众说话。领导在与群众打交道过程中，必须做到以下几点。

（1）要和群众平等对话，消除戒备心理。在和群众的交流中，即使群众有不同看法，也要心平气和、以理服人，而不能自以为是、以权压人。对某些问题的认识出现了偏差甚至错误，就要勇于面对、敢于承认。

（2）要和群众情感交流，拉近心理距离。情感为人类所独有。积极的情感可以激发人的斗志去克服困难、创造生活，消极的情感则会使人心灰意冷。说话要亲切入耳、合情合理。

（3）要学会运用风趣的语言，营造宽松氛围。风趣的语言可以创造亲切、愉快的气氛，促进领导者与群众感情的交流和思想的沟通。巧妙的表达方式，可以化腐朽为神奇，化被动为主动，避免群众形成对立心理。

（4）要注意语言表达的细节，追求更佳效果。古语有言，见微知著。细节决定成败。要努力掌握群众语言，善于运用群众的语言，让群众听得懂、听得进、能接受。

（5）要善于以事说理，以事明理，学会百姓思维。善于用群众身边的事讲道理。只有这样，群众才会乐于接受，说服教育才能达到目的。

（6）要善于倾听。兼听则明，偏听则暗。

（三）统揽全局

统揽全局就是要用系统的方法统管全局，从整体出发，始终着眼于局部和全局，整体和部分系统和要素的相互关系，研究和把握实现整体目标效应的一种方法。

（四）牵牛鼻子

俗话说，拎衣要拎衣领子，牵牛要牵牛鼻子。要善于抓住重点，牵住“牛鼻子”，在精准发力、精准施策中实现攻坚突破。例如，方向就是牵牛鼻子，方向正确，渐行渐近；方向错误，渐行渐远。

（五）抓两头，带中间

“抓两头、带中间”是思想政治工作的一个传统方法，就是一头树先进典型，一头做后进转化工作，通过抓两头，把中间层群众带动起来。

二、领导艺术

要实行有效的领导，领导者不仅要掌握基本的领导方法，而且要有高超的领导艺术，这样才能创造性地完成各项领导任务，达到预期的目的。所谓领导艺术就是领导者在一定知识经验辩证思维的基础上，富有创造性的运用领导原则和方法的才能。也可以说领导艺术是领导者的一种特殊才能，这种才能表现为创造性的灵活，善于运用已经掌握的科学知识和领导方法，是领导者的智慧和能力的综合体现。

领导艺术的条件离不开5个要素：①领导者的个人素质，一个满足现状不求上进的人是不会成为一个成功的领导者；②领导艺术与实践密切相连，单靠书本永远培养不出有用人才，实践是领导艺术的基础；③领导艺术的主要特征是创造性，能够给人以美感的领导，不能给人以美感的领导者谈不上领导艺术；④领导艺术的表现形式有程序化和非程序化、模式化和非模式化，呆板教条的人是掌握不了领导艺术的；⑤领导艺术的内容是解决领导工作中各种复杂的矛盾。

领导艺术和领导方法是不可分割的辩证的统一关系，广义的说领导艺术也是领导方法，狭义的说领导艺术就是领导者熟练的创造性的运用领导方法的特殊才能。一方面领导方法离不开领导艺术，领导方法只有通过领导艺术才能体现出来；另一方面领导艺术也离不开领导方法，领导艺术是以领导方法为前提的，在熟练掌握领导方法之中，不断创新不断发展。领导艺术通常包括：决策艺术、授权艺术、沟通艺术、团队管理艺术、时间管理艺术、开会艺术、自我形象管理艺术等。重点介绍如下：

（一）决策艺术

1. 决策艺术的内涵

决策艺术是决策过程组织与决策表现形式的原则性与灵活性的统一。决策的原则性一般包括外在起约束作用的规章如法律、政令等，与决策价值标准、方法、程序等决策的内在规律性，以及决策问题本身的规律性；灵活性则是决策方法与表现形式的灵活运用，这种灵活的限度就是原则性。

2. 决策艺术要符合3项要求

（1）科学决策。科学决策，也称理性决策，是决策者凭借科学思维、利用科学手段和科学技术所进行的决策。决策中要贯彻创新、协调、绿色、开放、共享的发展理念，坚持从实际出发，运用科学技术和方法，尊重客观规律。

（2）民主决策。民主决策是人民当家作主和民主集中制的重要体现和要求。遵循民主决策原则，就是要充分听取各方面意见，保障员工通过多种途径和形式参与决策。重大决策科学合理、尽量规避"一言堂""拍脑袋"等乱象。

（3）依法决策。依法决策要求按照法治思维和方式进行决策。依法决策原则就是严格遵守法定权限，依法履行法定程序，保证决策内容符合法律、法规和规章规定。

决策艺术是对决策科学规律的肯定，它是对规律的灵活的、科学的、创造性的运用，是达到决策科学化、民主化和法制化的手段，是决策科学化、民主化和法制化的组成部分。

3. 决策的艺术性要求决策者必备4种能力

（1）发现问题的能力。爱因斯坦说："提出一个问题往往比解决一个问题更重要，因为解决一个问题也许是一个数学上或实验上的技能而已。而提出新的问题，新的可能性，从新的角度去看旧的问题，却需要有创造性的想象力。而且标志着科学的真正进步。"信息是决策的基础，一方面把握好信息收集的广度，另一方面把握好信息的深度。在准确信息的基础上才能发现理想与现实的差距，然后你才能去解决问题。

（2）借用专家的能力。在决策时注意征求多方面的意见，不管支持的还是反对的。一般来说，支持有支持的理由，反对也有反对的理由，不存在对错问题。而且反对意见往往更中肯，更能反映问题，故领导在决策时要多听听专家意见，但也不能被专家所左右。

（3）选择方案的能力。在制定决策时不要急，要注意从各方面调查情况，掌握第一手资料，信息要全，没有搞清情况就匆忙决策，很容易导致失误，但在选择决策方案时，要敢于拍板，执行决策时雷厉风行，该断则断，不能拖拖拉拉，丧失良机。

（4）权变能力。在决策中要分清轻重主次，善于捕捉战机，随着事情的发展，随机应变，灵活果断地决策，调整原来的部署，适应新的情况。

（二）团队管理艺术

1. 团队管理艺术的内涵

团队是指致力于共同的信念、共同的绩效目标实现的一群人。成员注重工作方法，彼此依赖，能力互补。团队管理艺术是将团队严密联络在一起的艺术，它需要了解团队成员的不同特性，找出和谐共处的最佳办法，一同团结在公司的理念下愉快的实现组织目标。

2. 建设高效团队的办法

（1）用价值观统领一切。把员工统摄到企业宗旨的大旗下，通过思想教育让价值观生根落地，用“思想掌握一切，思想改变一切”，集中开展思想教育，解决一人一事的思想问题。

（2）强化团队作风建设。作风就是战斗力。作风建设包括：实事求是，艰苦奋斗，联系群众，公道正派，谦虚谨慎、团结互助、雷厉风行和英勇顽强等。作风建设中要强化三点：慎用手中的权力；争先创优，消除内耗，以竞赛激发员工斗志；兵随将转，领导带头，管好重点人物等。

（3）换位思考。作为一个管理者对自己下面的这一批人进行换位思考：“假设我是他们其中之一，我希望老板怎么带我”，我就应该怎么带他们。否则他们一定不会高兴，做得不高兴就不会努力，生产力会下降，最后吃亏的是整个企业。

（4）树立把职业当事业做的信念。职业与事业有区别也有联系。职业是谋生的手段，是阶段性的。事业是现实人生价值的平台，是终身性的。把职业当事业，就会让人胸怀壮志，想干事、会干事、干成事；面对机遇，敢于争先，面对困难，勇于克服；调整心态，甘于寂寞。

（5）营造“亮”点，强化个性。如授人以渔，打造学习型团队。创新发展，打造创新型团队；物竞天择，适者生存，打造竞争型团队。强化特点，打造特色团队。

关键词

管理 Management
领导 Leadership
管理方格理论 Managerial Grid
费德勒权变模型 Fiedler Contingency Model
生命周期理论 Life Cycle Theory

思考题

1. 领导的概念给你带来的启发是什么？

2. 什么是领导者的影响力？如何提升领导者的影响力？

3. 费德勒的权变理论告诉我们，在一定条件下选择什么样的领导方式最有效？

4. 什么领导生命周期理论？举例说明如何运用？

5. 老赵是一位技术经验丰富的工程师，在技术科，每一位科员都认为老赵的工作相当出色。不久前，原来的科长调到另一个厂去当技术副厂长了，老赵被任命为技术科科长。老赵上任后，下定决心要把技术科搞好。在头一个月内，全科室的人都领教了老赵的“新官上任三把火”。小张由于汽车出毛病，迟到了三分钟，老赵当众狠狠地批评了他一顿。并说“技术科不需要没有时间概念的人。”老李由于忙着接待外宾，一项技术改革提案晚交了一天，老赵又大发雷霆。老赵需要一份技术资料，小林加班三个晚上替他赶了出来，老赵连一句表扬话也没有。一年过去了，厂领导发现技术科似乎出问题了，科室里缺乏团结和谐的气氛，缺勤的人很多，不少人要求调动工作，许多技术工作都应付不过来了。

（1）按照豪斯的路径—目标理论，老赵的领导行为是（　　）。

A. 指导式领导　　B. 支持式领导　　C. 参与式领导　　D. 成就取向式领导

（2）按照 99 方格理论，老赵的领导风格属于（　　）。

A. X 理论中传统权威式领导风格　　B. “乡村俱乐部”式领导风格

C. “无为而治”式领导风格　　D. “任务指导型”领导风格

（3）领导生命周期理论认为，影响员工成熟度的因素有（　　）。

A. 年龄　　B. 能力　　C. 意愿　　D. 学历

[答案解析]

1. 路径—目标理论中的指导式领导表现为让员工明确别人对他的期望、成功绩效的标准和工作程序。本案例中，老赵的领导行为与指导式领导相符合，因此选 A。2. 按照 99 方格理论，老赵属于业务能力强而管理沟通能力弱型的领导，其领导风格兼容 X 理论中传统权威式领导风格和“任务指导型”领导风格（强调任务的结果）。因此选 AD。3. 领导生命周期理论认为，成熟度是指个体对自己的行为负责任的能力与意愿。因此选 BC。

管理定律

不值得定律

不值得定律最直观的表述是：不值得做的事情，就不值得做好。不值得定律反映人们的一种心理，一个人如果从事的是一份自认为不值得做的事情，往往会保持冷嘲热讽，敷衍了事的态度，不仅成功率低，而且即使成功，也不觉得有多大的成就感。因此，对个人来说，应在多种可供选择的奋斗目标及价值观中挑选一种，然后为之奋斗。选择你所爱的，爱你所选择的，才可能激发我们的斗志，也可以心安理得。而对一个企业或组织来说，则要很好地分析员工的性格特性，合理分配工作，如让成就欲较强的职工单独或牵头完成具有一定风险和难度的工作，并在其完成时，给予及时的肯定和赞扬；让依附欲较强的职工，更多地参加到某个团体工作；让权力欲较强的职工，担任一个与之能力相适应的主管。同时要加强员工对企业目标的认同感，让员工感觉到自己所做的工作是值得的，这样才能激发职工的热情。

案例分析讨论

ABC公司是一家中等规模的汽车配件生产集团。最近，对该公司的三个重要部门经理进行了一次有关领导类型的调查。

(1) 安西尔。安西尔对他本部门的产出感到自豪。他总是强调对生产过程、出产量控制的必要性，坚持下属人员必须很好地了解生产指令以得到迅速、完整、准确的反馈。安西尔遇到小问题时，会放手交给下级去处理，当问题很严重时，他则委派几个有能力的下属人员去解决问题。通常情况下，他只是大致规定下属人员的工作方针、完成怎样的报告及完成期限。安西尔认为只有这样才能导致更好的合作，避免重复工作。安西尔认为对下属人员采取敬而远之的态度对一个经理来说是最好的行为方式，所谓的“亲密无间”会松懈纪律。

(2) 鲍勃。鲍勃认为每个员工都有人权，他偏重于管理者有义务和责任去满足员工需要的学说，他常为员工做一些小事，如给员工两张艺术展览的入场券。他认为，每张门票才15美元，但对员工和他的妻子来说却远远超过15美元。通过这种方式，也是对员工过去几个月工作的肯定。鲍勃说，他每天都要到工厂去一趟，与至少25%的员工交谈。鲍勃不愿意为难别人，他的想法是以一个友好、粗线条的管理方式对待员工。他承认尽管在生产率上不如其他单位，但他相信他的雇员有高度的忠诚与士气，并坚持他们会因他的开明领导而努力工作。

(3) 查里。查里说他面临的基本问题是与其他部门的职责分工不清。他认为无论是否属于他们的任务都安排在他的部门，似乎上级并不清楚这些工作应该谁做。查里承认他没有提出异议，他说这样做会使其他部门的经理产生反感。他们把查里看成是朋友，而查里却不这样认为。查里说过去在不平等的分工会议上，他感到很窘迫，但现在适应了，其他部门的领导也不以为然了。查里认为纪律就是使每个员工不停地工作，预测各种问题的发生。他认为作为一个好的管理者，没有时间像鲍勃那样握紧每一个员工的手，告诉他们正在从事一项伟大的工作。他相信如果一个经理声称为了决定将来的提薪与晋职而对员工的工作进行考核，那么，员工则会更多地考虑他们自己，由此而产生很多问题。他主张，一旦给一个员工分配了工作，就让他以自己的方式去做，取消工作检查。他相信大多数员工知道自己把工作做得怎么样。如果说存在问题，那就是他的工作范围和职责在生产过程中发生的混淆。

问题：

1. 你认为这三个部门经理各采取什么领导方式？这些模式都是建立在什么假设的基础上？试预测这些模式各将产生什么结果？

2. 是否每一种领导方式在特定的环境下都有效？为什么？

第十一章　激励和沟通理论与方法

本章要点

1. 激励与激励过程
2. 内容型激励理论
3. 过程性激励理论
4. 行为改造型激励理论
5. 沟通障碍与克服

导入案例

心态激励

一位心理学家为了真实地了解人们对于同一件事情在心理上所反映出来的个体差异，他来到一所正在建筑中的花园，对现场忙碌的敲石工人进行访问。心理学家问他遇到的第一位工人：请问你在做什么？工人没好气地回答：在做什么，你没看到吗？我正在用这个重得要命的铁锤，来敲碎这些该死的石头。而这些石头又特别硬，害得我的手酸麻不已，这真不是人干的工作。心理学家又找到第二位工人：请问你在做什么？第二位工人无奈地答道：为了工资，我才会做这份工作，否则谁愿意干这份敲石头的粗活。心理学家问第三位工人：问你在做什么？第三位工人眼光中闪烁着喜悦的神采；我正参与兴建这座雄伟华丽的花园。落成之后，这里可以容纳许多人来休闲。虽然敲石头的工作并不轻松，但当我想到，将来会有无数的人来到这儿，经常接受阳光的抚慰，心中便常为这份工作献上感恩。

同样的工作，同样的环境，心态不同感受不同。第一种工人。抱怨工作的艰辛。可以设想，在不久的将来，他将不会得到任何工作的眷顾，甚至可能被生活淘汰。第二种工人，是没有责任和荣誉感的人。他们只为薪水而工作的态度，为了工作而工作。他们肯定不是企业可依靠的员工。第三种工人，在他们身上，看不到丝毫抱怨和不耐烦的痕迹，相反，他们是具有高度责任感和创造力的人，他们充分享受着工作的乐趣和荣誉，同时，因为他们的努力工作，工作也带给了他们足够的荣誉。他们就是企业想要的那种员工，他们是最优秀的员工。

资料来源：根据励志小故事整理。

第一节　激励理论

激励是管理的一个非常重要的研究内容。组织成员积极性的高低直接影响着组织的绩效，要提高员工的积极性就离不开激励。研究表明受到充分激励的员工，其能力可发挥到80%~90%。未受到充分激励的员工能力仅能发挥20%~30%。也就是说，受到充分激励的员工所发挥的作用是未受到充分激励的3倍。

一、激励与激励过程

（一）激励的概念

激励＝“激”＋“励”。激就是激发、刺激（从无到有），励就是加强、放大（从小到大）。放在一起激励就是激发、调动和强化下属的积极性和主动性。心理学中，激励是指人们内心渴求某种东西，并力争获取的一种心理状态，看不见、摸不着，但可诱发人的行动。在管理中是指为了特定的目的而对人们的内在需要或动机施加影响，从而强化、引导或改变人们行为的过程。简单来讲，激励就是调动人积极性的东西，包括物质的、精神的、信息的等。

（二）激励过程

激励的实质就是通过一定的手段对人的需求或动机施加影响从而达到引导、改变、强化人的某种行为的目的，换言之，激励过程是一个引导、改变和强化人的行为的过程。因此，研究激励必须首先了解人的行为过程。

我们可以把人的心理行为过程看作一个黑箱。图11－1很好地模拟或解释了这个黑箱的结构。

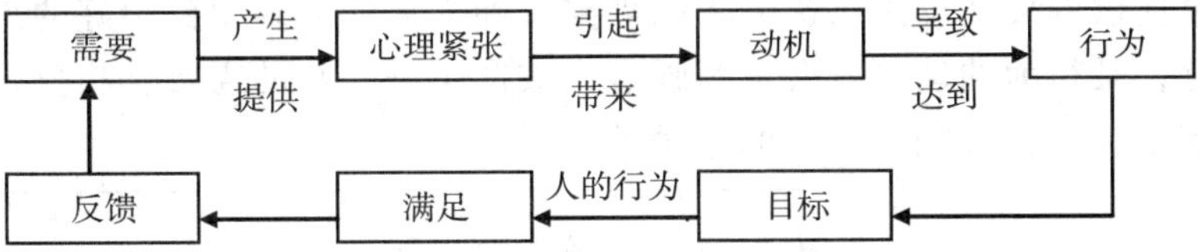

图11－1　心理行为的过程

人的行为过程的起点是需要。需要是人们得到某种事物或达到某种目标的渴求、欲望。人的需要既包括基本的生理需要，也包括各种社会需要。除最基本的生理需要外，人的需要往往不是独立的、内生的，而是受环境影响的。

外在性需要中，工作不过是一种获得外在性奖酬的手段或工具。至于工作活动本身，人们是不关心的、不在乎的、无兴趣的。即使他们卖力工作，目的也是为了获得那些奖酬。而在内在性需要中，工作本身具有激励性，不再是工具性的了，如工作是否有奔头、有社会地位，受到尊重等对人具有激励作用。

内在性需要的满足取决于被激励者自身的体验、爱好和判断，内在性激励由被激励者自己控制和支配，如精神追求。从这种意义上讲，内在性激励才是真正的工作激励；它不像外在性激励那样由组织控制的刺激物所牵引，而是由工作中的内在力量所推动。外在性激励往往在刺激物消失时便会随之消退，如工资奖金；内在性激励则不管环境如何变化，都能持续而坚韧地发挥作用。

当人的需要未得到满足时，心理上往往会产生不安和紧张（典型的如饥饿、口渴），这种心理的紧张状态会引致一种内在的驱动力，使人倾向于采取某种行为来满足需要，这种自我达成目标的驱动力就是动机。当然，在一定范围内或外部条件下，这种驱动力不足以使人采取现实的行为。但是，当这种驱动力或动机达到一定程度时，人们就会采取一系列寻找（搜索）、选择、接近和达到目标的现实行为。如果人的行为达到了目标，就会产生生理或心理上的满足，行为终止。但伴随新的需要产生，又会诱发动机，这个过程是重复性的。

从以上过程看，激励过程必须注意如下 3 个方面：

1. 需要的强化

人的需要是复杂的，而且往往是相互矛盾的——这种矛盾不仅发生在不同类型的需要之间（工作与休闲），而且发生在同类需要之间（旅游目的地的选择）。激励所强化的需要是那些有利于实现组织目标的人的需要。因此，需要的强化是有选择性的（销售员的困境：事业与家庭生活）。不过，人们在多种需要之间的选择通常并非以一种需要排斥另一种需要，而是多种需要之间的调和与相互妥协。实施有效的激励必须深刻理解和高度重视这一点，这意味着激励包含着艺术性，如家庭和事业的平衡。

2. 动机的引导

强化的需要不一定能产生预期的行为，因为有多种行为可以提供同一满足。这时管理者需要通过说服教育以及相应的激励措施来杜绝其不良动机，从而引导其动机并产生有利于组织目标的行为。如奖金和绩效挂钩。

3. 提供行动条件

鼓励人们采取某种行动就应该为他们的行动提供条件，以帮助他们实现目标。在激励过程中，行动结果提供的反馈反过来影响人的需要，即当人的需要得到很好的满足时，这种需要就会得到强化，其行为的动机就会更为强烈，或产生进一步的需要；相反，如果这种需要未能很好地被满足，就会影响下一次的激励效果。

资料链接 11 - 1　韦尔奇激励员工的奥秘

（1）告诫员工不要甘于碌碌无为，有这样想法的员工应促其另谋高就；

（2）不断提高员工队伍素质，提升好的，解雇差的；

（3）通过给每个部门的员工划分等级来评估员工；

（4）不要给员工制定太多的目标，而要鼓励他们充分发挥潜能和创造性；

（5）不仅要给予员工精神鼓励，还要给予物质奖励。

韦尔奇期望 GE 人能够清清白白地获胜，要求每个 GE 人接受所谓的清白测试（Mirror Test）：你能每天面对镜子反省自己的所作所为后，还会感到骄傲吗？韦尔奇利用所有可用媒体来传达他的思想，他说："你无法将清白的监督建立在制度上，要通过坚持不懈、强有力的领导，不允许放纵下属或走旁门左道，以此来改变文化。"

资料来源：韦尔奇谈员工激励的奥秘，百度文库。

（三）激励理论

自从20世纪20—30年代以来，国外许多管理学家、心理学家和社会学家结合现代管理的实践，提出了许多激励理论。这些理论按照研究的侧面不同，可分为内容型激励理论、过程型激励理论和行为改造型激励理论3大类，见表11－1。

表11－1　激励理论分类

类型	研究重点	回答问题	主要内容
内容型激励理论	人的需要	激发人的积极性的东西	需要层次理论、双因素理论、成就需要理论等
过程激励理论	行为的发生机制	如何由需要引起动机，由动机推动行为，并由行为导向目标	公平理论、期望理论、目标设置理论等
行为强化理论	对行为的修正和固化	怎样使积极行为得到巩固，使消极行为得以转化	强化理论、归因理论、挫折理论等

二、内容型激励理论

内容型激励理论，根据对人性的理解，着重突出激励对象的未满足的需要类型，有两种思路。一种是从社会文化的系统出发，对人的需要进行分类，通过提供一种未满足的需要的框架，寻求管理对象的激励效率，称之为需要层次论，另一种是从组织范围角度出发，把人的需要具体化为员工切实关心的问题，称之为双因素理论。这两种激励理论形成于20世纪50年代。后期还有与强调需要相关的成就需要理论。

（一）马斯洛的需求层次论及其运用

1. 马斯洛的需求层次论

这一理论是由美国社会心理学家亚伯拉罕·马斯洛提出来的，因而也称为马斯洛需求层次论。

早在20世纪30年代著名的霍桑试验中，梅奥等研究人员就以工厂为研究对象，希望找出提高工人劳动生产率的手段，研究除泰勒从前倡议的经济利益刺激外，是否还有其他激励内容。结果发现，工人的劳动积极性的提高在很大程度上取决于他们所处的环境，既有车间又有工厂外的社会环境。为此，梅奥认为工人在劳动过程中被激励的前提，是作为“社会人”的人格状态而存在的人，而不仅仅是简单的“经济动物”。

马斯洛认为，每个人都有5个层次的需要：生理需要、安全需要、社交或情感需要、尊重需要、自我实现需要。如图11－2所示。

生理的需要是任何动物都有的需要，只是不同的动物这种需要的表现形式不同而已。对人类来说，这是最基本的需要，如衣、食、住、行等。所以，在经济欠发达的社会，必须首先研究并满足这方面的需要。

安全的需要是保护自己免受身体和情感伤害的需要。它又可以分为两类：一类是现在的安全的需要，另一类是对未来的安全的需要。即，一方面要求自己现在的社会生活的各个方面均能有所保证，另一方面，希望未来生活能有所保障。

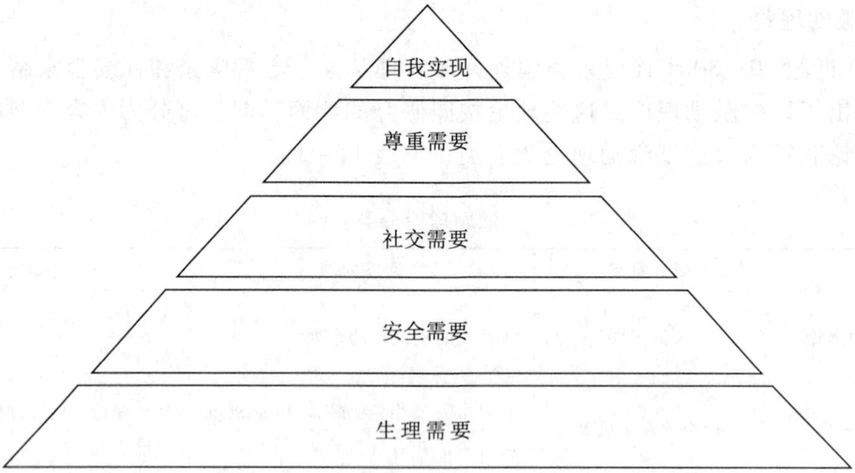

图 11－2　马斯洛的需求层次理论

社交的需要包括友谊、爱情、归属及接纳方面的需要。这主要产生于人的社会性，马斯洛认为，人是一种社会动物，人们的生活和工作都不是孤立地进行的，这已由 20 世纪 30 年代的行为科学研究所证明。这说明，人们希望在一种被接受或属于的情况下工作，属于某一群体，而不希望在社会中成为离群的孤鸟。

尊重的需要分为内部尊重和外部尊重。内部尊重因素包括自尊、自主和成就感；外部尊重因素包括地位、认可和关注或者说受人尊重。自尊是指在自己取得成功时有一种自豪感，它是驱使人们奋发向上的推动力。受人尊重，是指当自己作出贡献时能得到他人的承认。

自我实现的需要包括成长与发展、发挥自身潜能、实现理想的需要。这是一种追求个人能力极限的内趋力。这种需要一般表现在两个方面：一是胜任感方面，有这种需要的人力图控制事物或环境，而不是等事物被动地发生与发展；二是成就感方面，对有这种需要的人来说，工作的乐趣在于成果和成功，他们需要知道自己工作的结果，成功后的喜悦要远比其他任何报酬都重要。

马斯洛还将这 5 种需求划分为高低两级。生理的需要和安全的需要称为较低级需要，而社会需要、尊重需要与自我实现需要称为较高级的需要。高级需要是从内部使人得到满足，低级需要则主要是从外部使人得到满足。在物质丰富的条件下，几乎所有员工的低级需要都得到了满足；人的需要有一个从低层次向高层次发展的过程。任何一种需要并不由于高一层次需要的出现而消失，各层次需要之间是相互依赖并以重叠波浪形式演进的。未满足的需要才具有激励作用。

2. 马斯洛需求层次论在管理中的运用

马斯洛的理论得到了实践管理者的普遍认可，但有一个突出的问题，就是这种需要层次是绝对的高低还是相对的高低？马斯洛理论在逻辑上对此没有回答。事实上，高低的需要被满足，是一种相对的过程。我国管理学者从这一问题出发，对马斯洛的需求理论本身进行了讨论，认为人类需要实际上具有多样性、层次性、潜在性和可变性等特征。

需要的多样性，是指一个人在不同时期可有多种不同的需要，即使在同一时期，也可存在着好几种程度不同、作用不同的需要。需要的层次性，应是相对排列，而不是绝对由低到高排列的，需要的层次应该由其迫切性来决定。对于不同的人在不同时期，感受到最强烈的需要类型是不一样的。因此，有多少种类型的需要，就有多少种层次不同的需要结构。需要的潜在性，是决定需要是否迫切的原因之一。人的一生中可能存在多种需要，而且许多是以潜在的形式存在的。只是到了一定时刻，由于客观环境和主观条件发生了变化，人们才发现、才感觉到这些需要。

因此，只有在认识到了需要的类型及其特征的基础上，企业的领导者才能根据不同员工的不同需要进行相应的有效激励。马斯洛的需要层次论为企业激励员工提供了一个参照样本。

（二）赫兹伯格的双因素理论及其运用

1. 赫兹伯格的双因素理论

这种激励理论也叫“激励—保健理论”（Motivation – Hygiene Theory），是美国心理学家弗雷德里克·赫兹伯格于20世纪50年代后期提出的。这一理论的研究重点，是组织中个人与工作的关系问题。赫兹伯格试图证明，个人对工作的态度在很大程度上决定着任务的成功与失败。为此，他在匹兹堡地区的11个工商业机构中，向近2000名白领工作者进行了调查。在调查中，他用所设计的诸多有关个人与工作关系的问题，要求受访者在具体情景下详细描述他们认为工作中特别满意或特别不满意的方面。最后，通过对调查结果的综合分析，赫兹伯格发现，引起人们不满意的因素往往是一些工作的外在因素，大多与他们的工作条件和环境有关，能给人们带来满意的因素，通常都是工作内在的因素，是由工作本身所决定的。

由此，赫兹伯格提出，影响人们行为的因素主要有两类：保健因素和激励因素。保健因素是那些与人们的不满情绪有关的因素，如公司的政策、管理和监督、人际关系、工作条件等。保健因素处理不好，会引发对工作不满情绪的产生，处理得好，可以预防或消除这种不满。但这类因素并不能对员工起激励的作用，只能起到保持人的积极性、维持工作现状的作用。所以保健因素又称为“维持因素”。激励因素是指那些与人们的满意情绪有关的因素。与激励因素有关的工作处理得好，能够使人们产生满意情绪，如果处理不当，其不利效果顶多只是没有满意情绪，而不会导致不满。他认为，激励因素主要包括这些内容：工作表现机会和工作带来的愉快，工作上的成就感，由于良好的工作成绩而得到的奖励，对未来发展的期望，职务上的责任感。这两类因素与员工对工作的满意程度之间的关系如图11–3所示。

激励因素：	保健因素：
成就	监督、公司政策
承认	与监督者的关系
工作本身	工作条件、工资
责任	同事关系
晋升	个人生活
成长	地位、保障
	与下属的关系

图11–3　赫兹伯格的双因素理论

2. 赫兹伯格双因素理论在管理中的运用

赫兹伯格双因素激励理论的重要意义，在于它把传统的满意——不满意的观点进行了拆解，认为传统的观点中存在双重的连续体：满意的对立面是没有满意，而不是不满意；同样，不满意的对立面是没有不满意，而不是满意。这种理论对企业管理的基本启示是：要调动和维持员工的积极性，首先要注意保健因素，以防止不满情绪的产生。但更重要的是要利用激励因素去激发员工的工作热情，努力工作，创造奋发向上的局面，因为只有激励因素才会增加员工的工作满意感。

（三）奥德费的ERG理论及其在管理中的运用

美国耶鲁大学的克雷顿·奥德弗在马斯洛提出的需要层次理论的基础上，进行了更接近实际经验的研究，提出了一种新的人本主义需要理论。

奥德弗认为，人们共存在3种核心的需要，即生存（Existence）的需要、相互关系（Relatedness）的需要和成长发展（Growth）的需要，因而这一理论被称为“ERG”理论。

生存的需要与人们基本的物质生存需要有关，它包括马斯洛提出的生理和安全需要。相互关系的需要，即指人们对于保持重要的人际关系的要求。这种社会和地位的需要的满足是在与其他需要相互作用中达成的，它们与马斯洛的社会需要和自尊需要分类中的外在部分是相对应的。最后，奥尔德弗把成长发展的需要独立出来，它表示个人谋求发展的内在愿望，包括马斯洛的自尊需要分类中的内在部分和自我实现层次中所包含的特征。

除了用3种需要替代了5种需要以外，与马斯洛的需要层次理论不同的是，奥德弗的ERG理论还表明了：人在同一时间可能有不止一种需要起作用；如果较高层次需要的满足受到抑制的话，那么人们对较低层次的需要的渴望会变得更加强烈。

马斯洛的需要层次是一种刚性的阶梯式上升结构，即认为较低层次的需要必须在较高层次的需要满足之前得到充分的满足，二者具有不可逆性。而相反的是，“ERG”理论并不认为各类需要层次是刚性结构，比如说，即使一个人的生存和相互关系需要尚未得到完全满足，他仍然可以为成长发展的需要工作，而且这3种需要可以同时起作用。

此外，“ERG”理论还提出了一种叫作“受挫—回归”的思想。马斯洛认为当一个人的某一层次需要尚未得到满足时，他可能会停留在这一需要层次上，直到获得满足为止。相反地，“ERG”理论则认为，当一个人在某一更高等级的需要层次受挫时，那么作为替代，他的某一较低层次的需要可能会有所增加。例如，如果一个人社会交往需要得不到满足，可能会增强他对得到更多金钱或更好的工作条件的愿望。与马斯洛需要层次理论相类似的是，“ERG”理论认为较低层次的需要满足之后，会引发出对更高层次需要的愿望。不同于需要层次理论的是，“ERG”理论认为多种需要可以同时作为激励因素而起作用，并且当满足较高层次需要的企图受挫时，会导致人们向较低层次需要的回归。因此，管理措施应该随着人的需要结构的变化而作出相应的改变，并根据每个人不同的需要制定出相应的管理策略。

（四）大卫·麦克兰的成就需要论及其运用

成就需要论是由20世纪50年代由美国管理学家大卫·麦克兰提出的。该理论认为，在人的一生中，有些需要是靠后天获得的。换句话说，人们不是生来就有这些需要的，而是通过生活经验能够学习的。有三种需要的研究最多，它们是：①成就的需要，指渴望完成困难的事情、获得某种高的成功标准、掌握复杂的工作以及超过别人；②依附的需要，指渴望结成紧密的个人关系、回避冲突以及建立亲切的友谊；③权力的需要，指渴望影响或控制他人、为他人负责以及拥有高于他人的职权的权威。

麦克兰指出，有着强烈成就感需要的人，是那些倾向于成为企业家的人。他们喜欢比竞争者把事情做得更好，并且敢冒商业风险。另外，有着强烈依附感需要的人，是成功的“整合者”。他们的工作是协调组织中几个部门的工作。整合者包括品牌管理人员和项目管理人员，他们必须具有过人的人际关系技能，能够与他人建立积极的工作关系。不过，麦克兰指出，这种需要一直未能引起研究人员的足够重视。高归属需要者喜欢合作而不是竞争的环境，希望彼此间的沟通和理解。而有着强烈权力需要的人，则经常有较多的机会晋升到组织的高级管理层。例如，麦克兰对美国电报电话公司（AT&T）的管理跟踪研究了 16 年，结果发现，那些有着强烈的权力需要的人，更有可能随着时间的推移而逐步晋升。在这家公司，高层管理中有一半以上的人，对权力有强烈的需要。相比之下，有强烈的成就需要但没有强烈的权力需要的人，容易登上他们职业生涯的顶峰，只不过职位的组织层次较低。原因在于，成就的需要可以通过任务本身得到满足，而权力的需要只能通过上升到某种具有高于他人的权力层次才能得到满足。

总的来说，激励的内容理论突出了人们根本上的心理需要，并认为正是这些需要，激励着人们采取行动。需要层次论、双因素理论、ERG 理论和成就需要论，都有助于管理人员理解是什么在激励着员工。所以，管理人员可以设计工作去满足员工的需要，并付诸适当的工作行为。

三、过程型激励理论

过程型激励理论是在内容型激励理论的基础上发展起来的。这类理论从人的动机产生到行为反应这一过程出发，研究有哪些因素对人的动机与行为发生作用，掌握对人的行为起决定作用的关键因素，从而达到预测和控制人的行为的目的。过程型激励理论有三种基本类型：公平理论、期望理论和强化理论。

（一）公平理论及其运用

公平理论是美国心理学家亚当斯在 1965 年首先提出来的，也称为社会比较理论。这种理论的基础在于，员工不是在真空中工作的，他们总是在进行比较，比较的结果对于他们在工作中的努力程度有影响。

大量事实表明，员工经常将自己的付出和所得与他人进行比较，而由此产生的不公平感将影响到他们以后付出的努力。这种理论主要讨论报酬的公平性对人们工作积极性的影响。它指出，人们将通过横向和纵向两个方面的比较来判断其所获报酬的公平性。

员工选择的与自己进行比较的参照类型有 3 种，分别是“其他人”“制度”和“自我”。“其他人”包括在本组织中从事相似工作的其他人以及别的组织中与自己能力相当的同类人，包括朋友、同事、学生甚至自己的配偶等。“制度”是指组织中的工资政策与程序以及这种制度的运作。“自我”是指自己在工作中付出与所得的比率。

对某项工作的付出（Inputs），包括教青、经验、努力水平和能力。通过工作获得的所得或报酬（Outcomes），包括工资、表彰、信念和升职等。亚当斯提出“贡献率”的公式，描述员工在横向和纵向两方面对所获报酬的比较以及对工作态度的影响。

$$\frac{O_P}{I_P} = \frac{O_X}{I_X}$$

在上式中，O_P：自己对所获报酬的感觉，O_X：自己对他人所获报酬的感觉，I_P：自己对付出的感觉，I_X：自己对他人的付出的感觉。

所谓横向比较，就是将“自我”与“他人”相比较来判断自己所获报酬的公平性，从而对此作出相对应的反应。

如果这个等式成立，那么进行比较的员工觉得报酬是公平的，他可能会为此而保持工作的积极性和努力程度。如果该等式不成立，就有两种情况发生。一是 $O_P/I_P > O_X/I_X$，则说明此员工得到了过高的报酬或付出的努力较少。在这种情况下，一般来说，他不会要求减少报酬，而是有一种窃喜心理，可能会自觉地增加自我的付出。但过一段时间他就会因过高估计自己的付出而对高报酬心安理得，于是其产出又会回到原先的水平。如果 $O_P/I_P < O_X/I_X$ 则说明员工对组织的激励措施感到不公平。此时他可能会要求增加报酬，或者自动地减少付出以便达到心理上的平衡，也可能焦虑、破坏、懈怠、离职。

除了进行横向比较，还存在着在纵向上把自己目前的与过去的进行比较。结果仍然有3种情况。如以 O_{PP}代表自己目前所获报酬，O_{PL}代表自己过去所获报酬，I_{PP}代表目前的投入量，I_{PL}代表自己过去的投入量，则：

（1）$O_{PP}/I_{PP} = O_{PL}/I_{PL}$，此时员工认为激励措施基本公平，积极性和努力程度可能会保持不变。

（2）$O_{pp}/I_{pp} > O_{PL}/I_{PL}$，一般来讲他不会觉得所获报酬过高，因为他可能会认为自己的能力和经验有了进一步的提高，其工作积极性不会因此而提高多少。

（3）$O_{PP}/I_{PL} < O_{PL}/I_{PL}$，此时会觉得很不公平，工作积极性会下降，除非管理者给他增加报酬。

上述分析表明，公平理论认为组织中员工不仅关心从自己的工作努力中所得的绝对报酬，而且还关心自己的报酬与他人报酬之间的关系。他们对自己的付出与所得和别人的付出与所得之间的关系进行比较，作出判断。如果发现这种比率和其他人相比不平衡，就会感到紧张，这样的心理是进一步驱使员工追求公平和平等的动机基础。

公平感是一种主观心理感受，一种直接心理体验。制约公平感的因素主要有两个方面：分配政策是否公平及执行过程是否公开，即客观是否公平；当事人的公平标准，即主观感受是否公平。

公平理论对企业管理的启示是非常重要的，它告诉管理人员，工作任务以及公司的管理制度都有可能产生某种关于公平性的影响作用。而这种作用对仅仅起维持组织稳定性的管理人员来说，是不容易觉察到的。员工对工资提出增加的要求，说明组织对他至少还有一定的吸引力，但当员工的离职率普遍上升时，说明企业组织已经对员工产生了强烈的不公平感，这需要引起管理人员高度重视，因为它意味着除了组织的激励措施不当以外，更重要的是，企业的现行管理制度有缺陷。如美国航空公司一度大面积出现员工的离职和旷工，公司对此百思不得其解。在激励方面，公司为突出员工对航空公司的贡献率，贯彻了一种旨在降低工资率的显性双轨制度，主要表现在拉开新老员工的工资差距。

但对员工的抱怨进行分析后，公司高级管理层发现，原来是这种显性的双轨制工资制度让员工普遍感到恼火，认为这是工资待遇不公平的制度形式。在同一工作岗位上的新老员工，工资差距很大，新员工难以忍受他们的低工资成为公开制度化的管理内容。结果是在公司内部，各个职能和团队的工作都面临巨大的协调困难。员工之间抵触情绪明显，消极怠工严重。找到这一原因后，公司果断取消了这种显性工资差距，结果，员工的抵触行为趋于缓和，离职率明显降低。

公平理论的不足之处，在于员工本身对公平的判断是极其主观的。这种行为对管理者施加了比较大的压力。因为人们总是倾向于过高估计自我的付出，而过低估计自己所得到的报酬，而对他人的估计则刚好相反。因此管理者在应用该理论时，应当注意实际工作绩效与报酬之间的合理性，并注意留心对组织的知识吸收和积累有特别贡献的个别员工的心理平衡。

（二）期望理论及其在管理中的运用

相比较而言，对激励问题进行比较全面研究的，是激励过程的期望理论。这一理论主要由美国心理学家 V. 弗鲁姆（Victor Vroom）在 20 世纪 60 年代中期提出并形成。期望理论认为，只有当人们预期到某一行为能给个人带来有吸引力的结果时，个人才会采取特定的行动。它对于组织通常出现的这样一种情况给予了解释，即面对同一种需要以及满足同一种需要的活动，为什么不同的组织成员会有不同的反应：有的人情绪高昂，而另一些人却无动于衷呢？有效的激励取决于个体对完成工作任务以及接受预期奖赏的能力的期望。

根据这一理论的研究，员工对待工作的态度依赖于对下列 3 种联系的判断：

（1）努力——绩效的联系。员工感觉到通过一定程度的努力而达到工作绩效的可能性。如需要付出多大努力才能达到某一绩效水平？我是否真能达到这一绩效水平？概率有多大？

（2）绩效——奖赏的联系。员工对于达到一定工作绩效后即可获得理想的奖赏结果的信任程度。如当我达到这一绩效水平后，会得到什么奖赏？

（3）奖赏——个人目标的联系。如果工作完成，员工所获得的潜在结果或奖赏对他的重要性程度。如这一奖赏能否满足个人的目标？吸引力有多大？

在这三种关系的基础上，员工在工作中的积极性或努力程度（激励力）是效价和期望值的乘积，即：

$M = V \times E$

式中，M 表示激励力；V 表示效价；E 表示期望值。

如第一节所述，所谓期望值是指人们对自己能够顺利完成某项工作可能性的估计，即对工作目标能够实现概率的估计；效价，是指一个人对这项工作及其结果（可实现的目标）能够给自己带来满足程度的评价，即对工作目标有用性（价值）的评价。

效价和期望值的不同结合，会产生不同的激发力量，一般存在以下几种情况：

E 高 × V 高 = M 高

E 中 × V 中 = M 中

E 低 × V 低 = M 低

E 高 × V 低 = M 低

E 低 × V 高 = M 低

这表明，组织管理要收到预期的激励效果，要以激励手段的效价（能给激励对象带来的满足）和激励对象获得这种满足的期望值都足够高为前提。只要效价和期望值中有一项的值较低，都难以使激励对象在工作岗位上表现出足够的积极性。

期望理论的基础是自我利益，它认为每一员工都在寻求获得最大的自我满足。期望理论的核心是双向期望，管理者期望员工的行为，员工期望管理者的奖赏。期望理论的假说是管理者知道什么对员工最有吸引力。期望理论的员工判断依据是员工个人的知觉，而与实际情况关系不大。不管实际情况如何，只要员工以自己的知觉确认自己经过努力工作就能达到所要求的绩效，达到绩效后就能得到具有吸引力的奖赏，他就会努力工作。

因此，期望理论的关键是，正确识别个人目标和判断 3 种联系，即努力与绩效的联系、绩效与奖励的联系、奖励与个人目标的联系。

激励过程的期望理论对管理者的启示是，管理人员的责任是帮助员工满足需要，同时实现组织目标。管理者必须尽力发现员工在技能和能力方面与工作需求之间的对称性。为了提高激励，管理者可以明确员工个体的需要，界定组织提供的结果，并确保每个员工有能力和条件（时间和设备）得到这些结果。企业管理实践中不时有公司在组织内部设置提高员工积极性的激励性条款或措施。如为员工提供担任多种任务角色的机会，激发他们完成工作和提高所得的主观能动性。通常，要达到使工作的分配出现所希望的激励效果，根据期望理论，应使工作的能力要求略高于执行者的实际能力，即执行者的实际能力略低于（既不太低、又不太高）工作的要求。

（三）目标设置理论——爱德温·洛克

爱德温·洛克他于1967 年最先提出“目标设定理论”（Goal Setting Theory）。基本观点：目标本身就具有激励作用，目标能把人的需要转变为动机，使人们的行为朝着一定的方向努力，并将自己的行为结果与既定的目标相对照，及时进行调整和修正，从而实现目标。洛克和莱瑟姆设计了一种个体目标设置与绩效的复杂模型，如图 11 - 4 所示。

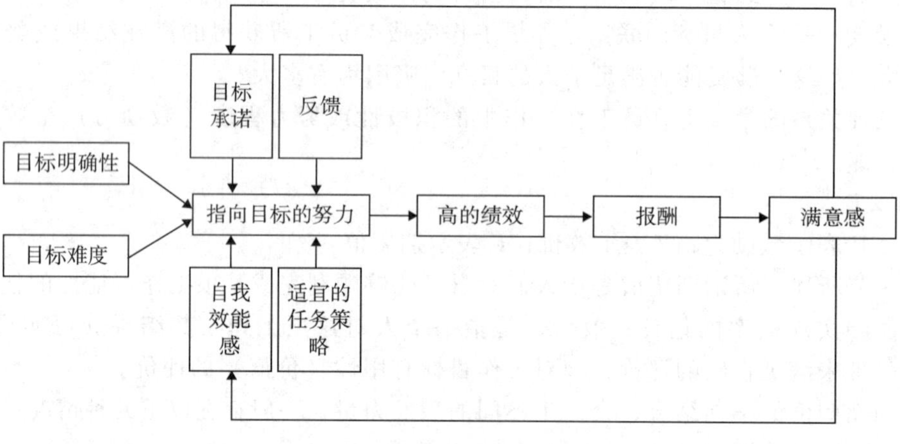

图 11 - 4　洛克循环模型

目标设置的必要条件主要有两个：①目标明确性。目标内容如果是模糊的，如仅告诉被试“请你做这件事”；目标如果是明确的，如“请在 10 分钟内做完这 25 题”。显然明确而具有挑战性的目标比模糊或总体性的目标人们更容易理解，能导致更高的绩效水平。职工必须觉察目标和知道用什么行动去达到目标；②职工必须接受目标，即他愿意用必要的行动去完成目标。

在目标与绩效之间还存在包括能力、目标承诺、反馈、任务复杂性、满意度等方面的调节因素，影响目标的达成。

（1）能力。能力制约着个体对挑战进行反应的能力。目标难度与绩效之间呈非线性相关。也就是说，当一个人的能力接近极限时，他的绩效水平却比较稳定。在能力范围内，目标难度越大，绩效水平越高；超越能力的目标，绩效会下降。

（2）目标承诺。是指个体要达到目标的决心，是个体被目标所吸引，认为目标重要，持之以恒地为达到目标而努力的程度。研究发现当人们认为目标能够达到而且达到目标又有很重要的意义时，对目标的承诺就加强了，进而能增强自我效能感。

（3）反馈。反馈是向员工或其他人提供有关员工的产出或绩效水平的信息。由于反馈的作用，个体就能够把它实际得到的奖赏与根据事实成绩所期望得到的奖赏联系起来。这种对比会影响到目标承诺水平的变化。例如，成功能让员工倾向于选择富有挑战性的工作任务。

（4）自我效能感。指人们对自己能否有效地实现特定行为目标的自我认知，以个体对能力、经验、过去的绩效、与任务目标相关的信息等多种资源的感知作为评估基础。当对某个任务的自我效能感强的时候，对这个目标的承诺就会提高。当目标太难时，个体很难达到目标，这时他的自我评价可能就比较低。而一再失败就会削弱一个人的自我效能感。

（5）任务复杂性。当任务越容易时，越易取得成功，个体就会经常体验到伴随成功而来的满意感，积极性就高。对于更多的复杂任务来说，努力不会直接产生明显的结果，取得成功的可能性就要小，只有采用适宜的任务策略，找到面对复杂问题的解决方法，才能提高工作的积极性。

（6）满意感。当个体经过种种努力终于达到目标后，如果能得到他所需要的报酬和奖赏，就会感到满意；如果没有得到预料中的奖赏，个体就会感到不满意。同时，满意感还受到另一个因素的影响，就是个体对他所得报酬是否公平的理解。如果说，通过与同事相比、与朋友相比、与自己的过去相比、与自己的投入相比，他感到所得的报酬是公平的，就会感到满意。反之，则会不满意。

（四）波特和劳勒的综合激励模式

1. 波特和劳勒综合机理模型图

这是美国行为科学家爱德华·劳勒和莱曼·波特提出的一种激励理论。研究激励、满意感和绩效三者之间的关系，是期望值理论和公平理论的综合应用。模型如图 11－5 所示：

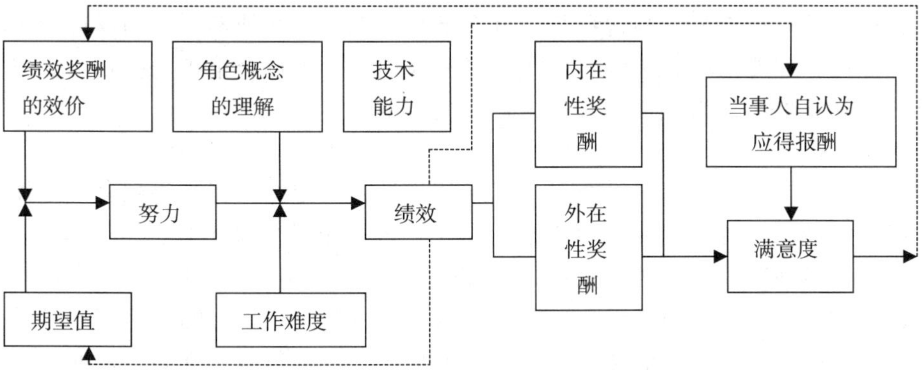

图 11－5　波特——劳勒综合激励模型

2. 综合激励模型的特点

（1）“激励”导致一个人是否努力及其努力的程度。

（2）工作的实际绩效取决于能力的大小、努力程度以及对所需完成任务理解的深度，具体地讲，“角色概念”就是一个人对自己扮演的角色认识是否明确，是否将自己的努力指向正确的方向，抓住了自己的主要职责或任务。

（3）奖励要以绩效为前提，不是先有奖励后有绩效，而是必须先完成组织任务才能导致精神的、物质的奖励。当职工看到他们的奖励与成绩关联性很差时，奖励将不能成为提高绩效的刺激物。

（4）奖惩措施是否会产生满意，取决于被激励者认为获得的报偿是否公正。如果他认为符合公平原则，当然会感到满意，否则就会感到不满。众所周知的事实是，满意将导致进一步的努力。

（5）一个人在作出了成绩后，得到两类报酬。一种是外在报酬，包括工资、地位、提升、安全感等。另一种报酬是内在报酬，即一个人由于工作成绩良好而给予自己的报酬，如感到对社会作出了贡献，对自我存在意义及能力的肯定等。是不是“内在报酬”与“外在报酬”就可以决定是否“满足”呢？答案是否定的。我们注意到，在其间必然要经过“所理解的公正报酬”来调节。也就是说，一个人要把自己所得到的报酬同自己认为应该得到的报酬相比较。如果他认为相符合，他就会感到满足，并激励他以后更好地努力。如果他认为自己得到的报酬低于“所理解的公正报酬”，那么，即使事实上他得到的报酬量并不少，他也会感到不满足，甚至失落，从而影响他以后的努力。

波特——劳勒期望激励理论在 20 世纪 60 至 70 年代是非常有影响的激励理论，在今天看来仍有相当的现实意义。它告诉我们，不要以为设置了激励目标、采取了激励手段，就一定能获得所需的行动和努力，并使员工满意。要形成激励→努力→绩效→奖励→满足并从满足回馈努力这样的良性循环，取决于奖励内容、奖惩制度、组织分工、目标导向行动的设置、管理水平、考核的公正性、领导作风及个人心理期望着多种综合性因素。

四、行为改造型激励理论

（一）强化理论

强化理论是由美国心理学家斯金纳首先提出的。该理论认为人的行为是其所受刺激的函数。如果这种刺激对他有利，则这种行为就会重复出现，若对他不利，则这种行为就会减弱直至消失。因此管理要采取各种强化方式，以使人们的行为符合组织的主目标。根据强化的性质和目的，强化可以分为正强化和负强化两大类型。

1. 正强化

所谓正强化，就是奖励那些符合组织目标的行为，以使这些行为得到进一步加强，从而有利于组织目标清白实现。正强化的刺激物不仅包含奖金等物质奖励，还包含表扬、提升、改善工作关系等精神奖励。为了使强化达到预期的效果，还必须注意实施不同的强化方式。有的正强化是连续的、固定的正强化，譬如对每一次符合组织目标的行为都给予强化，或每隔一固定的时间给予一定数量的强化。尽管这种强化有及时刺激、立竿见影的效果，但久而久之，人们就会对这种正强化有越来越高的期望，或者认为这种正强化是理所应当的。管理者要么不断加强这种正强化，否则其作用会减弱甚至不再起到刺激行为的作用。另一种正强化的方式是间断的、时间和数量都不固定的正强化，管理者根据组织的需要和个人行为在工作中的反映，不定期、不定量实施强化，使每次强化都能起到较大的效果。实践证明，后一种正强化更有利于组织目标的实现。

2. 负强化

所谓负强化，就是惩罚那些不符合组织目标的行为，以使这些行为削弱甚至消失，从而保证组织目标的实现不受干扰。实际上，不进行正强化也是一种负强化，譬如，过去对某种行为进行正强化，现在组织不再需要这种行为，但基于这种行为并不妨碍组织目标的实现，这时就可以取消正强化，使行为减少或者不再重复出现。同样，负强化也包含着减少奖酬或罚款、批评、降级、消退等。实施负强化的方式与正强化有所差异，应以连续负强化为主，即对每一次不符合组织的行为都应及时予以负强化，消除人们的侥幸心理，减少直至消除这种行为重复出现的可能性。

总之，强调行为是其结果的函数，通过适当运用即时的奖惩手段，集中改变或修正员工的工作行为。强化理论的不足之处，在于它忽视了诸如目标、期望、需要等个体要素，而仅仅注重当人们采取某种行动时会带来什么样的后果，但强化并不是员工工作积极性存在差异的唯一解释。

资料链接 11-2　　海尔正负激励法

海尔的激励通过满足员工的需求来达到。员工为企业拼命，企业就得主动考虑员工的需要，甚至个人的特殊需要。张瑞敏常提到的人之四大特性：具有个体差异、生理与情趣完整、需要即时激励、追求个人价值的实现。

从研究和满足人的需要来调动员工的积极性，是海尔文化的一大特色。海尔考虑得很细，认为研究人们的需求，目的就是在完成组织目标的前提下，尽可能满足个人需求。只有这样，才能调动员工积极性，这是因为组织把人们的利益联系在一起了，离开组织就无法满足个人的需求。

海尔允许员工竞争领导岗位，甚至在员工这一层面海尔也制定了“三工并存，动态转换”等奖罚措施，既通过设置切实可行的目标给人以期望，又通过制度办法刺激动机，如成为“优秀员工”的升级，算是正刺激，而成为“不合格员工”的降级使用就算是负刺激。通过这样反复不断地刺激，促使每个人认同新的更高的目标。张瑞敏说：“我们靠的是建立一个让每个人在实现集体大目标的过程中充分实现个人价值的机制。这种机制使每位员工都能够找到一个发挥自己才能的位置。我们创造的是这样一种文化氛围，你干好了，就会得到正激励与尊重；同样，干得不好，会受到负激励。”他解释说，为什么不叫惩罚而叫负激励，其目的在于教育你不再犯同样的错误，而不仅仅是简单地让你付出点代价。

好的公司内部存在一种表扬文化，海尔也不例外。《海尔企业文化手册》中明确规定了海尔的奖励制度：

海尔奖：用于奖励本集团内各个岗位上的员工对企业所作的突出贡献；

海尔希望奖：用于奖励企业员工的小发明、小改革及合理化建议；

命名工具：凡本集团内员工发明、改革的工具，如果明显地提高了劳动生产率，可由所在工厂逐级上报厂职代会研究通过，以发明者或改革者的名字命名，公开表彰宣传。这些奖项无疑是一种激励的源泉。

资料来源：正负激励法——海尔集团，创业网。

资料链接 11 –3

理解练习。从 A. 正强化、B. 负强化、C. 惩罚、D. 消退之间选答案：

1. 告诉自己，只要期末数学考 80 分以上，就奖励自己好吃的。运用的是（正强化）。

A. 通过呈现愉快的刺激来促进好好学习，正强化行为。

2. 父亲告诉自己，只要每天背会 5 个单词，可以不做家务。运用的是（负强化）。

B. 做家务对小安来说是厌恶刺激，通过撤销做家务这个厌恶刺激，来激励他好好学习。

3. 当学生违反校规校纪时，我们会给他一个处分，经过一段时间教育，发现该生表现越来越好，为了巩固其良好行为，撤销了处分，这种做法在心理学上叫（负强化）。

B. 处分是厌恶刺激，通过撤销处分来巩固良好行为。

4. 古时对"戴罪立功"的犯人一般会"从轻发落"是（负强化）。

B. 判刑是厌恶刺激，从轻发落意味着减轻刑罚，通过撤销厌恶刺激来增强立功的行为。

5. 小明经常上课玩 ipad，王老师发现立刻打电话告诉其辅导员，王老师的这种行为属于（惩罚）。

C. 被告诉辅导员对小明来说是一种厌恶刺激，王老师呈现这种厌恶刺激，来降低小明玩 ipad 行为的发生频率。

6. 小李哭着闹着要买电脑，父母不予理睬，父母运用的是（消退）。

D. 父母的不予理睬是通过无任何强化物的方式来降低哭着闹着要电脑行为的发生频率。

（二）归因理论

所谓归因，就是指观察者为了预测和评价人们的行为并对环境和行为加以控制而对他人或自己的行为过程所进行的因果解释和推论。人们行为的原因提出包括内部原因和外部原因两种。内部原因是指个体自身所具有的、导致其行为表现的品质和特征，包括个体的人格、情绪、心境、动机、欲求、能力、努力等。外部是指个体自身以外的、导致其行为表现的条件和影响，包括环境条件、情境特征、他人的影响等。

1967 年，美国社会心理学家凯利发表《社会心理学的归因理论》，继相应推断理论之后提出三维归因理论，也称炻度理论。凯利将人们对行为归因总结为三个方面的因素：①客观刺激物；②行动者；③所处关系或情境。其中，行动者的因素是属于内部归因，客观刺激物和所处的关系或情境属于外部归因。

归因理论提出了人们在对他人的行为进行判断和解释过程中所遵循的一些规律，管理者要认识到员工是根据他们对事物的主观知觉而不仅仅是客观现实作出反应的。员工对于薪水、上级的评价、工作满意度、自己在组织中的位置和成就等方面的知觉与归因正确与否，对于其潜力的发挥和组织的良好运作是有重要影响的；同时，管理者在对员工的行为进行判断和解释时也应该尽量避免归因中的偏见和误差。

维纳则提出了成功与失败的归因模型，他把人们成功与失败的主要原因归为 4 个方面的因素：努力、能力、任务难度和机遇。这4个因素可以按外因、稳定性和控制性三个维度来划分。从内外因来看，努力和能力属于内部因素，而任务难度和机遇属于外部因素；从稳定性来看，能力和任务难度属于稳定因素，努力和机遇属于不稳定因素，任务难度和机遇则不以人的意志为转移。维纳的研究表明：人们把成功和失败归于何种因素，会影响人们以后工作的积极性。维纳的研究指出：把成功归结为内因，会使人感到满意和自豪；把成功归结为外因，会使人产生惊奇和感激之情；把失败归结为内因，会使人产生内疚和无助感；把失败归结为外因，会使人产生气愤和敌意；把成功归结为稳定因素，会提高以后的工作积极性；把成功归结为不稳定因素，以后的工作积极性可能提高也可能降低；把失败归结为稳定因素，会降低以后的工作积极性；把失败归结为不稳定性因素，可能提高以后的工作积极性。可控性因素和不可控性因素对成功与失败的影响，以及人们对这些影响的反应，同内外因因素相同。

（三）挫折理论

挫折理论是由美国的亚当斯提出的，挫折是指人类个体在从事有目的的活动过程中，指向目标的行为受到障碍或干扰，致使其动机不能实现，需要无法满足时所产生的情绪状态。挫折具有双重性质。在积极方面，它引导个人的认识产生创造性的变迁，锻炼人的意志；在消极方面，使人失望、痛苦、沮丧，甚至是意志消沉而产生行为偏差。挫折可以导致不同的行为反应，既可以是理性行为，如逃避、转移替代、降低要求、找借口以自我安慰等；也可能是非理性行为，如采取威胁、敌视、暴力、冷漠等行为加以发泄等。为此，在管理工作中，一方面应尽量消除引起职工挫折的环境，尽量不让员工有受挫感；另一方面，当员工受到挫折时，应最大限度的减少挫折所引起的不良影响，提高职工对挫折的容忍力。

第二节 激励原则和方法

一、激励原则

管理者怎样对员工进行激励是一门科学，其理论基础是马斯洛的需求层次理论。一般而言，正确的激励应遵循以下原则：

（一）目标结合原则

目标是组织及其成员一切活动的总方向。在激励机制中，设置适当的目标是一个关键环节。目标设置必须体现组织目标的要求，否则激励将偏离实现组织目标的方向。

（二）物质激励和精神激励相结合原则

员工存在着物质需求和精神需求，相应的激励方式也应该遵守物质激励与精神激励相结合原则。物质激励在人们生活达到富裕水平之前作用明显。如果能将物质激励与员工工作业绩相结合，激励作用将会持续相当长一段时期。

（三）内在性激励与外在性激励相结合

内在性激励是与工作本身有关的，包括工作本身的内在性价值和完成工作给员工带来的内在激励作用。外在性激励取决于员工对各种外在报酬的追求。要提高外在性激励水平，必须了解员工所追求的外在性报酬的种类及重视程度。

（四）长期激励与短期激励相结合

按激励时间效用不同来划分，可将激励举措分为长期激励与短期激励。短期激励可起到直接的激励作用，缺点在于使员工更注重短期利益而忽视组织的长远利益。

（五）个体激励与群体激励相结合的原则

在组织中，个体行为要受到其所在群体的影响，群体对其成员具有多方面的功能，随着网络技术、全球化、组织变革的兴起，工作更多的是以工作团队、项目组的形式开展，更需要注重个体激励与群体激励相结合。

（六）正面激励与负面激励相结合原则

正面激励是对员工的符合组织目标的行为进行奖励，负面激励是对员工违背组织目标的行为进行约束和惩罚，没有正面激励难以引发个体行为的内在动力；没有负面激励的作用，难以保证个体的努力程度和努力方向。管理者需要根据不同的情况分别设计不同的激励方式。

（七）民主公正原则

在运用种种激励方式时，管理者应注重在组织中营造公平感。组织中公平合理的环境能够更好的激励员工。

二、激励方法

进入20世纪90年代以来，西方企业在多种激励理论的基础上，提出了一些形式新颖的激励计划，竭力改善企业员工的满意度和绩效，值得参考。这些计划主要包括绩效工资、分红、员工持股、总奖金、知识工资和灵活的工作日程等。

（一）绩效工资

企业突出绩效工资意味着员工是根据他的绩效贡献而得到奖励的，因此这种工资一般又称为奖励工资。它实际上是激励的期望理论和强化理论的逻辑结果，因为增加工资是和工作行为挂钩的。通用汽车公司就曾大力推行这种激励计划。公司管理层在取消员工的年度生活补贴后，建立了一种绩效工资制度，以此刺激员工的工作热情。公司管理层分别对员工人数的上限10%、上中部25%、中部55%和下限10%强化工资差别。

（二）分红

分红是员工和管理人员在特定的单位中，当单位绩效打破预先确定的绩效目标时，接受奖金的一项激励计划。这些绩效目标可以是细化了的劳动生产率、成本、质量、顾客服务或者利润。和绩效工资不同的是，分红鼓励协调和团队工作，因为全体员工都对经营单位的利益在作贡献。绝大多数公司都采用了某种精确的指定绩效目标和奖金的核算方法。

（三）员工持股计划

员工持股计划（Employee Stock Ownership Plans，ESOPs）给予员工部分企业的股权，允许他们分享改进的利润绩效。相对而言，员工持股计划在小企业的管理中比较流行，但也有像宝洁公司（P&G）这样的大企业在采用这种激励计划。员工持股计划实际上是公司以放弃股权的代价来提高生产率水平。绝大多数企业主管发现这种激励形式的效果很不错。员工持股计划使得员工们更加努力工作，因为他们是所有者，要分担企业的盈亏。但要使这种激励计划有效进行，管理人员必须向员工提供全面的公司财务资料，赋予他们参加主要决策的权力，以及给予他们包括选举董事会成员在内的投票权。

（四）感情激励

感情激励就是加强与组织中个体的感情沟通，尊重人，关心人，与组织中的个体建立平等和亲切的关系，让员工体会到关心和温暖，从而激发出主人翁责任感和敬业精神。

（五）榜样激励

榜样激励是通过满足组织中个体的模仿和学习的需要，把个体行为引导到组织目标所期望的方向上来。

（六）知识工资

知识工资是指一个员工的工资随着他能够完成的任务的数量增加而增加。知识工资增加了公司的灵活性和效率，因为公司需要的做工作的人会越来越少。但要贯彻这项计划，公司必须有一套高度发达的员工评估程序，必须明确工作岗位，这样工资才可能随着新工作的增加而增加。

（七）灵活的工作日程

灵活的工作日程主要指取消对员工固定的5日上班每日工作8小时工作制的限制。修改的内容包括4日工作制、灵活的时间以及轮流工作。执行4日工作日就是工作4天，每天10小时，而不是5日工作制中的每天从上午8点到下午5点的8小时。这一激励目的，是满足员工想得到更多闲暇时间的需要。灵活的时间就是让员工自己选择工作日程，轮流工作是让两个或两个以上的人共同从事某一项40小时工作周的工作。这一激励计划意味着公司同意使用兼职员工，这很大程度是为了满足带小孩的母亲的需要，同时又消除了员工因长期从事某种工作而导致的枯燥和单调。

第三节　管理沟通

一、沟通的基本概念

（一）沟通的定义

“沟通”一词来源于拉丁语，原意是“分享”。沟通是人与人之间、人与群体之间思想与感情的传递和反馈的过程，以求思想达成一致和感情的通畅。在管理学中，沟通是将某一信息传递给客体，以期取得客体作出相应反映的过程。

信息交流是沟通的最基本的目的。实际上，所有其他的目的都是这一目的的特殊表现，所有的沟通都是某种信息交流的过程。

（二）沟通特点

与机器间进行沟通相比，人际间的信息沟通具有以下特点：

（1）人际沟通主要是通过语言进行的，同时还辅之以姿态、手势等非语言的形式进行。

（2）人际沟通的内容不仅限于纯粹的情报、消息的传递，还包括思想、感情、观点的交流。

（3）由于每个人的知识、经历、价值观不同，人际沟通通常会因为受到人与人之间复杂心理的影响，心理因素起重要作用。

二、沟通的作用

英国作家萧伯纳说：假如你有一个苹果，我有一个苹果，彼此交换，则各人手里还是一个苹果。假如你有一种思想，我有一种思想，彼此交换以后，那么我们双方都拥有两种思想。因此，人与人之间沟通的作用是显而易见的。良好的沟通可促使有关的想法、意见、消息等得到交流、交换和共享，从而达成双方相互的了解与信任。总的来说，沟通的作用有：

1. 沟通可协调各成员、各要素，使组织成为一个有机整体的凝聚剂

每个企业都由数人、数十人、甚至成千上万人组成，企业每天的活动也由许许多多的具体的工作所构成，由于各个体的地位、利益和能力的不同，他们对企业目标的理解、所掌握的信息也不同，这就使得各个体的目标有可能偏离企业的总体目标，甚至完全背道而驰，如何保证上下一心，不折不扣地完成企业的总目标呢？这就需要互相交流意见，统一思想认识，自觉地协调各个体的工作活动，以保证组织目标的实现。

2. 沟通是领导者激励下属，实现领导职能的基本途径

一个领导者不管他有多么高超的领导艺术水平，有多么灵验的管理方法，他都必须将自己的意图和想法告诉下属，并且了解下属的想法。领导环境理论认为，领导者就是了解下属的愿望并为此而采取行动，为满足这些愿望而拟订与实施各种方案的人，而下属就是从领导者身上看到了一种达到自己愿望或目的的人。而这些“目的”的“看到”或“了解”都需要沟通这个基本工具和途径。

3. 沟通是企业与外部环境建立联系的桥梁

企业必然要和顾客、政府、公众和竞争者等发生各种各样的关系，它必须按照顾客的要求调整产品结构，遵守政府的法规法令，担负自己应尽的社会责任，获得适用且廉价的原材料，并且在激烈的竞争中取得一席之地，这使得企业不得不和外部环境进行有效的沟通。而且，由于外部环境永远处于变化之中，企业为了生存就必须适应这种变化，这就要求企业不断地与外界保持持久的沟通，以便把握住成功的机会，避免失败的可能。此外，沟通还可以使组织成员认清形势、使管理者决策更加合理、有效、有利于稳定员工的思想情绪，统一组织行动等。

三、沟通的过程

沟通过程是指信息的发送者与接受者之间传递信息的过程，如图 11－6 所示，沟通过程主要涉及下列 8 种要素：发送者、信息、编码、渠道、接收者、解码、反馈、干扰。

（1）信息发送者。信息发送者是沟通的主体，它是信息的来源，又称为信息源。信息发送者发出信息是因为由于某种原因希望接受者了解某些事，因此，自己首先需要明确要进行沟通的信息内容。

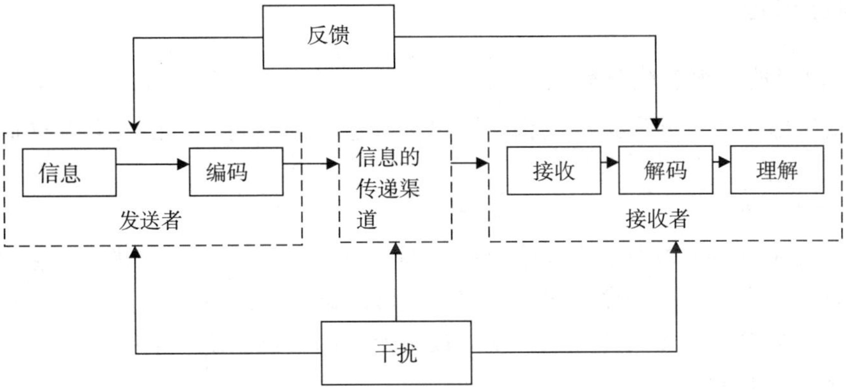

图 11－6 沟通过程

（2）信息。是指经过编码，进入沟通渠道的有用信息，信息往往受到编码的选择与处理程序的影响，因此也可能受到扭曲。这里所说的信息包括很广，诸如想法、观点、资料等。

（3）编码。即将信息内容表达为某种或某些特定的符号，如语言、文字、手势等。要发送的信息只有经过编码，才能得以传递。信息发送者将要传递的信息转变成可以发送的形式或信息接受者可以理解的形式，如书信、密码等到，这个过程就是编码。

（4）渠道。它是信息的载体，传送信息的中介。信息发送者选择一定的传递渠道，如电话、网络、中间人等。由于选择的符号种类不同，传递的方式也不同。传递的方式可以是书面的（信、备忘录等），也可以是口头的（交谈、演讲、电话等），甚至还可以通过身体动作来进行（手势、面部表情、姿态等）。一般常用的信息渠道有口头与书面两种。

（5）解码。信息接受者在接受信息前，必须将编码的信息解译到使接受者能够了解的程度，此过程即为解码。解码错误，信息就会被误解。由于发送者翻译和传递能力的差异，以及接受者接受和翻译水平的不同，信息的内容经常被曲解。

（6）接收者。信息到达的客体，是指接收信息的人即信息接收者。

（7）反馈。接受者把所收到的或所理解的信息再返送到发送者那里，供发送者核查并在必要时作出订正。反馈是检验信息传送的程度，由反馈可以决定信息是否已经完全为接受者所了解。简言之，反馈就是信息接受者将收到的信息处理后，又传送给信息发送者。

（8）干扰。在沟通的整个过程中，都会受到噪音的影响。一般来说，在沟通过程中存在着许多干扰和扭曲信息传递的因素，通常将这些因素称为噪音。沟通的任一要素出现的干扰现象都会影响信息的传递效果。噪音使得沟通的效率大为降低。

在沟通的 8 个要素中，信息的发送者、接受者和信息最重要，我们称之为沟通的三要素。

沟通过程的每一要素都很重要，只要有一个要素出现问题，沟通信息的效果就达不到。现实中常常会因沟通要素的质量不高、沟通工具的运用不当、沟通方式的选择不当、沟通渠道和网络的状况不良而影响沟通的效果。

四、沟通渠道

（一）按沟通的组织系统分类

在一个组织内，成员间所进行的沟通，可因其途径的不同分为正式沟通与非正式沟通这两大类。

1. 正式沟通

正式沟通一般指在组织系统内，依据组织明文规定的原则和渠道进行信息传递与交流。这种沟通要通过正式的组织程序，沟通的媒介物和线路都是经过了事先安排，因而被认为是正式的。例如：组织内部的文件传达，定期或不定期的会议制度，上级指示按系统逐级下达或下级的情况逐级上报等。

按照信息的流向，正式沟通可分为：上行沟通、下行沟通、平行沟通。

上行沟通是指在组织中信息从较低层次流向较高层次的一种沟通。即自下而上的沟通。通常是下级依照规定向上级提出的正式书面或口头报告，如请示、书面或口头汇报等。

下行沟通是指在组织中信息从较高层次流向较低层次的一种沟通。即自上而下的沟通。一般以命令方式传达上级组织或其上级所决定的政策、计划、规定之类的信息，有时颁发某些资料供下层使用等，如布告栏、公司简讯、员工手册、年终报告表等。它是传统组织中最主要的沟通流向。

平行沟通是指在组织中同一层次不同部门之间的沟通。这种沟通主要是为了促成不同系统（部门、单位）之间的协调配合和相互了解而运用的。例如，高层管理者之间、中层管理者之间、生产工人与设备修理工人之间、任务小组与专案小组内部所发生的沟通，都属于平行沟通。

2. 非正式沟通

非正式沟通是指在正式渠道之外进行信息的传递与交流。它以社会关系为基础，与组织内部明确的规章制度无关的沟通方式。这种沟通的媒介物和线路无需事先安排，具有很强的随意性和自发性，沟通途径繁多且无定型。例如同事之间任意交谈，甚至通过家人之间传递等。

正式沟通和非正式沟通在组织中都存在，且各有其优缺点，二者的比较见表 11 - 2。

表 11 - 2　　正式和非正式沟通比较

沟通方式	优点	缺点
正式沟通	沟通效果好，比较严肃、慎重，约束力强，易于保密，可以使信息沟通保持权威性。	依靠组织层层传递，较刻板，沟通速度慢，存在信息失真和扭曲的可能。
非正式沟通	沟通形式灵活多样，直接明了，沟通速度快，效率较高，容易及时了解到正式沟通难以提供的“内幕消息”，可以满足组织成员的心理需要。	难控制，传递的信息不确切，容易失真，可能导致小集团、小圈子，影响组织的凝聚力和稳定。

非正式沟通可以满足职工情感方面的需要，可以弥补正式沟通的不足，可以了解职工真正的心理倾向与需要，可以减轻管理者的沟通压力，可以防止管理者滥用正式通道，有效防止正式沟通中的信息“过滤”现象。

非正式沟通具有如下几个特征：

（1）非正式沟通的信息往往不是完整的，有些是牵强附会的，因此无规律可循。

（2）非正式沟通主要是有关情感的问题，虽然有些与工作也有关，但常常会带上感情的色彩。

（3）非正式沟通的表现形式具有多变性和动态性，因此它传递的信息不但随个体的差异而变化，而且也会随环境的变化而变化。

（4）非正式沟通并不需要遵循组织结构原则，因此传递有时较快，而且一旦这种信息与其本人或亲朋好友有关，则传递得更快。

（5）非正式沟通大多数在无意中进行，其传递信息的内容也无限定，在任何时间和任何地点都可能发生。

（二）按沟通所借用的媒介不同分类

按沟通所借用的媒介不同，可分为语言沟通和非语言沟通。语言沟通是指使用正式语言符号进行的沟通，可将其细分为口头沟通和书面沟通两种形式。人们之间最常见的交流方式是交谈，也就是口头沟通。常见的口头沟通包括演讲、讨论会、访谈以及小道消息传播等。书面沟通包括备忘录、信件、组织内发行的期刊、布告栏及其他任何传递书面文字或符号的手段。非语言沟通是指借助非正式语言符号而不是讲话或文字来传递信息，它包括身体语言沟通、语调、物体的操纵，以及空间距离等多种形式。具体分类情况如图 11－7 所示。

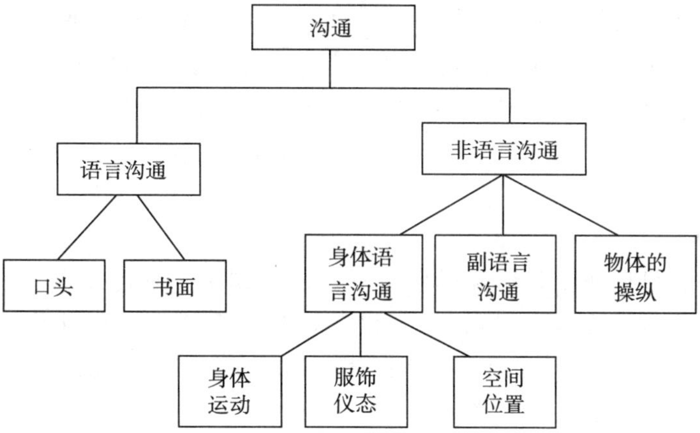

图 11－7　沟通的种类

1. 语言沟通

（1）口头沟通。口头沟通是运用口头表达进行信息交流的沟通方式，是人际沟通中最常用的一种方式。在实际工作中，绝大部分的信息是通过口头传递的。如谈话、演讲、游说等。

这种方式灵活多样，它既可以是两人之间的交谈，也可以是群体中的讨论或辩论；它既可以是正式的磋商，也可以是非正式的聊天。

口头沟通是所有沟通形式中最直接的方式。它的优点是传递速度快，并能及时反馈信息。在这种方式下，信息可以在最短时间内被传送，并在最短时间内得到对方回复。如果接受者对信息有疑问，迅速的反馈可使发送者及时检查其中不够明确的地方并进行改正。

此外，上级同下属会晤，可以使下属感到被尊重、受重视，从而会激发下属的工作积极性。

但是，口头沟通也有缺陷。在口头沟通过程中，信息从发送者一个个接力式地传递，存在着较大的失真的可能性。因为每个人都以自己的偏好增减信息，以自己的方式诠释信息，这样，当信息经过多个环节到达终点时，其内容往往与最初的含义存在重大偏差。如果组织中的重要决策通过口头方式，沿着权力等级链上下传递，则信息失真可能性相当大。这种情况一旦出现，将会给组织带来各种难以预料的负面影响。而且口头信息一过即逝，不利于记忆和保存。

（2）书面沟通。书面沟通是沟通中较常用的方式。在组织内有文件、通知、备忘录、刊物、员工手册、调查问卷等，对外则有市场调查问卷、广告、发布新闻等。书面沟通的信息具有权威性、正确性，可以有形展示而且不容易在传达过程中被歪曲，可以长期保存以及可作为法律防护的依据等优点。一般情况下，发送者与接受者双方都拥有沟通记录，沟通的信息可以长期保存下来。如果沟通中的任意一方对信息的内容有疑问，事后的查询是完全可能的。对于复杂或长期的沟通来说，这一点尤为重要。例如，一个新产品的市场推广计划，可能需要几个月的大量工作，以书面的方式记录下来，可以使计划的构思者在整个计划的实施过程中有个依据。此外，书面沟通是把沟通的内容写出来，这就会促使人们对自己要表达的东西更加认真地思考。因此，书面沟通还具有周密、逻辑性强、条理清楚等优点。书面沟通的内容易于复制、传播，这对于大规模传递来说，是一个十分重要的条件。

相对于口头沟通而言，书面沟通也存在一些缺陷。书面沟通花费的时间较长，同等时间的交流，口头沟通比书面沟通所传达的信息要多得多。书面沟通的另一缺点是不能及时提供信息反馈。信息发送者无法确保所发出的信息能被接到，即使接收到，也无法确保接受者对信息的解释正好是发送者的本意。发送者往往要花费很长的时间来了解信息是否已被接收并被准确地理解。

2. 非语言沟通

非语言沟通是指借助非正式语言符号而不是讲话或文字来传递信息。人们往往习惯用非语言沟通的方式，诸如面部表情、语音语调、身体姿势等来强化语言沟通的效果。非语言沟通既能强化语言沟通的效果，也能起到相反的作用，关键在于沟通人员对它的掌握和运用。

非言语沟通与言话沟通在效果上是互相补充的。据有关资料表明，在人所获得的信息总量中，语词占了7%，声音占了38%，而来自于身体语言，主要是面部语言的信息大约占了55%。

非语言沟通的内涵十分丰富，目前为人们所用的有身体语言沟通、副语言沟通和物体的操纵等。

（1）身体语言沟通。身体语言沟通是通过动态无声的目光、表情、手势语言等身体运动，或者是静态无声的身体姿势、空间距离及衣着打扮等形式来实现沟通。首先，人们可以借助面部表情、手部动作等身体姿态来传达诸如攻击、恐惧、腼腆、傲慢、愉快、愤怒、悲伤等情绪或意图。其次，人们还可以利用空间位置关系来影响个人之间的沟通过程。国外有关研究证实，学生对于课堂讨论的参与直接受到学生座位的影响。以教师讲台为中心，座位越居中心位置，学生对于课堂讨论的参与比例越大。再次，人们还可以运用服饰来传递信息。在企业环境中，组织成员所穿的服装往往能传送出关于他们的能力、严谨程度和进取性的信号。因为接收者无意识地给各种服装归结了某些特定的含义，并依据这种认识对待穿戴者。

（2）副语言沟通。副语言沟通是通过非语言的声音，如重音、声调的变化，以及哭、笑、停顿来实现的。心理学家称非语言的声音信号为副语言。心理学的最新研究结果表明，副语言在沟通过程中起着十分重要的作用。一句话的含义不仅取决于其字面意思，还取决于它的弦外之音。语音表达方式的变化，尤其是语调的变化，可以使字面相同的一句话具有完全不同的含义。

（3）物体的操纵。除了运用身体语言外，人们也可以通过物体的运用，环境的布置等手段进行非言语的沟通。如办公室窗明几净，办公用品摆放整齐，透过这些物质环境，我们对办公人员的性格和习惯会有一个初步的认识。

上述各种沟通方式的比较见表 11 - 3。

表 11 - 3　各种沟通方式比较

沟通方式	举例	优点	缺点
口头	交谈、讲座、讨论会、电话	传递反馈快、信息量大、弹性大、亲切、双向、效果好	不易保存，事后难查证，传递层次愈多则信息失真愈严重
书面	报告、备忘录、信函、文件、内部期刊等	正规、准确、权威、持久有形可核实，易于远距离传递，易于储存	效率低，费用较高，缺乏反馈，保密性差
非语言	声、光信号、体态、语调	内涵丰富、含义隐含灵活、信息意义十分明确	传递距离有限、界限含糊、只可意会、不可言传
电子媒介	传真、电子邮件、电子会议	快速传递、容量大、距离远，可同时传递到多人	单向传递，电子邮件可交流但看不到表情，不能满足人们归属的需要

（三）按沟通是否反馈分类

沟通按是否进行反馈，可以分为单向沟通和双向沟通。

1. 单向沟通

单向沟通是指没有反馈的信息传递，沟通中信息的发送者与接收者的地位不变。单向沟通比较适合下列几种情况：①问题较简单，但时间较紧；②下属易于接受的方案；③下属没有了解问题的足够信息，在此情况下，反馈不仅无助于澄清事实反而易混淆视听；④发送者缺乏处理负反馈的能力，容易感情用事。

2. 双向沟通

双向沟通是指有反馈的信息传递，沟通中信息的发送者与接收者的地位不断变化。双向沟通比较适合下列几种情况：①时间比较充裕，但问题比较棘手；②下属对解决方案的接受程度至关重要；③下属对解决问题能提供有价值的信息和建议；④发送者习惯于双向沟通，且具有建设性的处理负反馈的能力。表 11 - 4 比较了单向和双向沟通的优缺点。

表 11 - 4　单向和双向沟通比较

沟通形式	优点	缺点
单向沟通	需要的时间少，速度快，秩序好，对于需要迅速传递的信息效果好，沟通中不易受干扰	无反馈，准确性较差，对接收者的理解能力要求较高，接受者易产生挫折、埋怨和抗拒
双向沟通	对于需要准确传递的信息效果好，接受者理解发送者意图的准确程度高，气氛活跃，有反馈，人际关系较好	需要的时间较多，速度慢，沟通中噪音较多，发送者心理压力较大

（四）按沟通渠道所形成的网络分类

沟通网络指的是信息流动的通道，组织沟通渠道可分为正式渠道和非正式渠道两种基本类型，每种渠道又有多种形式。

1. 正式渠道的形式

正式渠道的形式主要有 5 种，如图 11 - 8 所示。

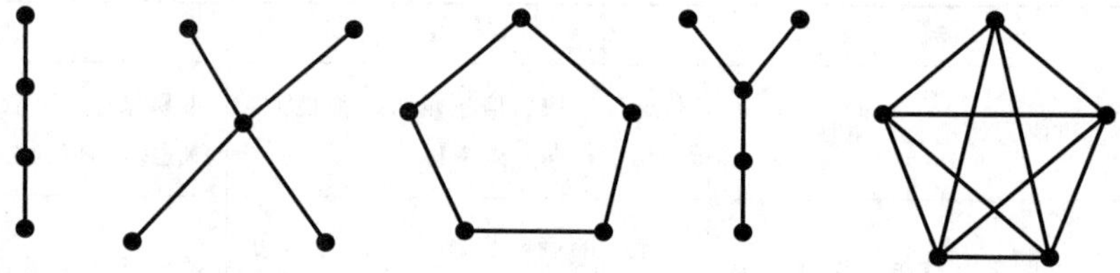

图 11 - 8　5 种正式沟通网络类型

（1）链式沟通。链式沟通是指信息在若干个层次中逐级传递，只有上行沟通和下行沟通，其中处于两端的人只能与内侧的 1 个成员联系，居中的人则可分别与两端的人沟通信息。在一个组织系统中，它相当于一个纵向沟通网络，代表组织的各级层次自上而下传递信息。在链式沟通中，信息经过层层传递、筛选，传递速度慢而且容易失真。由于信息的传递没有一定的方向，有时可能会造成信息传递的中断。

（2）轮式沟通。轮式沟通是 1 个管理者与 4 个下级进行的沟通，而 4 个下级之间不相互沟通。这种沟通属于控制型沟通网络，其中只有 1 个成员是各种信息的汇集点与传递中心。在组织中，这种网络大致相当于 1 个主管领导直接管理几个部门的权威控制系统。轮式沟通的优点是集中化程度高，解决问题的速度快，中心人员的预测程度也很高，其缺点是沟通的渠道少，组织成员的满意程度低，士气可能低落。轮式网络是加强组织控制、争时间抢速度的一个有效方式。如果组织接受紧急攻关任务，又要求进行严密控制，则可采用这种网络。

（3）环式沟通。环式沟通可以看成是链式沟通的一个封闭式控制结构。它是 5 个人之间的沟通，管理者对两个下级进行沟通，而两个下级再分别与各自的下级进行沟通，基层再相互进行沟通。表示组织各部门或成员之间依次联络和沟通，其中，每个人都可同时与两侧的人或部门进行沟通。环式沟通中，组织的集中化程度和领导者的预测程度都较低，信息流动的通道不多，组织成员具有比较一致的满意度，员工士气较高。

（4）Y 式沟通。Y 式沟通是一个纵向沟通网络，它是在 4 个层次的逐级沟通过程中，两位领导通过 1 个人或 1 个部门进行沟通，这个人成为沟通的中心。其中只有一个部门或成员居于沟通的中心，成为沟通媒介。在组织中，Y 式沟通相当于从参谋、咨询机构到组织领导，再到下级管理人员或一般成员之间的纵向关系。这种网络集中化程度高，解决问题速度快，组织中领导人员预测程度较高。除中心人员外，组织成员的平均满意程度较低。此网络形态适用于管理人员工作任务十分繁重，需要有人选择信息、提供决策依据、节省时间而不要对组织实行有效控制的情况，但易导致信息曲解或失真，影响组织成员的士气，阻碍组织提高工作效率。

（5）全通道式沟通。也称星式沟通，是开放式的网络形态，它是每个人与其他 4 个人都自由地相互沟通，并无明显的中心人物。其中每个成员之间都有一定联系，彼此了解。在全通道式沟通中，组织的集中化程度及主管领导的预测程度均很低。由于沟通渠道很多，组织成员的平均满意程度高且差异小，所以士气高昂，合作气氛浓厚。这对于解决问题、增强组织合作精神、提高士气均有很大作用。但是，这种网络的沟通形态渠道太多，易造成混乱且费时，会影响工作效率。

上述 5 种沟通形态和网络，各有其优缺点。作为一名管理者，在管理实践中，要进行有效的人际沟通，就需要发挥其优点，避免其不足，使组织的管理工作水平不断提高。表 11 －5 对 5 种沟通网络形态进行了比较。

表 11 －5　　5 种沟通网络形态比较

沟通形态评价标准	链式	轮式	环式	Y 式	全通道式
集中性	适中	高	低	较高	很低
速度	适中	快（简单任务） 慢（复杂任务）	慢	快	快
正确性	高	1. 高（简单任务） 2. 低（复杂任务）	低	较高	适中
领导人的产生	较显著	显著	不产生	会易位	不产生
领导能力	适中	很高	低	高	很低
全体成员满足	适中	低	高	较低	很高
士气	低	很低	高	中	最高

2. 非正式渠道的形式

非正式渠道是指在正式渠道之外进行信息的传递与交流。一般将其分为 4 种类型，如图 11 －9 所示。

（1）单线式。信息在非正式渠道中依次传递，通过一连串的人把信息传递给最终的接受者。即一个人转告另一个人，后者也只再转告另一个人。

（2）流言式。它是指信息由一个人主动地传播给其他人，这个发出信息的人是非正式组织渠道的关键人物。

（3）偶然式。它是指按照偶然的机会传播信息，即信息由一个人传递给某些人，这些人再随机地传递给另一些人，即想告诉什么人就告诉什么人，并无一定的中心人物或选择性。

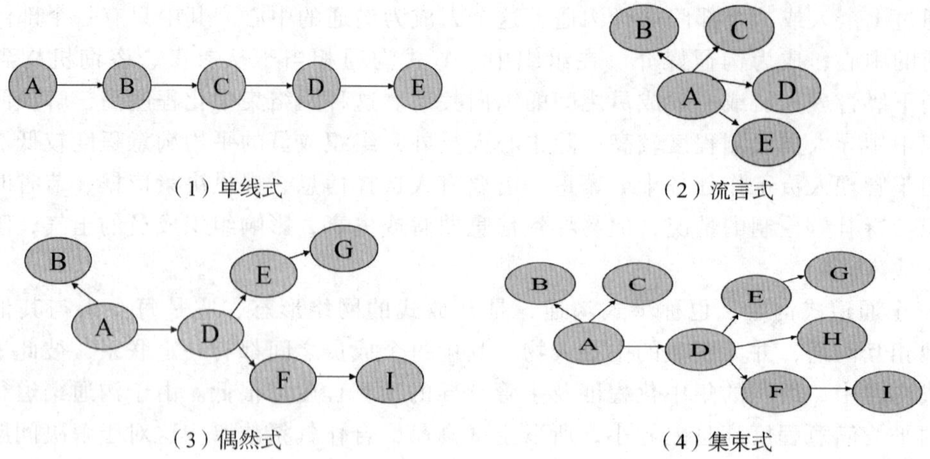

（1）单线式　（2）流言式　（3）偶然式　（4）集束式

图 11－9　非正式渠道类型

（4）集束式。它是指把信息有选择性地告诉自己的亲戚朋友或有关的人。在沟通渠道中有几个中心人物（A、B、C、D），由他们转告其他若干人，即 A 将信息传递给特定的 B、C、D，再由他们传递出去。这种模式是小道消息传播的最普通的形式。

第四节　沟通故障与改善

沟通是人与人之间的信息和情感的交流，在沟通过程中，由于人的内在因素和外部环境因素的干扰，信息往往被丢失、曲解，使得信息的传递和感情的交流不能发挥其应有的作用。为此，管理者应找出产生信息失真的原因，并采取一定的方法克服沟通的障碍，实现有效沟通。

一、影响有效沟通的障碍

沟通是信息的传递和理解。完美的沟通，如果其存在的话，应是经过传递之后被接受者感知到的信息和发送者发出的信息完全一致。然而，沟通中的障碍总是影响沟通的有效性。在沟通过程中，信息发送者、接受者二者之间的差异，以及沟通方式的选择是否恰当等都会影响到有效沟通的实现。所谓有效沟通，简单地说就是传递和交流信息的可靠性和准确性高。影响有效沟通的障碍包括下列因素。

（一）个人因素

个人的性格、气质、态度、情绪、见解等的差别，使信息在沟通过程中受个人的主观心理因素的制约。个人因素主要包括两大类，一是信息接收者有选择地接受信息；另一是信息发送者和接收者在沟通技巧方面的差异。

所谓有选择地接受，是指人们拒绝或片面地接受与他们的期望不一致的信息。研究表明，人们往往能听到或看他们感情上能够接纳的东西，或他们想听或想看的东西，甚至只愿意接受中听的或中看的，拒绝不中听或不中看的信息。

有人曾做过这样的试验，请一家公司的 23 位主管回答“假如你是公司总裁，你认为哪个问题最重要”，结果每个主管都认为从全公司角度出发，自己所负责的部门最重要。销售主管说营销是企业中最重要的问题，生产主管认为产品是企业的生命，人事主管则回答说现代管理人是中心。这个试验进一步表明：人们只看到他们擅长的或经常看到的事物，人们所选择的观察事物的角度强烈地影响着其认识问题的能力和方法。因此，管理者应该懂得在作最后决定的时候必须在更高层次上进行沟通和协调，否则，各部门之间如果没有有效的沟通，冲突是不可避免的。

所谓沟通技巧的差异是由于人们知识水平、能力、性格等方面的不同，在运用沟通技巧方面的不同。例如，有的人口头表达能力较差，虽然不能口头上完美地表达，但文字表达能力却较强，能够用文字清晰而简洁地写出来；因此，他们常常喜欢用书面进行沟通。反之，有些人口头表达能力很强，但书面表达能力较差，这类人则喜欢用口头方式进行沟通。此外，有些人不善于听取意见，有些人文字阅读速度较慢，理解能力较差。所有这些问题都会妨碍人们进行有效的沟通。同样，如果双方在经验水平和知识结构上差距过大，也会影响有效沟通的实现。

（二）人际因素

人际因素主要包括沟通双方的相互信任、信息来源的可靠程度和发送者与接受者之间的相似程度 3 个方面。

沟通是发送者与接受者之间“给”与“受”的过程。信息传递不是单方面的事情，而是双方的事情。因此，沟通双方的诚意和相互信任至关重要。上下级间的猜疑只会增加抵触情绪，减少坦率交谈的机会，也就不可能进行有效的沟通。例如，当下级怀疑某些信息会给自己带来损失时，他在与上级沟通时常常会对这些信息作一些有利于自己的加工。大量研究表明，有些管理者自认为他们所听到的信息有偏见，为了防止“偏听偏信”，往往根据自己的想象对“偏见”进行纠正。同样，下级常常对损害自己形象的信息不屑一顾，对有利于自己的信息则大加渲染。

信息来源的可靠性由下列 4 个因素决定：诚实、能力、热情、客观。有时，信息来源可能并不同时具有这 4 个因素，但只要信息接受者认为发送信息具有可靠性即可。可以说信息来源的可靠性实际上是由接受者主观决定的。就个人来说，员工对上级是否满意在很大程度上取决于他对上级可靠性的评价。就团体而言，可靠性较大的工作单位或部门比较能公开、准确和经常地进行沟通，它们的工作成就也相应地较为出色。

沟通的准确性与沟通双方间的相似性有着直接的关系。沟通双方特征（如性别、年龄、智力、种族、社会地位、兴趣、价值观、能力等）的相似性影响了沟通的难易程度和坦率性。沟通一方如果认为对方与自己相近，那么他将比较容易接受对方的意见，并且容易较快达成共识。相反，如果沟通一方视对方为异己，那么信息的传递将很难进行下去。例如，年龄差距或“代沟”在沟通中就是一个常见的问题。信息的发送者和接收者如果空间距离太远、接触机会少，就会造成沟通障碍。社会文化背景不同，种族不同而形成的社会距离也会影响有效沟通。

（三）结构因素

结构因素主要包括地位差别、信息传递链、团体规模和空间约束 4 个方面。

一个人在组织中的地位很大程度上取决于他的职位。许多研究表明，地位的高低对沟通的方向和频率有很大的影响。例如，人们一般愿意与地位较高的人进行沟通，地位较高的人之间则更愿意进行相互沟通，地位差别越大，信息就越是趋向于从地位高的人流向地位较低的人。在沟通中，地位高的人往往居于沟通的中心地位，地位低的人常常通过尊敬、赞扬和同意来获得地位高的人的重视。事实清楚地表明，地位是沟通中的一个重要障碍。

一般来说，信息通过的等级越多，它到达目的地的时间也越长，信息失真率则越大。这种信息连续地从一个等级到另一个等级所发生的变化，称为信息链现象。一项研究表明，企业董事会的决定通过 5 个等级后，信息损失平均达 80%。其中，副总裁这一级的保真率为 63%，部门主管为 56%，工厂经理为 40%，一线工长为 30%，职工为 20%，如图 11－10 所示。

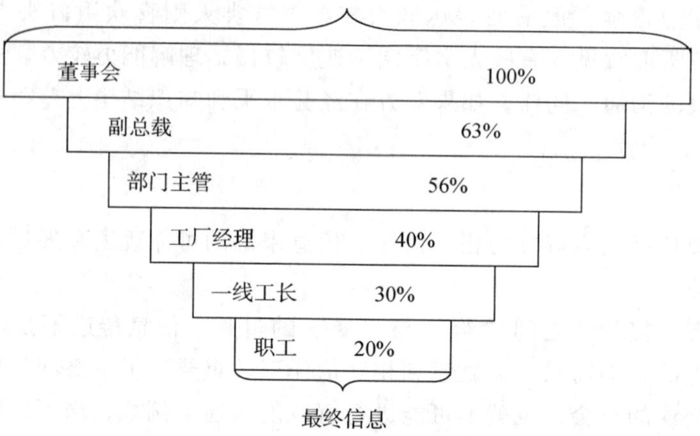

图 11－10　信息传递链现象实例

企业中的工作常常要求员工只能在某一特定地点进行操作。这种空间约束的影响往往在员工单独于某位置工作或在数台机器之间往返运动时尤为突出。空间约束不利于员工之间的交流，限制了他们的沟通。一般来说，两人之间的距离越短，他们交往的频率也越高。

（四）技术因素

技术因素主要包括语言、非语言暗示、媒介的有效性和信息过量。

大多数沟通的准确性依赖于沟通者赋予字和词的含义。由于语言只是个符号系统，本身没有任何意思，它仅仅是我们描述和表达个人观点的符号或标签。每个人表述的内容常常是由他独特的经历、个人需要、社会背景等决定的。因此，语言和文字极少对发送者和接受者双方都具有相同的含义，更不用说许许多多的不同的接受者。语言的不准确性还不仅仅表现在对符号的不同理解，而且它能激发各种各样的感情，这些感情可能又会进一步歪曲信息的含义。同样的字词对不同的团体来说，会导致完全不同的感情和不同的含义。

国外有一项研究曾对 488 个职工进行试验，分析他们对 61 个常用管理术语的理解和反应。例如“资本主义”一词，经理们认为是“企业的私人所有制……为所有的人提供了平等的机会”，74% 的职工认为是“最富有的人的统治”“大企业吞并、压榨小企业”，甚至“富人的独裁”。另一项研究表明，文字理解的差异不仅存在于普通劳动者和经理阶层之间，而且存在于不同的管理阶层之间。“激励”“配额”“合作”和“预算”等词就是一例。当高层管理人员谈及进行“激励”和“配额”的必要性时，低层管理人员常常会产生反感，并有一种身不由已被支配的感觉。

当人们进行交谈时，常常伴随着一系列有含义的动作。这些动作包括身体姿势、头的偏向、手势、面部表情、移动、触摸和眼神。直些无言的信号强化了所表述的含义。例如，沟通者双方的眼神交流，可能会表明相互感兴趣、喜爱、躲避或者攻击。面部表情会表露出惊讶、恐惧、兴奋、悲伤、愤怒或憎恨等情绪。身体动作也能传送渴望、愤恨和松弛等感情。研究表明，在面对面的沟通中，仅有7%的内容通过语言文字表达，另外93%的内容的通过语调（38%）和面部表情（55%）。由此可见，字词与非语言暗示共同构成了全部信息。

管理人员十分关心各种不同沟通工具的效率。一般来说，书面和口头沟通各有所长。书面沟通常常用于传递篇幅较长、内容详细的信息。其优点是：为读者提供以适合自己的速度、用自己的方式阅读材料的机会，易于远距离传递，易于储存并在做决策时可提取信息，因为经过多人审阅所以比较准确。

口头沟通适合于需要翻译或精心编制才能使拥有不同观念和语言才能的人理解的信息。其优点是：快速传递信息，并且希望立即得到反馈；可传递敏感的或秘密的信息；可传递不适用书面媒介的信息；适合于传递感情和非语言暗示的信息。

总之，选择何种沟通工具，在很大程度上取决于信息的种类和目的，还与外界环境和沟通双方有关。

二、沟通的改善

要克服沟通的障碍，实现有效的沟通，管理者要灵活运用沟通的方法，同时还需要不断提高沟通的技巧。

（一）沟通的方法

沟通的方法是多种多样的，除了前面所述的沟通形态外，还有发布命令、会议制度、个别交谈等，其运用要随机制宜，因人而定。

1. 发布指示

在指导下级工作时，指示是重要方法之一。指示可使一项活动开始着手、变更或中止，它是使组织正常运转的必要环节。

管理中使用指示方法时应考虑下列问题：

（1）一般的或具体的。一项指示是一般的还是具体的，取决于管理人员根据其对周围环境的预见能力以及下级的响应程度。对授权持有严格观点的管理人员倾向于用具体的指示，而在对实施指示的周围环境不可能预见的情况下，大多采用一般的形式。当指示的实施远离上级的监督时，下达指示应该特别小心。此外，下级对接收指示形式的反应也影响着指示的性质。

（2）书面的或口头的。在决定指示是采用书面的还是口头的时候，应考虑的问题是上下级之间关系的持久性、信任程度以及避免指示的重复等。如果上下级之间关系持久、信任程度高，则不必采用书面指示。如果为了防止命令的重复和司法上的争执，为了对所有有关人员宣布一项特定的任务，则书面指示大为必要。

（3）正式的和非正式的。对每一个下级准确地选择正式的或非正式的发布指示的方式是一种艺术。正确采用非正式的方法来启发下级，用正式的书面或口述的方式来命令下级。

2. 会议制度

领导与领导工作的实质是处理人际关系，影响他人，而人与人之间的沟通是人们思想、情感交流的主要渠道。采取开会的方法，就是提供交流的场所和机会。会议有以下作用：

(1) 会议是组织活动的重要表现形式，与会者在组织中的身份、影响、地位、所起作用都会在会议中有所表现，会议中的信息交流能在人们的心理上产生影响。

(2) 会议可集思广益。与会者在交流意见后，会形成共同的见解和行动方针。

(3) 会议可使人们了解共同目标，了解自己的工作与他人工作的关系，更好地选择自己的工作目标，明确自己怎样为组织作出贡献。

(4) 通过会议，可以对每一位与会者产生约束力。

(5) 通过会议，能发现人们未注意到的问题，从而加以认真地考虑和研究。

3. 个别交谈

个别交谈就是指领导者用正式或非正式的形式，在组织内外，同下属或同级人员进行个别交谈，征询谈话对象对组织中存在的问题和缺陷的看法，对别人或对别的上级，包括对管理人员自己的意见。这种形式大部分都是建立在相互信任的基础上，无拘无束，双方都感到有亲切感，这对双方统一思想、认清目标、体会各自的责任和义务有很大好处。在这种情况下，人们往往愿意表露真实思想，提出不便在会议场所提出的问题，从而使领导者能掌握下属人员的思想动态，在认识、见解、信心诸方面容易取得一致。

（二）沟通技巧

1. 诚恳正直

诚恳意味着不说谎、不虚假，言行一致。在与人谈话时，应做到不卑不亢，表达适度。夸大的言辞会引起对方的反感，美丽的词句打不动对方的心，卑微的言行会引起对方的警戒。

2. 相互信任

信息发送者应该创造一个相互信任，有利于沟通的小环境。因为，人们往往对自己所信任的人说的一切都能够接受，而对于自己所不信任的人说的哪怕是正确的，也不愿意接受。人与人之间的相互信任，不是说出来的，而是在工作和生活中彼此真心坦诚相待获得的。

对他人产生影响力的关键，在于他人认为他们也可影响你，以意志去控制他人的心灵是无用的。与其说沟通需要理解力，倒不如说必须信任与接受他人，接受他们的思想与感受。

3. 从别人的立场看问题

许多人在和别人沟通时，容易只站在自己的立场上，希望别人能够理解自己，忽略了别人内心的想法；经常觉得自己是正确的，别人应该听自己的；用自己的标准去要求别人等，结果却给别人造成“以自我为中心、盛气凌人”等不好的印象，尤其是职位越高，这个问题就越严重。心理学家就要求这样的人要学会站在别人的立场上去想问题，既要考虑自己的利益，也要考虑别人的利益。

4. 学会聆听

聆听是沟通行为中的核心过程。因为，聆听能激发对方的谈话欲，促发更深层次的沟通。另外，只有善于聆听，深入探测到对方的心理以及他的语言逻辑思维，才能更好的与之交流，从而达到沟通的目的。

对管理者来说，“听”绝不是件容易的事情。在实际中管理者经常出现三种表现：根本不“听”、只“听”一部分、不正确地“听”。这些都会影响沟通的效果。要较好地“听”，也就是要积极倾听。一些积极倾听的要点见表 11－6。

表 11－6　“听”的艺术

要：	不要：
表现出兴趣	争辩
全神贯注	打断
该沉默时必须沉默	从事与谈话无关的活动
选择安静的地方	过快地或提前作出判断
留适当的时间用于辩论	草率地给出结论
注意非语言暗示	让别人的情绪直接影响你
当你没有听清楚时，请以疑问的方式重复一遍	
当你发觉遗漏时，直截了当地问	

管理者要注意倾听各种不同意见。倾听是主动地听取意见和了解对方话中的含意。倾听不是单纯的身体反应过程，它同时需要智力和情感上的反应，并且对讲话人的体态语言也要加以观察和理解。

5. 做到言出必行

生活中，同学、朋友、熟人之间互相帮忙、办事的情况很多，但我们要视具体情况而定。自己能够办到的事，理当尽力相助；自己没有能力，或没有把握办成的事，不要因为面子而一口应承。因为一旦爽快地答应了，对方一定对你抱有很大的希望，而当你未办成此事时，他会怨恨你，因为你误了他的时间，他一直等待着你的好消息而自己未做其他努力。尽管你出于好心且花费了精力，但长此以往，你将会给人留下“不守信用”“爱吹牛”“靠不住”“喜欢骗人”的印象。有能力而且能遵守约定的人，才是一个值得信赖的人。

6. 缩短信息传递链

信息传递链越长，信息沟通速度越慢，信息失真程度越大。因此，必须减少组织结构层次，减少组织机构重叠的现象。同时，对于一般性的信息沟通，还可以利用非正式组织的沟通渠道，开辟高层管理人员至基层管理人员的非正式的沟通渠道，加快正式组织信息的传递速度。

7. 灵活运用正式渠道和非正式渠道

有效的沟通是及时地用正确的形式向必须沟通的人提供准确的信息。要提高沟通的有效性，管理人员必须在组织内建立有效的沟通渠道，尤其是那些非正式的、开放式的沟通渠道，因为沟通渠道畅通，有利于组织成员之间、上下级之间建立相互信任的关系，减少地位障碍和谣言的传播。

8. 重视平行沟通

企业内部的沟通常以与命令链相符的垂直方式进行，部门间、车间之间、工作小组之间的横向交流较少。而实际工作中，平行沟通却能促进横向交流，加强横向的合作。因此，企业可以定期举行由各部门负责人参加的工作会议，其主题是相互汇报本部门的工作，以及对其他部门的要求等，更好地实现横向合作。

关键词

激励 Excitation
需要层次理论 Hierarchy of Needs Theory
双因素理论 Two - factor Theory
成就需要理论 Achievement Theory
期望理论 Expectancy Theory
公平理论 Equity Theory
强化理论 Reinforcement Theory
沟通 Communication
正式沟通 Formal Communication
非正式沟通 Informal Communication
沟通障碍 Communication Barriers

思考题

1. 激励的过程。
2. 需要层次理论及其运用。
3. 赫兹伯格的双因素理论。
4. 麦克兰的成就需要理论的主要内容及如何在组织中运用。
5. 期望理论、公平理论和强化理论的主要内容。
6. 沟通的过程及类型。
7. 沟通障碍及应如何克服?

管理定律

罗森塔尔效应还称“期待效应”。其核心内容是，一个人的情感和观念，会不同程度地受到别人下意识的影响。人们会不自觉地接受自己喜欢、钦佩、信任和崇拜的人的影响和暗示。罗森塔尔效应留给我们这样一个启示：梦想是一个人成功的基石之一，赞美、信任和期待具有一种能量，它能改变人的行为，当一个人获得另一个人的信任、赞美时，他便感觉获得了社会支持，从而增强了自我价值，变得自信、自尊，获得一种积极向上的动力，并尽力达到对方的期待，以避免对方失望，从而维持这种社会支持的连续性动力。

案例分析讨论1

小赵为何辞职?

助理工程师赵一，是一个名牌大学高材生，毕业后工作已8年，于4年前应聘调到一家大厂工程部负责技术工作，工作诚恳负责，技术能力强，很快就成为厂里有口皆碑的骨干之一，然而，工资却同仓管人员不相上下，一家人尚住在入职时的那间平房。对此，他心中时常有些不平。

厂长张二，4 年前，赵一来报到时，门口用红纸写的“热烈欢迎赵一工程师到我厂工作”几个大字，是张厂长亲自吩咐落实的，这确实使赵一当时工作更卖劲。

两年前，厂里有指标申报工程师，赵一属于有条件申报之列，但名额却让给一个没有文凭、工作平平的同志。他想问一下厂长，谁知，他未去找厂长，厂长却先来找他了：“赵工，你年轻，机会有的是”。去年，他想反映一下工资问题，来这里其中一个目的不就是想得高一点工资，提高一下生活待遇吗？但是几次想开口，都没有勇气讲出来。因为厂长不仅在生产会上大夸他的成绩，而且，张厂长当着客人的面赞扬他：“赵工是我们厂的技术骨干，是一个有创新的人才”哪怕厂长再忙，路上相见时，总会拍拍赵工的肩膀说两句，诸如“赵工，干得不错”“赵工，你很有前途”。然而最近，厂里新建好了一批职工宿舍，听说数量比较多，赵一决心要反映一下住房问题，谁知这次张厂长又先找他，还是像以前一样，笑着拍拍他的肩膀：“赵工，厂里有意培养你入党，我当你的介绍人。”他又不好开口了，结果家没有搬成。深夜，赵一对着一张报纸的招聘栏出神。第二天一早，张厂长办公台面上放着一张小纸条：张厂长：您是一个懂得使用人才的好领导，我十分敬佩您，但我决定走了。

（资料来源：百度文库）

（1）赵一辞职的原因是（　　）？

A. 张厂长是一个懂得使用人才的好领导　　B. 赵一的需求没得到满足

C. 企业满足赵一的自尊需要　　D. 赵一感觉没有前途

（2）张厂长违背了（　　）。

A. 马斯洛的需求层次理论　　B. 斯金纳的强化理论

C. 麦克莱兰的成就需要理论　　D. 弗鲁姆的希望理论

（参考答案：1. B　2. A）

案例分析讨论2

某局的 A 办事处，有 5 名工作人员，其中 1 名为中年人，担任办事处主任，其余 4 名全是年轻人，在 2023 年该办事处业务收入为 83 万元，占全局收入的 36%。

2024 年初王局长上任，想搞业务创收，于是决定，如果 A 办事处完成 100 万元的任务指标，年终 3% 的奖金；如果完成 120 万元，再给办事处配备一辆小轿车；如果完成 150 万元，再给全部青年解决住房问题。

预测：奖励方案是否能起到激励作用？为什么？

要求用马斯洛需求层次论、洛克目标设定理论、亚当斯的公平理论进行分析。

案例分析讨论3

52 航班惨剧

1990 年 1 月 25 日晚 7：40，哥伦比亚航空 52 航班飞行在南新泽西海岸上空 3700 英尺的高空，机上的油量可以维持近两个小时的航程，在正常情况下飞机降落至纽约肯尼迪机场仅需不到半小时的时间，这一缓冲保护措施可以说十分安全。然而，此后发生了一系列耽搁。首先，晚上 8：00 整，肯尼迪机场航空交通管理员通知 52 航班的飞行员，由于严重的交通问题他们必须在机场上空盘旋待命。8：45，52 航班的副驾驶员向肯尼迪机场报告他们的“燃料快用完了”。管理员收到了这一信息，但在 9：24 之前，飞机没有被批准降落。在此之前，机组成员再没有向肯尼迪机场传递任何情况十分危急的信息，但飞机座舱中的机组成员却相互紧张地通知他们的燃料供给出现了危机。

9：24，52 航班第一次试降失败。由于飞行高度太低及能见度太差，因而无法保证安全着陆。当肯尼迪机场指示 52 航班进行第二次试降时，机组成员再次提到他们的燃料将要用尽，但飞行员却告诉管理员新分配的飞行跑道“可行”。9：32，飞机的两个引擎失灵，1 分钟后，另外两个也停止了工作，耗尽燃料的飞机于 9：34 坠毁于长岛，机上 73 名人员遇难，85 人受伤。

补充资料：

首先飞行员在等待降落时经常使用的一句话是“油量不足”。当被延误时，管理员认为每架飞机都存在燃料问题。一位管理员指出，“如果飞行员表明情况十分危急，那么所有的规则程序都可以不顾，我们会尽可能以最快的速度引导其降落的。”遗憾的是，52 航班的飞行员从未说过“情况紧急”，所以肯尼迪机场的管理员一直未能理解到飞行员所面对的真正困难。

其次，许多管理员接受过专门训练，可以在这种情境下捕捉到飞行员声音中极细微的语调变化。尽管 52 航班的机组成员面临油料用尽的紧急情况，但在他们向肯尼迪机场传达信息的语调中却没有表现出来。

资料来源：360 文库。

问题：

（1）当调查人员考察了飞机座舱中的黑匣子并与当事的管理员讨论之后，他们发现导致这场悲剧的原因主要是沟通的障碍。你认为都有哪些沟通障碍？

（2）就以上资料具体分析空难产生的原因。

（3）你觉得此案例中反映出的有效沟通中值得注意的是哪些因素？

第十二章　控制理论与方法

本章要点

1. 控制的内涵
2. 控制的基本类型
3. 控制的基本过程
4. 控制的方法

导入案例

王雷厂长的目标与控制

王雷担任某厂厂长时所作的第一件事就是亲自为工厂制定了一系列的工作目标。例如：为了减少浪费、降低成本，他规定在1年内要把原材料成本降低10%～15%，把运输费用降低3%，并把这些具体目标都告诉了下属的有关方面负责人。而年终统计资料却表明，当年原材料的浪费比头一年更加严重，浪费资金竟占成本总额的16%；运输费用也根本没有降低。

他找来了有关方面的负责人询问原因。负责生产的副厂长说："我曾对下面的人强调过要注意减少浪费，我原以为下面的人会按我的要求去做的。"而运输方面的负责人则说："运输费用降不下来很正常，我已经想了很多办法，但汽油费等还在涨。我想，明年的运输费可能还要上升3%～4%。"

王雷了解了原因，并进行了进一步的分析以后，又把这两个负责人召集起来布置第二年的目标：生产部门一定要把原材料成本降低10%，运输部门即使是运输费用要提高，也绝不能超过今年的标准。

点评：厂长王雷目标控制为何无法达成，究其原因：一是制定目标设计不合理。目标定得太高，没有对目标的层层分解，忽视员工参与，一厢情愿定目标，可接受性不强。二是缺乏过程控制。一年多以来，他没有通过检查和评估来了解和跟踪目标实现的程度，并及时作出调整。三是缺乏弹性控制。案例说明，目标和控制是相辅相成的，目标是控制的标准，控制是目标实行的工具和手段。

第一节　控制工作概述

一、控制的概念、特点

控制使管理工作具有封闭性质的职能。在管理过程循环中，如果说制定计划是对整个组织的目标进行总体规划和部署，是管理工作的第一步；接着是通过组织和领导工作来指导各类人员努力实现组织目标；那么，接下来的问题便是要考虑计划实施的结果如何，计划所确定的目标是否得到顺利实现，甚至计划目标本身制定得是否科学合理，要弄清楚这些问题并采取妥善的处理措施，就必须开展卓有成效的控制工作。控制工作是用以检查、监督、确定组织活动的进展情况，并对实际工作与计划之间所出现的偏差加以纠正，从而保障整个计划及组织目标的实现。

（一）控制的概念

在管理过程中，控制是指衡量和矫正工作活动使之按计划进行，进而确保组织目标得以实现的过程。具体地说，控制就是用预定标准来检查组织中各项工作的进展情况，看其是否与计划相符，是否与下达的指示和既定原则相符，及时发现差距和存在的问题，采取矫正措施，使工作按原定计划进行，或适当调整计划，使之符合客观实际的管理活动。

控制标准、偏差信息和纠偏措施是控制工作的三项基本要素，他们相互关联、相互依存、缺一不可。控制标准是预定的工作标准和计划标准，它是检查和衡量实际工作的依据。偏差信息是实际工资情况或结果与控制标准或计划要求之间产生偏离的信息，是控制工作的重要环节。纠偏措施是根据偏差信息，作出调整决策并付诸实施。根据实际情况以及需求，或矫正实际工作，或修正计划或标准，是管理控制的关键环节。

（二）管理控制的特点

管理工作中的控制，其控制过程及基本原理与物理、生物、经济及其他各方面的控制没有什么区别。但管理控制有自身的一些特点：

（1）控制是一种监视活动。控制贯穿于管理的全过程当中，是每一名管理者的责任。

（2）管理控制具有动态性。管理工作中的控制不同于物理中的温度调控，物理的控制过程是高度程序化的，具有静态的特征。而组织不是静态的，其内部环境不断地发生变化，进而决定了控制标准和方法不可能固定不变，控制的标准来自计划。

（3）管理控制是对人的控制并由人执行。这一特点使得管理控制工作具有明显的人为因素干扰，这种干扰可能是正面的也可能是负面的。如何降低人为因素所产生的负面影响是管理控制工作的一大难题。

（4）控制是一个纠偏过程。纠偏过程不仅仅是监督，更重要的是指导和帮助。通过控制工作，管理者可帮助职工分析偏差产生原因，端正职工工作态度，指导他们采取矫正措施。这样，既能达到控制目的，又能提高职工的工作质量和自我控制能力。

二、控制机制与管理控制的必要性

（一）控制的机制

（1）任何系统都是由因果关系链联结在一起的元素的集合，元素间的这种关系就叫耦合。

（2）为了控制耦合系统的运行，就必须确定系统的控制标准 Z，Z 的值是不断变化的某个参数集的 S 的函数 $Z=f(S)$。

（3）可以通过对系统的调节来纠正系统输出与标准值 Z 之间的偏差，从而实现对系统的控制。企业也是一个投入、运营、产出的耦合运行系统。投入一定的人力、物力、财力、技术、信息，通过管理的控制，产生一定的利润、报酬、员工成长、社会服务等，如图 12－1 所示。

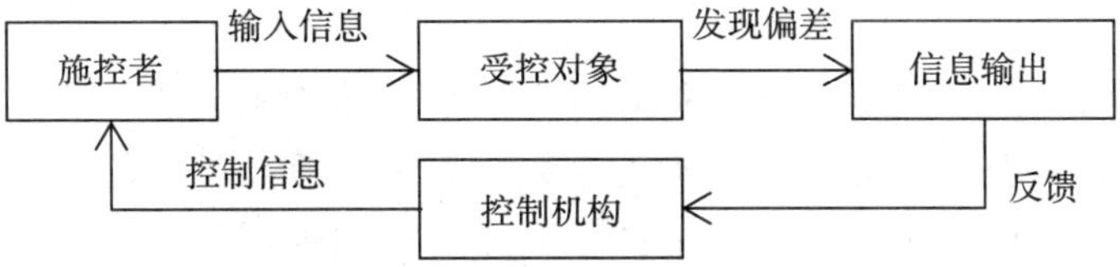

图 12－1　控制的机制

（二）管理控制的必要性

1. 环境的变化性

在管理系统中，人、财、物等要素的组合关系是多种多样的，而组织外部的宏观和微观环境也是瞬息万变的，因此在这样一个复杂的内外部环境中，组织要想实现既定的目标、有效地实施计划过程，就必须实施控制工作。

2. 人的有限理性

因为制定计划时，主管人员受到其本身的素质、知识、经验、技巧的限制，预测不可能完全准确，制定的计划在执行过程中可能会出现偏差，还会发生未曾预料到的情况。这时，控制工作就起了执行完成计划的保障作用，以及在管理控制中产生新的计划、新的目标和新的控制标准的作用。通过控制工作，为主管人员提供信息，使之了解计划的执行进度和执行中出现的偏差以及偏差的大小，并据此分析原因，及时给予纠正，或立即修订计划，使之符合实际。

3. 管理过程是通过控制工作来实现封闭管理的

控制工作存在于管理活动的全过程中，它不仅可以维持其他职能的正常活动，而且在必要时，还可以采取纠正偏差的行动来改变其他管理工作的活动。正确的控制工作可能导致确立新的目标，提出新的计划，改变组织结构，改变人员配备，以及在指导与领导方法上作出重大的改革。

三、控制的类型

（一）根据控制的时机、对象和目标的不同，可将控制分为 3 类

1. 前馈控制——事前控制

前馈控制是一种预先控制，是指一个组织一项在活动开始之前实施控制，即主管人员运

用最新信息以及上一控制循环中的经验教训，对可能出现的结果进行预测，然后将其与计划要求进行比较，从而在必要时调整计划或控制影响因素以确保目标的实现。

可以说，计划是典型的前馈控制，另外，如市场调查、可行性分析、进厂材料和设备的检查与验收、工厂的招工考试、入学考试和体检、干部的选拔，等均属于前馈控制。

前馈控制的焦点：

（1）人力资源的前馈控制。即通过对主管人员与非主管人员的选拔、培养和培训，确保组织成员的技术水平和素质要求。

（2）原材料的前馈控制。如通过检验样品而不是全部原材料。

（3）资金的前馈控制。首先建立一个标准，然后通过计算回收期或投资收益率来决定是否投资和进行资金筹集。

（4）财政资源的前馈控制。主要方法是通过预算，特别是现金和流动资金预算来控制财政资金的来源和支出。

前馈控制是预防式的。前馈控制做得好，可以使组织未雨绸缪，防患未然。它作用于计划执行过程的输入环节上，而非控制行动的结果，其工作重点是在问题发生之前采取管理行动，以防止所使用的各种资源在质和量上产生偏差。前馈控制面向未来，能够克服纠正式的反馈控制因时间延迟所带来的弊病。但这种“防患于未然”的控制类型 需要在管理活动开展之前获得及时和准确的信息，因此往往是很难办到的，所以管理者就不得不借助另外两种类型的控制。

资料链接 12－1　　中医治未病

魏文王问名医扁鹊说：“你们家兄弟三人，都精于医术，到底哪一位最好呢？”扁鹊答：“长兄最好，中兄次之，我最差。”文王再问：“那么为什么你最出名呢？”扁鹊答：“长兄治病，是治病于病情发作之前。由于一般人不知道，他事先能铲除病因，所以他的名气无法传出去；中兄治病，是治病于病情初起时。一般人以为他只能治轻微的小病，所以他的名气只及本乡里。而我是治病于病情严重之时，名气因此响遍全国。”

资料来源：百度文库。

2. 现场控制——事中控制

现场控制是指在管理活动的开展过程中，主管人员通过深入现场亲自监督、检查、指导和控制下属人员的控制类型。这类控制工作是在活动的进行过程中实施的控制，其纠正措施用于正在进行的计划执行过程。典型的现场控制如：生产制造活动的生产进度控制和生产统计报表、医院每日对住院病人进行临床检查、学生的课堂作业和期中考试等。

现场控制是一种主要为基层主管人员所采用的控制工作方法，监督基层雇员的实际工作，在发现问题时及时进行纠正。现场控制的内容有：①向下级指示恰当的工作方法和工作过程；②监督下级的工作以保证计划目标的实现；③发现不合标准的偏差时，立即采取纠正措施。现场控制的内容应该与被控制对象的工作特点相适应。例如，对简单重复的体力劳动可以实行严格的监督，而对创造性劳动，应为其创造宽松的工作环境。

现场控制是控制工作的基础。做得好，可以起到防微杜渐的作用。一个主管人员的管理水平和领导能力常常会通过这种工作表现出来。在现场控制中，管理当局授予主管人员的权力使他们能够使用经济的和非经济的手段来影响其下属。控制工作的标准来自于计划工作所确定的目标、政策、战略、规范和制度。控制工作的有效性取决于主管人员的个人素质、个人作风、指导的表达方式以及下属对这些指导的理解程度。其中，主管人员的“言传身教”具有很大意义。

在现场控制中，主管人员必须避免单凭主观意志进行工作。主管人员必须注意提高自身素质，亲临第一线进行认真细致的观察和监督，以计划（或控制标准）为控制的依据，服从组织原则，遵从正式指挥系统的统一指挥，逐级实施控制。

3. 反馈控制——事后控制

反馈控制又称事后控制，是通过对工作结果进行测量和分析，将其与控制标准相比较，发现已经发生或即将出现的偏差，分析其原因和对未来的可能影响，及时拟定纠正措施并予以实施的控制类型。反馈控制的目的是防止已经发生或将出现的偏差继续发展或今后再度发生。事后控制将注意力集中于组织活动的历史结果方面，其控制作用发生在行动之后。

反馈控制是最常用的控制类型，目前仍被广泛地使用着。组织中典型的反馈控制方法有如下 4 种：①财务报告分析；②标准成本分析；③产品质量控制；④工作人员成绩评定。这种控制位于活动过程的终点，把好这最后一关，可使错误的态势不致扩大，有助于保证系统外部处于正常状态。但反馈控制有一个致命的缺陷，即整个活动已告结束，活动中出现的偏差已在系统内部造成损害，属于“亡羊补牢”式的控制方法。

反馈控制不是一种效果最好的控制方法，但却是使用最为普遍的控制方法，主要是由于其与前馈控制和现场控制相比存在以下两个方面的优点。一方面，反馈计划为管理者提供了一个阶段管理活动的真实成效和信息，而前一阶段的反馈结果往往是对后一阶段管理活动进行前馈控制的前提。另一方面，反馈控制可以增强员工的积极性。因为人们希望获得对他们工作绩效的评价信息，而反馈恰恰提供了这样的信息。

总之，这 3 种控制方式的控制目标和重点各不相同，前馈控制重在资源、现场控制重在生产过程、反馈控制重在管理活动的结果，见表 12 - 1。因此，在实际管理过程中，应根据组织现实的情况和可掌握信息的多少，选择适当的控制类型。

表 12 - 1　　控制类型比较分析

类型	优点	缺点
预先控制	①可防患于未然；②不针对具体人员，不会造成心理冲突，易于被职工接受并付诸实施	①需要大量准确可靠的信息；②掌握计划行动本身的客观规律并要随着行动的进展及时了解新情况和新问题
现场控制	防微杜渐。有指导职能，有助于提高工作人员的工作能力和自我控制能力	①容易受管理者的时间、精力、业务水平的制约；②容易形成心理上的对立，损害被控制者的工作积极性和主动精神
事后控制	亡羊补牢。为进一步实施预先控制和现场控制创造条件，实现良性循环	在实施矫正措施之前，偏差业已产生

（二）根据控制手段不同，可将控制划分间接控制和直接控制

1. 间接控制

间接控制是指根据计划和标准考核工作的实际结果，分析出现偏差的原因，并追究责任

者的个人责任以使其改进未来工作的一种控制方法，多见于上级管理者对下级人员工作过程的控制。间接控制的重点是对工作业绩的事后评价，通过评价信息的反馈和奖惩实施控制。

这种控制方式是建立在如下假设基础上的：

(1) 工作成效是可以计量的，因而也是可以相互比较的（事实上，很多管理部门或职位的绩效是很难计量和相互比较的，例如主管人员的决策能力、预见性和领导水平是难以精确计量的）；

(2) 人们对工作任务负有个人责任感，个人责任是清晰的、可以分割的和相互比较的，而且个人的尽责程度也是可以比较的（实际上，很多活动的责任是多个部门共同承担的，而且工作绩效也可能与个人责任感无关）；

(3) 分析偏差和追究责任所需的时间、费用等是有充分保证的（事实上，有时上级主管人员可能不愿意化时间和费用去分析引起偏差的事实真相）；

(4) 出现的偏差可以预料并能及时发现（事实上，许多偏离计划的误差并不能预先估计到或及时发现）；

(5) 有关责任单位和责任人将会采取纠正措施（事实上，推卸责任是很普遍的现象）。

因此，间接控制并非普遍有效的控制方法，它尚存在着许多不完善的地方。使用间接控制要注意避免干预过多使作业人员无所适从，某些工作业绩难以精确计量和把握是难点，运用要慎重。

2. 直接控制

直接控制是指通过提高主管人员素质，使具体当事人自己在工作过程中边观察、边评估、边调整，及时采取修正行动，保证工作成果与目标一致，从而防止出现因管理不善而造成的不良后果的一种控制方式。

这种控制模式的特点是通过培训等形式，着力提高主管人员的素质和责任感，并在控制过程中实施自我控制。直接控制方式将操作者与控制者合而为一，减少中间环节提高效率又体现了对人的信任与尊重，因此既有利于节约组织资源，又有利于提高员工的积极性和主动性，促进员工技能的不断进步。

四、控制工作的基本原理

控制是管理的一项基本职能，许多情况下，管理者制定了良好的计划，也建立了适当的组织，但由于没有把握好控制环节，最终不能达到预期的目的。无效的控制会导致计划无效和组织无效。为了保证对组织活动进行有效的控制，必须遵循以下基本原理：

1. 反映计划要求原理

是指管理控制系统的设计愈能反映行政计划的内容、步骤和特点，控制工作就越有效。计划是管理控制的目的，管理控制是实现计划的保证，二者的对象和时限是一致的。但每项计划、任务又各不相同，因此，所设计的管理控制系统和所进行的控制工作，都必须按不同计划的不同要求来设计。

2. 控制关键点原理

是指管理者越是尽可能选择计划的关键点作为控制标准，控制工作就越有效。抓住活动过程中的关键点，也就控制住了全局。择关键控制点的能力是管理工作的一种艺术，有效的控制在很大程度上取决于这种能力。现在已经开发出了一些有效的方法，帮助主管人员在某些控制工作中选择关键点。例如，计划评审技术就是一种在有着多种平行作业的复杂的管理活动网络中，寻找关键活动和关键线路的方法。这是一种强有力的系统工程方法，它的成功运用确保了像美国北极星导弹研制工程和阿波罗登月工程等大型工程项目的提前和如期完成。

3. 及时性原理

即管理控制系统能迅速发现问题并及时采取纠偏措施，行动计划给组织带来的损失就越小。控制的及时性，一方面要求及时准确地提供控制所需的信息，避免事过境迁，使控制失去应用的效果；另一方面要估计可能发生的变化，使采取的措施与已变化了的情况相适应，即纠偏措施的安排应有一定的预见性。管理者不仅要善于控制现状，更要控制现状所预示的发展趋势。控制趋势的关键，在于从现状中揭示倾向，当趋势刚露出苗头，就要敏锐地察觉到并把握它。

控制是通过纠偏来保证目标的实现的，因此控制信息要力求准确而及时。因此，要准确、及时地制定控制的标准、评估实际业绩、分析存在的差异并采取相应的控制措施。

4. 弹性原理

尽管人们努力探索未来，预测未来，但未来的不可预测性始终是客观存在的。我们努力追求预测的准确性，但不准确性总会存在。如果控制不具有弹性，则执行时不免被动。

为了提高控制系统的有效性，就要使控制系统具有一定的灵活性。弹性原理要求制定多种应付变化的方案且留有一定的后备力量，并采取多种灵活的控制方式来达到控制的目的。

5. 经济性原理

即管理者越能把要把控制所需的费用与控制所产生的效果进行经济上的比较，越能够做到利可图时才实施控制。控制是一项需要投入大量的人力、物力和财力的活动，其耗费之大正是许多问题应予控制而没有加以控制的主要原因之一。是否进行控制，控制到什么程度，都涉及费用，因此必须考虑控制的经济性。

控制的经济性，一是要求有选择地实行控制，全面周详的控制不仅是不必要的，也是不可能的。要正确而精心的选择控制点，太多会不经济，太少会失去控制。二是要求努力降低控制的各种耗费而提供控制效果，改进控制方法和手段，以最小的成本查出偏离计划的现有或潜在的原因。花费少而效率高的控制系统才是有效的控制系统。

第二节　控制的过程与方法

一、控制过程

控制工作的过程涉及 3 个基本步骤：第一步是为应完成的任务制定标准；第二步是根据标准衡量实际绩效；第三步是鉴定偏差并采取措施纠正偏差。纠正偏差是关键。

（一）确立标准

1. 确定控制对象

在确立控制的标准之前，首先要确定标准的载体——控制对象，即管理者控制什么？美国管理学家斯蒂芬 · P · 罗宾斯认为企业控制的对象应该包括以下 5 个方面，即人员、财务、作业、信息和组织的总体绩效。

（1）人员。组织是通过人员来实现其目标的。为了实现目标，管理者需要而且必须依靠下属员工，因此管理者对员工进行控制，使之按照组织所期望的方式去工作是非常重要的。对人员进行控制的一个最简明的方法就是直接巡视。在日常工作中，管理者的任务是观察员工的工作并纠正出现的问题。

一种非常正规的人员控制方法就是对员工的工作进行系统化的评估，这样每一位员工的工作绩效都可以得到鉴定。罗宾斯总结了一些行为控制方法。在实践中，管理者几乎用到了所有列举的方法以提高员工努力工作的可能性和积极性，见表 12 – 2。

表 12 – 2　　行为控制手段

甄选	识别和雇佣那些价值观、态度和个性符合管理当局期望的人
目标	当员工接受了具体目标，这些目标就会指导和限制他们的行为
职务设计	职务设计的方式很大程度上决定着人们可从事的任务、工作的节奏、人们之间的相互作用，以及类似的活动
定向	员工定向规定了何种行为是可以接受的和不可接受的
直接监督	管理者亲临现场可限制员工的行为并迅速发现偏离标准的行为
培训	正式培训计划能够向员工传授期望的工作方式
传授	老员工正式或非正式的传授活动向新员工传递了“该知道和不该知道”的规则
正规化	正式的规则、政策、职务说明书和其他规章制度规定了可接受的行为和禁止的行为
绩效评估	员工会以符合各种指标的行为方式行事
组织报酬	报酬是一种强化和鼓励期望行为和消除不期望行为的手段
组织文化	通过故事、仪式和高层管理者的表率作用，文化传递了什么构成人们的适宜行为的信息

（2）财务。企业的首要目标是获得利润。在追求这个目标时，管理者需要借助于成本控制来降低成本并使资源得到充分利用。他们可能审阅每季度的收支报告以发现多余的支出，也可能计算几个常用的财务指标（如：流动比率，速动比率，资产负债率，存货周转率，总资产周转率，销售利润率，投资收益率等），以考察组织的资产和负债状况，进而保证有足够的资金支付各种费用，保证债务负担不至于太重，保证所有的资产都得以有效利用。

（3）作业。一个组织的成功，很大程度上取决于它在生产产品或提供服务方面的效率和效果。作业控制方法是用来评价一个组织的转换过程的效率和效果问题的。典型的作业控制包括：监督生产活动以保证其按计划进行；评价购买能力，以尽可能低的价格提供所需质量和数量的原材料；监督组织的产品或的质量，以保证满足预定的目标；保证所有的设备得到良好的维护。

（4）信息。组织需要获得信息来帮助完成其工作。不精确、不完整、过多的或延迟的信息将会严重降低组织效率。因此，应该开发这样一个管理信息系统，使其能在正确的时间、以正确的数量，为正确的人提供正确的数据信息。

（5）组织绩效。组织绩效是组织上层管理者关注的核心，它反映了组织目标的达成与否和计划的执行情况。管理者们非常关心他们所在组织的绩效，在一些大的组织中往往需要设立专门的机构来经常考察和衡量组织的整体绩效，以便为管理者的控制工作提供依据。但组织内部的机构和管理者并不是唯一的衡量其组织绩效的主体，顾客和委托人在他们选择生意对象时也会对此作出判断，证券分析家、潜在投资者、潜在贷款者和供应商也会作出判断，即便是组织雇员，他们也会对组织作出评价。

2. 选择控制的重点

为了维持或改进一个组织的整体效果，管理者应该关心控制。但是，衡量一个组织的效果并没有一个单一的衡量标准。生产率、效率、利润、员工士气、产量、适应性、稳定性，以及员工的旷工率等毫无疑问都是衡量整体绩效的重要指标。但是，其中任何一个单独的指标都不能等同于组织的整体绩效。组织应该从中选择若干关键绩效领域作为控制的重点，一般包括以下几个方面：

（1）获利能力：利润和利润率是衡量企业经营成败的综合标志；

（2）市场地位：市场地位是指对企业产品在市场上占有份额的要求。它是反映企业的竞争实力的一个重要标志；

（3）生产率：生产率标准可以用来衡量企业各种资源的利用效果，其中最重要的是劳动生产率标准；

（4）产品引导地位：技术先进水平和功能完善程度，需定期评估；

（5）人员发展：要制定和实施人员发展规划；

（6）员工态度：员工的工作态度对企业目前的成果和未来的发展有着非常重要的影响，要以科学的方法来测定；

（7）公共责任：据有关部门的调查进行调整；

（8）短期目标与长期目标的平衡：要统筹长短期关系，兼顾短期利润与长期的需要。

3. 选择控制的标准

控制标准的订立对计划工作和控制工作实际起着承上启下或连接的作用。如前所述，计划是控制的依据，但各种计划的详尽程度是各不一样的。有些计划已经制定了具体的、可考核的目标或指标，这些指标就可以直接作为控制的标准。但大多数的计划是相对比较抽象、概括的，这时往往需要将计划目标分解为一系列更具体的、可测量和考核的标准，以便于对所要求的行为结果加以测评。

所谓标准是指作为一种规范或指标而建立起来的测量单位和尺度。作为控制的依据和基础，管理控制的第一步就是拟定一些具体的标准。没有标准，组织的绩效也就无从考核，控制也就没有了依据。控制标准的类型包括：

（1）实物标准。实物标准是非货币形式的衡量标准，普遍使用于基层单位，如使用原材料、雇佣劳动力、提供产品或服务等的标准。这些标准可以反映任务或工作的数量方面，也可以反映任务或工作的质量方面。从某种意义上讲，实物标准是计划工作的基石，也是控制的基本标准。

（2）费用标准。费用标准是货币形式的衡量标准，又被称为成本标准。费用标准是以货币价值来衡量因作业造成的消耗，即作业消耗的货币价值形式。同实物标准一样，费用标准也适用于基层单位。

（3）资本标准。资本标准与投入一个企业的资金有关，而与经营费用无关。对于新的投资和综合控制而言，最广泛运用的资本标准是投资回收率，还有其他资本标准，如流动比率、资产负债率、固定投资与总投资的比率、速动比率、短期负债或债券与股票的比率，以及存货周转率和存货规模的大小等。资本标准主要与资产负债表有关，而与损益表无关。

(4) 收益标准。收入标准是销售额的货币价值形式。

(5) 计划标准。计划标准是以组织计划的完成质量作为衡量标准，如计划的完成时间、可行性程度以及实际执行情况与计划的吻合程度等。

(6) 无形标准。一些问题要建立清晰的定量和定性标准是极其困难的。如主管人员对下属的人事科长或医务主任的能力的评价。在任何一个组织中，都存在着许多无形标准。在这些情形下，主观判断、反复试验、知觉便成为衡量的依据。

4. 制定标准的方法

标准的设立应当具有权威性和可操作性，常用的拟定标准的方法有 3 种：

(1) 统计方法。即根据组织的历史数据记录或对比同类组织的水平，用统计学的方法来确定标准。统计性标准，也叫历史性标准，是以分析反映企业经营在各个历史时期状况的数据为基础来为未来活动建立的标准。历史统计资料作为某项工作确定标准的依据具有简便易行的好处，但是据此制定的工作标准可能低于同行业的卓越水平，甚至是平均水平。统计方法常用于拟定与企业的经营活动和经济效益有关的标准。

(2) 经验估算法。即指由经验丰富的管理者根据经验和判断来估计预期结果、来制定标准。使用经验估算法要注意利用各方面的管理人员的知识和经验，综合大家的判断，列出一个相对先进合理的标准。

(3) 工作分析方法。即指对控制对象进行全面、科学的工作分析，如作业活动的动作研究、管理工作的职务分析、机器的最大产出等，以准确的技术参数和实测的数据作为基础来制定标准，在客观的定量分析的基础上建立工程（工作）标准。

（二）衡量工作成效

控制既然是为了纠正实际工作结果与标准要求之间的偏差，就必须首先掌握工作实际情况，就要以通过一定的方法搜集到大量的有关信息作为基础。

1. 信息收集的要求

(1) 及时性。所谓及时就是组织的管理信息系统要灵敏、迅速地发现和提供管理活动所需要的信息。这里包括两个方面：一方面，要及时地发现和收集信息。现代社会的信息纷繁复杂，瞬息万变，有些信息稍纵即逝，无法追忆。因此信息的管理必须最迅速、最敏捷地反映出工作的进程和动态，并适时地记录下已发生的情况和问题。另一方面要及时传递信息。信息只有传输到需要者手中才能发挥作用，并且具有强烈的时效性。因此，要以最迅速、最有效的手段将有用信息提供给有关部门和人员，使其成为决策、指挥和控制的依据。

(2) 可靠性。信息不仅要求及时，而且必须准确。只有准确的信息，才能使决策者作出正确的判断。失真以至错误的信息，不但不能对管理工作起到指导作用，相反还会导致管理决策的失误。为保证信息准确，首先要求原始信息可靠。只有可靠的原始信息才能加工出准确的信息。信息工作者在收集和整理原始材料的时候必须坚持实事求是的态度，克服主观随意性，对原始材料认真加以核实，使其能够准确反映实际情况。其次是保持信息的统一性。一个管理系统的各个环节，既相互联系又相互制约，反映这些环节活动的信息有着严密的相关性和系统性。所以，系统中许多信息能够在不同的管理活动中共同享用，这就要求系统内的信息应具有统一性。同时，在加工整理信息时也要注意信息的统一性，例如使用相同的计量单位，以免在信息使用时造成混乱现象。

（3）信息完整性：是指信息在输入和传输的过程中，不被非法授权修改和破坏。保证信息完整性需要防止数据的丢失、重复及保证传送秩序的一致。保证各种数据的完整性是收集信息的基础。数据的完整性被破坏可能导致管理控制过程发生偏差，将影响整个控制过程的顺利完成，甚至造成麻烦。

（4）适用性：信息的形式应恰当适用，信息的内容要与决策、战略等要求相一致。

2. 衡量绩效的常用方法

在管理实践中，管理者经常通过 4 种方式收集绩效信息，进行实际绩效评价。

（1）个人观察。个人观察能够为控制工作提供员工执行实际工作的第一手资料。例如一些管理者深入生产车间观察基层员工的工作行为和工作态度。个人观察包含的信息非常广泛，尤其是走动管理，可以获得面部表情、语调及懈怠等常被其他来源忽略的信息。这些信息直接反映给管理者，避免了可能出现的遗漏、忽略和信息失真。但个人观察也有许多局限性：①费时费力，管理人员必须走出办公室下基层才能获得一手资料。②仅凭简单观察往往难以考察现象背后更深层次的实质。③由于观察时间占工作总时间的比例有限，往往不能全面了解各个方面的工作情况。④工作人员在被观察时往往与不被观察时不同，管理者得到的可能只是假象。但是，个人观察仍是检查职工绩效使用最广泛的手段，同时可能也是最佳的手段。

（2）统计报告。统计报告是对采集到的实际工作数据进行统计加工处理后得到的报告。这种报告有文字、图形、图表等，并按管理者的要求列出各种数据，可以清楚有效地显示各种数据之间的关系。但是，统计报告的应用价值受两个因素制约：①真实性，即统计报告所采集的原始数据是否准确，使用的统计方法是否正确，统计人员的是否诚实，统计结果是否与初始数据相一致。②全面性，即统计报告只能提供几个关键数据，管理者往往难以肯定是否完全包括了工作衡量的重要方面，是否忽略、遗漏或掩盖一些关键的重要因素。

（3）口头汇报。口头汇报的形式如各种会议、一对一的谈话或电话交谈等。例如有的组织规模比较大，工作地点分布在不同的地区，就有必要实施电话报告的形式。这种信息经过过滤，快捷方便，即时反馈，同时可以通过语音语调和词汇本身来传递。口头收集信息的主要缺点是报告内容易受报告人的主观影响和报告环境气氛的影响。

（4）书面报告。与统计报告相比，书面报告显得要慢一些；与口头汇报相比，它显得正式、全面，更容易分类存档和查找，报告的质量也更容易得到控制。但书面报告的应用价值也受两个因素的制约：一是真实性，二是全面性。有时管理者也难以肯定报告中是否全部包括了涉及工作衡量的重要方面，是否遗漏或掩盖了其中的一些关键点。

由于上述 4 种形式提供的信息各有优缺点，因此，管理者在控制中必须综合使用这 4 种信息，并扩大信息来源，提高信息的质量。

（三）纠正偏差

1. 实施纠偏措施的过程

（1）进行差异分析。差异分析是将标准与工作绩效结果进行对比，确定实际工作绩效与标准之间是否存有偏差、偏差的大小和方向，为进一步采取管理行动提供依据。差异分析是控制过程中最需要理智分析的环节。

①偏差。比较分析的结果有两种可能：存在偏差；不存在偏差。当评价结果与理想标准相比有较大偏差时，就发生了不良绩效。

②偏差的大小。在管理实践中，并非与标准不符合的结果都被归结为偏差，往往有一个与标准稍有出入的允许偏差范围。例如，某企业制定的生产率标准要求每个工人每天加工60件产品，一个可接受的偏差范围是正负3件，即57～63件之间即属正常。一般情况下，工作结果只要在这个范围内就不认为是出现了偏差。一旦工作结果显著地超出了可接受的偏差范围之外，就认为是发生了偏差，管理者就应该高度重视和警惕，并决定采取何种纠偏措施。因此，确定可接受的偏差范围是非常重要的。

③偏差的方向。发生偏差可能有两种情况：①正偏差，即完成的工作绩效优于标准。正偏差是有益的，但对正偏差的原因应进行详细分析：是否是偶然情况，是员工的努力，还是原定的计划标准太低等。如果是真实的正偏差情况，企业还要考虑现有的资源能力能否满足组织的超速发展。例如当市场需求扩大导致企业销量逐渐增加，那么企业就要思考是否有足够的库存和生产能力，如若不然则更须及时采取措施以提升企业能力。②负偏差，即工作绩效没有达到标准。

④找出偏差产生的主要原因。在管理实践中，管理者应充分利用局部控制，将工作过程分步骤分环节地进行考量，分析偏差出现的真实原因。一般来讲，导致偏差和绩效不良的原因可以归纳为3个方面：①计划或标准本身存在偏差，即标准设置不合理或不具可衡量性。②组织内部因素的变化，如营销工作组织不力、员工工作懈怠、激励和约束机制作用不灵、职权责不清、授权或分权不当、忽视合作、管理技术不适应管理需要、管理者或操作者的风险与收益不对称导致其为追求自身利益而使组织承受风险或遭受亏损等。③组织外部环境发生变化，原来被认为正确的计划不再适应新形势的需要。

（2）确定纠偏措施的实施对象。在纠偏过程中，需要纠正的可能不仅是企业的实际活动，也可能是指导这些活动的计划或事先确定的衡量这些活动的标准。如大部分员工没有完成劳动定额，可能不是由于全体员工的抵制，而是定额水平太高；承包后企业经理的兑现收入可高达数万甚至数十万，可能不是由于经营者的努力数倍或数十倍于工人，而是由于承包基数不恰当或确定经营者收入的挂钩方法不合理；企业产品销售量下降，可能并不是由于质量劣化或价格不合理，而是由于市场需求的饱和或周期性的经济萧条等。因此，纠偏的实施对象可能是组织进行的活动，也可能是衡量的标准，甚至是指导活动的计划。

导致计划目标或标准调整的原因可归纳为两个方面：一是原先的计划或标准制定得不科学，在执行中发现了问题；二是由于客观环境发生了预料不到的变化，原来被认为正确的计划不再适应新形势的需要。负有控制责任的管理者应该认识到，外界环境发生变化以后，如果不对预先制定的计划和行动准则进行及时的调整，那么，即使内部活动组织得非常完善，企业也不可能实现预定的目标。

（3）选择适当的纠偏措施。具体的纠偏措施有两种：一是立即执行的临时性应急措施；另一种是永久性的根治措施。对于那些迅速、直接地影响组织正常活动的急迫问题，多数应立即采取补救措施。例如，某一种规格的部件一周后如不能生产出来，其他部门就会受其影响而出现停工待料，此时，不应花时间考虑该追究什么人的责任，而要采取措施确保按期完成任务。管理者可以凭借手中的权力，采取如下行动：要求工人加班加点，短期突击；增添工人和设备；派专人负责指导完成等。危机缓解以后，则可转向永久性的根治措施，如更换车间管理人员，变更整个生产线，或者重新设计部件结构等。现实中不少管理者在控制工作中常常局限于充当“救火员”的角色，没有认真探究“失火”的原因，进而采取根治措施以消除偏差产生的根源和隐患。长此以往，必将使组织置于被动的境地。

2. 纠偏措施的选择和实施过程中要注意的问题

（1）使纠偏方案双重优化。判断矫正方案的合适性需要考虑两方面的要求，即使纠偏方案双重优化。第一重优化是考虑纠偏工作的经济性。如果管理人员发现纠偏工作的成本大于偏差可能带来的损失，管理人员将放弃纠偏行动。若要纠偏，应使纠偏的成本小于偏差可能带来的损失。第二重优化是在管理控制工作满足经济性要求的前提下，通过对各种可行矫正方案比较分析，选择其中投入最少、成本最小、解决偏差效果最好的方案来组织实施。

（2）充分考虑原先计划实施的影响。在控制的过程中，由于组织对客观环境的认识能力提高，或者由于客观环境本身发生了变化而引起的纠偏需要，可能会需要对原先的部分计划、甚至全部计划进行否定，从而要求对企业活动的方向和内容进行重大的调控。但是这时，企业外部的经营环境或内部的经营条件往往已经由于初始决策的执行而有所改变。因此，在制定和选择纠偏措施时，要充分考虑到伴随着初始决策的实施已经消耗的资源，以及这种消耗对客观环境造成的种种影响和人员思想观念的转变等情况。

（3）注意消除组织成员对纠偏措施的疑虑。控制人员要充分考虑到组织成员对拟采取纠偏措施的不同态度，特别是要注意消除执行者的疑虑，争取更多的人理解、赞同和支持纠偏措施，以避免在纠偏方案实施过程中出现人为障碍。

二、有效控制要求

如果控制使用正当，无疑将有助于主管人员掌控非预期的因素，实现战略目标。一个有效的控制系统应包括如下特征：

（一）适时控制

适时性指控制系统应该及时提供信息，迅速作出管理上的反应。如果反应过于迟缓，修正措施将毫无价值。如进口产品检验不合格，过了索赔期，对方就不承担责任。

时滞现象是反馈控制的一个难以克服的困难。因为虽然检查实施结果，并将结果同标准进行比较，找出偏差，可能不会花费很多时间；但分析偏差原因，提出纠正偏差的具体方法也许旷日持久。所以当真正采取一些办法去纠正偏差时，实际情况可能有了很大变化。

如何解决这种问题？较好的办法是建立企业经营状况的预警系统来实现。我们可以为需要控制的对象建立一条警报线，反映经营状况的数据一旦超过这个警戒，预警系统就会发出警报，提醒人们采取必要的措施防止偏差的产生和扩大。

（二）适度控制

适度控制是指控制的范围、程度和频度要恰到好处。虽然任何组织都需要控制，但控制系统的大小各异。不管管理者应用怎样的控制，它必须与涉及的工作相适合并是经济的。

对适度控制的要求体现在这两方面，一方面，过多的控制会扼杀组织中成员的积极性、主动性和创造性，会抑制他们的首创精神，从而影响个人能力的发展和工作热情的提高，最终影响企业的效率；另一方面，控制不足将不能使组织活动有序地进行，不能保证各部门活动进度和比例的协调，造成资源的浪费。此外，过少的控制还可能使组织中的个人无视组织的要求，我行我素。此外，过少的控制还可能使组织中的个人无视组织的要求，从而导致组织的涣散和崩溃。

（三）客观控制

控制系统必须是精确的，这道理似乎是显而易见的。然而，在现实生活中，许多管理人员的决策往往是基于不精确的信息。销售人员在估计销量时说些模棱两可的话，以迎合主管上司的看法；生产车间的管理人员为了达到上级指定的目标隐瞒生产成本的上升；一些管理者为了得到领导的青睐而虚报成绩。这些都给管理人员的正确决策带来了负面影响。

要客观地控制，第一是尽量建立客观的计量方法，即尽量把绩效用定量的方法记录并评价，把定性的内容具体化。第二是管理人员必须谨慎适当地去解释所获得的信息。数字的客观性不能代表一切，管理人员在作决策时还应看到数字背后的真正含义。如销售每月提高销量多少，上层管理部门对这类报告显然会感到高兴，但是，在销量提高的背后，也许是销售员擅自提供了折扣，或对产品的功效作了不切实际的保证，或答应较早的交货期等。第三是管理人员要从组织目标的角度来观察问题，避免个人偏见和成见。

（四）弹性控制

企业在生产经营过程中经常可能遇到某种突发的、无力抗拒的变化、如环境突变、计划疏忽、计划变更、计划失败等；这些变化使企业计划与现实条件严重背离。有效的控制系统应在这种情况下仍应有足够的灵活性去保持对运行过程的管理控制，也就是说，应该具有一定的弹性。例如在工程项目建设中在对地质进行勘测、工程测量时经常会发生偏差，导致工程费用急剧上升，因此，在做总投资估算时都有预备费的预算。事实上，弹性控制最好是通过弹性的计划和弹性的衡量标准来实现。在制定计划时，充分考虑到未来企业经营可能出现的不同水平，从而为标志经营规模的不同参数值规定不同的经营额度，使预算在一个可接受的范围内变化。

三、控制的方法

（一）预算控制

预算是一种传统的控制手段，也是政府部门和企业使用最广泛的控制方法之一。预算是指组织或部门用货币或其他数量形式来编制一个时期内的计划，对组织活动所需的成本、费用、支出等进行事前安排，以及支出过程中的控制。预算作为一种主要的控制手段，属于计划的范畴，是对未来一段时期内组织收支情况的设计。组织的管理人员可以根据预算的指标来衡量计划的执行情况，并据以采取有针对性的控制行动。

1. 预算的种类

按照不同标准，可将预算划分为许多种类。这里按照内容，将预算划分为经营预算、投资预算和财务预算 3 类。

（1）经营预算。经营预算是指经营性组织或部门在日常活动中所发生的各种基本收支的预算。例如，企业的经营预算主要应包括销售预算、生产预算、直接材料采购预算、生产单位成本预算等。其中，销售预算是预算控制的基础。企业首先应根据市场预测和企业生产能力的情况，确定销售目标，编制年度及季度、月份的销售数量、销售单价、销售金额和销售收入等情况。

（2）投资预算。投资预算是指针对组织或部门的固定资产购置、扩建、改造、更新、新建等投资活动，在可行性分析的基础上编制的预算。它具体反映了投资时间、数量、资金来源、预期收益等情况。一般而言，投资预算应与组织的发展战略紧密联系起来。

（3）财务预算。财务预算是指组织或部门在计划期间内，反映有关现金收支、经营绩效及财务状况的预算，主要包括现金预算、预计收益表、预计资产负债表及预计财务状况变动表等内容。财务预算可以成为各项经营业务和投资的整体计划，故也称“总预算”。

2. 预算的编制程序

在现代管理系统中，预算一般由组织的高层管理人员与控制人员制定，然后传达给下级管理人员和员工。具体而言，预算编制应遵循以下几个基本步骤：

（1）下属各职能部门制定本部门的预算方案，由上级部门的管理者审批；

（2）上级管理这对下属各部门的预算草案进行综合平衡，并制定出本部门的总预算草案；

（3）预算委员会（一般由高层管理人员与部门权威人士组成）审核各部门的预算草案，进行综合平衡；

（4）预算委员会与高层管理者进行协调，拟订出本组织的预算方案；

（5）预算委员会将整个组织的预算草案呈报组织高层管理者审批；审批后将预算方案在组织内逐级传达。

以上是预算过程的基本步骤。在管理实践中，不同的组织或部门，其预算过程与方式可能千差万别、形式各异。

3. 预算编制的方法

（1）固定预算法。即组织假定在计划期的条件与基期相比没有什么变化，以基期某一个时点或者某一个时间段的预算执行的情况作为标准进行计划期的预算编制。又称为静态预算。

（2）比例增长法。即组织假定计划期的支出会在基期预算的基础上有一定比例的增长，并按照这个比例确定计划期内的预算。

（3）零基预算法。即组织在预算时不以基期支出作为标准，而是重新对计划期内的活动进行全面的评估和预测，重新确定预算。

（二）生产控制

1. 对供应商的控制

（1）目前比较流行的做法是在全球范围内选择供应商。

（2）改变与供应商之间的竞争关系。传统的做法在十余家、甚至数十家供应商中进行选择，鼓励他们互相竞争，从中选取能够提供低价格高质量产品的供应商。

（3）还有一种控制供货商的方法是持有供货商一部分或全部股份，或由本企业系统内部的某个子企业供货。

2. 库存控制

主要控制方法有：经济订货批量法、JIT 库存系统法等。对库存的控制主要是为了减少库存，降低各种占用，提高经济效益。管理人员使用经济订购批量模型（Economic Order Quantity）计算最优订购批量，使所有费用达到最小。

3. 质量控制

狭义的质量指产品的质量；而广义质量除了涵盖产品质量外，还包括工作质量。产品质量主要指产品的使用价值，即满足消费者需要的功能和性质。这些功能和性质可以具体化为下列5个方面：性能、寿命、安全性、可靠性和经济性。工作质量主要指在生产过程中，围绕保障产品质量而进行的质量管理工作的水平。

质量管理和控制已经经历了三个阶段，即质量检验阶段、统计质量管理阶段和全面质量管理（Total Quality Management）阶段。

（三）比率分析控制

1. 财务比率

通过分析企业的流动比率、速动比率、负债比率、盈利比率，检测企业财物状况以及风险控制能力。

（1）流动比率。

流动比率 = 流动资产合计/流动负债合计 ×100%

流动资产，是指企业可以在1年或者超过1年的一个营业周期内变现或者运用的资产，主要包括货币资金、短期投资、应收票据、应收账款和存货等。

它反映了企业偿还需要付现的流动债务的能力。一般生产企业合理的最低流动比率是2。

（2）速动比率。

速动比率 = 速动资产/流动负债 ×100%

其中速动资产是指流动资产中可以立即变现的那部分资产，如现金，有价证券，应收账款及预付账款。通常认为正常的速动比率为1，低于1的速动比率被认为短期偿债能力偏低。

但应注意的是，流动比率高的企业并不一定偿还短期债务的能力就很强，因为流动资产之中虽然现金、有价证券、应收账款变现能力很强，但是存货、待摊费用等也属于流动资产的项目则变现时间较长，特别是存货很可能发生积压、滞销、残次、冷背等情况，流动性较差。

（3）资产负债比率。

资产负债率 =（负债总额/资产总额）×100%

公式中的负债总额包括长期负债和短期负债。资产总额是扣除累计折旧后的净额。该指标一般在50%左右为宜。

（4）盈利比率。盈利比率是企业利润与销售额或全部资金等相关因素的比例关系。常用的比率有销售利润率和自由资金利润率。

销售利润率 = 利润总额 ÷ 营业收入 ×100%

自有资金利润率 = 净利润 ÷ 平均自有资金 ×100%

2. 经营比率

主要通过库存周转率；固定资产周转率；销售收入与销售费用比率，了解企业经营状况，为决策提供参考。

库存周转率是销售总额与库存平均价值的比例关系，它反映了与销售收入相比库存数量是否合理，表明了投入库存的流动资金的使用情况。例如，某制造公司在2023年一季度的销售物料成本为200万元，该季度初的库存价值为30万元，该季度底的库存价值为50万元，那么其库存周转率为 $200/[(30+50)/2]=5$ 次。相当于该企业用平均40万元的现金在一个季度里面周转了5次，赚了5次利润。照次计算，如果每季度平均销售物料成本不变，每季度底的库存平均值也不变，那么该企业的年库存周转率就变为 $200\times4/40=20$ 次。就相当于该企业一年用40万元的现金赚了20次利润。

固定资产周转率也称固定资产利用率，是企业销售收入与固定资产净值的比率。固定资产周转率主要用于分析对厂房、设备等固定资产的利用效率，比率越高，说明利用率越高，管理水平越好。如果固定资产周转率与同行业平均水平相比偏低，则说明企业对固定资产的利用率较低，可能会影响企业的获利能力。它反映了企业资产的利用程度。

销售收入与销售费用的比率。这个比率表明单位销售费用能够实现的销售收入，在一定程度上反映了企业营销活动的效率。由于销售费用包括了人员推销、广告宣传、销售管理费用等组成部分，因此还可进行更加具体的分析。比如，测度单位广告费用能够实现的销售收入，或单位推销费用能增加的销售收入等。

反映经营状况的这些比率也通常需要进行横向的（不同企业之间）或纵向的（不同时期之间）比较，才更有意义。

（四）行政控制方法

1. 报告

即由下级搜集计划执行情况的信息，并综合成报告，上报给管理者的一种方法。控制报告应该突出重点，提出例外情况，应简明扼要，并应适时。这可以节省管理者的时间，但不便于管理者掌握第一手资料。

2. 视察与指导

即管理者到工作现场进行巡视、观察，直接搜集信息，并进行指导与纠正偏差等过程。这是一种最古老、最直接的控制方法，但仍是管理者最经常使用的控制方法。

3. 考核与评估

指对管理对象所进行的各种考核与评估的方法或技术。它既包括对实现组织职能的各种活动的进度、状况、效果的考核与评估，也包括对各级、各类人员的素质及工作绩效的考核与评价。

（五）审计法

审计是常用的一种控制方法，它包括财务审计与管理审计两大类。

1. 财务审计

是以财务活动为中心内容，以检查并核实账目、凭证、财务、债务以及结算关系等客观事物为手段，以判断财务报表中所列出的综合的会计事项是否正确无误，报表本身是否可以信赖为目的的控制方法。通过这种审计还可以判明财务活动是否合法，即是否符合财经政策和法令。

2. 管理审计

指以管理学基本原理为评价准则，系统地考查、分析和评价一个组织的管理水平和管理成效，进而采取措施使之克服存在的缺点或问题的工作过程。管理审计的对象是管理系统的管理质量，所关注的不是一个组织最终所取得的工作成效如何，而是一个组织是如何进行工作的，即关注的是其内在的素质和能力。通过管理审计，找出提高组织及其成员的素质与能力的关键所在，从而确保组织及其主管人员能够有效地从事管理工作。

审计还有外部审计和内部审计之分，外部审计是指由组织外部的人员对组织的活动进行审计；内部审计是组织自身专门设有审计部门，以便审计本组织的各项活动。

四、最优的控制方法

（一）零基预算法

零基预算法是指在每个预算年度开始时，把所有还在继续开展的活动都视为从零开始，预算也以零为基础。零基预算法与传统的预算法截然不同。传统的预算编制，一般均以基期的各种项目费用的实际开支为基础，根据计划期间各种变动因素的情况来确定各项费用。零基预算法则不然，其基本的指导思想是在编制预算时，不以过去的实际开支作标准，而以组织目前的需求和发展趋势重新估量，通过对每项费用开支合理性的重新审定，在“成本—收益”分析的基础上确定预算。

1. 零基预算法的优势

与传统的预算方法比，零基预算具有以下较为明显的优势：

（1）有利于控制组织内部的各种随意性开支，对组织的预算膨胀趋势起到制约作用，可大大节约成本。

（2）有利于组织的高层管理者将精力集中于战略性的重大项目上来，并有利于将组织的当前目标、实现的效益与长远目标有机地结合起来。

（3）有利于对整个组织作全面地审核。

（4）有利于提高管理者在计划、预算、控制等方面的水平。

2. 零基预算法的编制程序

零基预算的编制，可分为以下几个步骤：

（1）有关管理者在审核预算之前，应明确长远目标与近期目标之间的关系，建立起可以量化考核的目标体系。

（2）审核预算时，以零为基点评价组织的一切活动。要求所有申请预算的项目或部门均须提交下一年度的计划；凡新增项目，必须提交可行性分析报告；所有继续进行的活动或项目，均须提交计划完成情况的报告等。

（3）确定真正必要的项目或活动之后，根据新的目标体制，重新确定各项管理活动的先后次序。

（4）进行成本—效益分析，科学审定每项工作的支出和收益，编制预算，使资金按照重新核定的标准支用和回收。

3. 采用零基预算法应注意的问题

实践证明，零基预算法较为适合于政府机关、企事业单位内的行政部门与辅助部门。但是，组织或部门在编制预算的操作过程中，由于一切以零为起点进行重新评价和计算，编制预算的工作量非常大，因此投入的人力、物力及时间可能很多，在安排项目的优先次序时也难免存在着主观片面性。所以，采用零基预算法时，应注意以下几点：

（1）预算主持者应对组织目标认识明确。主持者认识明确，才能敏锐地区分哪些活动是必要的，哪些是不必要的。

（2）负责对预算进行最后审批的管理者应亲自参加活动和项目的评价过程，并担负起自己的责任。

（3）应发扬创新精神。管理者应鼓励创新，培养创新意识，这有助于制定出既能提高效益，又可降低成本的行动计划。实际上，零基预算法的本质就在于突破传统习惯和常规，更新观念，提倡从零开始，从事创造活动。

（二）平衡计分卡方法

平衡计分卡（Balanced Score Card），源自哈佛大学教授罗伯特·卡普兰诺朗诺顿研究所所长、美国复兴全球战略集团创始人兼总裁戴维·诺顿发展出的一种全新的组织绩效管理方法。

如图 12－2 所示，平衡计分卡的核心思想就是通过财务、客户、内部流程及学习与发展 4 个方面的指标之间的相互驱动的因果关系展现组织的战略轨迹，实现绩效考核——绩效改进以及战略实施——战略修正的战略目标过程。它把绩效考核的地位上升到组织的战略层面，使之成为组织战略的实施工具。

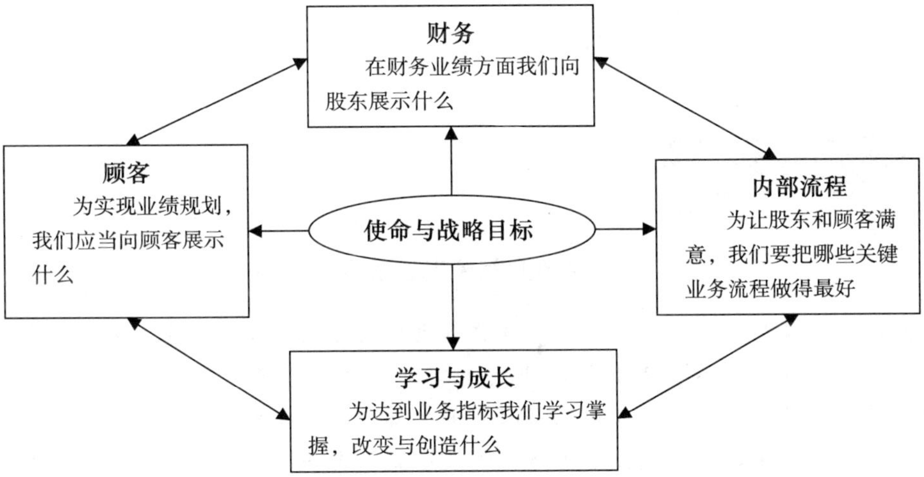

图 12－2　平衡计分卡的核心思想

平衡计分卡打破了传统的单一使用财务指标衡量业绩的方法。而是在财务指标的基础上加入了未来驱动因素，即客户因素、内部经营管理过程和员工的学习成长。

关键词

控制 Controlling　　控制职能 Controlling Function

控制类型 Controlling Category　　控制工作过程 Controlling Procee

思考题

1. 如果在管理过程中不采取控制活动，会产生什么后果？
2. 前馈控制、现场控制和反馈控制分别的优缺点有哪些？
3. 在管理过程中，组织控制的对象包括哪些内容？
4. 一个控制系统应该有哪些方面的考虑？
5. 什么是零基预算法？

管理定律

破窗效应。其认为环境中的不良现象如果被放任存在，会诱使人们仿效，甚至变本加厉。以一幢有少许破窗的建筑为例，如果那些窗不被修理好，可能将会有破坏者破坏更多的窗户。最终他们甚至会闯入建筑内。一面墙，如果出现一些涂鸦没有被清洗掉，很快的，墙上就布满了乱七八糟、不堪入目的东西；道路一处有些许纸屑，不久后就会有更多垃圾，最终人们会视若理所当然地将垃圾顺手丢弃在地上。这个现象，就是犯罪心理学中的破窗效应。

案例分析讨论

汉诺弗航天电子公司

汉诺弗航天电子公司总经理沃伦·汉诺弗和其他几家大型军工承包公司的总经理在华盛顿刚同国防部长会谈过。这位部长提起下列事实，给这些总经理留下了深刻印象。部长指出，政府方面坚决认为军工承包公司应该有良好的管理和严格的控制，以使在国防经费日益短绌的条件下提高产量，特别是鉴于近年来通货膨胀的激化更应如此。部长强调指出，从现在开始，国防部将认真检查承包公司管理的实际做法，凡是缺乏有力而有效的控制系统的公司，就不会给它什么重要的合同。

沃伦·汉诺弗和其他公司的总经理都得到了这一信息。汉诺弗回到堪萨斯城的公司总部后，立即召见他的行政副总经理，把国防部长的态度告诉他，同时命他构建一个有效的控制系统。行政副总经理转而召见公司总会计师，把这项指令给了他。总会计师随即把此项任务委派给他的办公室助理，要求她去检索有关控制问题的文献，从中找出能供这家公司采纳的一种控制系统，并要求她在一周内写成建议书交给总会计师。

到了周末，助理不得不向总会计师汇报，她没有找到适用于本公司的控制系统，虽说事实上她翻阅了许多著作和刊物上的文章，可是无济于事。

分析：

（1）如果这位助理充分检索了参考文献的话，她能否找到一种合适的控制系统呢？

（2）如果你是这位助理的话，你将会提出什么样的建议来制定一种有效的控制系统？

第十三章　管理创新

本章要点

1. 创新与管理创新
2. 管理创新的过程
3. 管理的理念创新
4. 管理的技术创新
5. 管理的制度创新

导入案例

海尔的创新

根据市场需求，进行技术创新，这是企业技术创新的出发点和根本归宿。海尔在进行技术创新时遵循着三条原则："课题市场化""成果商品化""目标国际化"。

海尔认为市场是所有企业一切工作的起点和归宿，因而技术创新的课题要从市场中来，又要服务于市场。海尔在确定课题时，紧紧把握住从市场出发，从消费者的不满意点、遗憾点、希望点出发的原则，形成"课题来自于难题"的原则。

成果商品化，创新开发的新技术、新产品，最终要通过商品化回到市场。技术创新最重要的是要有市场效果，这是检验技术创新工作成功与否的重要标准。

目标国际化就是要求企业的技术创新成果在所属技术领域内要达到国际先进水平。技术创新工作绝不能闭门造车，必须立足高起点，"站在巨人的肩膀上"，利用最新科技手段来保障技术创新成果的生命力和竞争力。

适应物联网时代发展变化，海尔深入推进人单合一模式创新，从制造企业转型成为开放的物联网生态，实现攸关方共创共赢；在财务共享管理领域，比如海尔将财务共享中心从传统的"交易处理者"升级为"价值创造者"，应用大数据、区块链等技术，搭建了灵活开放的财务共享服务平台、数据中台，让企业、政府、银行、客商等多方共同参与到财务共享体系建设中，解决了传统财务共享的缺乏创新等痛点；海尔还打通了业务、财务、税务一体化的财务共享全业务流程；同时，打造了与攸关方之间互联互信的体系和应用，实现了与银行、税务局、客户、供应商的系统直连，实现了提升业务办理效率，降低企业管理成本，规避潜在风险等效果，其中，海尔财务打造的税企直连的"智税通"得到了国家税务总局的大力支持与认可。据了解，目前海尔财务共享平台已经为集团4000多个小微，全球100万+业务用户提供全方位、一站式、多流程的共享服务。2021年全球营业额3327亿元，同比增长10%；全球利税总额415亿，同比增长14.3%；生态收入292亿元，同比增长23.5%。

资料来源：根据海尔集团官网资料整理。

第一节　管理创新概述

一、创新与管理创新内涵

关于创新的内涵，不同的人出发点不同，视角不同，提出的观点不同。经济学家约瑟夫·熊彼得于1912年首次提出了“创新”的概念。熊彼得认为，所谓创新就是要“建立一种新的生产函数”，即“生产要素的重新组合”，就是要把一种从来没有的关于生产要素和生产条件的“新组合”引进生产体系中去，以实现对生产要素或生产条件的“新组合”；熊彼得的创新理论主要有以下几个基本观点：第一，创新是生产过程中内生的；第二，创新是一种“革命性”变化；第三，创新同时意味着毁灭；第四，创新必须能够创造出新的价值；第五，创新是经济发展的本质规定；第六，创新的主体是“企业家”。

诺贝尔经济学奖获得者、美国经济学家萨缪尔森认为，“创新是指企业家对生产要素实行新的组合”“创新是企业保证获得超额利润和经济增长的动力”。

经济学家保罗·罗默在1990年发表主张“内生增长”，即知识和创新可以刺激经济增长的理论。他认为管理创新是在创造和掌握新的管理知识的基础上，主动适应外部环境，提高组织整体效能，推动生产要素在质和量上发生新的变化和新的组合过程。

21世纪初所说的创新，在熊彼得的基础上有了很大的延伸和发展，已从单纯的经济学概念演变为含义宽广的哲学概念，包括思想理论创新、科学技术创新、管理创新、经营创新、机制创新、制度创新、知识创新等。

根据以上定义，我们至少可以这样认为，创新包括以下内容：①引进新产品或提供一种产品的新质量。引进新产品属于原创性创新。即把科学技术引入领域，生产出市场需要的产品。比如莱特兄弟发明飞机就属于原创性创新。但原创性创新是很少的，现实中更多的是组合式创新，即提供一种产品的新质量。比如20世纪60年代，波音公司在737基础上生产出747飞机，每架飞机的载客量从几十人增至几百人，结果很快便击败了众多小型飞机制造商，最终成就霸业。通过这种途径创新，必须掌握两条原则：一是了解市场需求，二是运用科学技术。② 采用一种新的生产方法。目的是提高质量、降低成本，这也需要把科学技术引入生产领域；③ 开辟一个新市场。一是要眼观六路，耳听八方，通过收集、处理信息发现市场；二是要根据市场形势，在生产链中随时组合产品；④ 获得一种原料的新来源。这是一种逆向思维的创新途径。此种创新是逆生产链往上游走，在供应商身上打主意，说到底也是一种市场意识，比如集体采购、互联网采购等，都可以有效降低成本。现代物流使企业做到零库存，也可以达到同样的目的。⑤ 采用一种新的企业组织形式。麦当劳的成功一是因为它实现了标准化制作，二是实现连锁经营的形式。而连锁经营就属于组织形式的创新。

管理创新是指企业把新的管理要素（如新的管理方法、新的管理手段、新的管理模式等）或要素组合引入企业管理系统以更有效地实现组织目标的创新活动。管理创新包含以下几层含义：①创造一种新的更有效地资源整合范式；②提出一种新经营思路并加以有效实施；③设计一种新的组织机构并使之有效运转；④提出一个新的管理方式方法；⑤设计一种新的管理模式；⑥设计一项新的制度。

二、创新的职能及其作用

（一）维持和创新是管理的基本职能

从管理过程来讲，计划、组织、领导、控制是保证系统按预定的方向和规则运行，属于管理的“维持职能”。创新作为管理的一种基本职能，就是要不断调整系统活动的内容和目标，以适应环境变化。维持与创新对系统的存在都是非常重要的，是管理的本质内容。有效的管理在于适度维持与适度创新的有机组合。

（二）创新是企业充满活力的源泉

维持是保证组织活动顺利进行的基本手段，对于组织生命的延续是至关重要的。但是，仅有维持是不够的。任何组织都是一个由人财物等众多要素构成的，与外部不断发生物质、信息、能量交换，是一个动态、开放的非平衡组织系统。而组织的外部环境是在不断地发生变化的，这些变化必然会对组织的活动内容、活动形式和活动要素产生不同程度的影响；同时，组织内部的各种要素也是在不断发生变化的。组织内部某个或某些要素在特定时期的变化必然要求或引起组织内其他要素的连锁反应，从而对组织原有的目标、活动要素间的相互关系等产生一定的影响。组织若不及时根据内外变化的要求，适时进行局部或全局的调整，则可能被变化的环境所淘汰，或为改变了的内部要素所不容。这种为适应组织内外变化而进行的局部和全局的调整，便是管理的创新职能。

（三）创新是维持基础上的发展，而维持则是创新的逻辑延续

维持和创新管理的两个基本职能。维持与创新是相互联系、不可或缺的。维持是为了实现创新的成果，而创新则是为更高层次的维持提供依托和框架。任何管理工作，都应围绕着组织运转的维持和创新而展开。只有创新没有维持，组织会呈现无时无刻无所不变的无序的混乱状态，而只有维持没有创新，组织则缺乏活力，犹如一潭死水，适应不了任何外界变化，最终会被环境淘汰。卓越的管理是实现维持与创新最优组合的管理。

三、创新与相关概念的比较

（一）创新与发明创造

发明是指研究活动本身或它的直接结果，而创新是发明的商业化过程或商业化结果。创新等于发明 + 开发。

（二）创新与研究开发

创新并不等同于研发。研究开发活动，有助于创新。研究开发活动是创新的前期工作，创新还包括对研发成果的推广应用。可把研究开发活动看作是创新的关键部分。

（三）创新与模仿、扩散

创新的潜在价值一般都通过扩散逐渐实现。正是因为有创新到模仿再到扩散，才引起了

产业结构的改变。

四、创新的类别和特性

（一）创新的类别

1. 按创新的程度分类

创新分为开拓性创新、模仿性创新。

开拓性创新是找到一种原来没有的产品、生产方法、市场、原材料、组织结构等。开拓性创新的关键要素：一是属于自己的；二是创造出来的；三是新的东西。开拓性创新的特点是：原创性、起点高、风险大，是高质量的科技创新活动。

模仿性创新即通过模仿而进行的创新活动，一般包括完全模仿创新，模仿后再创新两种模式；模仿后再创新。这是对率先进入市场的产品进行再创造，也即在引入他人技术后，经过消化吸收，不仅达到被模仿产品技术的水平，而且通过创新，超过原来的技术水平。要求企业首先掌握被模仿产品的技术诀窍，在进行产品功能、外观和性能等方面的改进，使产品更具市场竞争力。

模仿创新优势在于可节约大量研发及市场培育方面的费用，降低投资风险，也回避了市场成长初期的不稳定性，降低了市场开发的风险。但是同时难免在技术上受制于人。

模仿创新的特点：①积极跟随性。模仿者做有价值的新技术的积极追随学习和改进者，充分利用并进一步发展率先者所开辟的市场。②市场开拓性。即开辟新市场，激发新需求。不仅抢占率先创新者已开辟的市场空间，还要拓展和扩充新市场。③“看中学”的积累性。学习积累机制是技术创新中的核心问题。即通过观察、选择、节俭、模仿率先创新者的行为，从他们的成功和失败中学习，培养提高自身的技能。④资源投入的中间聚积性。模仿创新省去技术和市场探索性开发的成本，可以把大量资源投入到工艺改进，质量控制、成本控制、大批量生产管理等中间环节，形成强势技术积累，达到模仿超越。

2. 按组织方式分类

创新可分为独立创新、联合创新和引进创新。

（1）独立创新是依靠自己的力量自行研制并组织生产，同时独立创新的成果往往具有首创性。比如我国在 20 世纪 60 年代在没有外部支援的情况下，自行研究开发了原子弹和氢弹。其主要特点是：它可以使企业获得超额利润。但独立创新也存在很大风险，需要企业具有很强的研发实力、敏锐的市场洞察力和较强的风险承受能力等。

（2）引进创新是指企业通过逆向工程等手段，对引进的技术和产品的消化、吸收、再创新的过程。它包含着渐进的创新和对原设计的不断改进。其特征是：节省研发经费，弥补本企业在技术及人才方面的不足，节省自行探索时间，降低风险。

（3）联合创新是企业之间通过纵向和横向联合进行创新。联合，一是为了完成独自难以完成的技术创新项目；二是在合作中，可以达到取长补短的互相学习与提高的目的。其特点是：可以互相取长补短，化零为整，增强研发实力。

（二）创新的特性

1. 创新具有高风险性

创新可能成功，也可能失败，这种不确定性就构成了创新的风险。加上创新特别是技术概念非常新颖，因为食品质量的关键在于保鲜。

保鲜对于都市消费者来说是个很有诱惑力的概念，和保质这一习惯概念有着本质的不同。保鲜比保质更上一个档次，保鲜的食品肯定能保质，但保质的食品未必能保鲜。保质是保鲜的基础，保鲜是保质的提高。

事实上，美菱集团在冰箱业中开展的技术创新活动分为两个阶段：一是率先在国内推出181L大冷冻室冰箱，使冰箱由冷藏室和冷冻室并存发展到全冷冻室；二是推出保鲜冰箱，使冰箱保质有了绿色革命的意义。

这两次技术创新，使美菱集团由小到大，由弱变强，由赶“末班车”到进入中国家电队伍中的第一方阵。

只要潜心发掘国内消费者众多远未满足的潜在需求，就可以在激烈的市场竞争中，创造出一个又一个奇迹，重新创造一份市场份额，把“蛋糕”做大。源于市场并被市场接受的技术创新，永远是企业生命力的源泉。美菱的经验证明，技术创新必须紧贴市场需求。

资料来源：离开市场的创新没有出路，三亿文库。

问题：

1. 什么是创新？创新是管理的一种职能吗？
2. 美菱冰箱技术创新的前提和背景是什么？
3. 美菱保鲜冰箱的技术创新保鲜可持续给企业带来利润吗？

创新需要大量的投入，使创新面临的风险增高。

2. 价值性

创新有明显、具体的价值，对经济社会具有一定的效益。创新可以重新组合生产要素，从而改变资源产出，提高组织价值。袁隆平院士突破经典遗传理论的禁区，提出水稻杂交理论，实现了水稻育种的历史性突破。

3. 超前性

创新以求新为灵魂，具有超前性。这种超前是从实际出发、实事求是的超前。只有具有超前的创新，才能使创新者占领竞争的制高点，赢得竞争的胜利。盖茨统领下的微软帝国以对数字技术的创新深刻地改变着人类的生活方式，其影响力甚至超过了一个国家，而盖茨本人则成为无数人心目中的偶像。

4. 创新具有创造性、动态性和综合性

创造性是指个体产生新奇独特的、有社会价值的产品的能力或特性；创新又是一个动态的过程。在知识经济条件下，唯一的不变就是一切都在变，而且变化得越来越快。因此，任何创新都不可能是一劳永逸的，而只有不断的变革和创新，才能适应时代的要求。创新是对已有事物的改革和革新，是一种深刻的变革，涉及人力、物力、财力、技术、信息、市场、环境、组织文化等要素，需要组织有很强的综合能力。

第二节 创新的基本内容

一、理念创新

古人云："不谋全局者，不足谋一域；不谋万世者，不足谋一时。"说的就是思路决定出路，而思路的形成离不开观念创新。

理念创新即指革除旧有的既定看法和思维模式，以新的视角、新的方法和新的思维模式，形成新的结论或思想观点，进而用于指导新的实践的过程。

例如，在经济全球化背景下，经济形态、经济导向、经济政策都在发生着巨大变化，因而便要求管理者的思想观念朝动态变化的方向展开，进而在更高层次及全方位角度作出超前决策。与此同时，还需要将过去指挥、监督、控制式的"人治管理"转变为让员工占有资源并有自我发展机会的"共治管理"。

只有管理思想与观念创新了，才能更有效地解决创新过程中的各类困难。

二、制度创新

制度创新是指引入新的制度（组织的结构与运行规范）安排，大的如整个国家的经济体制，小的如具体企业的组织形态、运行机制等。

制度是组织运行方式的原则规定。要素组合的创新，主要是从技术角度分析了人、机、材料各种组合方式的改进和更新，而制度创新则需要从社会经济角度来分析企业各成员间的权利关系的调整和变革。企业是通过规范群体的参与者在企业活动中权、利关系的制度，来引导和整合这些成员的行为的；通过企业对经营活动组织权利的分配，企业制度规范着参与群体间的权利关系，从而影响着这些参与者在企业决策制定与执行中的行为表现。

企业制度主要包括产权制度、经营制度和管理制度三个方面的内容。

产权制度是决定企业其他制度的根本性制度，它规定着企业最重要的生产要素的所有者对企业的权力、利益和责任。不同的时期，企业各种生产要素的相对重要性是不一样的。在主流经济学的分析中，生产资料是企业生产的首要因素，因此，产权制度主要指企业生产资料的所有制。目前存在的相互对立的两大生产资料所有制——私有制和公有制。私有制正越来越多地渗入“共有”的成分，被“效率问题”所困扰的公有制则正或多或少地添进“个人所有”的因素，如我国目前试行中的各种形式的“股份制”。企业产权制度的创新也许应朝着寻求生产资料的社会成员“个人所有”与“共同所有”的最适度组合的方向发展。

经营制度是有关经营权的归属及其行使条件、范围、限制等方面的原则规定。它表明企业的经营方式，确定谁是经营者，谁来组织企业生产资料的占有权、使用权和处置权的行使，谁来确定企业的生产方向、生产内容、生产形式，谁来保证企业生产资料的完整性及其增殖，谁来向企业生产资料的所有者负责以及负何种责任。经营制度的创新方向应是不断寻求企业生产资料最有效利用的方式。

管理制度是行使经营权、组织企业日常经营的各种具体规则的总称，包括对材料、设备、人员及资金等各种要素的取得和使用的规定。在管理制度的众多内容中，分配制度是极重要的内容之一。分配制度涉及如何正确地衡量成员对组织的贡献并在此基础上如何提供足以维持这种贡献的报酬。由于劳动者是企业诸要素的利用效率的决定性因素，因此，提供合理的报酬以激发劳动者的工作热情，对企业的经营就有着非常重要的意义。分配制度的创新在于不断地追求和实现报酬与贡献的更高层次上的平衡。

产权制度、经营制度、管理制度这三者之间的关系是错综复杂的。一般来说，一定的产权制度决定相应的经营制度。但是，在产权制度不变的情况下，企业具体的经营方式可以不断进行调整；同样，在经营制度不变时，具体的管理规则和方法也可以不断改进。而管理制度的改进一旦发展到一定程度，则会要求经营制度作相应的调整；经营制度的不断调整，则必然会引起产权制度的变革。因此，反过来，管理制度的变化会反作用于经营制度，经营制度的变化会反作用于产权制度。

我国企业制度的改革正是循着这条线路进行的。企业改革首先开始于内部的管理制度改革如企业整顿，管理改革的深化引起了经营制度的调整，如“松绑放权”，使企业从“产品生产者”成为“相对独立的商品生产者”，而经营方式的进一步改革，如从“日常经营权”到“战略经营权”，则要求产权制度的完善，即从“相对独立的商品生产者”转向“完全独立的商品生产者”，从纯粹的“公有制”趋向“股份制”。

企业制度创新的方向是不断调整和优化企业所有者、经营者、劳动者三者之间的关系，使各个方面的权力和利益得到充分的体现，使组织的各种成员的作用得到充分的发挥。

三、技术创新

技术创新是学习、引进、开发和应用新技术并产生经济效益的过程。技术创新是创新的重要内容。企业要在激烈的市场竞争中处于主动地位，就必须顺应甚至引导社会技术进步的方向，不断地进行技术创新。企业的技术创新主要表现在要素创新、要素组合方法的创新以及产品创新 3 个方面。

（一）要素创新

企业的生产过程是一定的劳动者利用一定的劳动手段作用于劳动对象使之改变物理、化学形式或性质的过程。参与这个过程的要素包括材料、设备以及企业员工3类。

1. 材料创新

材料是构成产品的物质基础，材料费用在产品成本中占很大比重，材料的性能在很大程度上影响产品的质量。材料创新的内容包括：开辟新的来源，以保证企业扩大再生产的需要；开发和利用量大价廉的普通材料（或寻找普通材料的新用途），替代量少价昂的稀缺材料，以降低产品的生产成本；改造材料的质量和性能，以保证和促进产品质量的提高。现代材料科学的迅速发展，为企业的原材料创新提供了广阔的前景。例如，前几年，美国农产品过剩，农场主负债累累，政府补贴农业的财政负担沉重。堪萨斯、卡罗来纳等农业州的农民，与大学合作，从环保角度，以农产品作原料生产工业产品，比如用玉米生产一次性水杯、餐具和包装盒，从玉米中提取燃烧用的乙醇，从大豆中提取润滑油替代石油产品等，受到市场欢迎，政府决定给予减税和强制推行等支持。

2. 设备创新

现代企业在生产过程中广泛地利用了机器和机器设备体系，劳动对象的加工往往由机器设备直接完成，设备是现代企业进行生产的物质技术基础。设备的技术状况是企业生产力水平具有决定性意义的标志。因此，不断进行设备的创新，对于改善企业产品的质量，对于减少原材料、能源的消耗，对于节省活劳动的使用都有着十分重要的意义。例如，用电脑绣花机代替手工绣花；用数控机床代替手动操作机床等。

设备创新主要表现在下述几个方面：①通过利用新的设备，减少手工劳动的比重，以提高企业生产过程的机械化和自动化的程度；②通过将先进的科学技术成果用于改造和革新原有设备，延长其技术寿命，提高其效能；③有计划地进行设备更新，以更先进、更经济的设备来取代陈旧的、过时的老设备，使企业建立在先进的物质技术基础上。

3. 人事创新

任何生产手段都需要依靠人来操作和利用，企业在增加新设备、使用新材料的同时，还需不断提高人的素质，使之符合技术进步后的生产与管理的要求。

企业的人事创新，既包括根据企业发展和技术进步的要求不断地从外部取得合格的新的人力资源，而且更应注重企业内部现有人力的继续教育，用新技术、新知识去培训、改造和发展他们，使之适应技术进步的要求。

（二）要素组合方法的创新

利用一定的方式将不同的生产要素加以组合，是形成产品的先决条件。要素的组合包括生产工艺和生产过程的时空组织两个方面。

（1）生产工艺是劳动者利用劳动手段加工劳动对象的方法，包括工艺过程、工艺配方、工艺参数等内容。工艺创新既要根据新设备的要求，改变原材料、化学成品的加工方法，也要求在不改变现有设备的前提下，不断研究和改进操作技术和生产方法，以求使现有设备得到更充分的利用，使现有材料得到更合理的加工。工艺创新与设备创新是相互促进的，设备的更新要求工艺方法作出相应的调整，而工艺方法的不断完善又必然促进设备的改造和更新。例如，用精密铸造、精密锻造、粉末冶金代替金属切削生产复杂的机械零件，可大大缩短生产周期，降低成本。

（2）生产过程的组织包括设备、工艺装备、在制品以及劳动在空间上的布置和时间上的组合。空间布置不仅影响设备、工艺装备和空间的利用效率，而且影响人机配合，从而直接影响工人的劳动生产率；各生产要素在时空上的组合，不仅影响在制品、设备、工艺装备的占用数量，从而影响生产成本，而且影响产品的生产周期。因此，企业应不断地研究和采用更合理的空间布置和时间组合方式，以提高劳动生产率、缩短生产周期，从而在不增加要素投入的前提下，提高要素的利用效率。20 世纪最伟大的企业生产组织创新，莫过于福特将泰勒的科学管理原理与汽车生产实践相结合而产生的流水生产线。流水线的问世引起了企业生产率的革命。

（三）产品创新

生产过程中各种要素组合的结果是形成企业向社会贡献的产品。企业是通过生产和提供产品来求得社会承认、证明其存在的价值，也是通过销售产品来补偿生产消耗、取得盈余，实现其社会存在的。产品是企业的生命，企业只有不断地创新产品，才能更好地生存和发展。

产品创新可在 3 个层面上实现：

（1）开发出具有新功能的产品。例如，三九集团开发出 999 健康煲，用于家庭煎药，有文火、武火、文武火三档选择，有药液循环系统、回流系统、蒸汽回流系统、时限报警、水位报警等功能，保证药效稳定，操作安全方便，大受市场欢迎。

（2）产品结构方面的改进。例如，使产品轻、巧、小、薄，携带和使用方便，节省材料、降低能耗。电子记事本、摄像机、手提电脑、超薄洗衣机等就是典型的例子。

（3）外观方面的改进。例如，服装款式及色彩的改变都可以使顾客需求得到新的满足，从而增加销售收入；苹果电脑一度依靠推出彩壳流线型 PC 机，而显著提高了市场占有率。

四、结构创新

结构创新是指设计和应用新的更有效率的组织结构。结构创新按其影响系统的范围可分为技术结构的创新和经济与社会结构的创新两类。

（1）技术结构的创新。例如，福特在 20 世纪 20 年代首创流水线生产方式，让工人依次地完成简单工序，大大提高了生产率，从而开创了大规模生产标准产品的工业经济时代。

（2）经济与社会结构的创新。通过调整人们的责、权、利关系以提高组织效能。例如，美国通用汽车公司 20 世纪 20 年代采用事业部制，解决了统一领导与分散经营的矛盾，使规模经营与适应市场的要求得到了统一，极大地增强了竞争力。

五、环境创新

环境是企业经营的土壤，同时也制约着企业的经营。环境创新不是指企业为适应外界变化而调整内部结构或活动，而是指通过企业积极的创新活动去改造环境，去引导环境朝着有利于企业经营的方向变化。例如，通过企业的公关活动，影响社区政府政策的制定；通过企业的技术创新，影响社会技术进步的方向等。就企业来说，环境创新的主要内容是市场创新。

市场创新主要是指通过企业的活动去引导消费，创造需求。新产品的开发往往被认为是企业创造市场需求的主要途径。其实，市场创新的更多内容是通过企业的营销活动来进行的，即在产品的材料、结构、性能不变的前提下，或通过市场的地理转移，或改进交易和支付方式以及通过揭示产品新的物理使用价值，来寻找新用户，也可以通过广告宣传等促销工作，来赋予产品以一定的心理使用价值，影响人们对某种消费行为的社会评价，从而诱发和强化消费者的购买动机，增加产品的销售量。

第三节　创新过程及其管理

一、创新的过程

要有效地组织系统的创新活动，就必须研究和揭示创新的规律。

创新有无规律可循？经营成功的3M公司的一位常务副总裁在一次讲演中甚至这样开头："大家必须以一个坚定不移的信念作为出发点，这就是：创新是一个杂乱无章的过程。"的确，创新在本质上是杂乱无章的，因为创新是对旧事物的否定，是对新事物的探索。对旧事物的否定，创新必定要突破原先的制度、秩序、章程；对新事物的探索，创新者要在不断的尝试中去寻找新的程序、新的方法，在最终的成果取得之前，可能要经历无数次反复，无数次失败。因此，它看上去必然是杂乱的。但这种"杂乱无章性"是相对于旧制度、旧秩序而言的，是相对于个别创新而言的。就创新的总体上来说，它们必然依循一定的步骤、程序和规律。

总结众多成功企业的经验，成功的创新要经历"寻找机会、提出构想、迅速行动、坚持不懈"这样几个阶段的努力。

1. 寻找机会

创新是对原有秩序的破坏。原有秩序之所以要打破，是因为内部存在着某种不协调的现象。不协调为创新提供了契机，成为创新的源泉。

旧秩序中的不协调既可存在于系统的内部，也可产生于对系统有影响的外部。就系统的外部说，有可能成为创新契机的变化主要有：

（1）技术的变化，可能影响企业资源的获取、生产设备和产品的技术水平。

（2）人口的变化，从而可能影响劳动市场的供给和产品销售市场的需求。

（3）宏观经济环境的变化。迅速增长的经济背景可能给企业带来不断扩大的市场，而整个国民经济的萧条则可能降低企业产品需求者的购买能力。

（4）文化与价值观念的转变，从而可能改变消费者的消费偏好或劳动者对工作及其报酬的态度。

就系统内部来说，引发创新的不协调现象主要有：

（1）生产经营中的瓶颈，可能影响了劳动生产率的提高或劳动积极性的发挥，因而始终困扰着企业的管理人员。这种情况既可能是某种材料的质地不够理想，且始终找不到替代品，也可能是某种工艺加工方法的不完善，或是某种分配政策的不合理。

（2）企业意外的成功和失败，如派生产品的销售额，利润贡献出人意料地超过了企业的主营产品；老产品经过精心整顿改进后，结构更加合理、性能更加完善、质量更加优异，但并未得到预期数量的订单等，这些出乎企业意料的成功和失败，往往可以把企业从原先的思维模式中驱赶出来，从而可以成为企业创新的一个重要源泉。

企业的创新，往往是从密切地注视、系统地分析社会经济组织在运行过程中出现的不协调现象开始的。

2. 提出构想

敏锐地观察到了不协调现象的产生以后，还要透过现象究其原因，并据此分析和预测不协调的未来变化趋势，估计它们可能给组织带来的积极或消极后果，并在此基础上，努力利用机会或将威胁转换为机会，采用头脑风暴、特尔菲、畅谈会等方法提出多种解决问题、消除不协调、使系统在更高层次实现平衡的创新构想。

3. 迅速行动

创新成功的秘密主要在于迅速行动。提出的构想可能还不完善，甚至可能很不完善，但这种并非十全十美的构想必须立即付诸行动才有意义。"没有行动的思想会自生自灭"，这句话对于创新思想的实践尤为重要，一味追求完美，以减少受讥讽、被攻击的机会，就可能错失良机，把创新的机会白白地送给自己的竞争对手。创新的构想只有在不断地尝试中才能逐渐完善，企业只有迅速地行动才能有效地利用"不协调"提供的机会。

4. 坚持不懈

构想经过尝试才能成熟，而尝试是有风险的，是不可能"一打就中"的，是可能失败的。创新的过程是不断尝试、不断失败、不断提高的过程。因此，创新者在开始行动以后，为取得最终的成功，必须坚定不移地继续下去，决不能半途而废，否则便会前功尽弃。要在创新中坚持下去，创新者必须有足够的自信心，有较强的忍耐力，能正确对待尝试过程中出现的失败，既为减少失误或消除失误后的影响采取必要的预防或纠正措施，又不把一次"战役"（尝试）的失利看成整个"战争"的失败，知道创新的成功只能在屡屡失败后才姗姗来迟。

伟大的发明家爱迪生曾经说过：我的成功乃是从一路失败中取得的。这句话对创新者应该有所启示。创新的成功在很大程度上要归因于"最后五分钟"的坚持。

二、创新活动的管理

系统的管理者不仅要根据创新的上述规律和特点的要求，对自己的工作进行创新，而且更主要的是组织下属的创新。组织创新，不是去计划和安排某个成员在某个时间去从事某种创新活动，这在某些时候也许是必要的，但更要为部属的创新提供条件、创造环境，有效地组织系统内部的创新。

（一）正确理解和扮演管理者的角色

管理人员往往是保守的。他们往往以为组织雇用自己的目的是维持组织的运行，因此自己的职责首先是保证预先制定的规则的执行和计划的实现，"系统的活动不偏离计划的要求"便是优秀管理的象征。因此，他们往往自觉或不自觉地扮演现有规章制度的守护神的角色。这显然是不行的。管理人员必须自觉地带头创新，并努力为组织成员提供和创造一个有利于创新的环境，积极鼓励、支持、引导组织成员进行创新。

（二）营造促进创新的组织氛围

促进创新的最好方法是大张旗鼓地宣传创新，激发创新，树立"无功便是有过"的新观念，使每一个人都奋发向上、努力进取、跃跃欲试、大胆尝试。要营造一种人人谈创新、时时想创新、无处不创新的组织氛围，使那些无创新欲望或有创新欲望却无创造行动、从而无所作为者感觉到在组织中无立身之处，使每个人都认识到组织聘用自己的目的不是要自己简单地用既定的方式重复那也许重复了许多次的操作，而是希望自己去探索新的方法，找出新的程序，只有不断地去探索、去尝试才有继续留在组织中的资格。

（三）制定有弹性的计划

创新意味着打破旧的规则，意味着时间和资源的计划外占用，因此，创新要求组织的计划必须具有弹性。

创新需要思考，思考需要时间。把每个人的每个工作日都安排得非常紧凑，对每个人在每时每刻都实行“满负荷工作制”，则创新的许多机遇便不可能发现，创新的构想也无条件产生。美籍犹太人宫凯尔博士对日本人的高节奏工作制度就不以为然，他说：一个人“成天在街上奔走，或整天忙于做某一件事，没有一点清闲的时间可供他去思考，怎么会有新的创意？”他认为，每个人“每天除了必须的工作时间外，必须抽出一定时间供思考用”。据《创新者与企业革命》一书介绍，IBM、3M、奥尔一艾达公司以及杜邦公司等都允许职工利用15%的工作时间来开发他们的兴趣和设想。同时，创新需要尝试，而尝试需要物质条件和试验的场所。要求每个部门在任何时间都严格地制定和执行严密的计划，则创新会失去土壤，永无尝试机会的新构想就只能留在人们的脑子里或图纸上，不可能给组织带来任何实际的效果。因此，为了使人们有时间去思考、有条件去尝试，组织制定的计划必须具有一定的弹性。

（四）正确对待失败

创新的过程是一个充满着失败的过程。创新者应该认识到这一点，创新的组织者更应该认识到这一点。只有认识到失败是正常的，甚至是必需的，管理人员才可能允许失败，支持失败，甚至鼓励失败。当然，支持尝试、允许失败，并不意味着鼓励组织成员去马马虎虎地工作，而是希望创新者在失败中取得有用的教训，学到一点东西，积累经验，从而使下次失败到创新成功的路程缩短。

（五）建立合理的奖酬制度

要激发每个人的创新热情，还必须建立合理的评价和奖惩制度。创新的原始动机也许是个人的成就感、自我实现的需要，但是如果创新的努力不能得到组织或社会的承认，不能得到公正的评价和合理的奖酬，则继续创新的动力会渐渐失去。促进创新的奖酬制度至少要符合下述条件：

（1）注意物质奖励与精神奖励的结合。奖励不一定是金钱上的，而且往往不需要是金钱方面的，精神上的奖励也许比物质报酬更能满足驱动人们创新的心理需要。而且，从经济的角度来考虑，物质奖励的效益要低于精神奖励，金钱的边际效用是递减的，为了激发或保持同等程度的创新积极性，组织不得不支付越来越多的奖金。对创新者个人来说，物质上的奖酬只在一种情况下才是有用的：奖金的多少首先被视作衡量个人工作成果和努力程度的标准。

（2）奖励不能视作“不犯错误的报酬”，而应是对特殊贡献、甚至是对希望作出特殊贡献的努力的报酬，奖励的对象不仅包括成功以后的创新者，而且应当包括那些成功以前、甚至是没有获得成功的努力者。就组织的发展而言，也许重要的不是创新的结果，而是创新的过程。如果奖酬制度能促进每个成员都积极地去探索和创新，那么对组织发展有利的结果是必然会产生的。

（3）奖励制度要既能促进内部之间的竞争，又能保证成员间的合作。内部的竞争与合作对创新都是重要的。竞争能激发每个人的创新欲望，从而有利于创新机会的发现、创新构想的产生，而过度的竞争则会导致内部的各自为政、互相封锁；协作能综合各种不同的知识和能力，从而可以使每个创新构想都更加完善，但没有竞争的合作难以区别个人的贡献，从而会削弱个人的创新欲望。要保证竞争与协作的结合，在奖励项目的设置上，可考虑多设集体奖，少设个人奖，多设单项奖，少设综合奖；在奖金的数额上，可考虑多设小奖，少设甚至不设大奖，以给每一个人都有成功的希望，从而防止相互封锁和保密、破坏合作的现象。

关键词

创新 Innovate

技术创新 Technological Innovation

制度创新 Institutional Innovation

创新管理 Innovation Management

理念创新 Idea Innovation

环境创新 Environmental Innovation

思考题

1. 如何理解创新的概念？
2. 如何认识创新的重要性？
3. 创新的基本内容有哪些？
4. 创新的原则有哪些？
5. 如何进行创新的管理？

管理定律

比伦定律：失败也是一种机会。若是你在一年中不曾有过失败的记载，你就未曾勇于尝试各种应该把握的机会。它由美国考皮尔公司前总裁F·比伦提出。万象世界，成败相依。在我们的人生旅途中，机会无处不在。但机会又是稍纵即逝的，你不可能在做好所有的准备后再去把握。这就要求我们有一种试错精神，即使最后证明自己错了，也不会后悔。因为你把握了机会，而且至少知道了你先前把握机会的方式是行不通的。人们常说的失败是成功之母，失败是一笔财富，含义也大致在此。

案例分析讨论

美菱冰箱技术创新的成功

美菱保鲜冰箱对消费者选购冰箱的理念是一种突破。有专家认为：冰箱上提出保鲜这个